REVISTA TRIMESTRAL DE

DIREITO PÚBLICO

13/1996

MALHEIROS EDITORES

Revista Trimestral de Direito Público

Órgão do

IDEPE
INSTITUTO INTERNACIONAL
DE DIREITO PÚBLICO E EMPRESARIAL

INSTITUTO DE DIREITO ADMINISTRATIVO PAULISTA
IDAP

REVISTA TRIMESTRAL
DE DIREITO PÚBLICO
publicação trimestral de
MALHEIROS EDITORES LTDA.
Rua Paes de Araújo, 29, cj. 171
CEP 04531-940
São Paulo, SP - Brasil - Tel. 822-9205
Fax: 829-2495

Assinaturas e comercialização:
CATAVENTO DISTRIBUIDORA DE
LIVROS S.A.
Rua Conselheiro Ramalho, 928
CEP 01325-000
São Paulo, SP - Brasil - Tel. 289-0811
Fax: 251-3756

Diretor Responsável: Álvaro Malheiros
Diretora: Suzana Fleury Malheiros
Supervisão Gráfica: Vânia Lúcia Amato

Composição: PC Editorial Ltda.
Impressão: Gráfica e Editora FCA
(Fundação de Ciências Aplicadas)

SUMÁRIO

DOUTRINA

ARBITRAGEM NA CONCESSÃO DE SERVIÇO PÚBLICO
Adílson Abreu Dallari 5
A EXTINÇÃO DA PUNIBILIDADE NO "PARCELAMENTO" DE CONTRIBUIÇÕES PREVIDENCIÁRIAS DESCONTADAS, POR ENTIDADES BENEFICENTES DE ASSISTÊNCIA SOCIAL, DOS SEUS EMPREGADOS, E NÃO RECOLHIDAS, À PREVIDÊNCIA, NO PRAZO LEGAL. QUESTÕES CONEXAS
Roque Antonio Carrazza 11
AS LACUNAS NO SISTEMA JURÍDICO: UMA BREVE ABORDAGEM
Valmir Pontes Filho 28
REFLEXIONES SOBRE LOS PRINCIPIOS GENERALES DE DERECHO EN LA CONSTITUCIÓN URUGUAYA
Juan Pablo Cajarville Peluffo 33

PARECERES

TERCEIRIZAÇÃO DOS SERVIÇOS JURÍDICOS DO BANDES
Diogenes Gasparini 53
COMPETÊNCIA DO MINISTÉRIO PÚBLICO PARA A DEFESA DO CONSUMIDOR DE SERVIÇOS BANCÁRIOS
Geraldo de Camargo Vidigal 70
NECESSIDADE DE MOTIVAÇÃO DO ATO DE DISPENSA DE SERVIDOR CELETISTA — PROCESSO: PGE N. 97.827/87
Maria Sylvia Zanella Di Pietro 74
Clóvis Beznos 76
Vera de Almeida Novelli 79
CONCEITO DE EMPRESA BRASILEIRA DE CAPITAL NACIONAL E INCENTIVOS FISCAIS – REVOGAÇÃO DO ART. 171 DA CONSTITUIÇÃO — INTERPRETAÇÃO DA CONSTITUIÇÃO
Eros Roberto Grau 83
LICITAÇÃO — LEI N. 8.666 — DISPENSA DE LICITAÇÃO POR RAZÕES DE SEGURANÇA NACIONAL — SERVIÇOS TÉCNICOS ESPECIALIZADOS – INEXIGIBILIDADE
Celso Antônio Bandeira de Mello 95
MONOPÓLIO DO TRANSPORTE DE GÁS NATURAL
Fábio Konder Comparato 112
OBRIGATORIEDADE DE OBSERVÂNCIA DAS NORMAS SOBRE LICITAÇÃO DO BIRD
José Carlos de Magalhães 117

ESTUDOS E COMENTÁRIOS

A NATUREZA JURÍDICA DA COMPENSAÇÃO FINANCEIRA PELA EXPLORAÇÃO DE RECURSOS MINERAIS
Regina Helena Costa 126

A NATUREZA JURÍDICA DOS CONTRATOS DE PRESTAÇÃO DE SERVIÇO EM EDUCAÇÃO
Paulo Magalhães da Costa Coelho 130
AS POLÍTICAS PÚBLICAS E O DIREITO ADMINISTRATIVO
Maria Paula Dallari Bucci 134
ELEIÇÕES MUNICIPAIS DE 1996, COM ÊNFASE PARA O QUADRO DE SÃO PAULO
Monica Herman Salem Caggiano 145
O MINISTÉRIO PÚBLICO BRASILEIRO E A DEFESA DO ESTADO DEMOCRÁTICO DE DIREITO
Geraldo Brindeiro 165
CONTROLE EXTERNO DA ADMINISTRAÇÃO PÚBLICA ESTADUAL E MUNICIPAL — POSSIBILIDADES E LIMITES DA FISCALIZAÇÃO DAS CASAS PARLAMENTARES E DO TRIBUNAL DE CONTAS
Hilda Regina Silveira Albandes de Souza 168
PRONÚNCIA DE INCONSTITUCIONALIDADE POR OMISSÃO PARCIAL NO SISTEMA DIFUSO E ACESSO PLENO À JUSTIÇA
Antônio Souza Prudente 180
MANDADO DE INJUNÇÃO: SUA ATUAL CONCEPÇÃO
Derly Barreto e Silva Filho 191
O ESTADO CONTEMPORÂNEO FRENTE AO PRINCÍPIO DA INDELEGABILIDADE LEGISLATIVA
Artur de Brito Gueiros Souza 193
REELEIÇÃO DO PRESIDENTE DA REPÚBLICA
Sérgio Sérvulo da Cunha 203

CONFERÊNCIAS E DEBATES

DIREITO AO USO DOS SERVIÇOS PÚBLICOS
Adílson Abreu Dallari 210
A CONSTITUIÇÃO E AS PROVAS ILICITAMENTE OBTIDAS
José Carlos Barbosa Moreira 216
A RAZOABILIDADE DAS LEIS
Caio Tácito 227

JURISPRUDÊNCIA ANOTADA

CONCURSO PÚBLICO E DEFICIENTES FÍSICOS (CF ART. 37, VIII)
Luís Alberto David Araújo 233

JURISPRUDÊNCIA 244

DOUTRINA

ARBITRAGEM NA CONCESSÃO DE SERVIÇO PÚBLICO

ADILSON ABREU DALLARI
Professor Titular de Direito Administrativo da Pontifícia Universidade Católica de São Paulo

I — Introdução

Contrato é um acordo de vontades. No instrumento de contrato pretendem as partes contratantes cristalizar e especificar os termos do acordo, para que a estipulação inicial tenha força de lei entre elas, de maneira a eliminar eventuais discordâncias futuras: *Pacta sunt servanda*.

Entretanto as possibilidades de surgimento de controvérsias são infinitamente maiores do que a capacidade humana de previsão. Sempre podem surgir divergências, seja a respeito de situações não previstas, seja a respeito da interpretação de dispositivos contratuais efetivamente existentes, ou mesmo de normas legais incidentes sobre o contrato.

Diante da absoluta impossibilidade de erradicação de conflitos, o direto positivo tem cuidado de estabelecer mecanismos cada vez mais aperfeiçoados para a composição de conflitos, procurando atingir a paz e a segurança jurídica, por meios que apresentem, simultaneamente, os requisitos da celeridade e da efetiva realização da justiça.

Os conflitos podem ser compostos por meio de duas vias principais: amigável e jurisdicional. A via jurisdicional comporta diversas modalidades, mas todas elas pressupõem a existência de uma autoridade pública, constituída independentemente da vontade das partes conflitantes, e dotada de poderes para dizer o direito de maneira definitiva (coisa julgada). Seja permitido lembrar aqui a pitoresca expressão amiúde utilizada pelo inesquecível mestre Prof. Oswaldo Aranha Bandeira de Mello: "A lei diz aquilo que o juiz diz que ela diz".

A via amigável comporta a superação do conflito pela simples concordância entre as partes, e comporta, também, um meio mais sofisticado, consistente na escolha, pelas partes conflitantes, de um árbitro (singular ou colegiado), ao qual ambas entregam o encargo de solucionar a pendência, comprometendo-se previamente a acatar a decisão que vier a ser dada. Dá-se a isto o nome de *arbitragem*, que é uma forma amigável de solução de divergências ou composição de conflitos.

A arbitragem, até agora, não era usual no Brasil, mas está ganhando prestígio, talvez até mesmo pela importância assumida e pelos ótimos resultados apresentados em outros sistemas jurídicos.

Nos Estados Unidos, conforme nos dá notícia Arthur Rios ("Juízes Particulares ou "Rent a Judge", 3º R.T.D., n. 98, maio/95, p. 393) "o compromisso arbitral ou o juízo arbitral, é altamente disseminado como "rent a judge", onde advogados especializam-se para decisão de conflitos de direito privado. São os árbitros que oferecem seus serviços em anúncios de revistas, jornais e pelos meios de comunicação em geral".

Defendendo a adoção dessa prática entre nós, esse consagrado mestre da Universidade Federal de Goiás apresenta uma série de considerações que merecem fiel transcrição:

"O mundo negocial está numa fase de transformação contínua ou dinamismo extraordinário. Inicia-se pela necessidade de maior rapidez das negociações, vai até as novas regras mercadológicas ou de *marketing* de venda. Constata-se um hiato entre as emergentes necessidades de solução rápida de seus problemas e a realidade do direito, que fica aguardando a análise dos doutrinadores e a manifestação jurisprudencial dos tribunais, o que leva anos para se apascentar e tranqüilizar o mundo negocial.

"O poder judiciário luta com o dinamismo das rápidas transformações dos negócios, produzindo questões inusitadas até então nos tribunais, tendo diante de si uma legislação que às vezes reflete necessidades de décadas atrás e isso é torturante...

"Além disso um grande dilema do ser ou ter ronda o poder judiciário. A avalanche de processos, ou o ser, contrapõem-se à pressão por quantidades estatísticas de julgamentos, que é o ter. Pode ocorrer daí que a imponência do juiz imponha uma confiança, mas confiança partida do receio e da impotência do jurisdicionado. As reclamações pela maior celeridade da justiça podem levar a um desprezo pela prova dos autos. É um círculo vicioso: a lentidão dos julgamentos promove o protesto, a rapidez dos julgamentos, diante do grande volume de casos para cada juiz julgar, produziria a insegurança jurídica.

"Nem todos os juízes são perfeitos, para equilibrar quantidade com qualidade das decisões, embora todos sejam dedicados. A exigência dos números estatísticos pode suplantar a da análise, forçando o desprezo das provas materiais, em nome da pressa e dos números e posições estatísticas de primeiros lugares.

"A solução parece-nos que estaria em se diminuir o volume de processos de direito privado (cível e comercial) no poder judiciário. Primeiro, em se criando crivos seletivos, para ingressos; segundo, em se oferecendo mecanismos de julgamento, onde as partes possam contratar as soluções com quem de confiança comum, dispensando o juiz togado".

Preocupações dessa natureza levaram a Federação e o Centro das Indústrias do Estado de São Paulo a criar uma Câmara de Mediação e Arbitragem de São Paulo. Em entrevista concedida ao jornal *Tribuna do Direito* (julho de 1995, p. 16), a Diretora dessa Câmara, advogada Selma Maria Ferreira Lemes, depois de mencionar as dificuldades que fazem com que o Judiciário seja irremediavelmente lento, enfoca mais um importante aspecto da questão:

"A globalização da economia, que encontra no Mercado Comum do Sul (Mercosul) seu filho mais próximo e promissor, bem como a volatilização das transações comerciais caminham em ritmo tal, que a sociedade necessita adaptar-se a elas, encontrando outras trilhas para resolver suas controvérsias (mediação, arbitragem etc.), afastando o recurso à justiça estatal pelos inconvenientes mencionados".

Nessa mesma reportagem, são feitas algumas importantes e objetivas distinções que merecem especial destaque:

"A arbitragem difere da justiça estatal por várias características. Uma delas é a especialidade: pode ser nomeada árbitro uma pessoa que detenha conhecimento técnico sobre a questão, como um engenheiro mecânico para decidir caso em que se discute o desempenho de uma máquina. Outra é o sigilo, pois a arbitragem corre em segredo, não havendo publicidade como nos processos judiciais.

"A arbitragem também se distingue pela celeridade, pois as questões menos complexas podem ser resolvidas em aproximadamente 60 dias. Por último, o clima em que se desenvolve a arbitragem é menos formal e mais flexível: não há a animosidade e o rigor processual presentes no contencioso jurisdicional, asseguram os adeptos do sistema. Segundo eles, diante das características da relação custo-benefício, a arbitragem é bastante utilizada em todo o mundo.

"Qual a diferença entre mediação e arbitragem? Na mediação ou conciliação, uma terceira pessoa aproxima as partes, procura encontrar o ponto de discórdia e sugere soluções para que, mediante acordo, elas próprias ponham fim às divergências. Na arbitragem, o árbitro resolve o conflito entre as partes".

Parece, portanto, que não há dúvida alguma a respeito da necessidade ou, pelo menos, da conveniência da ativação dos mecanismos de composição amigável dos conflitos.

O problema que se coloca é o da viabilidade da utilização da arbitragem para a solução de conflitos surgidos na execução de contratos administrativos, especialmente na concessão de serviço público.

II — Legalidade da arbitragem

Apreciando o processo de contratação de concessionário para exploração da ponte Rio-Niteroi, o Tribunal de Contas da União (Decisão n. 763/94) determinou o seguinte:

"c) excluir as disposições dos itens 204 e 208 do Edital de Propostas de Tarifa que estabelecem a arbitragem como método para a resolução de conflitos entre a Concessionária e o DNER, ante a inexistência de fundamento legal para adoção de tal instituto em contratos administrativos, consoante decisão do Tribunal de 15.7.93 (Ata n. 29/93. Decisão 287/93 — Plenário).

Tal entendimento, quando estabelecido, já estava equivocado, pois, efetivamente, já havia naquela ocasião fundamento legal para a arbitragem, embora não explícito.

Com efeito, o art. 54 da Lei n. 8.666, de 21.6.93 assim dispõe:

"Art. 54. Os contratos administrativos de que trata esta Lei regulam-se pelas suas cláusulas e pelos preceitos de direito público, aplicando-se-lhes, supletivamente, os princípios da teoria geral dos contratos e as disposições de direito privado."

Isso significa que poder-se-ia ter aplicado, *supletivamente e no que coubesse*, o disposto nos artigos 1.037 a 1.048 do Código Civil (que trata do Compromisso, ao dispor sobre o Direito das Obrigações), e nos artigos 1.072 a 1.102 do Código de Processo Civil (que cuida do Juízo Arbitral).

Atualmente, existe dispositivo legal expresso não somente autorizando, mas, mais que isso, determinando a utilização da arbitragem na solução de eventuais conflitos em matéria de concessão de serviço público.

A Lei n. 8.987, de 13.2.95, que estabelece normas gerais sobre o regime de concessão e permissão da prestação de serviços públicos, ao cuidar do Contrato de Concessão, diz, em seu art. 23 e inciso XV o seguinte:

"Art. 23. São cláusulas essenciais do contrato de concessão as relativas: (...)

"XV — ao foro e ao modo amigável de solução das divergências contratuais".

Ou seja, não só é permitida, mas, mais que isso, é obrigatória a previsão, no contrato, da arbitragem, como "modo amigável de solução das divergências contratuais".

Diante disso, era plenamente louvável, justificável e oportuna a Emenda Aditiva que foi apresentada pelo Deputado Mussa Demes ao projeto de conversão da Medida Provisória editada pelo Executivo para complementar a Lei n. 8.987/95, no sentido de disciplinar o processo de arbitragem nos contratos de concessão de serviços públicos.

Como se sabe, o Código Civil cuida precipuamente de relações jurídicas entre particulares, e o Código de Processo Civil foi talhado para disciplinar a solução de conflitos entre particulares. Por essa razão, os dispositivos desses dois Códigos, a respeito da arbitragem, não podem ser inteiramente aplicados aos conflitos entre particulares e a Administração Pública, mas, sim, apenas, no que couber.

A Emenda Aditiva visava, exatamente, disciplinar a arbitragem nos contratos administrativos, sob o enfoque do regime jurídico administrativo, com aplicação supletiva do disposto no Código Civil e no Código de Processo Civil.

Vale a pena transcrever parte da Justificativa apresentada pelo referido parlamentar:

"A persistir, no entendimento conservador do TCU, de que não há base legal para a adoção do instituto do Juízo Arbitral, as concessões serão prejudicadas: como convencer investidores a realizarem vultosas aplicações de capital, com retorno a longo prazo, para depender de uma justiça morosa e desaparelhada, para a resolução de conflitos entre Poder Concedente e Concessionária sobre revisão tarifária? Provavelmente a concessionária irá à insolvência antes da decisão judicial.

Vamos escolher agora entre a instituição do Juízo Arbitral para as concessões, ou a supervalorização tarifária, que, certamente, acabará sendo praticada para fazer frente a possíveis longas demandas judiciais".

Lamentavelmente, porém, a referida Emenda Aditiva não foi acolhida. Isso não significa, de modo algum, que a arbitragem não possa ser consignada em casos específicos, pois ela continua figurando no art. 23 da Lei n. 8.987/95, podendo e devendo ser disciplinada nas legislações estaduais e municipais.

Saliente-se, entretanto, que o problema não é o de falta de base legal, tanto porque isso já existe, quanto porque, se não existisse, poderia ser instituída por lei ordinária federal, estadual ou municipal. O que se questiona é a constitucionalidade da arbitragem nas relações contratuais de direito público.

III — Constitucionalidade da arbitragem

Argumentam alguns que, diante dos princípios da supremacia do interesse público, da indisponibilidade dos interesses públicos e da indisponibilidade dos instrumentos destinados à defesa dos interesses públicos, a Administração Pública, ao contratar, não poderia abrir mão da possibilidade de recorrer ao Poder Judiciário.

Entendem outros que a arbitragem nos contratos administrativos seria inconstitucional porque violaria a garantia conferida aos cidadãos no art. 5º, XXXV, da Constituição Federal, no sentido de que "a lei não excluirá da apreciação do Poder Judiciário lesão ou ameaça a direito".

Por último, há quem entenda que a arbitragem se chocaria com o princípio constitucional da legalidade, dado que na arbitragem é possível que a solução do conflito seja feita por eqüidade, à margem da estrita legalidade.

Nada disso, porém, impede a adoção da arbitragem.

Em primeiro lugar, cabe ressaltar que ao optar pela arbitragem o contratante público não está transigindo com o interesse público nem abrindo mão de instrumentos de defesa de interesses públicos. Está, sim, escolhendo uma forma mais expedita, ou um meio mais hábil, para a defesa do interesse público. Assim como o juiz, no procedimento judicial, deve ser imparcial, também o árbitro deve decidir com imparcialidade. O interesse público não se confunde com o mero interesse da Administração ou da Fazenda Pública; o interesse público está na correta aplicação da lei, e se confunde com a realização concreta da Justiça. Inúmeras vezes, para defender o interesse público, é preciso decidir contra a Administração Pública.

Em segundo lugar, a lei instituidora ou disciplinadora da arbitragem nos contratos administrativos não está vedando o acesso ao Poder Judiciário, mas, sim, apenas, proporcionando uma alternativa, que pode ser utilizada com maior ou menor intensidade, para certas espécies de conflitos (por exemplo, questões técnicas ou econômicas), não havendo possibilidade alguma de se excluir totalmente o controle jurisdicional da Administração Pública, conforme se demonstrará mais adiante.

Apenas para constar, cabe ressaltar que, mesmo em sede judicial, quando o conflito depende ou decorre de situações materiais que precisam ser analisadas ou avaliadas, a solução acaba recaindo nas mãos de técnicos, designados para atuar como peritos ou assistentes técnicos, em cujas opiniões o juiz se louva. Ora, na arbitragem, tais peritos, merecedores da confiança das partes, solucionam diretamente a questão material controvertida.

Em terceiro lugar, a possibilidade de solução dos conflitos pelo critério da eqüidade é uma simples faculdade, que pode existir ou não nas arbitragens envolvendo excusivamente particulares (confira-se arts. 1.040 do CC e 1.075, IV, do CPC), mas que não pode ser aplicada aos contratos administrativos.

Isto mostra a necessidade de uma disciplina específica das arbitragens aplicadas aos contratos administrativos, com utilização apenas subsidiária dos Códigos existentes.

Para completar, cabe, apenas, acrescentar que a União Federal é competente para legislar sobre esse assunto, expedindo normas gerais (sem ofender a autonomia política e administrativa de Estados e Municípios), com base nos artigos 22, XXVII, e 175 da Constituição Federal. Ressalte-se, todavia, que a falta de normas gerais não impede a edição de normas específicas (detalhadas, particularizadas) federais, estaduais, distritais ou municipais, cada uma com eficácia restrita ao seu respectivo âmbito de validade.

IV — Controle jurisdicional da arbitragem

A adoção da arbitragem como forma amigável de solução de divergências na execução de contratos administrativos não se choca com a regra, constitucionalmente estabelecida, no sentido de que nenhuma lesão de direito pode ser subtraída ao exame do Poder Judiciário.

Universalidade e independência do Poder Judiciário, quando no exercício de atividade jurisdicional, são princípios fundamentais do estado democrático de direito.

O respeito a esses princípios determinou a inafastabilidade do controle jurisdicional mesmo nas arbitragens de conflitos entre particulares, ainda que as partes tenham expressamente convencionado a irrecorribilidade ao Poder Judiciário.

Com efeito, os artigos 1.046 do Código Civil e 1.101 do Código de Processo Civil, deixam permanentemente aberto o caminho ao Poder Judiciário, sempre, para qualquer das partes, caso tenha ocorrido alguma nulidade no curso no processo de arbitragem.

Com muito maior razão não se poderá vedar o ingresso ao Poder Judiciário em caso de nulidade ocorrida no processo de arbitragem para solução de controvérsia na execução de qualquer contrato administrativo.

O compromisso das partes é sempre no sentido do acatamento de decisão regular, tomada pelo árbitro, após regular tramitação do feito. A ocorrência de vício jurídico no curso do processo de arbitragem libera a parte prejudicada do compromisso de não recorrer ao Judiciário, exatamente porque nenhuma das partes jamais se comprometeu a acatar decisão tomada de forma irregular, contrariando disposições legais ou contratuais, ou, ainda, especialmente, os próprios termos do compromisso arbitral.

Além disso, cabe destacar que o compromisso arbitral vincula apenas as partes contratantes, não se estendendo a terceiros, que, julgando-se prejudicados, sempre poderão recorrer à via judicial para a defesa de seus direitos e interesses.

Em se tratando de contratos administrativos, onde sempre estão presentes interesses públicos, é absolutamente certo que não se poderá impedir a eventual propositura de Ação Popular ou de Ação Civil Pública, conforme o caso.

Em resumo, a arbitragem pode ser um instrumento extremamente útil para assegurar a regularidade na execução de serviços públicos concedidos, na medida em que permite que se chegue rapidamente à composição dos conflitos, mediante decisão tomada por quem seja um "expert" no específico assunto controvertido, sem qualquer risco de sacrifício do interesse público, que ficará sempre resguardado.

A EXTINÇÃO DA PUNIBILIDADE NO "PARCELAMENTO" DE CONTRIBUIÇÕES PREVIDENCIÁRIAS DESCONTADAS, POR ENTIDADES BENEFICENTES DE ASSISTÊNCIA SOCIAL, DOS SEUS EMPREGADOS, E NÃO RECOLHIDAS, À PREVIDÊNCIA, NO PRAZO LEGAL. QUESTÕES CONEXAS

ROQUE ANTONIO CARRAZZA
Professor Titular da Cadeira de Direito Tributário da Faculdade de Direito da Pontifícia Universidade Católica de São Paulo

1. Circunscrição do problema. 2. A causa extintiva da punibilidade capitulada no art. 34, da Lei n. 9.249/95. 3. Breves considerações sobre o art. 95, "d", da Lei n. 8.212/90 — 3.1 Esclarecimento necessário: há prevalência do interesse público em relação a interesse fazendário. 4. O alcance do art. 34, da Lei n. 9.249/95. 5. As causas extintivas do crédito tributário — 5.1 A transação como causa extintiva do crédito tributário — 5.2 O parcelamento do tributo como modalidade de transação — 5.3 A hipótese em exame. 6. Outro caminho: "aboliti criminis" (hipótese de exclusão de punibilidade). 7. Ainda outro caminho: descaracterização do dolo no pedido de parcelamento. 8. Derradeiro caminho: novação. 9. Última consideração. 10. Conclusões.

1. Circunscrição do problema

Desejamos saber se o *parcelamento* (autorizado pela Lei n. 9.129, de 20 de novembro de 1995), de contribuições previdenciárias[1] *descontadas por entidades beneficentes de assistência social, dos seus empregados, e não recolhidas, na época própria*, à Seguridade Social, tem a propriedade de extinguir a punibilidade dos dirigentes das mesmas, nos termos do art. 34, da Lei n. 9.249, de 28 de dezembro de 1995.

Só para nos situarmos no assunto estatui o predito artigo:

"Art. 34. Extingue-se a punibilidade dos crimes definidos na Lei n. 8.137, de 27 de dezembro de 1990 e na Lei n. 4.729, de 14 de julho de 1965, quando o agente

1. As *contribuições previdenciárias* são igualmente chamadas *contribuições sociais para a Seguridade Social*. Neste artigo empregaremos a expressão *contribuições previdenciárias*, que está consagrada pelo uso.

promover o pagamento de tributo ou contribuição social, inclusive acessórios, antes do recebimento da denúncia".

Organizaremos este trabalho dedutivamente, para que, caminhando de premissa em premissa, possamos deslindar, com argumentos jurídicos, o problema acima proposto.

2. *A causa extintiva da punibilidade capitulada no art. 34, da Lei n. 9.249/95*

Facilmente percebemos que, retomando uma tradição que fora interrompida com o advento da Lei n. 8.137/90, a Lei n. 9.249/95, em seu art. 34, voltou a considerar *causa extintiva da punibilidade,* nos crimes de sonegação fiscal, o pagamento, por parte do agente-infrator, "de tributo ou contribuição social, inclusivo acessórios, antes do recebimento da denúncia".

Ainda que vozes respeitáveis se levantem contra esta causa extintiva da punibilidade,[2] o fato é que o Direito, dado seu caráter dogmático, agora voltou a conferir, ao infrator, a faculdade de, pagando, antes do oferecimento da denúncia, os tributos por ele sonegados, livrar-se do processo-crime e da possível condenação criminal.

Nenhuma entreduvida remanesce, a este respeito.

Dúvidas existem, sim, sobre se a causa extintiva da punibilidade em pauta estende-se, ou não, aos dirigentes de entidades beneficentes de assistência social que pagam, antes do oferecimento da denúncia, as contribuições sociais descontadas e não recolhidas, no prazo legal, dos empregados. Vejamos.

3. *Breves considerações sobre o art. 95, "d", da Lei n. 8.212/90*

Estabelece o art. 95, "d", da Lei n. 8.212/90:

"Art. 95. Constitui crime: (...)

"d) deixar de recolher, na época própria, contribuição ou outra importância devida à Seguridade Social e arrecadada dos segurados ou do público".

Portanto, nos termos desta lei, deixar de recolher, no prazo legal, valor de contribuição devida à Seguridade Social e arrecadada dos segurados ou do público, tipifica *crime.* Em linguagem mais técnica, o *núcleo do tipo* deste delito é deixar de recolher aos cofres públicos, no tempo e no lugar devidos, o montante da contribuição previdenciária *arrecadada* de terceiro.

Lembremos que a Lei n. 3.807/60 equiparara esta conduta ao crime de apropriação indébita. Com efeito, prescrevia o art. 86 deste ato normativo:

"Art. 86. Será punida com as penas do crime de apropriação indébita a falta de recolhimento, na época própria, das contribuições e de outras quaisquer importâncias devidas às instituições previdenciárias e arrecadadas dos segurados ou do público".[3]

Sem descermos a detalhes, já podemos perceber que o não-recolhimento, na época própria, de contribuições previdenciá-

2. Não poucos penalistas argumentam que ela protege o sonegador contumaz, que teria apenas o trabalho de, uma vez descoberto, correr até a repartição fazendária, para saldar seu débito fiscal, ilidindo, assim, sua punibilidade.

Já, segundo os mesmos estudiosos, o sonegador inadimplente continuaria a ser prejudicado, pois, não podendo pagar o tributo, continuaria a ser denunciado, tendo que lutar ferrenhamente, para demonstrar, no curso da ação penal, que não tinha outra alternativa (inexigibilidade de outra conduta).

Tais considerações, porém, são metajurídicas e não nos interessam para os fins deste artigo.

3. Também o Decreto-Lei n. 65/37, em seu art. 5º, equiparava ao crime de apropriação indébita a falta de recolhimento, no prazo devido, das contribuições previdenciárias.

rias, descontadas dos empregados, foi *equiparado*, por nosso ordenamento jurídico, ao crime de apropriação indébita (art. 168, do Código Penal).[4]

Abrindo um ligeiro parêntese, não negamos que o comportamento previsto como crime, no art. 95, *d*, da Lei n. 8.212/90 não se confunde com o da apropriação indébita, definida no art. 168, do Código Penal.

Com efeito, a apropriação indébita tem como antecedente lógico a posse ou detenção *justa*, vale dizer, sem clandestinidade, violêncla ou erro. O crime ocorre quando se dá a inversão da posse, caracterizada pelo ato de disposição da coisa ou pela negativa em restituí-la.

Já, no delito capitulado no art. 95, *d*, da Lei n. 8.212/90, a conduta típica ocorre quando o agente, tendo descontado a contribuição previdenciária do empregado ou de terceiro, deixa de recolhê-la, a tempo e a hora, à Seguridade Social, tomando para si os valores que detém.

Ocorre, no entanto, que nosso Direito *equiparou*, por intermédio do mecanismo da ficção,[5] as duas condutas delituosas, dando-lhes o mesmo tratamento jurídico.

Ninguém desconhece que o Direito cria suas próprias realidades, que nem sempre coincidem com as realidades do mundo que nos cerca (*v.g.*, o "horário de verão", que, obviamente não interfere no movimento dos astros, mas produz efeitos, no mundo jurídico). Muita vez, só com o emprego de ficções (e presunções) o Direito consegue disciplinar o comportamento das pessoas, na vida social. Já se disse que as ficções e presunções operam no campo do Direito, como as hipóteses, no campo da Matemática.

É exatamente o caso: o não-recolhimento, nas condições apontadas, das contribuições previdenciárias, foi, por meio de uma ficção, equiparado à apropriação indébita.

Aliás, se as duas condutas típicas fossem idênticas, não haveria necessidade da equiparação. É logicamente desnecessário equiparar realidades iguais. Só se equiparam realidades diferentes.

Segue-se, pois, com a força irresistível dos raciocínios congruentes, que tudo o que se refere ou aproveita ao crime de apropriação indébita, refere-se ou aproveita igualmente ao de sonegação fiscal.

Voltando ao nosso assunto central, comete, em tese, o delito de apropriação indébita, o empregador a que foi cominado o dever legal de arrecadar, dos segurados ou do público, a contribuição previdenciária e, embora tendo efetuado tal arrecadação, deixa de recolhê-la, na época própria, aos cofres da Seguridade Social.

Isto não é suficiente, porém, para que o delito se consume. É mister, ainda, que o empregador aja com a vontade livre e consciente de tomar para si, os valores que detém (*animus rem sibi habendi*). Mas há necessidade, também, do *dolo específico*, a exigir que o agente tenha o objetivo de

4. Conforme Paulo José da Costa, que, comentando dispositivo análogo (art. 2º, II, da Lei n. 8.137/90), enfatiza: "Em verdade, o dispositivo contempla um autêntico caso de apropriação indébita" (*Infrações Tributárias e Delitos Fiscais*, Saraiva, São Paulo, 1995, p. 126).

5. Na ficção a lei considera verdadeiro um fato que é provável ou seguramente falso. Segundo a lição clássica de Alfredo Augusto Becker (*Teoria Geral do Direito Tributário*, Saraiva, São Paulo, 2ª ed., pp. 462 a 464), a verdade jurídica imposta pela lei, quando se fulcra numa falsidade (provável ou certa), é ficção legal. A ficção, ao ingressar no mundo do Direito, por intermédio da norma jurídica, transforma-se numa verdade. Verdade jurídica, bem entendido, mas que vale, nos quadrantes do Direito, tanto quanto a verdade real. De idêntico teor o entendimento de José Luis Pérez de Ayala (*Las Ficciones en el Derecho Tributario*, Editorial de Derecho Tributário, Madrid, 1970), para quem as ficções existem sempre que a norma trata alto real como distinto, sendo igual; como igual, sendo diferente; como inexistente, tendo sucedido; como acontecido, sendo inexistente; *ainda que com a consciência de que "naturalmente" não é assim.*

obter proveito, com tal apropriação. O delito só se consuma quando o agente quer tomar para si, vale dizer, para seu proveito, os valores que detém.

Tal a lição clássica de Magalhães Noronha:

"Do artigo em exame (art. 168, do Código Penal), subentende-se o dolo específico pelo verbo *apropriar-se*, que significa tornar próprio, tornar-se dono de uma coisa, quer em proveito pessoal, quer no de terceiro. A lei quis primar pela síntese e neste particular não iria, por certo, alongar-se, uma vez existente a tradição estabelecida pelo estatuto anterior, que também não se referia expressamente ao dolo específico, observando a respeito João Vieira: 'O nosso Código aqui só não inclui o elemento do proveito, devendo-se subentender, conforme o art. 330, que a apropriação seja *para si ou para outrém'*. Subentende-se, pois, o dolo específico, que consiste em o agente praticar o fato com o *fim*, o *escopo de lograr proveito*. É o *animus lucrandi*, ou *animus lucri faciendi causa*.

"(...)

"Mas a existência do dolo específico, do fim de procurar proveito ilícito, é indispensável, pois sem ele a apropriação indébita pode confundir-se com outros crimes, ou mesmo não haver delito".[6]

Assim, para que não sejam cometidas injuridicidades, deve-se esmiuçar a intenção do empregador de apropriar-se dos valores tributários de que é guardião. Para que o delito ocorra é necessário que o empregador se comporte como se fosse senhor (*dominus*) dos valores previdenciários por ele retidos.

Atentemos, a respeito, para as ensinanças de Nelson Hungria:

"O reconhecimento da apropriação é uma *quaestio facti* a ser resolvida, de caso em caso, pelo juiz, que, entretanto, não deve *tomar a nuvem por Juno*. Por vezes, denuncia-se ela *re ipsa* (ex.: a venda da coisa infungível recebida em depósito ou locação); mas, outras vezes, faz-se necessária uma detida apreciação das comprovadas circunstâncias. É de mister que fique averiguado de modo convincente, o *propósito de não restituir* ou a *consciência de não mais poder restituir*".[7]

Como a seguir veremos, a simples mora no ato de recolher o tributo descaracteriza o delito. Também não o caracteriza — agora por absoluta falta de tipicidade — a circunstância de o empregador não haver chegado a arrecadar a contribuição social de seus empregados, mas, apenas, haver juntado o montante necessário ao pagamento dos salários dos mesmos.[8]

Se inexistir apropriação ou se ela se dá com ausência de dolo específico, não há o crime definido no art. 95, *d*, da Lei n. 8.212/90.

Invocáveis, a propósito, as lições de Misabel Derzi:

"...os delitos de fundo tributário exigem, para sua configuração, a prática dolosa de ações ou omissões descritas na lei penal, específicas, e não somente o não recolhimento dos tributos devidos".[9]

Com efeito, a compreensão de qualquer regra de Direito Penal Tributário passa pela compreensão da totalidade da ordem jurídica.

Por tal motivo, absolutamente não concordamos com os que sustentam que o cri-

6. *Direito Penal*, 2º vol., Saraiva, São Paulo, 5ª ed., 1969, p. 331 (esclarecemos no primeiro parêntese — os grifos estão no original).

7. *Comentários ao Código Penal*, Forense, Rio, 3ª ed., 1967, p. 136 — os grifos estão no original.

8. Em nosso ordenamento jurídico-constitucional não há crime por dívida tributária. De fato, o direito brasileiro não pune nem as dívidas tributárias, nem aquilo que algumas legislações estrangeiras chamam de *delitos de risco*, nos quais, mesmo não havendo tributo a pagar, qualquer ato ou omissão do contribuinte, que coloque em risco os interesses fazendários, configura crime (desde que, é claro, especificado em lei).

9. "Da Unidade do Injusto no Direito Penal Tributário", in *Revista de Direito Público n.* 63, p. 221.

me capitulado no art. 95, *d*, da Lei n. 8.212/90 ocorre com o simples não-recolhimento, dentro do prazo legal, de contribuição previdenciária descontada do empregado. Segundo alegam, tratar-se-ia, pois, de crime omissivo próprio, já que se consumaria com o simples não recolhimento do montante fiscal, nas condições retro-apontadas.

Só uma primeira leitura do art. 95, *d*, da Lei n. 8.212/90 poderia levar-nos ao entendimento de que o simples fato de o empregador deixar de recolher, na época própria, as contribuições previdenciárias descontadas dos empregados, torna-o autor do crime em tela.

Tal interpretação (se e que de "interpretação" pode ser chamada), escora-se, por óbvio, em postulados falsos, inaceitáveis por quem tenha refletido o assunto, com base na melhor Hermenêutica Jurídica.

Com efeito, as disposições legais não devem ser interpretadas, ou seja, compreendidas no seu alcance e significado, de forma isolada do contexto normativo global em que se inserem, ou apenas no estrito e exclusivo entendimento gramatical dos seus termos. Fosse assim, e talvez o ensino da Ciência Jurídica pudesse ser despiciendo, e os Cursos de Direito tidos por inúteis, posto que a mera alfabetização em um idioma seria suficiente para converter qualquer cidadão comum, em verdadeiro *expert* na arte da interpretação das leis. A palavra "exegese" poderia ser substituída, em todos os vernáculos, por "leitura", e o termo "Hermenêutica" deixaria de identificar uma Ciência, para constituir-se em sinônimo do que hoje chamamos comumente de "Gramática".

Julgamos oportuno relembrar, neste lanço, a sempre atual lição de Carlos Maximiliano que, abeberando-se nos ensinamentos de Jellinek, Salomon, Dernburg, Ferrara e Alves Moreira, bem sintetizou clássica premissa, que alicerça todo o pensamento da moderna Ciência do Direito:

"...a palavra é um mau veículo do pensamento; por isso, embora de aparência translúcida a forma, não revela todo o conteúdo da lei, resta sempre margem para conceitos e dúvidas; a própria letra nem sempre indica se deve ser entendida à risca, ou aplicada extensivamente; enfim, até mesmo a clareza exterior ilude; sob um só invólucro verbal se conchegam e escondem várias idéias, valores mais amplos e profundos do que os resultantes da simples apreciação literal do texto"[10]

Disto decorre que a perda de prazo (mero esquecimento) ou a circunstância, tão comum, de o empregador apenas juntar "o líquido" do salário do empregado (contabilizando os valores[11] que deviam dele ser "descontados", a título de contribuição previdenciária, acaso estivesse de posse da quantia "bruta"), não configuram o delito em análise. Havendo, pois, motivo razoável para o não recolhimento ou ausente o *animus rem sibi habendi*, o delito não se configura.

Sabemos que o combate à sonegação e à evasão (ilícita) de tributos é meta do nosso sistema jurídico. Entretanto, esta louvável política não pode levar a excessos, atropelando as pautas constitucionais.

3.1 Esclarecimento necessário: há prevalência do interesse público em relação ao interesse fazendário

Neste ponto de nosso artigo, convém afastarmos, de uma vez por todas, equivo-

10. *Hermenêutica e Aplicação do Direito*, Forense, Rio, 11ª ed., p. 36.

11. Os valores devidos à Previdência Social costumam ser lançados na contabilidade da empresa, para evitar-se a prática do crime descrito no art. 95, *b*, da Lei n. 8.212/90 ("Constitui crime: (...) deixar de lançar mensalmente nos títulos próprios da contabilidade da empresa o montante das quantias descontadas dos segurados e o das contribuições da empresa").

Eis porque, apesar da inexistência de numerário, as empresas costumam fazer os lançamentos contábeis dos valores "descontados" dos seus empregados, a título de contribuição previdenciária (embora, de fato, nenhum desconto tenha sido realizado).

cadíssimo pressuposto, sempre lembrado, quando ocorrem abusos de autoridade. Estamos nos referindo à absurda confusão entre *interesse público* e *interesse fazendário*.

O *interesse fazendário* não se confunde, nem muito menos sobrepaira o *interesse público*. Perante o Texto Constitucional, subordina-se ao *interesse público* e, por isso mesmo, só poderá prevalecer quando em perfeita sintonia com ele.

Oportuna, a respeito, a preleção, sempre preciosa, de Celso Antônio Bandeira de Mello:

"Interesse público ou primário é o pertinente à sociedade como um todo e só ele pode ser validamente objetivado, pois este é o interesse que a *lei* consagra e entrega à compita do Estado como representante do corpo social. Interesse secundário é aquele que atina tão-só ao aparelho estatal enquanto entidade personalizada e que por isso mesmo pode lhe ser referido e nele encarnar-se pelo simples fato de ser pessoa".[12]

Estribados em tão sólidas lições doutrinárias, podemos proclamar, com toda a convicção, que o mero interesse arrecadatório — interesse secundário que — não pode fazer tábua rasa à legalidade, à isonomia e aos direitos constitucionais dos contribuintes.

No mesmo sentido, Alberto Xavier pontifica:

"... num sistema econômico que tenha como princípios ordenadores a livre iniciativa, a concorrência e a propriedade privada, torna-se indispensável eliminar, no maior grau possível, todos os fatores que possam traduzir-se em incertezas econômicas suscetíveis de prejudicar a expansão livre da empresa, designadamente a insegurança jurídica".[13]

12. *Curso de Direito Administrativo*, Malheiros Editores, São Paulo, 4ª ed., 1993, p. 46 (o grifo está no original).

13. *Os Princípios da Legalidade e da Tipicidade da Tributação*, RT, São Paulo, 1ª ed., 1978, p. 50.

Segue-se, pois, que nenhuma justificativa extrajurídica (*v.g.*, o aumento das receitas) poderá validamente subverter os princípios básicos do sistema constitucional brasileiro, iluminados, todos eles, pelo princípio da segurança jurídica.

As garantias constitucionais, limitam o poder de tributar e sancionar. O propósito de abastecer de dinheiro os cofres públicos não pode chegar, num *Estado de Direito* como o nosso, ao ponto de lesar direitos subjetivos das empresas e dos particulares que delas participam.

Afinal, predominância do interesse público não é sinônimo de lesão de direitos.

Não podemos invocar o interesse fazendário (ou seja qual for o nome que lhe queiramos atribuir) para justificar qualquer iniciativa, quer no plano normativo, quer no plano fático, que não se contenha estritamente nos lindes do texto constitucional. É que não há interesse maior do que o representado pelo respeito às exigências sistemáticas da ordem constitucional.

Assim agremiados, podemos retornar ao nosso tema central.

4. O alcance do art. 34, da Lei n. 9.249/95

O art. 34, da Lei n. 9.249/95 silenciou acerca do crime capitulado no art. 95, *d*, da Lei n. 8.212/91.

É o caso de indagarmos: este art. 34 também se aplica aos dirigentes de entidades beneficentes de assistência social que pagam, antes do oferecimento da denúncia, contribuições previdenciárias descontadas dos empregados e não recolhidas, na época própria, aos cofres da Seguridade Social?

O mesmo é propor a questão que lhe dar resposta *positiva*.

De fato, a analogia *in bonam partem* autoriza esta inteligência.

Não ignoramos que o princípio *nullum crimen nulla poena sine praevia lege* veda o emprego da analogia,[14] para considerar crime comportamento não previsto explicitamente em lei.

Todavia, a boa Política Criminal autoriza o emprego da chamada *analogia in bonam partem* (analogia para favorecer o réu),[15] máxime quando o delito não está tipificado em norma excepcional.

Como dilucida Basileu Garcia, "há situações especialíssimas em que proscrever a analogia benigna redundaria em deixar o acusado à mercê de gritante iniqüidade".[16]

É justamente o caso.

O crime de apropriação indébita de contribuições previdenciárias não tem caráter excepcional. Logo não é infenso à analogia *in bonam partem.*

O que temos, à toda evidência, no caso, é uma lei penal benéfica (Lei n. 9.249/95), que alude, especificamente, aos delitos definidos nas Leis ns. 8.137/90 e 4.729/65.

Nada impede — antes, tudo recomenda — que seus efeitos alcancem conduta em tudo e por tudo *semelhante* às definidas nas aludidas leis.

O próprio *princípio da eqüidade,* tão do agrado da moderna Ciência do Direito Penal, permite o dilargamento da causa extintiva da punibilidade que ora faz nossos cuidados.

Tal equiparação só seria impossível se a Lei n. 9.249/95, expressa ou implicitamente, a vedasse. Não é absolutamente o caso.

Razoável até supor, pelo contrário, que, tendo os delitos referidos nas Leis 8.137/90 e 4.729/65, a mesma natureza do capitulado no art. 95, *d*, da Lei n. 8.212/91,[17] houve, da parte do legislador, um natural "cochilo", *que pode e deve ser colmeado pela Doutrina e pela Jurisprudência.*

Oportuno ressaltarmos, a respeito, que a Constituição veda, às pessoas políticas, "instituir tratamento desigual entre contribuintes que se encontrem em situação equivalente" (art. 150, II).

A própria *isonomia,* pois, milita em favor de nossa tese.

Como vemos, o caso, por enquanto, não encerra nenhuma dificuldade jurídica. Pelo contrário, os argumentos associam-se harmonicamente, demonstrando que, por força da analogia *in bonam partem*, o art. 34, da Lei n. 9.249/95 alcança os autores do delito previsto no art. 95, *d*, da Lei n. 8.212/90.

Isto nos leva à irretorquível conclusão de que o pagamento, pelo dirigente (ou dirigentes), antes do oferecimento da denúncia, das contribuições previdenciárias descontadas, por entidades beneficentes de assistência social, dos seus empregados, extingue-lhe(lhes) a eventual punibilidade.

Fixada esta premissa, estamos preparados para dar mais um passo, rumo à meta por nós fixada.

Vamos verificar se o *parcelamento*, antes do oferecimento da denúncia, das con-

14. Na analogia, aplica-se, a um caso diretamente não disciplinado numa norma jurídica, regra prevista para hipótese semelhante. Não é por outra razão que Maria Helena Diniz sustenta que "a analogia é tão-somente um processo revelador de normas implícitas" (*Compêndio de Introdução à Ciência do Direito*, Saraiva, São Paulo, 1988, p. 410).

A analogia estriba-se no *princípio da igualdade*, "já que o processo analógico constitui um raciocínio 'baseado em razões relevantes de similitude', fundando-se na identidade de razão, que é o elemento justificador da aplicabilidade da norma a casos não previstos, mas, substancialmente semelhantes, sem contudo ter por objetivo prescrutar o exato significado da norma, partindo, tão-só, do pressuposto de que a questão *sub judice*, apenas de não se enquadrar no dispositivo legal, deve cair sob sua égide por semelhança de razão" (idem, ibidem).

15. Tal é a opinião de Costa e Silva: "A analogia só é tolerável, em matéria penal, quando favorável ao delinqüente (*in bonam partem*)" (*Código Penal*, 1º vol., São Paulo, 1943, p. 22).

16. *Instituições de Direito Penal*, vol. I, tomo I, 4ª ed., 31ª tiragem, Max Limonad, 1968, p. 156.

17. Realmente, os crimes de sonegação fiscal e o crime capitulado no art. 95, *d*, da Lei n. 8.212/91, têm, *grosso modo*, o mesmo tipo: deixar de recolher, na época própria, tributo. Devem seus autores ser alcançados pela mesma causa extintiva da punibilidade, sob pena de flagrante injustiça.

tribuições previdenciárias descontadas dos empregados de entidades beneficentes de assistência social e não pagas, no prazo legal, também tem o condão de extinguir a punibilidade do dirigente.

Para tanto, faremos uma ligeira incursão pelo Direito Tributário, discorrendo sobre as causas extintivas do crédito tributário.

5. As causas extintivas do crédito tributário

O tributo não se perpetua no tempo. Pelo contrário, nasce para desaparecer. Mais dia menos dia deixa de existir, libertando o contribuinte (sujeito passivo) daquele *estado de sujeição* que o prendia ao Fisco (sujeito ativo).

Como sabemos, o tributo extingue-se com o *pagamento* ou com a verificação de qualquer outra *causa extintiva da obrigação tributária*.[18]

Em apertada síntese, causa extintiva da obrigação tributária é o ato ou fato a que a lei atribui o efeito de libertar o sujeito passivo tributário, daquele liame abstrato (vínculo jurídico) que o prendia ao sujeito ativo tributário, desde a ocorrência do fato, imponível (fato gerador *in concreto*).

São causas extintivas da obrigação tributária o pagamento (causa extintiva por excelência), a remissão, a compensação, a transação (novação), a decadência, a prescrição, a confusão, o desaparecimento sem sucessor do sujeito passivo tributário etc.[19]

Todas elas, quando ocorrem, fulminam aquele *estado de sujeição* em que se encontrava o contribuinte, em face do Fisco.

Todas fazem desaparecer o tributo.

5.1 A transação como causa extintiva do crédito tributário

Na transação, desaparece a primitiva obrigação tributária, surgindo, em seu lugar, uma nova (ou novas). Estamos, pois, percebendo, que a transação, em matéria tributária, leva à novação.

Retomando, pois, a idéia, a *transação* (*novação*) é também causa extintiva de obrigações tributárias.

A transação vem prevista genericamente no art. 156, III, do CTN e disciplinada, com maior riqueza de detalhes, no art. 171, deste mesmo diploma normativo.

Prescreve o predito art. 171, do CTN:

"Art. 171. A lei pode facultar, nas condições que estabeleça, aos sujeitos ativo e passivo da obrigação tributária celebrar transação que, mediante concessões mútuas, importe em determinação (terminação) de litígio e conseqüente extinção de crédito tributário.

"Parágrafo único. A lei indicará a autoridade competente para autorizar a transação em cada caso".

Portanto, não resta a menor dúvida que a transação representa — tanto quanto o pagamento — modalidade extintiva do tributo. A transação leva a efeito a extinção da primitiva obrigação tributária, determinando o surgimento, em seu lugar, de uma nova ou novas.

Como escrevemos acima, em matéria tributária, a transação conduz à novação.

Na verdade, a novação é, a um tempo, causa extintiva e causa geradora de obrigações (inclusive tributárias).[20]

18. O *Código Tributário Nacional* chama as causas extintivas da obrigação tributária de *causas extintivas do crédito tributário*. Impropriamente, porque o tributo não se extingue apenas quando desaparece o *crédito tributário*, mas, também, quando se fere de morte seu *sujeito ativo* ou seu *sujeito passivo*. Ademais, extinto o crédito tributário, *ipso facto* extingue-se toda a obrigação tributária.

19. Algumas causas extintivas do crédito tributário estão arroladas no Código Tributário Nacional, em seu art. 156 (o pagamento, a remissão, a compensação etc.). Outras, foram discernidas pela doutrina (a confusão, o desaparecimento, sem sucessor, do sujeito ativo, o desaparecimento, sem sucessor, do sujeito passivo etc.).

20. Neste sentido, Clóvis Beviláqua é elucidativo: "A novação é a conversão de uma dívida por outra para extinguir a primeira" (*Código Civil Comentado*, vol. 4, p. 157).

A novação, em última análise, extingue a obrigação antiga, libertando o devedor do vínculo que o prendia ao seu credor, ao mesmo tempo em que faz nascer outra (ou outras).

5.2 O parcelamento do tributo como modalidade de transação

Uma das modalidades de transação é o parcelamento do tributo.

Apenas para exemplificar, digamos que um dado contribuinte devia *100*, a título de tributo, e o prazo para o pagamento de seu débito vencia no dia 20 de abril. Não podendo ou não querendo saldar seu débito nesta data, ele — desde que haja lei autorizadora neste sentido — pleiteia o parcelamento do mesmo, que é deferido. Com isto, pagará o débito em, por exemplo, cinco prestações de *22* cada uma, vencendo, a primeira, no dia 20 de maio; a segunda, no dia 20 de junho; a terceira, no dia 20 de julho; a quarta, no dia 20 de agosto; e, a derradeira, no dia 20 de setembro.

O que ocorreu, no caso? Simplesmente a primitiva obrigação tributária desapareceu, cedendo passo a cinco novas obrigações tributárias. Tão novas que têm novos valores e novas datas de vencimento. O próprio total a recolher é superior (no exemplo apontado, soma *110*).

Com o parcelamento, o contribuinte abandona o estado de inadimplência. Tanto que, se quiser, poderá obter a certidão negativa de débito fiscal de que tratam os arts. 205 e seguintes, do Código Tributário Nacional.

Deferido o parcelamento, a época do pagamento do tributo desloca-se para adiante (para a época do pagamento das parcelas). Extingue a dívida anterior, originando novas dívidas (as correspondentes às parcelas).

O parcelamento regulariza sua situação junto ao Fisco, que só desaparecerá se deixar de pagar as parcelas.

Evidentemente, como havíamos adiantado, o parcelamento deve ser autorizado por lei da entidade tributante. Esta é uma exigência incontornável do princípio da legalidade, do qual o Direito Tributário nunca se aparta.

5.3 A hipótese em exame

A Lei n. 9.129, de 20 de novembro de 1995, autorizou, *obedecidos certos requisitos*, o parcelamento de contribuições previdenciárias devidas pelos empregadores, inclusive quando descontadas de seus empregados e não pagas, na época devida.[21]

Estabelece o art. 1º, da Lei n. 9.129/95:

"Art. 1º. Excepcionalmente, nos cento e oitenta dias subseqüentes à publicação desta Lei, os débitos pendentes junto ao Instituto Nacional do Seguro Social — INSS, referentes a contribuições do empregador, incluídos ou não em notificação, relativos a competências anteriores a 1º de agosto de 1995, poderão ser objeto de acordo para pagamento parcelado em até noventa e seis meses".

Esta possibilidade de parcelamento alcança as contribuições descontadas dos empregados e não recolhidas, na época própria, ao INSS, *por entidades beneficentes de assistência social*, que atendam aos requisitos estabelecidos nos incisos III e V do art. 55 da Lei n. 8.212/91, como nos revela a só leitura dos parágrafos 5º e 6º da aludida lei:

"§ 5º. Os Municípios, os Estados, o Distrito Federal e as cooperativas agrícolas poderão optar, excepcionalmente, por parcelar as contribuições descontadas dos segurados empregados e dos trabalhadores avulsos e não recolhidas ao INSS, quando

21. Antes, a Lei n. 8.620/93, em seu art. 12, permitiu, excepcionalmente, nos meses de fevereiro a julho de 1993, o parcelamento das contribuições descontadas dos segurados, empregados e trabalhadores avulsos, e não recolhidas ao INSS, *quando referentes a período anterior a 1º de dezembro de 1992.*

referentes a competências anteriores a 1º de agosto de 1995, *em até 12 meses*, na forma prevista nesse artigo, ou nos termos do art. 27 da Lei Complementar n. 77, de 13 de julho de 1993, gozando também da isenção total das multas.

"§ 6º. *Aplica-se, que couber, o disposto no parágrafo anterior às entidades beneficentes de assistência social que atendam os requisitos estabelecidos nos incisos III e V do art. 55 da Lei n. 8.212, de 24 de julho de 1991*" (grifamos).

Só para registro, estipulam os incisos III e V, do art. 55, da Lei n. 8.212/91:

"Art. 55. Fica isenta das contribuições de que tratam os arts. 22 e 23 desta Lei a entidade beneficente de assistência social que atenda aos seguintes requisitos cumulativamente:

"(...)

"III — promova a assistência social beneficente, inclusive educacional ou de saúde, a menores, idosos, excepcionais ou pessoas carentes;

"(...)

"V — aplique integralmente o eventual resultado operacional na manutenção e desenvolvimento de seus objetivos institucionais, apresentando anualmente ao Conselho Nacional da Seguridade Social relatório circunstanciado de suas atividades".

Portanto, nos cento e oitenta dias subseqüentes a 21 de novembro de 1995 (data da publicação da Lei n. 9.129/95), isto é, até 19 de maio de 1996, inclusive,[22] as entidades beneficentes de assistência social podem parcelar, em até doze meses, as contribuições descontadas, até 1º de agosto de 1995, dos seus segurados; empregados e não recolhidas ao INSS. Para tanto, devem: a) promover a assistência social beneficente, inclusive educacional ou de saúde, a menores, idosos, excepcionais ou pessoas carentes; e, b) aplicar integralmente o eventual resultado operacional na manutenção e desenvolvimento de seus objetivos institucionais, apresentando anualmente, ao Conselho Nacional da Seguridade Social, relatório circunstanciado de suas atividades.

Muito louvável o permissivo em tela, que prestigia as entidades assistenciais que, em última análise, secundam o Estado na realização do bem comum. A falta de eventuais detalhes (*v.g.*, o fato da entidade também ser educacional, mas sempre sem fins lucrativos ou a circunstância do relatório anual não ter sido apresentado, por mero descontrole administrativo) não têm o condão de afastar o benefício, que vem ao encontro dos interesses da Comunidade que estas entidades amparam.

Apoiados no *espírito da lei* (*mens legis*), pensamos que uma instituição educacional que, paralelamente, realize, de modo constante e sistemático (porque a tanto obrigam-na seus Estatutos), atos de beneficência social, também faz jus ao parcelamento em tela. É que, assim procedendo, transforma-se numa verdadeira "entidade paraestatal", já que caminha "paralelamente ao Estado", avocando atribuições que a ele originariamente pertencem. Natural, portanto, recebam o tratamento privilegiado, com base na interpretação analógica do § 5º, do art. 1º, da Lei n. 9.129/95.

Assim, retomando o fio da meada, graças à Lei n. 9.129/95, as entidades beneficentes de assistência social podem parcelar contribuições previdenciárias descontadas de seus empregados, ainda que não tenham sido recolhidas na época própria.

Com isso, retomam o estado de plena adimplência. Juridicamente falando, é como se tivessem efetuado o pagamento do tributo.

Ora, o pagamento do tributo, antes do recebimento da denúncia, extingue a punibilidade do infrator, *ex vi* do art. 34, da Lei n. 9.249/95.

22. Sendo bissexto o ano de 1996, o mês de fevereiro teve 29 dias.

Logo, temos que o dirigente de entidade beneficente de assistência social, que obtém o parcelamento de contribuições previdenciárias descontadas dos empregados e, não pagas, na época própria, está com sua punibilidade extinta.

O parcelamento da contribução previdenciária vencida, ainda que anteriormente descontada do empregado, desfigura o crime capitulado no art. 95, *d*, da Lei n. 8.212/90, por *novação* da dívida, causa extintiva do crédito tributário equivalente, sob o aspecto jurídico, ao pagamento.

O acordo celebrado, com base na Lei n. 9.129/85, entre a autarquia (Fisco) e a entidade beneficente de assistência social (contribuinte), que leva ao parcelamento, exclui o *crime* do dirigente (ou dirigentes) desta mesma entidade.

Extingue-se a punibilidade, pois, para tais dirigentes que, antes de denunciados, parcelam as contribuições previdenciárias descontadas dos empregados de entidades beneficentes de assistência social e, é claro, honram os novos compromissos assumidos.[23]

6. *Outro caminho: "abolitio criminis" (hipótese de exclusão de punibilidade)*

I — Na tentativa de demonstrar cabalmente esta tese, vamos verificar se, com a superveniência da Lei n. 9.249/95, ainda subsiste o crime previdenciário definido no art. 95, *d*, da Lei n. 8.212/90.

Estamos que *não*. Autorizado pela lei o parcelamento do débito previdenciário, o delito em pauta transformou-se em mero ilícito administrativo.

Afinado neste diapasão, o erudito voto do Min. Armando Rollemberg, prolatado no julgamento do HC n. 4.419, do qual destacamos o seguinte trecho:

"Tendo em vista que a falta de recolhimento de contribuições previdenciárias descontadas de empregados, antes equiparada ao delito de apropriação indébita, *após a adoção do regime de parcelamento dos débitos em atraso, passou a ser considerada como simples ilícito administrativo*, e, ainda o fato de o paciente haver saldado integralmente sua dívida, conceda-se a ordem para determinar o trancamento da ação penal instaurada a propósito" (grifamos).

Note-se que a Lei n. 8.212/90, ao considerar crime, o comportamento de "deixar de recolher, na época própria, contribuição ou outra importância devida à Seguridade Social e arrecadada dos segurados ou do público" (art. 95, *d*), coerentemente vedou, em seu art. 38, § 1º, o parcelamento das contribuições descontadas dos empregados.[24]

De fato, só com a proibição do parcelamento é que se podia sustentar a existência do crime do art. 95, *d*, da Lei n. 8.212/90, equiparado à apropriação indébita.

Ao permitir o parcelamento do débito previdenciário, a Lei n. 9.129/95 — *como antes o fizera a Lei n. 8.620, de 5 de janeiro de 1993, em seu art. 12* —, descriminalizou a conduta do empregador, que voltou a ser mero ilícito administrativo. Houve, aí, uma verdadeira *abolitio criminis*.

23. Evidentemente, se o parcelamento é concedido e o devedor não honra o compromisso assumido, permanece a presunção de dolo e o crime, em tese, se verifica.

Em sintonia com esta idéia, o § 8º, do art. 1º, da Lei n. 9.129/95, prescreve: "O parcelamento do débito acordado nos termos deste artigo será automaticamente rescindido em caso de inadimplência de qualquer parcela ou falta de pagamento de contribuições devidas, restabelecendo-se a multa em seu percentual máximo e ficando o INSS obrigado, de ofício, a proceder à execução judicial de saldo devedor em até noventa dias".

24. Lei n. 8.212/90 — "Art. 38 (*omissis*). § 1º. Não poderão ser objeto de parcelamento as contribuições descontadas dos empregados, inclusive dos domésticos, dos trabalhadores avulsos e as decorrentes da sub-rogação de que trata o inciso IV do art. 30, independentemente do disposto no art. 95".

Melhor esclarecendo, se continuasse a ser havido por crime o não-recolhimento, na época própria, da contribuição previdenciária de antemão descontada do empregado, seu empregador, ao pleitear o parcelamento do débito fiscal, teria forçosamente que confessar a prática do delito, arcando com todas as conseqüências daí advindas.

Ora, isso simplesmente inviabilizaria a aplicação da Lei n. 9.129/95. Vale a propósito, a conhecida parêmia *ad impossibilia nemo tenetur* (ninguém pode ser obrigado a fazer o impossível).

Como se isso não bastasse, o Direito inadmite interpretações que levem a absurdos, incongruências ou flagrantes injustiças. Tal, diga-se de passagem, a lição clássica de Carlos Maximiliano:

"Deve o direito ser interpretado inteligentemente, não de modo que a ordem legal envolva um absurdo, prescreva inconveniências, vá ter a conclusões inconsistentes ou impossíveis".[25]

Ademais, não teria sentido obrigar o empregador (ou o dirigente de entidade beneficente de assistência social) a confessar o crime (assujeitando-o, às penas, nada leves, previstas no art. 95, da Lei n. 8.212/90) para, só ao depois, conceder-lhe o parcelamento.

II — Mas, mesmo antes (da descriminalização desta conduta, a retenção das contribuições previdenciárias concernentes aos empregados não encerrava, na maioria dos casos, o propósito, puro e simples, de não pagar os tributos.

Realmente, as empresas e, por extensão, os empregadores, com muita freqüência juntavam apenas o montante de dinheiro necessário ao pagamento do *valor líquido* dos salários de seus funcionários. Nada arrecadavam ao INSS, simplesmente porque nada havia para ser arrecadado.

O que havia era simples *inadimplemento*, a ensejar a imposição de multa e, quando o caso, o ajuizamento de execução fiscal; nunca a aplicação de pena.[26]

Ora, a apropriação indébita pressupunha, da parte do empregador, o prévio desconto, dos empregados, da contribuição previdenciária, com a intenção consciente (dolo específico) de não a recolher aos cofres públicos. Era preciso que o empregador se transformasse de possuidor *alieno domine* em possuidor *animus domine*.

Não havendo a posse *alieno domine*, logicamente não podia haver a posse *animus domine* (conseqüência daquela).

Muito bem, o Congresso Nacional, reconhecendo as dificuldades financeiras dos empregadores, afastou o draconianismo do art. 95, *d*, da Lei n. 8.212/90, ao mesmo tempo em que deu ênfase ao interesse do INSS em receber, ainda que em parcelas, as contribuições previdenciárias a que tem jus. De fato, melhor atende ao interesse autárquico o recebimento de *tudo,* ainda que em parcelas, do que o recebimento de *nada*, apesar da punição do empregador inadimplente.

Esta lei veio atender aos reclamos instantes dos empregadores e das empresas que, diante da crise financeira que se abateu sobre o País, eram obrigados a optar entre o pagamento do salário dos empregados *ou* o recolhimento das contribuições previdenciárias devidas.

O *estado de necessidade* obrigava-os a eleger o *valor maior* e, por isso, invariavelmente, preferiam pagar os salários dos empregados. Do contrário, a própria em-

25. ob. cit., p. 166 (os grifos são do autor).

26. Esta é uma conseqüência inarredável do art. 5º, LXVII, da CF: "não haverá prisão civil por dívida, salvo a do responsável pelo inadimplemento voluntário e inescusável de obrigação alimentícia e a do depositário infiel".

Observamos que, mesmo nas estritas hipóteses em que a Constituição Federal autoriza a prisão civil por dívidas, é imprescindível que o inadimplemento do responsável seja *voluntário* e *inescusável*.

presa teria que encerrar suas atividades, porque, como é de compreensão intuitiva, os empregados nunca concordariam em continuar trabalhando, sem receber, *in totum*, os salários a que tinham direito.

Realmente, seria um absurdo exigir que, primeiro, recolhessem os débitos previdenciários e, só depois, ainda que com considerável atraso, se ocupassem com os salários dos empregados.

Aliás, que os salários dos empregados têm preferência sobre os tributos, é idéia que o próprio Código Tributário Nacional consagrou. De fato, o art. 186 deste diploma normativo estatui que o crédito tributário prefere a qualquer outro, "ressalvados os créditos decorrentes da legislação do trabalho". Portanto, perante nosso ordenamento jurídico, os créditos trabalhistas preferem aos tributários.

Daí podermos reconhecer a inexigibilidade de outra conduta no empregador que comprovava que, à falta de outras alternativas, pagou salários a seus empregados, utilizando, para isso, também a quantia que devia ter endereçado à Seguridade Social, a título de contribuições previdenciárias (inclusive as descontadas, "pro forma", dos empregados).

Ausente, na hipótese, a culpabilidade, pressuposto da pena.

7. *Ainda outro caminho: descaracterização do dolo no pedido de parcelamento*

Sobremais, no parcelamento de contribuições previdenciárias descontadas dos empregados de entidades beneficentes de assistência social e não pagas no prazo, há ausência de *animus rem sibi habendi* circunstância que, em si mesma, descaracteriza a apropriação indébita.

É a idéia central da seguinte ementa, extraída de julgado do Superior Tribunal de Justiça:

"Ementa oficial: *O fato de ser permitido ao acusado o recolhimento parcelado, das contribuições descontadas dos funcionários e devidas à Previdência Social descaracteriza o crime de apropriação indébita por indemonstrado o 'animus rem sibi habendi'*".[27]

Deveras, ao pleitear o parcelamento, o dirigente de tais entidades já não age com *animus rem sibi habendi*. Noutros termos, inexiste a intenção dolosa de reter injustamente para si, quantia pertencente à Seguridade Social. Muito pelo contrário: ao pleitear o parcelamento e, de modo especial, ao dar início ao pagamento das prestações, o dirigente demonstra inequivocamente que tem a intenção de fazer chegar às mãos da Previdência Social (ainda que por etapas, como excepcionalmente lhe permite fazer o § 6º, do art. 1º, da Lei n. 9.129/95), as contribuições descontadas dos empregados.

Calham bem, uma vez mais, as lições do sempre citado Nelson Hungria, que, analisando o elemento subjetivo da apropriação indébita, elucida:

"Dolo. O elemento subjetivo do crime em apreço (apropriação indébita) é a vontade conscientemente dirigida à apropriação da coisa alheia móvel, de que se tem precedente posse ou detenção. Como a apropriação pressupõe, conceitualmente, a intenção definitiva de não restituir a coisa ou desviá-la do fim para que foi entregue, ou a ciência de que se torna impraticável uma coisa ou outra, é óbvio que tal intenção ou ciência é integrante do dolo do agente. A ausência do *animus rem sibi habendi*, exclui, subjetivamente, a apropriação indébita".[28]

Interpretar a norma contida no art. 95, *d*, da Lei n. 8.212/90, como definidora de crime de mera conduta, é colocá-la em

27. RHC 4.257-5-RJ, 5ª T., j. 5.4.95, Rel. Min. Flaquer Scartezzini, *DJU* 8.5.95 (os grifos estão no original).

28. Ob. cit., p. 138.

conflito com a Constituição, que veda a prisão por dívida.

O ânimo de apropriar-se está ausente, se o débito previdenciário, antes do oferecimento da denúncia, foi parcelado.

De fato, quando, com base na Lei n. 9.129/95, a entidade beneficente de assistência social requer o parcelamento do débito previdenciário e, deferida sua pretensão, honra as prestações devidas, demonstrando a vontade de pagar integralmente sua dívida previdenciária, seu dirigente já não age com o *animus rem sibi habendi*, imprescindível à configuração do delito.

Se ausente o *animus rem sibi habendi* não há, nem mesmo em tese, o crime de apropriação indébita previsto no art. 95, *d*, da Lei n. 8.212/90.

Em suma, também por este motivo, o parcelamento, antes do oferecimento da denúncia, dos débitos previdenciários vencidos (mesmo quando descontados dos empregados), extingue a punibilidade do dirigente de entidade beneficente de assistência social.

8. Derradeiro caminho: novação

I — Autores há que entendem que o parcelamento do débito tributário equivale à moratória e, como tal, suspende a exigibilidade do crédito tributário, nos termos do art. 151, do CTN.[29]

Vamos explorar também este caminho.

Só para nos situarmos no assunto, a exigibilidade do crédito tributário poderá ser suspensa, isto é, ter sua eficácia temporariamente paralisada, por atos ou fatos jurídicos previstos em lei. São os modos pelos quais o contribuinte pode exteriorizar seu inconformismo, sem correr o risco de vir a sofrer a execução fiscal.

Realmente, sendo a *exigibilidade* um pressuposto da *executividade,* suspensa aquela, fica, *ipso facto*, suspensa esta última.

Muito bem, depois de exigível o tributo, nada impede que surja um ato ou fato novo, prestigiado pelo direito, que impede que a Fazenda Pública efetue a cobrança tributária. Este fato novo não suspende o crédito tributário (como equivocadamente sinaliza o Capítulo III, do Título III, do Código Tributário Nacional), mas, tão-somente, a *exigibilidade* do crédito tributário.

Tal é a opinião de Paulo de Barros Carvalho:

"...aquilo que se opera, na verdade, é a suspensão do teor de exigibilidade do crédito, não do próprio crédito que continua existindo tal qual nascera. Está correto enunciar que, antes do lançamento, o crédito se encontrava devidamente constituído, mas não tinha condições de ser reclamado. Com a celebração do ato jurídico administrativo, formalizador da pretensão, afloram os elementos básicos que tornam possível a exigência: a) identificação do sujeito passivo; b) apuração da base de cálculo e da alíquota aplicável, chegando-se ao *quantum* do tributo; e c) fixação dos termos e condições em que os valores devem ser recolhidos. Feito isso, começa o período de exigibilidade".[30]

As *causas suspensivas da exigibilidade do crédito tributário*, enquanto presentes, impedem que a Fazenda Pública, valendo-se do Judiciário, invista contra o patrimônio do contribuinte, com o fito de receber o tributo que entende devido. Noutro falar, a Fazenda Pública poderá exigir o crédito tributário apesar dele já estar formalizado. Quando levantadas, sim, a exigibilidade do crédito tributário readquire sua potencialidade, até sua extinção (com o pagamento do tributo, ou com a verifi-

29. É o caso de Maria Leonor Leite Vieira (*A Suspensão da Exigibilidade do Crédito Tributário*, dissertação de mestrado apresentada no Programa de Pós-Graduação em Direito da PUC/SP, 1995, inédita, pp. 46 e ss.).

30. *Curso de Direito Tributário*, São Paulo, Saraiva, 4ª ed., 1991, p. 289.

cação de qualquer outra causa extintiva da obrigação tributária).

O Código Tributário Nacional adnumera, em seu art. 151, as situações em que a exigibilidade do crédito fica provisoriamente suspensa. Uma delas é a *moratória* (art. 151, I).

II — A moratória, em apertada síntese, é a dilação (prorrogação, adiamento) do prazo estipulado para o pagamento do tributo. Com ela, desloca-se, para data ulterior, a época da exigibilidade do tributo.

No campo tributário, só a lei da entidade tributante pode prorrogar este prazo.

Enquanto o novo prazo não flui, o credor tributário não tem ação contra o contribuinte. No linguajar pitoresco de Aliomar Baleeiro, "a exigibilidade de seu crédito jaz em ponto morto, ainda que fluam, ou não, os juros" [31]

Assim, mesmo que consideremos, *ad argumentandum tantum*, o parcelamento autorizado pela Lei n. 9.129/95, uma hipótese de moratória, o crédito do INSS fica diferido para época posterior. Com a autorização para pagamento parcelado da dívida tributária, amplia-se o prazo para o pagamento da exação.

Com o parcelamento, que a Lei n. 9.129/95 lhes permite fazer, as entidades beneficentes de assistência social, também nesta hipótese regularizam sua situação perante o INSS. Apaga-se o ilícito penal do art. 95, *d*, da Lei n. 8.212/90, que, eventualmente, os dirigentes de tais entidades possam ter cometido. Enquanto cumprirem seus compromissos (honrando os prazos de vencimento das parcelas) nenhuma ilicitude cometem.

9. Última consideração

Como vemos, qualquer das linhas de argumentação invocadas (a da novação, a da *abolitio criminis*, a da ausência de dolo específico ou a da moratória), leva-nos à insofismável conclusão de que o parcelamento, antes da propositura da ação penal, das contribuições previdenciárias, descontadas dos empregados de entidades beneficentes de assistência social e não recolhidas, ao INSS, nas épocas devidas, extingue a punibilidade dos dirigentes das mesmas. Neste particular, de fato, todos os caminhos levam a Roma...

10. Conclusões

A vista do exposto, podemos sumular as seguintes conclusões:

I — Por analogia *in bonam partem*, o pagamento, antes do oferecimento da denúncia, das contribuições previdenciárias referentes ao empregador, não recolhidas no prazo, extingue-lhe a punibilidade, nos termos do art. 34, da Lei n. 9.249/95.

II — O parcelamento do débito tributário (inclusive quando concernente a contribuições previdenciárias) é tão causa extintiva do crédito tributário, quanto o pagamento do tributo.

III — O parcelamento, antes do oferecimento da denúncia, das contribuições previdenciárias do empregador, não recolhidas no prazo, à Seguridade Social, *também* extingue-lhe a punibilidade.

IV — Nos cento e oitenta dias subseqüentes a 21 de novembro de 1995 (data da publicação da Lei n. 9.129/95), as entidades beneficentes de assistência social *podem parcelar*, em até doze meses, *as contribuições descontadas*, até 1º de agosto de 1995, *dos seus segurados empregados e não recolhidas, na época própria, ao INSS* (art. 1º, § 6º, da Lei n. 9.129/95). Para tanto, devem: a) promover a assistência social beneficente, inclusive educacional ou de saúde, a menores, idosos, excepcionais ou pessoas carentes; e, b) aplicar integralmente o eventual resultado operacional na manutenção e desenvolvimento

31. *Direito Tributário Brasileiro*, Forense, Rio de Janeiro, 1975, p. 468.

de seus objetivos institucionais, apresentando anualmente, ao Conselho Nacional da Seguridade Social, relatório circunstanciado de suas atividades.

V — Os dirigentes de *entidades beneficentes de assistência social,* que obtêm o parcelamento de contribuições previdenciárias descontadas dos empregados e, não pagas, na época própria, estão, em face do disposto no art. 34, da Lei n. 9.249/95, com sua punibilidade extinta, desde que honrem os novos compromissos assumidos com o INSS.

VI — Ao permitir o parcelamento do débito previdenciário, a Lei n. 9.129/95 — *como antes o fizera a Lei n. 8.620, de 5 de janeiro de 1993, em seu art. 12* —, descriminalizou a conduta do empregador, que voltou a ser mero ilícito administrativo. Houve, aí, uma verdadeira *abolitio criminis*.

VII — Do contrário, confessando sua mora, o empregador teria inevitavelmente que admitir a prática do crime previdenciário, para obter o parcelamento do débito atrasado, cu cunstância que, por óbvio, inviabilizaria a aplicação da própria Lei n. 9.129/95. Portanto, a Lei n. 9.129/95 implicitamente descriminalizou a conduta tipificada no art. 95, *d*, da Lei n. 8.212/90.

VIII — Mas, mesmo antes da descriminalização desta conduta, a retenção das contribuições previdenciárias concernentes aos empregados não encerrava, na maioria dos casos, o propósito, puro e simples, de não pagar os tributos. O que havia era simples *inadimplemento*, a ensejar a imposição de multa e, quando o caso, o ajuizamento de execução fiscal; nunca a aplicação de pena.

IX — O *estado de necessidade* obrigava-os a eleger o *valor maior* e, por isso, invariavelmente, preferiam pagar os salários dos empregados. Do contrário, a própria empresa teria que encerrar suas atividades, porque, como é de compreensão intuitiva, os empregados nunca concordariam em continuar trabalhando, sem receber, *in totum*, os salários a que tinham direito.

X — Daí podermos reconhecer a inexigibilidade de outra conduta no empregador que comprovava que, à falta de outras alternativas, pagou salários a seus empregados, utilizando, para isso, também a quantia que devia ter endereçado à Seguridade Social, a título de contribuições previdenciárias (inclusive as descontadas, "pro forma", dos empregados). Ausente, na hipótese, a culpabilidade, pressuposto da pena.

XI — No parcelamento de contribuições previenciárias descontadas dos empregados de entidades beneficentes de assistência social e não pagas no prazo, há ausência de *animus rem sibi habendi*, circunstância que, em si mesma, descaracteriza a apropriação indébita. O ânimo de apropriar-se está ausente, se o débito foi parcelado e novado, desaparecendo a ilicitude, o que, de per si, inviabiliza o próprio oferecimento da denúncia.

XII — Com o parcelamento, a tipicidade da conduta descrita no art. 95, *d*, da Lei n. 8.212/90, desloca-se no tempo. Já não há a falta de pagamento na época devida. Com o parcelamento, renovam-se as datas de pagamento das obrigações tributárias. Com isso, as épocas do recolhimento estão no futuro, circunstância que descaracteriza o ilícito penal.

XIII — Mesmo que consideremos, *ad argumentandum tantum*, o parcelamento autorizado pela Lei n. 9.129/95, uma hipótese de moratória, o crédito do INSS fica diferido para época mais favorável às entidades beneficentes de assistência social.

Com o parcelamento, que a Lei n. 9.129/95 lhes permite fazer, tais entidades, também nesta hipótese, regularizam sua situação perante o INSS. Apaga-se o ilícito penal do art. 95, *d*, da Lei n. 8.212/90, que, eventualmente, seus dirigentes tenham cometido.

XIV — Como vemos, qualquer das linhas de argumentação invocadas (a da novação, a da *abolitio criminis*, a da ausência de dolo específico ou a da moratória), leva-nos à insofismável conclusão de que o parcelamento, antes da propositura da ação penal, das contribuições previdenciárias, descontadas dos empregados de entidades beneficentes de assistência social e não recolhidas, nas épocas próprias, extingue a punibilidade de seus dirigentes.

AS LACUNAS NO SISTEMA JURÍDICO: UMA BREVE ABORDAGEM

VALMIR PONTES FILHO
Professor Titular de Direito Constitucional da UNIFOR e de Hermenêutica Jurídica da UFC

Pondo-se em destaque o caráter eminentemente didático deste trabalho, em que se pretenderá abordar, de modo aligeirado, o problema das *lacunas* no ordenamento jurídico-constitucional brasileiro, convém que se faça, antes de tudo, uma observação preliminar, de fundamental importância para a perfeita compreensão do tema: a de que, na busca do sentido dos fenômenos jurídicos, os cientistas (dos quais o autor é apenas um interessado leitor) necessariamente percorrem trilhas diversas, segundo a particular visão de cada um deles. O Direito, na realidade, é um só, como objeto da Ciência do Direito, mas tal não importa afirmar que inexistam *modelos* distintos, adotados quando se trata de operacionalizar essa atividade científica.

De acordo com a doutrina de Tércio Ferraz Jr., por exemplo, segundo o *modelo analítico*, "... dado um conflito hipotético e uma decisão hipotética, a questão é determinar as suas condições de adequação: as possibilidades de decisão para um possível conflito... Neste caso, a Ciência do Direito aparece como uma sistematização de regras para a obtenção de decisões possíveis"; o *modelo hermenêutico,* por outro lado, "... vê a decidibilidade do ângulo de sua relevância significativa. Trata-se de uma relação entre a hipótese de conflito e a hipótese de decisão, tendo em vista o seu sentido. Pressupõe-se, neste caso, que o ser humano é um ser cujo agir tem um significado... a Ciência do Direito, neste caso, se assume como atividade interpretativa, construindo-se como um sistema compreensivo do comportamento humano"; já o *modelo decisório,* de acordo com o jusfilósofo citado, "...encara a decidibilidade como busca das condições de possibilidade de uma decisão hipotética para um conflito hipotético. Estabelece-se uma relação entre a hipótese de decisão e a hipótese de conflito, procurando-se determinar as condições dessa relação para além da mera adequação formal entre conflito e decisão. O ser humano, aqui, apresenta-se com um ser dotado de funções, isto é, um ser que se adapta, por contínua evolução e transformação, às exigências do seu ambiente. Segue a concepção da Ciência do Direito como uma investigação das normas de conveniência, estando a norma encarada como um procedimento decisório, constituindo-se, então, o pensamento jurídico, como um sistema explicativo do comportamento humano, enquanto regulado por normas".[1]

1. In *A Ciência do Direito*, Atlas, 1977, pp. 47-48.

Pois bem. De tais considerações se extrai que todos os mencionados *modelos* buscam, por meio de sua função heurística, o que seu objeto de estudo tem de relevante. Enquanto o *modelo analítico* dá maior importância à função organizatória (por agir a nível sintático: norma-norma) e o *modelo hermenêutico* privilegia a função avaliativa (por agir a nível semântico: norma-conteúdo), o *modelo decisório,* que age a nível pragmático (norma-agente), confere mais valia à função previsão. O primeiro deles, portanto, elege como fim primordial a busca de uma "unidade" das normas na variação de seus conteúdos, ou seja, a procura daquilo que todas têm em comum (é dizer, da sua essência, apesar da variação dos respectivos conteúdos). Essa postura formalista importa uma tendência à sistematização e classificação dos fenômenos jurídicos e à separação bem nítida entre o que é e o que não é jurídico — ou do que interessa ou não à Ciência do Direito — de forma a isolar-se a "matéria jurídica" da social, econômica ou política, por exemplo.

Corolário natural dessa posição "analítica" — inspirada fundamentalmente em Hans Kelsen — vem a ser, na opinião de alguns, a tentativa de oferecimento de regras para a *standartização* de casos em que é possível a aplicação de uma norma jurídica. E esta assim o será (jurídica) justamente por fundamentar-se em regra jurídica superior, até que se chegue, por dedução lógica, a uma regra fundamental, que não está posta, mas *pressuposta*, e que tem um sentido lógico-transcendental e um sentido jurídico. Comum, portanto, a acusação de que o adepto do positivismo jurídico é alguém despreocupado com o acolhimento da realidade social, em constante mutação. Com efeito, apesar de admitir (numa consideração extrajurídica) que ela é elaborada em razão de um fato social, o jurista kelseniano entende que a norma jurídica é a norma *válida,* ou seja, aquela elaborada pela autoridade competente, e segundo o modo estabelecido pela norma jurídica superior, resultando daí a afirmação de que sem *validade* não há *juridicidade.* Falar-se em "norma jurídica inválida" (ou em "lei inconstitucional") vem a ser uma contradição nos próprios termos!

Há, entretanto, a plena viabilidade de, mantendo sua fidelidade ao pensamento de Kelsen, o jus-positivista admitir: a) que o ato de interpretar/aplicar o Direito (a norma e o sistema em que se encarta) não envolve tão-só um ato de *conhecimento,* mas, de igual modo um ato *volitivo*,[2] por meio do qual é dado ao exegeta a oportunidade de escolha — dentre duas ou mais interpretações possíveis — daquela que mais lhe pareça adequada à situação problemática a demandar resposta; e essa escolha da solução "melhor", ou "mais justa", se dará, obviamente, em consonância com a mutante realidade social; b) que, demais disso, o acolhimento do método *tópico* de interpretação jurídica,[3] impõe — sem que isso signifique rompimento com o esquema teórico do Mestre de Viena, repita-se — o agasalhamento da tese de que é absolutamente adequado pensar-se antes do problema (escolhendo, nele, um *topos ou* vários *topoi,* a partir do(s) qual(is) o raciocínio jurídico se irá desenvolver) para, no passo seguinte, buscar-se no sistema normativo a regra (ou as regras), principiológica ou não, capaz de fornecer a solução com ele (problema) mais consentâneo;[4] caso, num primeiro momento, a tentativa for frustrante (na avaliação do intérprete/aplicador), deve ele voltar ao problema e recorrer novamente ao sistema, num "mo-

2. É exatamente Hans Kelsen, no último capítulo de sua insuperável *Teoria Pura do Direito*, quem assim o afirma.

3. Tal como retomado por Teodor Viehweg, em seu *Tópica e Jurisprudência*, e explicado com a habitual mestria, por Paulo Bonavides (*Curso de Direito Constitucional*, 5ª ed., Malheiros, pp. 446 e ss.).

4. Vale observar, todavia, que essa busca não pode ser aleatória, ou capaz de ir além do ordenamento jurídico-positivo, sob pena de agressão ao superprincípio da *segurança das relações jurídicas.*

vimento" circular e contínuo, até que a resposta institucionalizada lhe pareça boa ou satisfatória.

Dessa forma, abandona-se o clássico "dedutivismo", puro e simples, sem que haja desapreço à consideração de que o Direito é um sistema escalonado de normas válidas, voltado à regulação da conduta do homem em sociedade, que não pode ser confundido com a mera conduta em si (objeto da preocupação da Sociologia Jurídica, *v.g.*) ou com o conjunto das decisões judiciais (embora cada sentença possa ser tida como uma norma jurídica válida, mas *individual*).

As críticas ao positivismo, assim, já parecem menos substanciosas.

Cabe, a esta altura, e diante das considerações até aqui expendidas, examinar a questão das *lacunas* no Direito. Elas, afinal, existem ou não?

Com apoio nos ensinamentos de Maria Helena Diniz,[5] pertinente vem a ser a lembrança de que, passada a fase do "sistema irracional", em que era comum o recurso à opinião das pessoas mais velhas e sábias (*échevins*) para solucionar os conflitos ou preencher os "vazios" não solucionáveis pelo costume, bem como superado o momento em que o Rei, monopolizador que era das funções estatais (legislativa, executiva e jurisdicional, segundo o tradicional entendimento), tratava ele mesmo de colmatar esses "vazios" e de dar resposta aos conflitos emergentes, chegou-se à época em que o princípio da "separação dos poderes"[6] ganhou a importância e o prestígio merecidos. Com efeito, embora aceitando o poder político como *uno* e *incindível*, já Aristóteles e Locke haviam advertido para a existência de *funções diversas* desse poder. Montesquieu foi quem, afinal, exteriorizando o pensamento anti-absolutista dominante na época, formulou sua teoria do exercício dessas funções por órgãos distintos, independentes uns dos outros, embora harmônicos.

Admitindo-se a interpenetração dessas funções, e erigindo-se uma fórmula de equilíbrio entre os órgãos (ou "Poderes"), por meio de um sistema de *freios e contrapesos*, chegou-se à concepção do Estado de Direito democrático. Neste, é certo que todas as vezes em que a sua (do Estado) vontade se manifesta, o faz por meio dos atos legislativos, jurisdicionais, administrativos (ou executivos) e "de Governo".[7] Sob tal enfoque, e admitindo-se a hipótese de existência das lacunas jurídicas, a qual função estatal competiria o encargo de "eliminá-las"?

Autores há, como Santi Romano, que negam a existência de lacunas, com o argumento de que o que não estiver regulado pelas normas do ordenamento é irrelevante para o Direito. Hart e Ross entendem, por sua vez, que a lacuna existe, mas ao nível da jurisdição, e não do ordenamento. O que importa, segundo eles, é o trabalho do juiz sobre um "caso concreto", ocasião em que a omissão legal é apresentada ao magistrado encarregado da decisão requerida. Para outros, como José Vilanova, Aftalión e Garcia Olano, não há que se falar em lacunas sequer no âmbito da jurisdição, simplesmente pelo

5. V. *As Lacunas no Direito*, Ed. RT, 1981.

6. Essa expressão, como sabido, contém uma imprecisão técnica, na medida em que se sabe que o que se "separam" são as *funções* estatais e os *órgãos* encarregados de exercê-las, segundo um dado ordenamento jurídico-constitucional positivado, em dado local e época; assim, entre nós, e à luz da Constituição de 1988, não se pode falar em função "exclusiva" de um órgão (ou "Poder") já que, *v.g.*, o Executivo legisla (quando edita medidas provisórias) e o Legislativo exerce a jurisdição (quando o Senado julga o Presidente da República pela prática de crimes de responsabilidade) .

7. O eminente juspublicista Celso Antônio Bandeira de Mello bem assinala que não há confundir entre *ato administrativo* (praticado a nível infralegal, é dizer, com supedâneo na lei) e *ato de governo* (que se pratica a nível imediatamente infraconstitucional, sem intermediação de lei, como, p. ex., o de decretação da intervenção federal em Estado-membro).

fato de que os juizes, ao editarem suas sentenças, as preenchem.

Não se pode assim entender, todavia. O problema da lacuna não se resolve no âmbito da jurisdição, já que a norma individual, produzida pela autoridade judiciária, só se aplica à espécie[8] em julgamento, persistindo a "omissão" da norma geral, a lacuna legal. Os juizes não "eliminam" as lacunas, mas só as preenchem, em cada caso.

Tem-se como razoável e prudente admitir seja o *ordenamento jurídico* — composto que é de *normas* (de conduta e de competência) e de *princípios* (que, afinal, são normas principiológicas) — dotado da característica da *plenitude,* na medida em que as condutas humanas[9] são, invariavelmente, objeto das prescrições normativo-jurídicas: tais condutas serão, enfim, proibidas, obrigatórias ou, em último caso, permitidas (expressa ou implicitamente[10]). Assim, e desde que no sistema (ou ordenamento) sempre se encontrará uma resposta para o conflito, pode-se dizer que nele não há lacunas.

Isso não significa dizer, porém, que não haja lacunas *na "lei"*. Ou, com maior precisão, nas normas jurídicas isoladamente consideradas, bastando, para tanto, que se constate a existência de uma dada conduta simplesmente não regulada normativamente.[11]

Tais omissões, ou falhas,[12] podem (e devem!) ser preenchidas no momento em que se exerce a jurisdição, em relação à espécie em julgamento, uma vez que ao juiz descabe eximir-se de dar uma resposta ao conflito sob o argumento de que "falta lei" sobre o assunto. Serão eliminadas pela via legislativa, claro, com a edição de nova norma que venha a tratar especificamente do tema.

Mas também podem ser colmatadas (e não eliminadas em definitivo) pela via do *controle da constitucionalidade por omissão*, o qual dispõe de dois ancilares instrumentos: o *mandado* de *injunção* e a *ação direta de inconstitucionalidade por omissão,* ambos previstos no Texto Supremo em vigor. Por meio deles se deseja evitar que a falta de uma norma subconstitucional inviabilize a eficácia de uma norma da própria Constituição ou uma garantia por ela assegurada, circunstância em que a omissão legislativa se mostra inconstitucional.

No primeiro caso, a autoridade judiciária, desde que para tanto provocada, poderá e deverá "legislar" para o caso concreto, "produzindo" a norma bastante à solução do caso que lhe foi submetido pelo requerente. Só uma posterior elaboração legislativa, todavia, será capaz de por fim à omissão existente. No segundo, o órgão competente do Judiciário (o Supremo Tribunal Federal) limitar-se-á — uma vez havendo declarado a inconstitucionalidade por omissão de medida para tornar eficaz norma constitucional — a "dar ciência" ao Poder (órgão) competente para a "adoção das providências necessárias" e, em se tratando de órgão Executivo, para fazê-lo em trinta dias (CF, art. 103, § 2º).

8. Cuida-se de evitar o emprego da expressão "caso concreto", pois esta pressupõe, tradicionalmente, a existência de um conflito de interesses entre pessoas (intersubjetivo); não se pode olvidar, porém, a possibilidade de a *espécie* envolver um *conflito normativo* (entre a lei e a Constituição, por exemplo), ocasião em que se deflagrará o controle jurisdicional da constitucionalidade.

9. Estas sim, destinatárias das regras do Direito.

10. Neste último caso, dir-se-á que essas condutas se inserem no campo do lícito.

11. Aluda-se, por exemplo, à prática, hoje de certo modo difundida, de uma mulher fértil "alugar" seu corpo para abrigar e desenvolver óvulo de outra, fecundado *in vitro*. Dir-se-á que tal conduta é lícita (porque não obrigatória nem proibida), mas a lei não responde com clareza à questão de saber-se quem é a mãe: a que teve o óvulo fecundado ou a que deu à luz a criança.

12. As chamadas *lacunas técnicas,* ou *normativas*, que não se confundem com as chamadas "lacunas axiológicas" (a revelarem a falta de uma lei "melhor" ou "mais justa"), que não podem ser de fato, consideradas como tais.

Eis que, se a omissão for do Poder Legislativo — por não ter produzido a regra demandada — este tomará conhecimento da decisão judicial, mas sem que lhe tenha sido assinalado prazo para fazê-lo. Ou o dispositivo sequer chega a ser uma norma jurídica, por faltar-lhe a condição essencial do estabelecimento de sanção para a hipótese de descumprimento da prescrição, ou a regra é omissa, ou seja, lacunosa. Há, portanto, uma lacuna na regra da Constituição que visa a evitar que as lacunas legais existam. No mínimo curiosa essa situação! A não ser que se entenda que se a Mesa do Congresso (ou o Presidente, no caso de se tratar de iniciativa legislativa privativa sua), em prazo "razoável" não cuidar de deflagrar o processo legislativo correspondente, esteja a cometer crime de responsabilidade, por descumprimento de ordem judicial. Essa construção interpretativa, porém, pode parecer ousada em demasia.

REFLEXIONES SOBRE LOS PRINCIPIOS GENERALES DE DERECHO EN LA CONSTITUCIÓN URUGUAYA

JUAN PABLO CAJARVILLE PELUFFO
Profesor Titular de Derecho Público II (Administrativo) Facultad de Derecho — Universidad de la República Oriental del Uruguay

*I — Mi homenaje a Alberto Ramón Real, Decano y profesor eminente**

Al rendir homenaje a Alberto Ramón Real, vuelven a mi memoria las últimas clases que dictó, en un curso curricular del viejo y añorado Derecho Administrativo 1º, cuando la dictadura, por medios indirectos y retorcidos, lo obligaba a retirarse de la docencia. Asistí a ellas como Aspirante a Profesor Adscripto, acompañando al Prof. Dr. Daniel H. Martins que era por entonces su Agregado. En esas pocas clases, Real expuso a aquellos estudiantes que por primera vez se enfrentaban con la disciplina, las distintas escuelas que se han sucedido en su breve pero rica historia, haciendo gala de un deslumbrante dominio de autores y tendencias, explicándoles sus características, diferencias e influencias recíprocas, con el brillo y al mismo tiempo con la claridad y sencillez que sólo alcanzan los grandes maestros.

Entre los muchos aportes de aquel gran maestro a nuestro Derecho público, Constitucional y Administrativo, se destacan sin duda sus estudios sobre los principios generales de derecho.[1] Real puso de relieve la suprema importancia de esos principios en la configuración de la situación jurídica del individuo frente al Estado, basada en la concepción del hombre como "un valor en sí, de principio, acogido por el derecho, pero que no encuentra en el derecho la fuente de su existencia y actividad ni el impulso motor, sino el límite de su esfera reservada". Al reproducirlos en 1974, en el volumen que tituló *Estado de Derecho*

* Colaboración del autor al volumen de estudios en homenaje al Prof. Dr. Alberto Ramón Real, dispuesto por el Consejo de la Facultad de Derecho de la Universidad de la República Oriental del Uruguay.

1. Real, Alberto Ramón, "Los principios generales de derecho en la Constitución uruguaya", en *Rev. de Der. Púb. y Priv.*, 1958, t. 40, pp. 195 a 247; se publicó en apartado una versión actualizada y con un apéndice: *Los principios Generales de Derecho en la Constitución Uruguaya — Principio de igualdad de remuneración por igual trabajo*, Mdeo., 1965; reproducido en *Estado de Derecho y Humanismo Personalista*, ed. FCU, Mdeo., 1974, pp. 5 a 93. Las citas siguientes corresponden a la edición de 1965.

Real, Alberto Ramón, "Los principios generales de derecho en el Derecho Administrativo", en *Estado de Derecho y Humanismo Personalista*, cit., pp. 173 a 223.

Real, Alberto Ramón, "Los principios del procedimiento administrativo en el Uruguay", en *Rev. de la Fac. de Der. y C. Soc.*, Año XXIII, ns. 3-4, Mdeo., 1975, pp. 347 a 374; y en *Nuevos estudios de Derecho Administrativo*, ed. Acali, Mdeo., 1976, pp. 5 a 40.

y humanismo personalista,[2] verdadero manifiesto contra la situación política entonces imperante que honró tanto al autor como a la editorial, Real dedicó esos estudios y los demás incluidos en el volumen, entre ellos El Estado de Derecho, "en ferviente homenaje al ideal perdurable e inextinguible, de libertad bajo el derecho, que dignifica la vida humana".

Las siguientes reflexiones que hilvano en su homenaje y se apoyan en sus enseñanzas, refieren al acogimiento de los principios como "reglas de derecho" en nuestro Derecho público. Como el de Real, es este un estudio de derecho positivo, que no pretende incursionar en los dominios de la filosofía ni de la teoría general del derecho, aunque deba rozarlos en la medida necesaria para interpretar las normas en cuestión.

II — Los principios generales de derecho en la Constitución uruguaya

1. La Carta alude a los principios generales de derecho, implícita pero necesariamente, en el art. 72, y expresamente en el art. 332. En el primer caso,[3] para considerar incluidos en ella, además de los enumerados, los derechos, deberes y garantías "que son inherentes a la personalidad humana o se derivan de la forma republicana de gobierno"; en el segundo,[4] para aplicar, a falta de la reglamentación respectiva, sus preceptos "que reconocen derechos a los individuos, así como los que atribuyen facultades e imponen deberes a las autoridades públicas".

2. El art. 72 afirma la existencia de "derechos, deberes y garantías" que no han sido enumerados en la Constitución, y que esa disposición incorpora a nuestro derecho positivo. En cuanto se trata de verdaderas situaciones jurídicas,[5] no pueden sino resultar de normas jurídicas o de "reglas de derecho",[6] que a la vez, atento a la tipología admitida generalmente por la doctrina y recogida por nuestro derecho positivo, no pueden ser sino "principios generales de derecho".

"Inherentes a la personalidad humana" son los que corresponden a todo ser huma-

2. Real, Alberto R., *Estado de Derecho y humanismo personalista*, ed. Fundación de Cultura Universitaria, Mdeo., 1974.

3. "Art. 72. La enumeración de derechos, deberes y garantías hecha por la Constitución, no excluye los otros que son inherentes a la personalidad humana o se derivan de la forma republicana de gobierno."

Este artículo — sin la palabra "deberes" — se incorporó en la Constitución de 1918, y adquirió su redacción actual en la de 1934.

4. "Art. 332. Los preceptos de la presente Constitución que reconocen derechos a los individuos, así como los que atribuyen facultades e imponen deberes a las autoridades públicas, no dejarán de aplicarse por falta de la reglamentación respectiva, sino que ésta será suplida recurriendo a los fundamentos de leyes análogas, a los principios generales de derecho y a las doctrinas generalmente admitidas."

Este artículo, con la misma redacción actual, se incorporó en la reforma constitucional de 1942.

5. Fernando Aguirre Ramirez, encarando la naturaleza de los "derechos humanos" *desde un punto de vista filosófico*, ha dicho que "cuando se dice 'derechos humanos' y se quiere significar con ello: *derechos naturales inalienables e imprescriptibles y superiores al Estado*, no se está usando la palabra Derecho en el sentido que 'derecho subjetivo' tiene en la Teoría General. ... sino que se trata de *un requerimiento de tipo axiológico dirigido al legislador y fundado en un juicio estimativo de valor*." (*Introducción a la axiología jurídica*, Mdeo., 1995, p. 290). Pero *desde el punto de vista de nuestro derecho positivo* y en virtud del art. 72, los derechos, deberes y garantías a que refiere (entre ellos, los llamados "Derechos Humanos") constituyen situaciones jurídicas positivas perfectas.

6. Utilizo esta última locución en el sentido del Decreto-ley n. 15.524, art. 23 ap. a): "regla de derecho, considerándose tal, todo principio de derecho o norma constitucional, legislativa, reglamentaria o contractual". Idéntica disposición contuvo antes el art. 345 de la Ley n. 13.318 de 28 de diciembre de 1964.

En este estudio, utilizaré como equivalentes las palabras "regla" y "norma", que también pueden mentar conceptos distintos; y la referencia a "leyes" se considerará comprensiva de "los decretos de los Gobiernos Departamentales que tengan fuerza de ley en su jurisdicción" (Constitución, art. 260).

no por el hecho de serlo; son necesariamente idénticos para todos, porque derivan de lo que todos los hombres tienen en común, de aquello que los hace pertenecientes a la misma especie. No dependen de lo que hayan hecho o dejado de hacer ni de la situación jurídica en que se encuentren, sino de su propia naturaleza, de lo que todos los hombres tienen de igual.[7] Por ende, no puede basarse en el art. 72 ningún derecho, deber o garantía en favor o a cargo de una persona que no pueda afirmarse por igual y en la misma medida de todas las demás personas humanas, con prescindencia de todas las características fácticas y jurídicas que las individualicen y las distingan de todos los demás individuos del género humano; aunque ciertamente puede ocurrir que uno de tales derechos o deberes se haga especialmente manifiesto o adquiera particular relevancia cuando un individuo se encuentre en determinada situación jurídica o de hecho (por ej., en la de trabajador subordinado).

La "forma republicana de gobierno", de la cual según el art. 72 se derivan otros derechos, deberes y garantías no enumerados en la Constitución, es la adoptada por la Nación en la propia Carta vigente.

La previsión del art. 72, que admite la incorporación a la Constitución de nuevos contenidos no expresados en su texto, no menoscaba la taxatividad de los procedimientos de reforma total o parcial, previstos en el art. 331 de la propia Carta. Por lo tanto, procurando entre ambas disposiciones la debida correspondencia y armonía, debe concluirse que los derechos, deberes y garantías que se incorporen a la Constitución a través del art. 72 no pueden contrariar ninguna disposición constitucional expresa y deben ser coherentes con todas ellas.[8]

3. El art. 332 alude a principios generales relativos a otras materias, adjudicándoles otra función. Se trata de los principios cuyo contenido refiere a derechos de los individuos o a facultades o deberes de las autoridades públicas, reconocidos o impuestos por los preceptos de la Constitución.

La materia de los principios aludidos en los arts. 72 y 332 aparece, en principio, como perfectamente deslindada: los del art. 72 tienen que ver con derechos, deberes y garantías que no han sido enumerados en los preceptos constitucionales, mientras los del art. 332 atañen a los derechos (no a deberes y garantías) que sí están reconocidos en un precepto constitucional, y además a facultades y deberes de las autoridades públicas (no mentadas en el art. 72). Estos principios ajenos a los del art. 72 y comprendidos en el art. 332 no se aplican directa sino supletoriamente, por falta de reglamentación de los preceptos constitucionales que reconocen derechos a los individuos y atribuyen facultades o imponen deberes de las autoridades públicas, haciendo así posible la aplicación de esos preceptos.

Pero debe tenerse presente que en virtud del art. 72, los derechos inherentes a la personalidad humana o derivados de la forma republicana de gobierno deben considerarse reconocidos en la Carta, aunque no estén enumerados; en cuanto a ellos, entonces, se produce una superposición o coincidencia entre la materia propia de los principios comprendidos en los dos artículos en cuestión: los principios que reconocen derechos a los individuos incorporados a la Constitución por el art. 72 no dejarán de aplicarse por falta de la reglamentación respectiva, y para suplirla se acudi-

7. "Si la dignidad de la persona es un atributo de todo hombre y son inherentes a ella los derechos inviolables, no es concebible que alguno de estos derechos sólo se reconozcan a hombres en que concurran determinadas condiciones": Gonzalez Perez, J., *La dignidad de la persona*, Madrid, 1986, p. 98.

8. Conf. Rotondo Tornaria, Felipe, *Manual de Derecho Administrativo*, Mdeo., 1993, p. 53.

rá a esos mismos principios (conjuntamente con los fundamentos de leyes análogas y las doctrinas generalmente admitidas).[9]

Korzeniak ha sostenido que debe admitirse una solución amplia en cuanto a los preceptos constitucionales a los cuales debe aplicarse el art. 332, porque ésta "es una solución obvia que el intérprete debiera seguir como principio aun cuando no existiera este artículo 332"; agrega "que todas las normas de la Constitución, si existen, si fueron aprobadas por el Poder Constituyente, tienen que ser aplicadas".[10] Se trata, en definitiva, del principio hermenéutico según el cual no pueden interpretarse a contrario las disposiciones que consagran, para el caso a que refieren, la misma solución que impone un principio general.[11] Pero el propio Korzeniak ha señalado que hay casos en que la interpretación a contrario de las normas que no hacen excepción a un principio general es necesaria: aquéllos en que la norma no tiene otra interpretación posible sino la interpretación a contrario. Este parece ser el caso del art. 332: sería una disposición totalmente inútil si se limitara a afirmar, para ciertos preceptos, la misma solución que debiera aplicarse a todos los preceptos de lª Carta. Por lo tanto, es verdad, como dice Korzeniak, que todas las normas constitucionales tienen que ser aplicadas por el solo hecho de estar vigentes, y lo serán en tanto hayan sido reglamentadas o sean directamente aplicables aun sin reglamentación;[12] pero si la aplicación no es posible sin reglamentación, esa carencia no podrá suplirse si el precepto no está comprendido en el art. 332.[13] En particular, los preceptos de la Carta que imponen deberes a los individuos (*v.gr.*, el de cuidar la salud y asistirse en caso de enfermedad, o el de aplicar las energías intelectuales o corporales en forma que redunde en beneficio de la colectividad), o aquellos principios que impongan deberes que puedan considerarse inherentes a la personalidad humana o derivados de la forma republicana de gobierno, no podrán aplicarse supliendo la falta de reglamentación necesaria para ello en la forma prevista por el art. 332.

4. Toda apelación positiva a los principios generales de derecho enfrenta al intérprete de inmediato a dos cuestiones teóricas de indudable relevancia práctica: la pregunta sobre cuáles son esos principios y dónde debe buscárselos, y la consiguiente sobre cuál es su ubicación en la "escala jerárquica" de las reglas de derecho y cuál es su "eficacia formal". La primera cuestión eleva el problema al ámbito superior de la Teoría General o aun de la Filosofía del derecho; la segunda depende de soluciones de derecho positivo.

III — Cuáles son los principios generales de derecho a que refiere la Constitución uruguaya

1. La cuestión sobre cuáles son y dónde encontrar los principios generales de derecho, en sus implicancias de Filosofía o aun de Teoría General del derecho, excede ampliamente las pretensiones de este estudio. A mero título de presentación esquemática y en cuanto es necesario para interpretar nuestras normas positivas, se

9. Cassinelli Muñoz, Horacio, *Derecho Público*, v. I, Mdeo., 1987, p. 57

10. Korzeniak, José, *Curso de Derecho Constitucional* 2º, Mdeo., 1971, pp. 70-71.

11. Cajarville Peluffo, Juan P., "Contencioso administrativo de reparación patrimonial", en *Rev. U. de Der. Procesal*, n. 1, Mdeo., 1989, p. 17, con cita de doctrina conforme: Carnelutti, Francesco, *Sistema de Derecho Procesal Civil*, Bs. As., 1944, t. I, p. 126; Cassinelli Muñoz, Horacio, "La apelación para ante la Asamblea General según el art. 303 de la Constitución", en *Rev. D.J.A.*, t. 55, p. 126; Kalinowski, Georges, *Introducción a la lógica jurídica*, Bs. As., 1973, pp. 176-179.

12. Cajarville Peluffo, Juan P., "Supremacía constitucional e interpretación", en *Rev. de Der. Público*, Mdeo., 1992, n. 1, pp. 56-57, y bibliografía allí citada.

13. Jimenez de Arechaga, Justino, *La Constitución Nacional*, t. X, Mdeo., s/f, p. 264.

dirá que las concepciones al respecto pueden clasificarse en *apriorísticas* e *inductivas*. Las primeras son propias de las corrientes jusnaturalistas, sean teológicas o racionalistas; los principios generales derivarían para ellas de un pretendido "Derecho Natural", diversamente concebido,[14] que constituiría para el derecho positivo un *a priori* diferente y para algunos superior.[15] Las segundas quieren inducir los principios del propio derecho positivo,[16] o en las concepciones que acuden a factores de tipo sociológico o historicista, de la cultura de la sociedad en cuestión,[17] de las convicciones o espíritu de la comunidad[18] o de la conciencia jurídica colectiva.[19]

14. Una sucinta exposición de las diversas posiciones jusnaturalistas y de sus distintos conceptos de "naturaleza", puede verse en: Garcia Maynez, Eduardo, *Positivismo jurídico, realismo sociológico y iusnaturalismo*, México, 1977, pp. 125 a 160; otra más extensa, detallada y profunda en: Welzel, Hans, *Introducción a la filosofía del derecho*, Madrid, 1977.

15. Dice, por ejemplo, Giorgio Del Vecchio que "la fuente inagotable del Derecho está constituida por la naturaleza misma de las cosas, la cual puede ser aprehendida por nuestra razón. Precisamente a esta fuente, que una tradición varias veces milenaria ha llamado Derecho Natural, es a la que el legislador intenta referirse, cuando señala los principios generales del Derecho como el medio para superar las inevitables deficiencias de sus prescripciones positivas" (*Filosofía del Derecho*, Barcelona, 1953, p. 358; también en *Los principios generales del Derecho*, Barcelona, 1979). Jesús Gonzalez Perez alude al Derecho Natural como "Ordenamiento superior revelado por la razón": *La dignidad de la persona*, cit., p. 84.

16. Es ineludible invocar, en este sentido, la clásica definición de Coviello, *Doctrina general del derecho civil*, México, 1938, p. 96, según la cual los principios generales del derecho son "los fundamentales de la misma legislación positiva, que no se encuentran escritos en ninguna ley, pero que son los presupuestos lógicos necesarios de las distintas normas legislativas, de los cuales en fuerza de la abstracción deben exclusivamente deducirse" (cit. por Garcia Maynez, E., *Introducción al estudio del derecho*, México, 1980, p. 370, nota 4). La Suprema Corte de Justicia ha recogido ese concepto; así, en sentencia de 4.6.961, en *L.J.U.*, t. 23, caso 3434, p. 226. A una definición similar de Eduardo Jimenez de Arechaga, Real observó con razón que "el método jurídico se vale primero de la *inducción* para determinar los principios y luego los aplica mediante *deducción* a los casos concretos" (*Los Principios Generales de Derecho*, cit., p. 12 nota 2).

Tampoco puede eludirse, como ilustrativa de esta posición, la cita de Carnelutti, *Sistema de Derecho Procesal Civil*, Bs. As., 1944, t. 1, p. 132: "Los principios generales no son, pues, algo que exista fuera del Derecho escrito, sino dentro del mismo, ya que se extraen sólo de las normas constituidas. Están dentro del Derecho escrito, como el alcohol está dentro del vino; representan el espíritu o la esencia de la ley. Por ello, son principios de derecho positivo, no de Derecho natural o de Derecho histórico."

Finalmente, no puedo omitir la opinión del maestro Justino Jimenez de Arechaga: "los fines de un sistema jurídico son los principios generales sobre los cuales ese sistema jurídico se construye. Pero recordamos otra vez, con Carnelutti, que los principios generales del Derecho deben buscarse en el Derecho positivo mismo, y no en los sueños o en las doctrinas de los juristas": *La Constitución Nacional*, Mdeo., 1ª. ed. s/f, t. I pp. 107-108; 2ª ed., 1992, p. 137. En el mismo sentido: Grau, Eros Roberto, *A ordem econômica na Constituição* de 1988, San Pablo, 1991, pp. 129 a 132.

17. Villegas Basavilbaso (*Derecho Administrativo*, t. I, Bs. As., 1949, p. 370) entiende "como principios generales de derecho, los juicios axiológicos de justicia, no en abstracto, sino en relación con la conciencia nacional, entendida ésta como una realidad concreta en un momento determinado de su evolución, vale decir, en relación con la cultura nacional". José Korzeniak, *Curso de Derecho Constitucional*, cit., p. 77, los define como "el conjunto de reglas que en determinada etapa de la cultura jurídica de un país, se consideran fundamentalmente inspiradoras del Derecho Positivo".

18. Eduardo García de Enterría, *Legislación delegada. potestad reglamentaria y control judicial*, Madrid, 1970, p. 32, dice: "El ordenamiento jurídico cuenta con esos principios de justicia material, que son los llamados principios generales del derecho, módulos de condensación de valores ético-sociales y también centros de organización del régimen positivo de las instituciones y animadores de su funcionamiento ... los principios generales del Derecho expresan los valores básicos de un ordenamiento jurídico, aquellos sobre los cuales se constituye como tal, las convicciones ético-jurídicas fundamentales de una comunidad". Enrique Martinez Useros, *La doctrina del abuso del derecho y el orden jurídico administrativo*, Madrid, 1947, p. 148: "La comunidad tiene sus leyes, sus tradiciones, sus costumbres. Su espíritu inspira los principios generales de su derecho, y en todo este vasto material reside la base de la juridicidad de un pueblo, que es de donde habrá que extraer la determinación de los intereses sociales que en cada caso deben prevalecer".

19. Real alude a "normas de pura racionalidad, de valor intrínseco, adecuadas a la relación a regir y a las tendencias más profundas y permanentes de la

Haba formula una clasificación que tiene cierta coincidencia no exacta con la precedente, de la cual en algún aspecto puede considerarse una apertura; distingue cuatro conceptos diferentes, según los cuales los "principios generales" serian: ciertos principios de Derecho Natural a los que se supone sometido el Derecho positivo; los principios básicos del Derecho romano o los reconocidos en general por la Doctrina juridica; los principios fundamentales universalmente incorporados a todo sistema de Derecho positivo en virtud de una necesidad lógica inherente al mismo; y los principios fundamentales que en particular informan a cierto sistema de Derecho positivo vigente.[20]

Gonzalez Perez habla de tres clases de principios: los de Derecho Natural, los tradicionales resultantes de la evolución de la comunidad, y los políticos propios de la concepción política adoptada en un momento dado por el pueblo y reflejada en su Constitución;[21] cabe señalar cierta correspondencia de esta clasificación con la contenida en el art. 72 de nuestra Carta.

2. No todas las categorias de principios generales que se incluyen en las distintas concepciones tienen para el intérprete de un derecho positivo el mismo grado de imperatividad.

Cualquiera sea la concepción filosófica que se sustente y más allá del juicio ético que merezcan, los *principios fundamentales que informan el derecho positivo* objeto de interpretación se imponen con la imperatividad propia de las normas de las que se inducen. Entre ellos estarán incluidos necesariamente los principios universalmente incorporados por necesidad lógica a todo derecho positivo, si es que pueden identificarse principios con semejante alcance.[22]

La *doctrina juridica generalmente admitida* suele enunciarse separadamente de los principios generales del derecho como método de interpretación o integración, y asi lo hacen nuestro art. 332 de la Carta y el art. 16 del Código Civil; aunque sin duda esa doctrina será una de las fuentes primarias de conocimiento de los principios generales, cualquiera sea la concepción que sobre éstos se sustente.

Queda finalmente librada a la discusión definitivamente filosófica la existencia o inexistencia de principios derivados de un supuesto "*Derecho Natural*", salvo que el derecho positivo expresamente se remita a alguna de esas concepciones.

Esto es precisamente, según Real, lo que ha ocurrido en nuestro derecho positivo. En su erudito estudio sobre el art. 72 de nuestra Constitución, el maestro concluye que esa disposición ha consagrado positivamente el jusnaturalismo personalista, humanista, clásico, del siglo XVIII:[23]

"Nuestra Constitución incorpora, genéricamente, al ordenamiento juridico positivo, la esencia ideológica del jusnaturalismo clásico, es decir, la idea de *derechos*, deberes y garantías que derivan de la *personalidad humana* y de la forma republicana de gobierno y, por ende, ***positiviza*** las soluciones generalmente admitidas por la doctrina jusnaturalista."[24]

Y agrega en nota, citando su también memorable estudio sobre el Estado de Derecho:

conciencia jurídica colectiva": *Los Principios Generales de Derecho*..., cit., p. 17.

20. Haba, Enrique P., *Esquemas metodológicos en la interpretación del derecho escrito*, Caracas, 1972, p. 43. Marienhoff, Miguel S., sostiene que los principios generales de derecho "provienen simultáneamente de los preceptos básicos y esenciales del derecho romano, del derecho natural, del derecho de gentes, de la moral y del ordenamiento juridico general del país de que se trate": *Tratado de Derecho Administrativo*, t. I, Bs. As., 1965, p. 273.

21. *La dignidad de la persona*, cit., p. 84.

22. Haba, E. P., *Esquemas metodológicos*..., cit., p. 44.

23. *Los principios generales de derecho*..., cit., pp. 22-23.

24. Real, A. R., *Los principios generales de derecho*..., cit., p. 18; subr. en original.

"Este acogimiento, expreso, en los textos, de la esencia humanista del jusnaturalismo liberal convierte a sus elevadas finalidades (si no sus fundamentos, teóricamente discutibles o superados) en *principios generales del derecho positivo*, de trascendencia práctica, de los que no puede prescindir la sistematización técnico-jurídica. *En una palabra, en tales condiciones, ya no puede decirse que se trate de un elemento meta-jurídico*."[25]

3. No es necesario, para reconocer el valor del estudio de Real y su carácter innovador y removedor,[26] acordar con su conclusión de que el art. 72 positiviza la concepción jusnaturalista en una de sus versiones históricas.

Indudablemente, tiene razón Real cuando proclama que el "tecnicismo positivista" no puede conducir a negar positividad a esos principios generales de derecho aludidos en el art. 72;[27] por el contrario, ese mismo "tecnicismo" impone afirmarla, desde que han sido incorporados expresamente como contenido implícito en un precepto constitucional positivo.

Pero cuando se trata de determinar concretamente cuáles sean esos principios generales de derecho positivizados por el art. 72, nada obliga a considerar que sean los que derivan de la personalidad humana o de cierta forma de gobierno tal como fueron concebidas por determinada corriente de pensamiento en cierto momento histórico.[28] El art. 72 entraña sin duda la admisión de una concepción jusnaturalista,[29] en cuanto admite que existen derechos inherentes a la personalidad humana, vale decir, que corresponden al ser humano por naturaleza.[30] Pero toda apelación a

25. Real, A. R., *Los Principios Generales de Derecho...*, cit., p. 18 nota 18; subr. en el original. La cita corresponde a "El Estado de Derecho", en *Estudios Jurídicos en Memoria de Eduardo J. Couture*, Mdeo., 1957, p. 604.

26. Los dos grandes conformadores de la ciencia del Derecho público, Constitucional y Administrativo, en nuestro país, sólo habían incluido breves referencias a los principios generales del derecho en sus obras maestras: Jimenez de Arechaga, Justino, *La Constitución Nacional*, cit.; y Sayagues Laso, Enrique, *Tratado de Derecho Administrativo*, vs. eds., t. I, pp. 147-148. Contemporáneamente con Real, otro destacado profesor de nuestra Facultad, el Dr. Héctor Barbe Perez, publicó otro importante estudio sobre los principios generales del derecho en nuestro derecho positivo: "Los principios generales de derecho como fuente de derecho administrativo en el derecho positivo uruguayo", en *Estudios jurídicos en memoria de Juan José Amézaga*, Mdeo., 1958, pp. 35 a 55.

27. Para dejar claramente establecido en este punto cuál fue la concepción teórica y filosófica de Real, debe recordarse que afirmó en el mentado trabajo, con particular énfasis: "Aclaramos, por única vez, que éste es un estudio de derecho positivo, y que, por tanto, nuestras consideraciones y conclusiones no importan, de ninguna manera, atribuir normatividad *jurídica* intrínseca a los valores éticos y metafísicos exaltados por el jusnaturalismo. Después de los concluyentes estudios de Kelsen, Radbruch, y tantos otros filósofo-juristas, no podemos incurrir en la confusión de la ética o los ideales políticos con el derecho." (*Los Principios Generales del Derecho...*, cit., p. 14).

28. Eusebio Fernandez distingue dos tipos de fundamentación iusnaturalista de los derechos fundamentales del hombre, que responden a la distinción generalmente admitida entre "Derecho natural ontológico" y "Derecho natural deontológico". El primero corresponde a las teorías iusnaturalistas tradicionales (iusnaturalismo grecorromano, escolástico, racionalista, neotomista). El segundo concibe el "Derecho natural", más que como un orden jurídico distinto al positivo, como principios jurídicos suprapositivos y objetivamente válidos, juicios de valor de validez general y postulados que parecen tener un fundamento suficiente en la naturaleza humana: "El problema del fundamento de los derechos humanos", en *Teoría de la justicia y derechos humanos*, Madrid, 1984, pp. 85 a 95.

29. Lo cual, obviamente, sólo le atribuye positividad en derecho uruguayo, pero no verdad filosófica o científica.

30. Confs.: Jimenez de Arechaga, Justino, *La Constitución Nacional*, cit., 1ª ed., t. I p.108; 2ª ed., t. I, pp. 137-138; Cagnoni, José A., *El Derecho Constitucional uruguayo*, Mdeo., 1992, p. 71; Korzeniak, J., ob. cit., p. 78; Valdes Costa, Ramón, *Instituciones de Derecho Tributario*, Bs. As., 1992, p. 117. Frente al art. 10.1 de la Constitución de 1978, que alude a "la dignidad de la persona, [y] los derechos inviolables que le son inherentes, también la doctrina española afirma la vinculación a una concepción jusnaturalista: Gonzalez Perez, Jesús, *La*

la "naturaleza de las cosas" debe tener presente que "esa naturaleza, como la *naturalis ratio* a la que se remitían los juristas romanos, no es una entidad que opere directamente, por una especie de mágico automatismo (la naturaleza de las cosas *per se* es muda e indiferente), sino que opera siempre por el trámite de una representación que se hace de ella la conciencia social históricamente determinada, y, por ello, a través de una visión y una valoración históricamente condicionada"; de ahí que "es precisamente cierto que cada sociedad históricamente determinada ve aquello que tiene en el corazón, es decir, aquello que más le oprime en la conciencia, e igualmente cada época histórica ve las mismas cosas con ojos diversos".[31-32]

Por ello, en cuanto se incorpora positivamente como instrumento de interpretación e integración del derecho positivo, que es lo que hace el art. 72, el jusnaturalismo opera en forma similar a aquellas concepciones que inducen los principios generales de derecho de la cultura o de las convicciones ético-jurídicas predominantes en una sociedad en un momento determinado. Esto no significa afirmar que ambas concepciones sean filosófica o teóricamente equiparables, sino que como instrumento de interpretación e integración, como "fuentes" de principios generales positivizados en un ordenamiento, ambas concepciones coinciden en sus resultados.[33]

Por supuesto, esa realidad no escapó a la percepción de Real, eminente jurista y también destacado politólogo, fundador de la cátedra de Ciencia Política en nuestra Facultad; por eso señaló:

"Se han criticado y cambiado los supuestos metafísicos y sociales de los derechos individuales, corregido el absolutismo con que se concebían en el siglo XVIII, en mérito a las nuevas exigencias de una sociabilidad más densa y solidarista: han sido complementados con nuevos derechos (a la instrucción, a la asistencia, a los seguros sociales, a las garantías laborales etc.) que, en el fondo, vienen a hacer posible la efectividad de su goce por el mayor número (libertad real en vez de libertad teórica: tránsito de la democracia gobernada a la democracia gobernante)".[34]

Es claro entonces que los principios generales admitidos en un ordenamiento dependen de las convicciones socialmente predominantes en un momento histórico determinado. Serán pues aquéllos que, por socialmente dominantes, se han incorporado al derecho positivo por cualquier vía y de él puedan inferirse; serán además los que los administradores y en definitiva los

dignidad de la persona, cit., p. 81. Benoit Jeanneau señala el perfecto acuerdo de la explicación basada en el Derecho natural con la "atmósfera ideológica" que anima la teoría de los principios generales del derecho: *Les principes généraux du droit dans la jurisprudence administrative*, París, 1954, pp. 249-255; en cambio Georges Vedel entiende que toda la jurisprudencia administrativa excluye la idea de un recurso al derecho natural (*Droit administratif*, París, 1976, p. 283).

31. Betti, Emilio, *Interpretación de la ley y de los actos jurídicos*, Madrid, 1975, pp. 290 y 291. Fernando Aguirre Ramirez señala que "el enunciado y el contenido de estos derechos [humanos] ha ido variando a medida que cambió la realidad histórica en la que se iban a manifestar": *Introducción a la axiología jurídica*, cit., p. 289.

32. Sobre el recurso a la "naturaleza de las cosas" como criterio de interpretación teleológica del derecho, fuera de toda concepción jusnaturalista: Bobbio, Norberto, "La naturaleza de las cosas", en *Contribución a la teoría del derecho*, Valencia, 1980, pp. 143 a 154; Larenz, Karl, *Metodología de la ciencia del derecho*, Barcelona, 1980, pp. 414 a 418.

33. Benoit Jeanneau admite la posibilidad de fundar la teoría de los principios generales del derecho tanto en el Derecho natural, como en las ideas de Duguit, para quien la regla de derecho resulta de la profunda creencia en la masa de los hombres, en una época y en un país dado, de que tal regla es imperativa; y concluye que la opción por una u otra explicación compromete mucho más que la inteligencia, recayendo en el dominio de la creencia, de la fe: *Les principes généraux du droit...*, cit., pp. 251-255.

34. *Los Principios Generales de Derecho...*, cit., p. 28.

jueces,[35] sometidos a los controles que el ordenamiento jurídico establezca, e inmersos — controlantes y controlados — en la cultura jurídica dominante, formados en y condicionados por ella,[36] entiendan que integran nuestro ordenamiento jurídico, por ingresar a través del art. 72, del art. 332, o por la vía residual del art. 16 del Código Civil.[37] El propio Real afirmó en otra oportunidad que los principios generales de derecho son expresión del "poder normativo de la jurisprudencia".[38-39]

Esa posibilidad de fundar soluciones jurisdiccionales y administrativas en "principios generales de derecho" no puede despertar en nuestro ordenamiento la perplejidad que ha suscitado en otros paises:[40] es la propia Constitución positiva quien remite a ellos e impone su aplicación. Pero es al mismo tiempo el ordenamiento positivo quien marca sus límites, determinando su eficacia formal y por ende su relación con las reglas de derecho positivas, y reservando a veces la potestad de reconocer la existencia de principios generales y de hacerlos prevalecer frente a las reglas de derecho formales — en particular, frente a la ley formal — a los máximos órganos jurisdiccionales; por eso, tampoco se justificaria en nuestro derecho la alarma y el encendido rechazo que la "teoría de los principios generales de derecho" ha suscitado en autores extranjeros.[41]

IV — Ubicación de los principios generales de derecho en la escala jerárquica de nuestro derecho positivo

1. Nuestro régimen jurídico configura un ordenamiento sistemático, en que todas

35. Sobre el papel de la jurisprudencia en la identificación de los principios generales de derecho admisibles en un ordenamiento jurídico determinado, es elocuente la obra toda de Benoit Jeanneau, *Les principes généraux du droit...*, cit., y en especial pp. 245 a 249; también: Betti, E., ob. cit., pp. 288 a 299; García de Enterría E. y Fernandez, T. R., *Curso de Derecho Administrativo*, I, Madrid, 1980, pp. 70-73; Larenz, K., ob. cit., pp. 418 a 425; Korzeniak, J., ob. cit., p. 77.

36. Sobre la valoración judicial como "actualización y especificación de un sentido vigente en la comunidad", y la "intersubjetividad como condición de su objetividad": Aftalion, Enrique R., Garcia Olano, Fernando y Vilanova, José, *Introducción al derecho*, Bs. As., 1975, pp. 490-496; sobre la influencia de la comunidad en la valoración y el carácter "estructural" y "situacional" de los valores y su jerarquización: Frondizi, Risieri, *¿Oué son los valores?*, México, 1968, pp. 147-168.

37. "Art. 16. Cuando ocurra un negocio civil, que no pueda resolverse por las palabras, ni por el espíritu de la ley de la materia, se acudirá a los fundamentos de las leyes análogas; y si todavia subsistiere la duda, se ocurrirá a los principios generales de derecho y a las doctrinas más recibidas, consideradas las circunstancias del caso."

38. "El poder normativo de la jurisprudencia sobre todo de la administrativa, se disimula a veces con la invocación de principios generales de derecho, descubiertos o explicitados por la jurisprudencia para suplir la omisión del legislador": Real, A. R., "La fundamentación del acto administrativo", *L.J.U.*, t. 80, Ndeo., 1979/1980, Doct., p. 6.

39. Jeanneau analiza notablemente la elaboración de principios generales por el juez, a partir de la generalización de textos positivos, del espiritu de un texto o conjunto de textos, de la esencia de una institución o de la "naturaleza de las cosas", o de las aspiraciones latentes, bajo las formas mas diversas, en la conciencia nacional (ob. cit., pp.123 a 141).

40. Ver Jeanneau, B., ob. cit. pp. 249 y ss. René Chapus (*Droit administratif général*, t. 1, París, 1988, pp. 62-65) y Vedel (ob. cit., pp. 282 a 290) no reconocen a los principios generales de derecho otra fuerza o valor juridico que el propio de los actos jurisdiccionales que los recogen; se trataria, en definitiva, de un caso particular de puesta en obra del "poder normativo de la jurisprudencia", poder que Vedel considera "misterioso", "opuesto en gran medida a nuestro sistema de derecho oficial y por otra parte bastante dificil de explicar en el plano de los principios" (ob. cit., pp. 287-288).

41. Marc Somerhausen, Catedrático de Derecho Administrativo y Presidente del Consejo de Estado del Reino de Bélgica, dice "de manera brutal que los principios generales del derecho son a veces invocados para hacer triunfar las concepciones políticas del juez contra la voluntad del legislador", y que "desde que el juez no está de acuerdo con una disposición de derecho positivo, le es suficiente inventar un principio general para negar la aplicación de la ley": "Les principes généraux du droit administratif", en *Perspectivas del Derecho Público en la segunda mitad del siglo XX — Homenaje a Enrique Sayagués Laso*, t. IV, Madrid, 1969, pp. 488 y 489.

las normas están estructuradas jerárquicamente de manera tal que las superiores determinan tanto el procedimiento de perfeccionamiento como, en cierta medida y con márgenes variables, el contenido de las inferiores. En esa estructura deben ubicarse los principios generales que la Constitución y la ley incorporan a ese ordenamiento.[42]

La ubicación jerárquica de una norma está íntimamente vinculada con su eficacia formal, que se traducirá en una fuerza pasiva o de resistencia y una fuerza activa, de innovación o derogatoria.[43] Tan íntima es la vinculación, que ubicación jerárquica y eficacia formal aparentan estar recíprocamente determinadas. La eficacia formal depende de la ubicación en la escala jerárquica: cada norma debe acatamiento a las superiores, a las que no puede derogar, y no debe acatamiento a las iguales o inferiores, que sí puede derogar. Pero recíprocamente, la ubicación en la escala jerárquica responde a la eficacia formal: cada norma se coloca por debajo de las que no puede derogar, en el escalón más alto de los ocupados por aquéllas que sí puede derogar. Ese aparente círculo vicioso de mutua determinación debe romperlo el derecho positivo, orientando la determinación en uno u otro sentido. Puede ubicar expresamente una norma en la escala, resultando de ahí su eficacia formal, aunque puede modificar expresamente para ella — en más o en menos — alguno de los efectos propios de las otras reglas que ocupan el mismo escalón; cabe señalar que algunas de las pautas que suele utilizar el derecho positivo para ubicar normas en determinados escalones jerárquicos — *v.gr.*, el órgano del que emanan, o el procedimiento de perfeccionamiento — no son aplicables a los principios generales de derecho. A la inversa, el derecho positivo puede asignar expresamente cierta eficacia formal a un tipo de normas, determinando a cuales debe acatamiento y cuales puede derogar, resultando como consecuencia su ubicación en la escala jerárquica.

Los dos sentidos de determinación ha empleado nuestro Derecho positivo con los principios generales de derecho. Según su contenido, ubica a algunos en cierto nivel al incorporarlos en reglas positivas de esa jerarquía; e impone a ciertas reglas de derecho escritas el acatamiento a los principios generales de derecho, colocando a éstos en un escalón superior al de aquéllas.

Esa utilización alternada de los dos sentidos de determinación hace metodológicamente conveniente examinar separadamente la ubicación jerárquica y la eficacia formal de los principios generales de derecho conforme a nuestro Derecho positivo, aunque ello haga necesario tal vez reiterar alguno de los razonamientos en uno y otro tema.

2. La ubicación en la escala normativa de los principios generales admitidos en nuestro derecho positivo, cualesquiera ellos sean, obliga a distinguirlos en primer lugar por su origen y luego por la materia a que refieran.

a) (*Principios inducidos de normas positivas*). Aquéllos extraídos de normas

42. Sobre el criterio jerárquico de ordenamiento de las normas, como criterio estructural y de solución de antinomias: Bobbio, N., "Sobre los criterios para resolver las antinomias", en *Contribución a la teoría del derecho*, cit., pp. 352 a 361; Balaguer Callejon, Francisco, *Fuentes del derecho. I. Principios del ordenamiento constitucional*, Madrid, 1991, pp. 142 a 148.

43. El recordado Héctor Frugone Schiavone explicó que la eficacia formal de un acto jurídico se traduce en una fuerza activa, de innovación o derogatoria, y en una fuerza pasiva o de resistencia. "La primera, refiere a su potencialidad de innovar en el orden jurídico preexistente venciendo toda resistencia opuesta por cualquier otra manifestación de voluntad del Estado, de grado semejante o inferior con ella contrastante. La segunda es la capacidad de resistencia que el acto jurídico tiene en el sentido de que no puede ser derogado, abrogado o desaplicado si no es por un acto de fuerza igual o superior" ("De los aspectos administrativos de la ley de marcas de fábrica comercio y agricultura y de la anulación de la inscripción registral", en *Rev. DJA*, t. 74, p. 10).

positivas mediante un procedimiento lógico de inferencia por abstracción e inducción, se ubicarán en principio en el nivel de esas normas de las que se infieren: constitucional, legal o reglamentario. Sin embargo, esta última ubicación deberá revisarse a la luz de lo que se dirá en los apartados siguientes.

No debe confundirse la inducción de un principio de normas positivas, con el acogimiento por ellas de un principio preexistente. Las normas legales o reglamentarias pueden atribuir determinados derechos en los casos a que refieren, precisamente porque se admite la existencia de un principio general que los reconoce. En tal caso, en verdad el principio no se induce de aquellas normas legales o reglamentarias, sino que la existencia del derecho resulta de la convicción socialmente dominante o de la conciencia jurídica colectiva, o si se prefiere, de la forma en que se concibe el "Derecho natural". Es lo que ocurre, por ejemplo, con el derecho a defenderse en vía administrativa: está consagrado con la mayor amplitud en los arts. 5º, 75, 76, 171 y concordantes del Decreto n. 500/991 de 27 de setiembre de 1991, que recogió a su vez en buena medida soluciones reglamentarias anteriores. De esa consagración reglamentaria para los casos en que el Decreto es aplicable no puede inferirse que el derecho a defenderse en via administrativa emane en nuestro derecho de un principio de jerarquia reglamentaria, descartable como tal por ley; en verdad, esas disposiciones reglamentarias no hacen sino recoger un principio general que reconoce el derecho a defenderse en cualquier procedimiento del cual pueda resultar una lesión a un derecho o interés;[44] y en cuanto se admita que ese derecho en cuestión es de los inherentes a la personalidad humana o derivados de la forma republicana de gobierno, el principio tendrá la jerarquia normativa propia de los de ese contenido.

b) (*Principios incluidos en el art. 72 Const.*). Los principios generales que consagren derechos, deberes y garantias "que son inherentes a la personalidad humana o se derivan de la forma republicana de gobierno" tienen jerarquia constitucional, por constituir el contenido implicito del art. 72 de la Carta. Como enseñó Real, los principios con ese contenido "tienen expreso y genérico reconocimiento constitucional y por tanto participan de la suprema jerarquia normativa de la Constitución rígida: quedan, pues, al margen del arbitrio legislativo y judicial y se benefician con el control de inaplicabilidad de las leyes inconstitucionales, en caso de desconocimiento legislativo ordinario".[45]

Especial consideración merecen en este punto, por la importancia que han adquirido contemporáneamente, las convenciones internacionales sobre Derechos Humanos.[46] Doctrina y jurisprudencia admiten en nuestro país que los tratados aprobados y ratificados son de aplicación inmediata y directa a los individuos por la Administración y por los jueces, con un rango equivalente al de la ley ordinaria. Por lo tanto, se admite que en caso de conflicto entre una disposición de un tratado y otra de una ley, habrá de prevalecer la regla adoptada con posterioridad, sea in-

44. Real, A. R., *Los Principios Generales de Derecho...*, cit., pp. 39 a 46; *Los principios del procedimiento administrativo en el Uruguay*, 1976, cit., pp. 23 a 36. Confs.: Frugone Schiavone, Héctor, "Principios fundamentales del procedimiento administrativo", en *Procedimiento administrativo*, ed. Acali, Mdeo., 1977, pp. 35 a 39; Cajarville Peluffo, Juan P., *Procedimiento administrativo*, Mdeo., 1992, pp. 20-21.

45. Real, Alberto R., *Los Principios Generales de Derecho...*, cit., p. 15. Conf. Barbe Perez, H., ob. cit., p. 49 y 51; Korzeniak, J., ob. cit., p. 79.

46. Ver: *Normas vigentes en materia de Derechos Humanos en el Sistema Interamericano*, ed. F.C.U., Mdeo., 1988, con una "Introducción" a cargo de Héctor Gros Espiell y un estudio sobre "La Convención Interamericana de Derechos Humanos como derecho interno" de Eduardo Jimenez de Arechaga. Similar consideración pueden merecer, en muchos casos, los Convenios de la O.I.T.

ternacional o interna; si lo fuera el tratado, derogará las normas legales inconciliables con él; si lo fuera la ley, aunque el tratado como tal no quedaría derogado, tanto las autoridades administrativas como las judiciales deberán aplicarla descartando el tratado, configurándose desde el punto de vista internacional un hecho equivalente a cualquier otra violación del Derecho internacional, que origina responsabilidad internacional del Estado.[47]

Sin embargo, cuando esas convenciones o tratados refieren a Derechos Humanos, su contenido debe analizarse a la luz de lo dispuesto por el art. 72 de nuestra Constitución. El perfeccionamiento internacional del tratado o convención y su aprobación y ratificación por el país comprueban la convicción socialmente dominante en el ámbito nacional e incluso en el internacional comprendido por el tratado, sobre la existencia de los derechos en él reconocidos,[48] o si se prefiere, su consagración por el "Derecho Natural"; y en cuanto esos derechos puedan predicarse de todo individuo por igual y en la misma medida, con prescindencia de todas las características fácticas y jurídicas que lo distingan de todos los demás del género humano, en cuanto no dependan de lo que haya hecho o dejado de hacer ni de la situación jurídica en que se encuentre, sino de su propia naturaleza, de lo que tiene en común con todos los hombres, deberá considerarse un derecho "inherente a la personalidad humana", contenido en un principio general de jerarquía constitucional en virtud del art. 72 de la Carta. Por lo tanto, una ley nacional que desconozca ese derecho será inconstitucional y pasible de desaplicación previa declaración por la Suprema Corte, no por contrariar el tratado o convención internacional, sino por contraria al principio general de jerarquía constitucional; y desaplicada la ley, corresponderá aplicar el tratado o convención internacional, que ha seguido vigente como tal pese a la ley contraria y que constituirá la reglamentación de aquel principio constitucional.

c) (*Principios comprendidos en el art. 332 Const.*). Los principios generales de derecho relativos a derechos de los individuos reconocidos por preceptos de la Constitución, o a facultades atribuidas o deberes impuestos a las autoridades públicas por preceptos de la Constitución, suplen la falta de reglamentación de esos preceptos para posibilitar su aplicación, en virtud de lo dispuesto por el art. 332. No cabe naturalmente decir que esos principios puedan ser derogados, sino que se descartan por las reglas de derecho que conformen "la reglamentación respectiva" de los preceptos constitucionales en cuestión. Pero debe esclarecerse cual es el nivel jerárquico de las reglas de derecho que pueden constituir la "reglamentación respectiva" que descarta la aplicación de estos principios. El empleo de la palabra "reglamentación" no significa que la existencia de un reglamento (acto emanado de la Administración) en la materia sea suficiente para descartar esos principios, porque si bien la Constitución utiliza esa expresión para aludir a reglamentos en sentido estricto, también en muchas oportunidades refiere con ella a la regulación de algún tema por ley.[49]

47. Gros Espiell, Héctor, "Introducción" a *Normas vigentes en materia de derechos humanos...*, cit., pp. 22-23, y *La Convención Americana y la Convención Europea de Derechos Humanos — Análisis comparativo*, Santiago de Chile, 1991, pp. 207 a 210; Jimenez de Arechaga, Eduardo, "La Convención Interamericana de Derechos Humanos como derecho interno", en *Normas vigentes...*, cit., pp. 27 a 33. Una posición revisionista, conforme a las corrientes doctrinales actuales, en Arbuet Vignali, Heber y Arrighi, Jean M., "Los vínculos entre el Derecho Internacional Público y los sistemas internos", en *Rev. U. de Der. Const.* y Pol., n. 37, Mdeo., 1990, pp. 76 a 85.

48. Gros Espiell, Héctor, "Una reflexión sobre el Sistema Regional Americano de Protección de los Derechos Humanos", en *Rev. Jurídica del Centro de Est. de Derecho*, n. 10, Mdeo., 1995, p. 10.

49. La Constitución utiliza las palabras "reglamento", "reglamentar" o derivados para aludir a re-

Para analizar la cuestión, deben distinguirse tres ámbitos, según la materia de que se trate: un ámbito de *reserva de la ley*, otro de *materia compartida entre ley y reglamento*, y finalmente la *reserva del reglamento*.[50]

En el *ámbito reservado a la ley*, en el cual se incluye, entre otras materias, la limitación de derechos y garantías de los habitantes expresamente enumerados en la Carta o incluidos en el art. 72, y la imposición a ellos de deberes, el reglamento está excluido como normación inicial. La "reglamentación respectiva" excluyente de los principios generales sólo podrá estar contenida en una ley formal. Pueden dictarse en esas materias, naturalmente, reglamentos de ejecución de ley, que podrán apartarse de los principios generales de derecho únicamente en la medida en que la ley reglamentada lo haya hecho. A falta de reglamentación legal, siendo materias reservadas a la ley comprendidas en el art. 332 (supra, II, n. 3), por imperio de esta disposición constitucional se aplicarán los principios generales de derecho (conjuntamente con los fundamentos de leyes análogas y las doctrinas generalmente admitidas), de manera que los principios generales no pueden ser descartados por norma infralegal.

El art. 332 produce aquí una ampliación de la potestad reglamentaria: podrán dictarse, aun en este ámbito de reserva de la ley, reglamentos que suplan la falta de regulación legal, necesarios para hacer posible la aplicación de los preceptos constitucionales que reconocen derechos a los individuos o atribuyen facultades o imponen deberes a las autoridades públicas.[51] Estos reglamentos deberán ajustarse a los principios generales de derecho, sean los de aplicación directa del art. 72 como los supletorios del art. 332, de los cuales constituirán verdaderos "reglamentos de ejecución". Los principios generales de derecho pueden imponer limitaciones a los derechos de los individuos y a las facultades o deberes de las autoridades públicas, derivados de "la necesidad de proteger o preservar no sólo otros derechos constitucionales, sino también otros bienes constitucionalmente protegidos";[52] los reglamentos dictados en virtud del art. 332 deberán recoger esas limitaciones, procurando una composición de los derechos y bienes en cuestión que permita su subsistencia con el máximo contenido posible, "de modo que ninguno tenga que retroceder más de lo que sea necesario para no recortar el del otro de un modo que sea no exigible".[53] Estos reglamentos fundados en el art. 332 dictados en materia reservada a la ley no podrán en cambio limitar derechos de los individuos recogiendo principios relativos a deberes que les estén impuestos constitucionalmente, porque la falta de reglamentación de estos últimos no puede su-

gulación por ley, en los arts. 37, 55, 68, 77 inc. 2º, n. 2º, 79 inc. 2º, 85 n. 6º y 15, 126, 188, 210, 261 y 304; el mismo significado debe asignárseles en los arts. 54 inc. 2º y 57. Las mismas palabras refieren a reglamento en sentido estricto en los arts. 65, 105, 107, 111, 117, 166, 168 n. 4º, 182 y 275 n. 2º.

50. Ver Cajarville Peluffo, Juan P., "Límites de la actividad reglamentaria", en *Actividad reglamentaria de la Administración*, 1as Jornadas Rioplatenses de Derecho Administrativo, Mdeo., 1989, pp. 51-52.

51. Cassinelli Muñoz, Horacio, *Derecho Público*, Vol. I, Mdeo., 1987, p. 57; Biasco, Emilio, "Relevancia del reglamento autónomo en la Constitución uruguaya", en "*Actividad reglamentaria de la Administración*", cit., pp. 29-30 y 32.

52. Son palabras de la sentencia del Tribunal Constitucional español 2/82, de 29.1.82, citadas por González Pérez, *La dignidad de la persona*, cit., p. 91. Confs.: Del Vecchio, G., *Los principios generales...*, cit., pp. 85-93; Gonzalez Perez, J., ob. cit., pp. 91-94; Larenz, K., *Metodología...*, cit., pp. 423-425.

53. Gonzalez Perez, J., ob. cit., p. 93. Jurisprudencia del Tribunal Supremo español, afirmando que los limites de los derechos fundamentales, cuando falta el desarrollo legal ordinario, deben ser inducidos desde la Constitución y aplicados por la Administración: Sanramaria Pastor, Juan A. y Parejo Alfonso, Luciano, *Derecho Administrativo — La jurisprudencia del Tribunal Supremo*, Madrid, 1992, p. 29.

plirse aplicando el art. 332 (supra, II n. 3); en tal caso, la conciliación deberá ocurrir necesariamente por via legal.

Tratándose de *materia compartida entre la ley y el reglamento*, la "reglamentación respectiva" mentada por el art. 332 podrá emanar de uno u otro tipo de normas. La ley podrá naturalmente descartar la aplicación de estos principios generales de derecho del art. 332. Aparentemente, también podria hacerlo un reglamento, en cuanto constituyera la "reglamentación respectiva" de un precepto constitucional alcanzado por el art. 332 relativo a materia compartida, por ej., la conservación del orden interior (Constitución, arts. 85 n. 3º y 168 n. 1º). Pero el Decreto-ley n. 15.524 de 9 de enero de 1984, Orgánico del Tribunal de lo Contencioso Administrativo, al incluir a "todo principio de derecho" entre las "reglas de derecho" a las que deben ajustarse los actos administrativos (art. 23 ap. a), entre los cuales se comprenden los "actos generales que dictare la Administración" (art. 25), somete a los reglamentos a todos los principios generales de derecho. La legitimidad de la ley al someter los reglamentos que se dicten en materia compartida a los principios generales de derecho es incuestionable. Por lo tanto, en materias comprendidas en ese recinto compartido, los reglamentos no pueden apartar la aplicación de los principios, a los que deben acatamiento.

Finalmente, en *materia reservada al reglamento*, la reglamentación respectiva sólo podrá estar contenida en normas reglamentarias; pero éstas no podrán apartarse de los principios generales, porque también aquí es aplicable el sometimiento del reglamento a "todo principio de derecho" impuesto por el art. 23 del Decreto-ley n. 15.524. Podrá cuestionarse la constitucionalidad de esa solución legal, en cuanto impone principios al reglamento en materias que le están constitucionalmente reservadas; pero en tanto esa inconstitucionalidad y la consiguiente inaplicabilidad del art. 23 ap. a) no sea dispuesta por la Suprema Corte de Justicia, el reglamento que se dicte en materia que le esté reservada deberá ajustarse a los principios generales de derecho.[54]

En conclusión, los principios generales de derecho que refieran a derechos de los individuos reconocidos por preceptos constitucionales, o a facultades atribuidas o deberes impuestos a las autoridades públicas por preceptos de esa jerarquía, no se ubican en el nivel de la Constitución, puesto que la reglamentación legal puede sin duda alguna legítimamente descartarlos;[55] pero no pueden ser descartados por los reglamentos, que les deben acatamiento. Su ubicación en la escala normativa aparece asimilada entonces a la de la ley. Si bien la "reglamentación respectiva" excluyente de la aplicación de tales principios no puede ser un reglamento, la Administración puede dictarlos en las materias comprendidas en el art. 332 de la Constitución; puede por supuesto dictar reglamentos de ejecución de la ley en la materia, y puede dictarlos aun a falta de ley reglamentaria, pero todos esos reglamentos deberán ajustarse a los principios generales de derecho; serán, en cierta forma, reglamentos de ejecución de los principios.

d) (*Principios no incluidos en las categorías anteriores*). Los demás principios generales no incluidos en las categorías anteriores,[56] servirán para resolver cuando

54. Cajarville Peluffo, J.P., *Limites de la actividad reglamentaria*, cit., p. 47.

55. Conf. Barbe Perez, H., ob. cit. pp. 50, 51 y 53. En p. 50, dice que "la aparente primacía de la ley con respecto al p.g.d. que establecen el art. 332 de la Constitución y el art. 16 del Código Civil, sólo indica primacía de la norma especial sobre la norma general". El razonamiento del autor que lo conduce a esa conclusión, así como el análisis que realiza en p. 52 sobre la actuación del juez que enfrenta un texto legal que contradice un p.g.d., refieren en realidad a la interpretación de las normas positivas, y no a la eficacia formal del principio frente a la ley.

56. Quedarían comprendidos en este rubro residual ciertos principios generalmente admitidos, como por ej., el de enriquecimiento sin causa, los

no sea posible hacerlo por las palabras ni por el espíritu de la ley de la materia, ni por los fundamentos de las leyes análogas (Código Civil, art. 16),[57] y la Administración deberá adecuar su actuación a ellos, ya proceda por actos reglamentarios, subjetivos o por hechos, en virtud de su sometimiento genérico a todos los principios de derecho impuesto por el art. 23 del Decreto-ley n. 15.524. Descartables por ley y superiores a los reglamentos, su ubicación en el sistema aparece también como similar a la de la ley.

V — Categorización de los principios generales de derecho en el derecho positivo uruguayo según su ubicación en la escala jerárquica normativa

En resumen, pueden distinguirse en nuestro derecho las siguientes categorías de principios generales, atendiendo a su ubicación en la escala de reglas de derecho:

a) Los principios que informan nuestro sistema constitucional y que se inducen de las soluciones contenidas expresamente en la Carta, se ubican en el nivel de las normas constitucionales de las que se infieren.

b) Los principios relativos a derechos, deberes y garantías "que son inherentes a la personalidad humana o se derivan de la forma republicana de gobierno", también se ubican en el nivel de las normas constitucionales, porque están implícitamente contenidos en el art. 72 de la Constitución.

c) Los demás principios generales de derecho no comprendidos en los apartados anteriores se ubican en nivel similar al de la ley, y por ende su aplicación puede ser descartada por una norma legal, pero se imponen a la Administración cualquiera sea la forma de su actuación.

VI — Operatividad de los principios generales de derecho: su fuerza pasiva o de resistencia

Por su propia índole, en general y considerados aisladamente, los principios generales de derecho no se presentan con la estructura típica de una regla de derecho. No definen, o lo hacen muy genéricamente, una hipótesis de hecho o supuesto normativo; muchas veces se limitan a afirmar valores o jerarquizaciones de valores[58] de origen metajurídico, que a través del principio adquieren relevancia jurídica. Sobre todo, aun cuando pueda extraerse de ellos la identificación de un supuesto jurídico, no surgirá del principio la imputación a ese supuesto de una consecuencia jurídica determinada.

Sin embargo, el apartamiento del principio o el desconocimiento del valor o jerarquización de valores en que él consiste configura de por sí una hipótesis de hecho o supuesto normativo; y entonces la integración del principio al ordenamiento permite imputar a esa hipótesis o supuesto la

que refieren a los poderes propios de la jerarquía, los relativos al procedimiento administrativo (salvo el de debida defensa), el de paralelismo de las formas, etc. También estaría en este rubro el principio de no retroactividad de los actos jurídicos, salvo que se considerara derivado del principio de seguridad jurídica y como tal inherente a la personalidad humana; la jurisprudencia constante de la Suprema Corte de Justicia afirma que el principio de irretroactividad no tiene amparo constitucional: ver en *Rev. U. de Der. Const. y Pol.*, n. 33-34, pp. 202-205, sent. n. 94 de 18.8.989, y *Rev.* n. 36, pp. 401-406, sent. n. 10 de 2.5.990.

57. Además del art. 16 del Código Civil, transcripto en nota 37, otros Códigos incluyen a los principios generales de derecho como medio de integración, en todos los casos como fuentes subsidiarias de la ley, y planteando problemas particulares que no pueden abordarse ahora: Código General del Proceso, art. 15; Código Tributario, art. 5º; Código Aeronáutico, art. 3º.

58. "... los principios generales del Derecho hay que concebirlos ... como sumas valoraciones normativas, principios y criterios de valoración que constituyendo el fundamento del orden jurídico tienen una función genética respecto a las normas singulares": Betti, Emilio, *Interpretación de la ley...*, cit., p. 288.

consecuencia que corresponde a la violación de las reglas de derecho a las cuales el principio en cuestión se incorpora o asimila.[59]

Así, si una ley es incompatible con un principio de aquellos inducidos de normas constitucionales o incluidos implícitamente en ellas, será pasible de declaración de inconstitucionalidad por la Suprema Corte de Justicia, cumpliendo los requisitos formales y sustanciales y con las consecuencias que nuestro régimen prevé para el control de constitucionalidad de las leyes.[60] Si un órgano jurisdiccional concluye en la incompatibilidad de una ley con un principio de tal jerarquía normativa, deberá solicitar de oficio a la Suprema Corte de Justicia la declaración de inconstitucionalidad y la inaplicabilidad de la ley en el caso concreto, de conformidad con el art. 258 de la Carta; si se trata de un órgano de la Administración, deberá sin embargo aplicar la ley mientras no haya una sentencia de la Corte que disponga su desaplicación, y si puede invocar la lesión de un interés directo, personal y legítimo, deberá promover la declaración de inconstitucionalidad por la Corte para remover, en el caso, la ley que le impide aplicar el principio general.[61]

Naturalmente, si la ley se aparta de un principio de los que no tienen jerarquía constitucional, no incurrirá en ilegitimidad alguna, y las hipótesis de hecho adecuadas al supuesto previsto en la ley se regirán por ella, sin perjuicio de que el principio siga rigiendo todas las demás hipótesis.

Si un acto administrativo de cualquier naturaleza (reglamento, resolución, reglamento singular o disposición general) se aparta de un principio general sin contar con respaldo legal, será ilegítimo y su invalidez dará lugar a su revocación en vía administrativa y a su desaplicación en el caso concreto por los jueces o aun por los órganos de la Administración no sometidos a jerarquía del órgano que lo dictó; pero la anulación por contrariedad con el principio queda reservada al Tribunal de lo Contencioso Administrativo.[62]

En todo caso, la ilegitimidad del comportamiento estatal producida por la fuerza pasiva o de resistencia del principio general contrariado hará responsable al Estado por los daños y perjuicios causados.

En fin, si cualquier acto, hecho u omisión de cualquier autoridad administrativa lesiona, restringe, altera o amenaza, en forma actual o inminente y con ilegitimidad manifiesta, un derecho o libertad inherente a la personalidad humana o derivado de la forma republicana de gobierno, cabrá la promoción de una acción de amparo, reglamentada por la Ley n. 16.011 de 19 de diciembre de 1988.[63]

VII — Operatividad de los principios generales de derecho: su fuerza activa de innovación o derogatoria

La particularidad de la estructura de los principios generales señalada en el

59. Cassagne, Juan Carlos, "Los principios generales del derecho en el Derecho Administrativo", en *Estudios de Derecho Público*, Bs. As., 1995, p. 4; Grau, Eros Roberto, *A ordem econômica...*, cit., pp. 122 a 129, y "Principios y reglas jurídicas — Conflicto entre principios y eficacia de las reglas jurídicas", *Rev. de Derecho Público*, n. 3-4, Mdeo., 1993, pp. 23-25.

60. Real, A. R., *Los Principios Generales de Derecho...*, cit., p. 15.

61. Cajarville Peluffo, J. P., *Supremacía constitucional e interpretación*, cit., p. 58. Sobre la cuestión de la aplicación de la ley inconstitucional por la Administración, además de la bibliografía citada en loc. cit. nota 37: Risso Ferrand, Martín, "Aplicación de la Constitución frente a leyes inconstitucionales", en *Rev. de Der. Público*, n. 5, Mdeo., 1994, pp. 37 a 47, adhiriendo a la nueva posición de Cassinelli Muñoz.

62. Cajarville Peluffo, J.P., *Supremacía constitucional...*, cit., p. 61; e "Invalidez de los actos administrativos", en *Dos estudios de Derecho Administrativo*, Mdeo., 2ª ed., 1995, pp. 75-77.

63. Brito, Mariano, "Acción de amparo", en *El poder y su control*, Rev. U. de Der. Const. y Pol., Serie Congresos y Conferencias, n. 1, Mdeo., 1990, pp. 144 a 154; Viera, Luis A., *Ley de amparo*, Mdeo., 1993, p. 11.

párrafo precedente, que se aparta de la típica de las normas, no impide que en ocasiones puedan crear situaciones jurídicas o imponer su creación por otros actos jurídicos. Por ejemplo: el principio de la debida defensa en vía administrativa impone a la Administración el deber de conferir vista al interesado y de diligenciar la prueba que proponga; el principio de enriquecimiento sin causa puede imponer la obligación de pagar una suma de dinero; el principio de relevancia de la conducta anterior (conocido como 'teoría de los actos propios")[64] puede imponer determinados comportamientos.

Mayores dificultades y perplejidades suscita la consideración de la eventual fuerza derogatoria de los principios generales de derecho. Salvo aquellas que postulen la existencia de un "Derecho Natural" eterno e inmutable, todas las concepciones de los principios generales del derecho admiten su existencia en el espacio y en el tiempo. Por lo tanto, y en cuanto se admite, por la teoría[65] y por nuestras normas positivas que a ellos refieren, que los principios generales de derecho existen con independencia de los actos jurídicos formales que los reconocen y en ellos se fundan, queda planteada la cuestión de su relación temporal con las demás reglas de derecho, en particular los efectos sobre éstas de la admisión, como propio del ordenamiento, de un principio general antes no considerado.[66]

La relación en el tiempo entre las distintas reglas de derecho se rige por el principio de prevalencia de la norma posterior de igual o superior jerarquía.[67] Pero el efecto derogatorio tácito de la norma posterior difiere en nuestro derecho según la anterior sea de la misma o de inferior jerarquía.[68] La derogación entre normas de la misma jerarquía se decide aplicando el criterio de conciliabilidad entre las dos normas (Código Civil, art. 10), de manera que la posterior deroga a la anterior sólo en cuanto no puedan conciliarse; de ahí que la norma general posterior no derogue a la especial anterior, y que la anterior pueda mantener su vigencia considerándosela como norma especial para los casos a que refiere, frente a la general posterior. En cambio, la relación entre normas de distinta jerarquía se rige por el criterio de compatibilidad lógico-jurídica de ambas normas, de manera que la norma posterior de superior jerarquía deroga a las anteriores inferiores con las cuales sea incompatible, que no pueden subsistir ni siquiera a título de excepción.[69]

64. Gonzalez Perez, Jesús, *El principio general de la buena fe en el Derecho Administrativo*, Madrid, 1983, pp. 117 a 140; Mairal, Héctor A., *La doctrina de los propios actos y la Administración Pública*, Bs. As., 1988; en nuestro país: Berro, Federico, *La relevancia jurídica de la conducta anterior*, Mdeo., 1989.

65. Barbe Perez, H., ob. cit., pp. 48-51; Cassagne, J. C., ob. cit., p. 8; Gonzalez Perez, J., *La dignidad de la persona*, cit., pp. 84-85; Grau, E. R., *A ordem econômica...*, cit., pp. 129 a 132; Jeanneau, B., ob. cit., pp. 234 a 249.

66. René Chapus señala que desde 1945, en que por primera vez aparece su mención explícita en fallos del Consejo de Estado, la categoría de los "principios generales de derecho aplicables aun en ausencia de texto" no ha cesado de enriquecerse (*Droit Administratif Général*, cit., pp. 55-56). Ver en Jeanneau, ob. cit. pp. 112, 139-140, 187 y 254-255, cambios en la jurisprudencia acerca de la aceptación de principios generales y de sus relaciones recíprocas, en el caso, la aceptación como principio del derecho de huelga de los funcionarios públicos y su relación con el principio de continuidad de los servicios públicos.

67. Supervielle, Bernardo, "De la derogación de las leges y demás normas jurídicas", en *Estudios jurídicos en memoria de Juan José Amézaga*, Mdeo., 1958, pp. 385 y ss.

68. Cassinelli Muñoz, Horacio, "Oposición superveniente: ¿iderogación o inconstitucionalidad?", *Rev. D.J.A.*, Mdeo., t. 55, p. 191; Supervielle, B., *De la derogación...*, cit., pp. 485 y ss.

69. Sin embargo, Bobbio señala que la jurisprudencia de la Corte constitucional italiana en sus primeros años permite constatar "la tendencia a reconocer la validez de una ley ordinaria — y por tanto jerárquicamente inferior —, no importa si precedente o sucesiva, cuando existen buenas razones para demostrar que deroga principios constitucionales generalísimos para satisfacer exigencias particulares, re-

Conforme a esos criterios, y teniendo en cuenta que sólo podrá admitirse la incorporación a nuestro derecho de un principio que afirme la existencia de un derecho, deber o garantía inherente a la personalidad humana o derivado de la forma republicana de gobierno siempre que no contraríe ninguna disposición constitucional expresa y sea coherente con todas ellas (supra, II n. 2), no podrá plantearse la derogación de una norma constitucional por un principio general de admisión posterior. El examen de compatibilidad del derecho, deber o garantía a que refiere el principio ahora admitido con todas las disposiciones constitucionales, puede requerir conciliarlo con los otros derechos individuales y con las potestades públicas consagrados por la Carta. En verdad, no es esta una necesidad que plantee sólo la admisión de nuevos principios generales; sin perjuicio de contener una estructura institucional más o menos rígida, la Constitución es en sí misma, además, expresión de principios, expresa o implícitamente incorporados, y desde este punto de vista Bobbio ha señalado que "nuestros ordenamientos no son sistemas éticos unitarios, es decir, inspirados en un único postulado ético fundamental o en un grupo de postulados coherentes entre sí, sino que son sistemas de varios valores y que estos valores a menudo son antinómicos entre sí, como los de la libertad negativa y la igualdad positiva o los de la libertad individual y la justicia social".[70] La necesidad de conciliar principios simultáneamente vigentes es entonces inherente a la estructura y contenido del sistema, y debe realizarse atendiendo a la dimensión de peso o importancia que es propia de los principios[71] y respetando las jerarquizaciones contenidas en la propia Constitución o en las leyes.[72]

La admisión de un principio de jerarquía legal no importará la derogación de leyes anteriores que establezcan soluciones contrarias, las que permanecerán como normas de excepción. La imposibilidad de conciliación sólo ocurriría cuando la solución legal expresa anterior estuviera consagrada como regla general; pero en tal caso, simplemente el principio contrario no sería admisible en nuestro derecho positivo, porque los comprendidos en el art. 332 sólo se aplican en los casos previstos a falta de reglamentación, y los que caen residualmente en el art. 16 del Código Civil también rigen en subsidio de la ley.

Resta analizar los efectos de la admisión de un principio antes no considerado respecto a las reglas anteriores de inferior jerarquía a la que quepa atribuir a ese principio. Si el nuevo principio reconoce un deber o garantía, no podrá suplirse su falta de reglamentación legal recurriendo al art. 332 (supra, II n. 3), de manera que permanecería como una directiva para el legislador que no derogaría la legislación anterior ni la haría inconstitucional.[73] Si el principio reconoce derechos a los individuos, será de aplicación inmediata, y aparecería la posibilidad de derogación de la legislación anterior por el principio ahora admitido. Lo mismo ocurriría si se tratara de la admisión de un principio de jerarquía cons-

gulando casos limitados en el tiempo y en la extensión": "Sobre los criterios para resolver las antinomias", en *Contribución a la teoría del derecho*, cit., p. 363-364.

70. "Sobre los criterios para resolver las antinomias", en *Contribución a la teoría del derecho*, cit., p. 351.

71. Cassagne, J.C., "Los principios generales...", en *Estudios de Derecho Público*, cit., p. 16. Grau, E. R., "Principios y reglas jurídicas...", cit., pp. 27 a 32; el artículo de Grau es un estudio del conflicto entre los principios constitucionales atinentes a la vinculación de la Administración a las decisiones del Poder Judicial y la legalidad de la ejecución presupuestal.

72. Cajarville Peluffo, J. P., *Supremacía constitucional...*, cit., pp. 60-61.

73. Si no se admitiera esta solución, habría que asimilar este caso al de un principio que reconociera derechos a los individuos, que se analiza seguidamente.

titucional o legal, respecto a los reglamentos anteriores incompatibles con él.

Delimitado así el campo en que cabría conjeturar sobre la derogación de una norma positiva por un principio de admisión posterior, corresponde proceder al examen de la primera hipótesis: efecto de la admisión de un principio de jerarquía constitucional sobre las leyes anteriores incompatibles con él. Una primera dificultad para admitir el efecto derogatorio deriva de que, por su propia índole, los principios generales de derecho carecen de un comienzo de vigencia identificado en el tiempo que permita ubicar aquel efecto; pero el conflicto podría plantearse en un momento en que la incorporación del principio al derecho positivo resulte ya incuestionable, y entonces el juez o el administrador deberán plantearse la alternativa de considerar derogada la ley anterior incompatible o solicitar la declaración de su inconstitucionalidad a la Suprema Corte de Justicia. Es claro que el principio ahora admitido no puede considerarse comprendido en el contenido de la Constitución que produjo el efecto modificativo, adaptador y derogatorio sobre la legislación anterior dispuesto por el art. 329 de la Carta;[74] ese efecto sólo lo pruduce el contenido de la Constitución en el momento de su entrada en vigencia. Pero tampoco podría considerarse que la ley fuera inconstitucional, si se entiende por tal la contrariedad por razón de forma o de fondo con la Constitución bajo la cual ha sido promulgada.[75] Resulta entonces que la hipótesis planteada queda fuera de las dos vías por las cuales nuestro régimen resuelve los conflictos entre disposiciones constitucionales y legales.[76] Siendo así, el fundamento por el cual la Constitución ha establecido un régimen especial concentrado para la declaración de inconstitucionalidad de las leyes[77] induce a concluir que no debe admitirse la derogación de una ley por un principio general de jerarquía constitucional de admisión posterior a su promulgación, y que la incompatibilidad entre ambos deberá resolverse por

74. Cassinelli Muñoz, H., *Oposición superveniente...*, cit., p. 164.

75. Cassinelli Muñoz, H., *Oposición superveniente...*, cit., p. 202.

76. En la tesis, que admito, de que la Constitución posterior deroga a la ley anterior incompatible con ella (confs.: Cassinelli Muñoz, H., *Oposición superveniente...*, cit.; Esteva, Eduardo, "Declaración de inconstitucionalidad de actos legislativos", en *El poder y su control*, cit., pp. 97 y ss.; Perez Perez, Alberto, "Derogación de normas legales por una Constitución posterior", *Rev. D.J.A.*, t. 67, p. 291; Supervielle, B., *De la derogación...*, cit., pp. 431 a 482). Si conforme con la tesis contraria, no se admitiera el efecto derogatorio de la Constitución posterior sobre las leyes anteriores incompatibles, o si aun admitiéndolo se sostuviera la competencia exclusiva de la Suprema Corte para declarar esa derogación, todo el problema planteado en el texto no existiría. Modificando su jurisprudencia constante anterior, la Suprema Corte de Justicia, en sent. n. 22 de 27.8.993, declaró que carece de jurisdicción para conocer sobre la oposición entre una norma legal y una disposición constitucional superveniente: autos "R. Ch., J.A. c/ Ministerio del Interior — Inconstitucionalidad", Fa. n. 3395/92.

77. Cassinelli Muñoz ha demostrado, en su notable estudio sobre el tema, que "el procedimiento especial previo a la desaplicación de las leyes inconstitucionales es una garantía establecida en defensa del Poder Legislativo y de las Juntas Departamentales, en homenaje al equilibrio entre los órganos legislativos y los órganos jurisdiccionales ... Este fundamento político es el de evitar que la función legislativa, que no dispone de la fuerza pública ni de la cosa juzgada —, se vea menoscabada por cualquier juez": *Oposición superveniente...*, cit., p. 206. El Tribunal Constitucional español ha invocado un fundamento que conduce también a la conclusión del texto: "La estricta aplicación del principio de jerarquía permitiría al juez resolver el dilema en que lo situaría la eventual contradicción entre la Constitución y la ley con la simple inaplicación de ésta, pero ello hubiera implicado someter la obra del legislador al criterio tal vez diverso de un elevado número de órganos judiciales, de donde podría resultar, entre otras cosas, un alto grado de inseguridad jurídica. El constituyente ha preferido, para evitarlo, sustraer al juez ordinario la posibilidad de inaplicar la ley que emana del legislador constituido, aunque no la de cuestionar su constitucionalidad ante este Tribunal, que, en cierto sentido, es así, no sólo defensor de la Constitución, sino defensor también de la ley" (sent. 17/1981, de 1.6.981, en Balaguer Callejon, F., ob. cit., p. 147).

la vía de la declaración de inconstitucionalidad por la Suprema Corte de Justicia.

Por último, pese a la dificultad señalada para ubicar en el tiempo el comienzo de la vigencia de un principio general, y atento a la posibilidad de que el conflicto se plantee cuando la vigencia del principio es indiscutible, puede aceptarse el efecto derogatorio de un principio ahora incorporado al ordenamiento sobre los reglamentos anteriores incompatibles con él. Pero aunque no se admitiera ese efecto, la inexistencia de un sistema de control de legitimidad concentrado respecto a los reglamentos y el poder-deber de los órganos jurisdiccionales y administrativos (salvo los sometidos a jerarquía del autor) de desaplicar los reglamentos ilegítimos conduciría a resultados prácticamente iguales.

VIII — Conclusión

Los "principios generales de derecho" son el medio por el cual el ordenamiento jurídico formal del Estado uruguayo admite, incorpora y atribuye eficacia jurídica formal a los valores, jerarquizaciones de valores y concepciones sociales sobre los fenómenos jurídicos, predominantes en la colectividad asentada en su territorio no incluidos en una regla de derecho escrita.

Desde el punto de vista orgánico-formal, la incorporación puede ocurrir naturalmente mediante su acogimiento expreso por el propio constituyente, por el legislador en cuanto no contravenga una disposición constitucional expresa, o por el administrador mediante reglamento o resolución en tanto no contravenga una disposición constitucional o legal; pero su incorporación directa al ordenamiento en cuanto principio general como tal, no recogido previamente en una regla de derecho formal integrante del ordenamiento, que permitirá incluso descartar la aplicación de esas reglas formales, será reconocida en definitiva a través de la jurisprudencia.

El ordenamiento jurídico formal del Estado reserva esa potestad de reconocer la incorporación al ordenamiento de aquellas valoraciones y concepciones sociales a dos de sus órganos máximos, la Suprema Corte de Justicia y el Tribunal de lo Contencioso Administrativo, sólo cuando se trate de desaplicar una ley o de anular un acto de la Administración por contravenir aquellas valoraciones y concepciones sociales predominantes. Pero todos los órganos jurisdiccionales pueden aplicarlas para juzgar la legitimidad de la actividad del Estado a efectos reparatorios y aun para desaplicar los actos del Estado en el caso sometido a su decisión, respetando la eficacia formal con que el ordenamiento estatal incorpora esas valoraciones y concepciones sociales, elevando el asunto a la Suprema Corte si se trata de desaplicar una ley, o desaplicándolos por si mismos si son actos de la Administración.

En nuestro pais, estamos lejos de los riesgos de una aplicación indiscriminada y generalizada de los principios generales de derecho por los jueces, que ha suscitado alarma y rechazo de algún autor europeo. En todo caso, nuestro régimen constitucional y legal previene aquellos riesgos, encausando adecuadamente la utilización de ese instrumento imprescindible para conformar el ordenamiento formal con la evolución de las concepciones sociales sobre los derechos, deberes y garantías de los individuos, y para hacer posible su efectiva aplicación.

PARECERES

TERCEIRIZAÇÃO DOS SERVIÇOS JURÍDICOS DO BANDES

DIOGENES GASPARINI

Professor Titular da Faculdade de Direito de São Bernardo do Campo

O cadastramento, a seleção e a contratação de advogados ou escritórios de advocacia para a elaboração de peças jurídicas e patrocínio de interesses dessa instituição financeira podem ser promovidos com base em normas próprias, dada a inviabilidade de licitação, observando-se, por ocasião da contratação, o princípio da igualdade na escolha dos futuros contratados e na distribuição, entre esses, dos processos e peças jurídicas.

CONSULTA

1. O douto Consultor Jurídico do Banco de Desenvolvimento do Espírito Santo — BANDES, Dr. Ricardo Coelho Vello, informa-nos, por fax de 30.8.95, que essa instituição financeira deseja, sem licitação pois inviável, *terceirizar* os serviços jurídicos (elaboração de peças jurídicas, patrocínio de interesses) que vêm sendo realizados por advogados pertencentes ao seu quadro de pessoal, mediante a contratação de causídicos e empresas de advocacia que atendam às *Normas para Cadastramento de Advogados*, cuja edição ocorrerá dentro de breve tempo, e ao BANDES restem, ao fim, vinculados nos termos do *Contrato de Prestação de Serviços de Advocacia*, havido como anexo dessas *Normas*.

2. A consulta vem ilustrada com as minutas das Normas para Cadastramento de Advogados e do Contrato Particular de Prestação de Serviços de Advocacia, aqui chamados, para facilitar, de Normas e Contrato. Este, dispondo sobre o objeto do ajuste (Cláusula Primeira), os honorários (Cláusula Segunda), as ações e procedimentos especiais (Cláusula Terceira), os acordos (Cláusula Quarta), o substabelecimento (Cláusula Quinta), a entrega de documentos (Cláusula Sexta), os atos vedados ao contratado (Cláusula Sétima), as custas processuais (Cláusula Oitava), os relatórios e informações (Cláusula Nona), o prazo (Cláusula Décima), a responsabilidade solidária (Cláusula Décima-primeira) e o foro (Cláusula Décima-segunda), será celebrado com os advogados ou escritórios de advocacia escolhidos pelo BANDES, consoante regulado pelas referidas Normas.

3. As Normas prevêem a seleção, o cadastramento e a contratação, sem exclusividade, de advogados e sociedades de advocacia para a prestação de serviços jurídicos ao BANDES, com obediência aos seus próprios termos e condições e aos princípios da Lei Federal n. 8.666/93, conforme expressamente indicado em seu art. 1º. Esse dispositivo ainda estabelece: tratando-se de contratação de advogado, essa será sem vínculo empregatício. Por essas Normas poderão ser cadastrados advogados ou sociedades de advocacia, consoante as várias especialidades (art. 3º), desde que de reconhecida capacitação e satisfeitas as exigências do art. 7º e seguinte (art. 2º). O cadastro será organizado segundo a especialidade dos serviços em: *cobrança de obrigações, trabalhista*, *comercial*, *tributária* e *licitação* (art. 32), definidas no art. 4º. O art. 5º regula o pedido de inscrição na área de especialidade do interessado e indica, nos vários anexos, os documentos que devem acompanhar essa solicitação. Os interessados serão classificados consoante sua experiência técnica, conforme indicado nos arts. 6º e 8º, atendidas as exigências do art. 7º.

O art. 7º menciona os requisitos de qualificação, exigidos para o cadastramento nas várias categorias, ou seja, possuir conhecimento específico e compatível com o exercício das atividades licitadas (a); possuir equipamento, bases de dados e outros recursos tecnológicos de informática, adequados ao exercício de suas atividades (b); comprovar inscrição ou registro na Ordem dos Advogados do Brasil — OAB (c); apresentar descrição pormenorizada dos serviços prestados, bem como toda e qualquer informação que possibilite maior e melhor conhecimento de sua qualificação (d); apresentar listagem dos respectivos clientes (e).

Além desses requisitos, os interessados, para fins de classificação, deverão comprovar atuação em pelo menos 10 (dez) processos, cujos valores atendam às classes indicadas no art. 8º. Os parágrafos desse dispositivo especificam situações particulares, como a comprovação de mais de três anos de exercício profissional (1º); no caso de sociedade de advogados esse tempo deverá ser satisfeito pela metade dos seus sócios (2º); para cada categoria poderão ser contratados até 6 (seis) classificados que apresentarem processos de maior valor (3º); a comprovação da atuação compreende a subscrição, especialmente, das petições iniciais e das razões dos eventuais recursos (art. 4º). O cadastramento e a licitação serão julgados, prescreve o art. 9º, por Comissão Especial de Licitação designada pela Diretoria do BANDES. O BANDES licitará os serviços entre os cadastrados das respectivas especialidades, em regime de tarefa, ou, a seu critério, por prestação global mediante remuneração fixa e mensal (art. 10), e seu parágrafo único estabelece que o julgamento será pelo menor preço e a licitação será na modalidade de convite.

O art. 11 estabelece que os contratados para Cobrança de Obrigações devidas ao BANDES serão remunerados exclusivamente pela verba de sucumbência, enquanto seu parágrafo único estabelece que os honorários para os demais serviços serão ajustados segundo tabela própria fixada por essa instituição financeira. O § 22 prescreve que somente aos cadastrados nos primeiros quinze dias serão distribuídos processos, enquanto o § 3º estabelece, se for necessário, novas distribuições a partir dessa data e a cada três meses. O § 4º, ainda do art. 11, estatui que o BANDES adotará critérios de distribuição paritária de processos entre os classificados nas várias categorias. O art. 12 permite à Comissão Especial de Licitação solicitar, conforme o caso, informações adicionais aos cadastrados.

O cadastramento valerá por 1 (um) ano e sua renovação far-se-á nos termos das referidas Normas (art. 13), ao passo que o seu parágrafo único disciplina essa renovação para os advogados contratados. O indeferimento do pedido de cadastramento está regulado no art. 14. O art. 15 regula o cancelamento do cadastro dos inscritos, enquanto o art. 16 obriga a edição de lista dos cadastrados e que essa ficará à disposição dos interessados. Os interessados poderão solicitar a qualquer tempo seu registro cadastral, sem que isso lhes assegure a contratação (art. 17). As Normas poderão, no interesse do BANDES, ser alteradas (art. 18). Nos vários anexos dessas Normas estão indicadas outras exigências para o cadastramento, especialmente as relacionadas à regularidade fiscal e aos atos constitutivos, quando se tratar de sociedade de advogados.

4. Sobre essas Normas e Contrato, cujas minutas provisórias, se assim podem ser chamadas, acompanham seu pedido de parecer, o ilustre Consulente deseja saber da viabilidade de cada uma, como um todo, e, em especial, sobre a:

I — classificação dos interessados, com base nos critérios fixados e independentemente de pontuação, consubstanciada nos arts. 7º e 8º das Normas;

II — divisão em duas categorias dos interessados em promover os serviços jurídicos de Cobrança de Obrigações (art. 8º, I, "a" e I, "b", das Normas);

III — contratação dos serviços desejados através de convite (art. 10 das Normas) e a distribuição entre os classificados, atribuindo-lhes os honorários sucumbenciais e convencionais (art. 11 das Normas e Cláusula Segunda do Contrato);

IV — distribuição paritária estabelecida no art. 11, § 4º, das Normas, com as possíveis alternativas;

V — contratação de serviço específico, não correspondente às ações distribuídas aos advogados ou escritórios de advocacia, através de convite ou por sorteio entre os cadastrados (Cláusula Terceira, § 4º, do Contrato);

VI — exigência do egrégio Tribunal de Contas do Estado do Espírito Santo para constar, no contrato a ser celebrado com advogado ou escritório de advocacia escolhido, cláusula atribuindo-lhe a obrigação de responder pelos honorários sucumbenciais, sempre que o BANDES venha a ser vencido na demanda e a contratação não tenha dependido de licitação;

VII — vinculação do BANDES à resposta do colendo Tribunal de Contas do Estado do Espírito Santo, proferida *a latere* de consulta que lhe fora formulada por essa instituição financeira, no sentido de consignar cláusula nos Contratos de Prestação de Serviços de Advocacia, atribuindo aos contratados a responsabilidade pelo pagamento da sucumbência, quando o BANDES fosse vencido e a contratação tivesse sido ajustada sem licitação, mediante remuneração do contratado, exclusivamente, com a verba honorária que a parte adversa fosse condenada a pagar ao BANDES.

PARECER

1. A solução das preocupações mencionadas pelo diligente Consultor Jurídico do BANDES decorrerá, naturalmente, das considerações que se seguirão sobre dois pontos essenciais que a Consulta enseja, consubstanciados, o primeiro, na constitucionalidade da pretendida *terceirização* dos serviços jurídicos do BANDES e, o segundo, na legalidade do procedimento de cadastramento, escolha e contratação dos desejados prestadores de serviços jurídicos, expostos nessa seqüência.

2. A Administração Pública, tomada essa expressão com o sentido amplo que lhe é outorgado pelo inc. XI do art. 6º do Estatuto Federal das Licitações e Contratos Administrativos (Lei n. 8.666/93), compreende as entidades componentes da Administração Pública direta e indireta da União, dos Estados-membros, do Distrito Federal e dos Municípios. A Administração Pública, assim entendida, necessita, ao lado de obras e bens, de serviços para a satisfação das finalidades que lhe foram atribuídas constitucionalmente. Esses, chamados por alguns autores de serviços administrativos, são executados pela Administração Pública para "atender a suas necessidades internas ou preparar outros serviços que serão prestados ao público ...", como acentua Hely Lopes Meirelles (*Direito Administrativo Brasileiro*, 19ª ed., São Paulo, Malheiros, 1994, p. 296).

Vê-se, desde logo, que não são serviços públicos em sentido estrito. Não se destinam à fruição dos administrados, salvo indiretamente. São serviços para a Administração Pública. Desses, têm-se, como exemplo, os serviços de contabilidade, de manutenção de equipamento, de segurança, de demolição, de conserto, de instalação, de locação, de seguro e de publicidade, conforme definição e listagem dadas pelo inc. II do art. 6º do Estatuto Federal das Licitações e Contratos Administrativos. Na lição de Sergio de Andréa Ferreira (*Direito Administrativo Didático*, 3ª ed., Rio de Janeiro, Forense, 1985, p. 230), são serviços que participam do funcionamento da máquina estatal, sem, contudo, vinculação imediata à satisfação das necessidades coletivas.

3. Ditos serviços, definidos pelo Estatuto Federal das Licitações e Contratos Administrativos como "toda atividade destinada a obter determinada utilidade de interesse para a Administração", podem ser conseguidos pela Administração Pública por execução direta ou mediante execução indireta, consoante indicado no art. 10, incs. I e II, desse Diploma legal. Aquela é a desempenhada pela Administração Pública interessada, valendo-se de seus próprios recursos humanos e materiais. Esta é a realizada por terceiro, contratado pela Administração Pública após o atendimento de certas exigências indicadas no Estatuto Federal das Licitações e Contratos Administrativos. Observe-se que a segunda dessas modalidades de execução pode constituir-se em mão dupla de direção, isto é, a Administração Pública, via execução indireta, tanto pode obter, de certo particular, um serviço que não se acha integrado entre os que já executa, como pode transferir-lhe um que já se encontra entre os assumidos. Essa última possibilidade, a única de interesse da Consulta, é a que vem sendo chamada de *terceirização*. É entendida como técnica moderna de administração baseada num processo de gestão, segundo ensina Lívio A. Giosa (*Terceirização*, 3ª ed., São Paulo, Pioneira, p. 11), aplicável tanto aos entes privados como aos públicos e governamentais. Sua adoção, no entanto, obedece a regimes diversos, consoante se trate de serviços de interesse dos entes públicos ou particulares.

Terceirizar, portanto, significa, em termos genéricos, transferir a outrem atividade de uma pessoa jurídica *privada* (empresa mercantil, industrial), *pública* (União, Estado-membro, Distrito Federal, Município, autarquia, fundação pública) ou *governamental* (sociedade de economia mista, empresa pública, fundação privada). Esse trespasse, quase sempre de atividade-meio, se operacionaliza, de regra, via licitação e termo de contrato, regulados por lei de cada componente da Federação ou, na falta dessa, pela Lei Federal n. 8.666/93 na versão que lhe deu a Lei, também federal, n. 8.883/94, quando pertinente às entidades públicas ou governamentais. Essa legislação dos entes federados deve mencionar *se*, *quando* e *como* dita terceirização poderá ocorrer.

4. Não há, salvo hipóteses legais ou constitucionais, qualquer óbice a esse trespasse. Assim, tirantes as expressas exceções, todo serviço necessário a manter viva a presença da Administração Pública nos seus vários comportamentos de interesse público pode ser entregue à cura de estranhos, particulares que a isso se disponham, conforme interpretação fundada no inc. XXI do art. 37 da Constituição Federal, que não distingue os serviços que podem, ou não, ser contratados com terceiros. Também não fazem qualquer distinção, entre serviço público, serviço administrativo e serviço destinado à Administração Pública, os incs. VII e VIII do art. 6º da Lei Federal das Licitações e Contratos Administrativos quando definem Administração direta e indireta, não obstante ditos dispositivos sirvam para validar tais trespasses. Desse modo, não cabe ao intérprete distinguir onde a lei não discrimina, especialmente para restringir o interesse público. Portanto, ao contrário do que à primeira vista parece, há expressa autorização, tanto constitucional como legal, de ordem geral, para esse trespasse, à qual não podem se opor outras entidades, seja qual for o pretexto, sob pena de ser indébita a oposição ou interferência.

Como se isso não bastasse, deve-se atentar para o fato de que alguns desses serviços, elencados no art. 13 desse Estatuto, como são os de fiscalização, supervisão e gerenciamento de obras e serviços (IV) e os de patrocínio ou defesa de causas judiciais ou administrativas (V), podem ser prestados por particulares à Administração Pública. Ora, se assim é, nada impede, e algumas vezes é até recomendável, que esses serviços quando já realizados pela própria Administração Pública possam ter sua execução transferida a particulares. Não há, por conseguinte, óbice a que a Administração Pública, direta e indireta, nesses casos, terceirize os serviços cuja prestação está a cargo de servidores de seu quadro de pessoal permanente, especialmente quando seu propósito é extinguir o setor que os executa e dispensar seus servidores.

Ainda cabe invocar em prol da legalidade dessa transferência o Enunciado n. 331 do TST, onde resta claro que esse Tribunal, ao examinar a terceirização, acabou por entender legal o trespasse dos serviços de entidades públicas e governamentais a terceiros, ao acentuar que: "A contratação irregular de trabalhador, através de empresa interposta, não gera vínculo de emprego com os órgãos da Administração Pública Direta, Indireta ou Fundacional (art. 37, III, da Constituição Federal)". De fato, para essa Corte de Justiça sentenciar que tais contratações não geram vínculos empregatícios para ditas entidades, foi preciso aceitar a constitucionalidade da terceirização dos referidos serviços sob suas correspondentes responsabilidades.

5. De outro modo, seria defender a tese segundo a qual a Administração Pública não pode escolher, entre as opções (execução direta, execução indireta) reguladas pelo ordenamento jurídico, a que entende ser a melhor para obter os serviços desejados. Destarte, quem decide por um ou outro desses meios é a Administração Pública interessada nos serviços. Essa opção ela a faz com inteira liberdade, como afirmou o Tribunal de Contas da União ao julgar improcedente Denúncia oferecida, pelo Sindicato dos Empregados em Estabelecimentos Bancários de São Paulo, contra a contratação de serviços advocatícios pelo Banco do Brasil S/A (TC n. 22.225/92-7). Com efeito, nesse julgamento restou assentado que: "Embora não caiba ao tribunal discutir a oportunidade das contratações, posto que a matéria situa-se na alçada da discricionariedade do administrador, é indiscutível que os argumentos apresentados pelo banco justificam plenamente a conduta daquela instituição ...".

6. Destarte, quaisquer dos serviços sob execução da Administração Pública, excepcionados os indicados legal e constitucionalmente, podem ser terceirizados ou, segundo clássica dicção, ter sua execução outorgada a particulares que para tanto tenham demonstrado interesse, conforme ensina Lesley Gasparini Leite, ao tratar da Terceirização nos Órgãos Públicos (in *Terceirização*, Lívio A. Giosa, 3ª ed., Pioneira, São Paulo, 1994, p. 65). A transferência da execução de certo serviço para pessoa estranha à Administração Pública, hoje terceirização, era incentivada pelo Decreto-lei federal n. 200/67, que "dispõe sobre a organização da Administração Federal, estabelece diretrizes para a Reforma Administrativa e dá outras providências". De fato, ao tratar da descentralização no art. 10, esse Diploma legal estabeleceu, no § 1º, que essa modalidade de execução de atividade pública será posta em prática em três planos principais e prescreveu na alínea "a" como seria feita, ou seja: "da Administração Federal para a órbita privada, mediante *contratos* ou concessões" (grifamos).

7. Então, por certo, podem ser terceirizados os serviços jurídicos de natureza jurisdicional ou administrativa, mantidos sob o regime de execução direta pela Administração Pública, sua titular. Com efeito, essas atividades são enquadráveis entre as que a Administração Pública, direta ou indireta, executa para atender a suas necessidades internas ou preparar outros serviços que serão prestados ao público, conforme ensina Hely Lopes Meirelles (ob. cit., p. 296). Observe-se que nenhum cerceamento constitucional geral existe no que concerne ao trespasse de sua execução a terceiros. Aliás, sempre que os autores procuram exemplificar a terceirização, acabam indicando, entre os serviços terceirizáveis, os jurídicos. Nesse sentido, cabe conferir as lições de Wilson Ramos Filho, estampadas no v. 58 da *Revista Síntese Trabalhista*, p. 110, proferidas ao discorrer sobre "O Enunciado no 331 do TST: Terceirização e a Delinqüência Patronal". Com efeito, nessa passagem esse estudioso frisou que: "De fato, há muitos anos as pequenas e médias empresas, em vez de manter um contador empregado durante o mês inteiro, com vínculo em CTPS, optavam por contratar escritórios de contabilidade para lhes prestar serviços somente quando necessários, reduzindo assim seus custos fixos. O mesmo ocorreu com outros profissionais, como os *advogados*, consultores, assessores de imprensa, dentre outros".

Nesse particular, também é expressivo o relato de fato vivido por Sergio Pinto Martins (*Terceirização e o Direito do Trabalho*, São Paulo, Malheiros, 1995, p. 21). Nessa oportunidade, esse Juiz, Presidente de Junta de Conciliação e Julgamento de São Paulo, asseverou que: "O mesmo ocorreu conosco quando exercíamos a advocacia, laborando num banco. Por um curto período de tempo passamos a prestar serviços jurídicos para aquela mesma instituição financeira, como trabalhador autônomo, em que anteriormente atuamos como empregado".

8. A contratação de serviços particulares de advocacia por órgãos e entidades da Administração Pública, em meados deste ano, foi objeto de extensa e profunda manifestação (Parecer n. AGU/MF-01/95) da Advocacia-Geral da União, que concluiu pela sua constitucionalidade desde que satisfeitas certas exigências. Na ementa desse parecer restou afirmado que: "A contratação de serviços particulares de advocacia por órgãos e entidades da Administração — ainda que contem eles com quadro próprio de advogados — não está vedada e deve observar os princípios constitucionais que regem a Administração Pública, as disposições da Lei n. 8.666, de 21.6.93, e as orientações do TCU" (*DOU* de 11.7.95).

Esse lúcido entendimento já era acolhido pelo colendo Tribunal de Contas do Estado do Espírito Santo. De fato, ao responder, em 26.9.94, a consulta formulada pelo BANDES sobre a possibilidade da contratação de advogado ou sociedade de advogados para lhe prestar serviços jurídicos, celebrando com esses profissionais ou escritórios de advocacia contrato de risco, cujos honorários corresponderiam apenas à verba de sucumbência, essa Corte de Contas manifestou-se pela sua legalidade, afirmando que "... nenhum óbice há no atendimento à pretensão do consulente, ...", mas exigiu, no que estava certa, a pré-qualificação dos interessados e a observância de critérios objetivos de distribuição das ações aos advogados e escritórios de advocacia selecionados diretamente, ou seja, sem licitação. Em suma, importa afirmar que essa Corte de Contas entendeu constitucional a desejada contratação desses profissionais e empresas de advocacia. No mesmo sentido, cabe conferir douta decisão do TCU publicada no *DOU* de 21.6.95.

9. A prática, a todo instante, reforça esse entendimento e está a desmentir inteligência contrária. Com efeito, o Município de Vargem Grande Paulista, da Grande São Paulo, contratou para lhe dar assessoria jurídica no âmbito judicial e administrativo a JURISCONSULTI — Consultores Associados S/C Ltda. Outro importante exemplo de terceirização de serviços jurídicos encontra-se na Empresa Metropolitana de Transportes Urbanos de São Paulo S/A — EMTU-SP, que instaurou, em outubro de 1994, licitação para selecionar escritório de advocacia que lhe prestasse assessoria na área do Direito do Trabalho. Ainda, expressivo exemplo desse procedimento encontra-se no Edital n. 95/001, do Banco do Brasil S/A, para o cadastramento de advogados, conforme noticiado pelos jornais da época, a exemplo de *A Gazeta* de 10.5.95.

10. Já dissemos em outra oportunidade (*Direito Administrativo*, 4ª ed., São Paulo, Saraiva, 1995, p. 296) que: "Tudo o que as pessoas públicas (União, Estados, Distrito Federal, Municípios, autarquias), governamentais (sociedades de economia mista, empresas públicas, fundações) e suas subsidiárias, obrigadas a licitar, puderem obter de mais de um ofertante, ou que, se por elas oferecido, interessar a mais de um dos administrados, há de ser, pelo menos em tese, por proposta escolhida em procedimento licitatório como a mais vantajosa". A seu turno, Celso Antônio Bandeira de Mello (*Curso de Direito Administrativo*, 5ª ed., São Paulo, Malheiros, 1994, p. 275), ao versar sobre o objeto licitável, apóia essa afirmação ao sumular que: "São licitáveis unicamente objetos que possam ser fornecidos por mais de uma pessoa, uma vez que a licitação supõe disputa, concorrência, entre ofertantes".

Licitar, portanto, é a regra, conforme estatui o inc. XXI do art. 37 da Constituição Federal, e, na sua esteira, o art. 2º do Estatuto Federal das Licitações e Contratos Administrativos (Lei n. 8.666/93) e legislação posterior. As exceções a essa regra encontram-se nessa mesma Lei. São as hipóteses de licitação *dispensada* (art. 17), *dispensável* (art. 24) e *inexigível* (art. 25). As duas primeiras ressalvas consubstanciam hipóteses expostas em números taxativos, enquanto a última reflete mero elenco exemplificativo de situações em que a licitação é descabida. Aquelas somente não são realizadas por conveniência da Administração Pública, quando deseja um certo negócio. É mais adequada ao interesse público a contratação direta, que o ajuste da transação mediante prévia licitação. Estas não são realizadas por absoluta impossibilidade prática. Suas hipóteses não são as únicas, podendo no dia-a-dia surgir outras em que a licitação é inviável ou, conforme ensina Celso Antônio Bandeira de Mello (ob. cit., p. 279): "Outras hipóteses de exclusão de certame licitatório existirão, ainda que não arroladas nos incisos I a III, quando se proponham situações nas quais estejam ausentes pressupostos jurídicos ou fáticos condicionadores dos certames licitatórios. Vale dizer: naquelas hipóteses em que ou (a) o uso da licitação significaria simplesmente inviabilizar o cumprimento de um interesse jurídico prestigiado no sistema normativo e ao qual a Administração deva dar provimento ou (b) os prestadores dos serviços almejados simplesmente não se engajariam na disputa deles em certame licitatório, inexistindo, pois, quem, com as aptidões necessárias, se dispusesse a disputar o objeto de certame que se armasse a tal propósito. Tais casos, como se exemplificará, têm que ser excludentes de licitação e, então, devem, conforme se disse, ser havidos como abrigados no *caput* do art. 25, ainda que a ele se tenha que conferir algum elastério, ...".

11. O BANDES deseja transferir diversos serviços jurídicos (elaboração de peças, patrocínio de interesses) pertinentes às áreas de *cobrança créditos*, *trabalhista*, *comercial*, *tributária* e *licitações* a advogados e sociedades de advogados, mediante a indicação do modo e das condições de execução desses serviços, pagando, em alguns casos, a título de honorários, tão-só a sucumbência. Essas condições, as únicas que atendem ao interesse público perseguido por essa instituição financeira, e a natureza e condições de execução dos serviços, seguidoras de regras ditadas pelo Banco Central do Brasil, inviabilizam qualquer procedimento tradicional de licitação.

Com efeito, não interessa ao BANDES um único advogado ou escritório de advocacia, já que não seria prudente vincular-se, por longo tempo, a um só profissional ou escritório prestador desses serviços, que a isso seria, fatalmente, levado se realizasse qualquer espécie de licitação. A licitação, embora muitas vezes não se aperceba, só permite o cumprimento desse objetivo, ou seja, a seleção de um único proponente. De fato, dentre as finalidades da licitação, consoante prescreve o art. 3º do Estatuto Federal das Licitações e Contratos Administrativos, está a de selecionar uma só proposta. Segundo esse dispositivo, a licitação presta-se a encontrar a proposta mais vantajosa para a Administração Pública licitante. Se assim é, não se pode cogitar de mais de uma proposta vencedora, pois somente uma pode ser a mais vantajosa. Atente-se a que, se houver empate, as proponentes empatadas não são contratadas, dividindo-se entre elas o objeto licitado. Promove-se o desempate. Portanto, a licitação destina-se a buscar, dentre várias, a única proposta mais vantajosa para a Administração Pública licitante. Se se deseja, como é o caso da Consulta, mais de uma, o instrumental a ser utilizado não será, certamente, a licitação, que a tanto não se destina, mas um procedimento que resguarde seus princípios.

12. No que concerne à Consulta, as atividades jurídicas, especialmente as relativas às ações de cobrança, são muitas e os valores cobrados, quase sempre, elevados. Os riscos da má qualidade da execução dessas atividades, decorrentes do acúmulo de serviços judiciais e administrativos, são reais, efetivos. Os valores cobrados são substanciais e podem levar o contratado a concentrar seus cuidados e esforços no acompanhamento dessas ações e a descurar das demais, cujos valores não são atraentes para fins de sucumbência. Ditas razões, à evidência, desaconselham a contratação de um único advogado ou escritório de advocacia, tornando, assim, inviável a licitação. Ademais, à Administração Pública licitante somente interessam proponentes que não a exponham a qualquer risco. Tudo deve ser evitado, inclusive a licitação, para que esses perigos não aconteçam. É notório, a toda luz, que a realização da licitação nesses casos seria incompatível com o interesse público que o BANDES está obrigado a perseguir e, se contrária a dito interesse, há de se concluir, sua promoção revelar-se-ia, inafastavelmente, ilegal.

13. Mesmo que se imaginasse contornar esse obstáculo, mediante a licitação de pacotes de processos judiciais e peças jurídicas, o risco de se ter um único vencedor continuaria a existir. Com efeito, todos os interessados, advogados e escritórios de advocacia, teriam o direito de participar da licitação de cada pacote e ao fim seria possível se ter o mesmo vencedor para todos os pacotes postos em disputa, em concorrência. Tal situação, pelas razões já sobejamente conhecidas, não atende ao interesse público que cabe ao BANDES perseguir. Poder-se-ia proibir a participação do mesmo interessado nos vários pacotes licitados, mas isto seria ferir frontalmente o princípio da competitividade e tornar mais difícil a seleção da proposta mais vantajosa, dado que esta poderia ser a do proponente impedido de licitar. Vê-se, assim, que, por qualquer dos lados por que se examine a exigibilidade da licitação, esta termina, sempre, em posição oposta ao interesse público e, portanto, inviável. Ademais, a prestação dos serviços pretendidos pelo BANDES há de ser atribuída a quem seja versado em Direito Bancário, que envolve o conhecimento, entre outras, de normas editadas pelo Banco Central do Brasil, pela Comissão de Valores Mobiliários e por órgãos do Sistema Financeiro de Habitação, e isso, em regra, se contrapõe à obrigatoriedade da licitação, ou, pelo menos, restringe sua genérica aplicabilidade.

14. A licitação, no caso, ainda que superado o óbice antes levantado, não teria, em termos objetivos, como ser julgada, nem mesmo se o certame fosse do tipo melhor técnica. Face ao interesse público em jogo, ao BANDES cabe indicar o modo e as condições de execução dos serviços desejados. Esses serviços, cuja execução há de ocorrer dessa maneira, em termos e em tais e quais condições, pode-se afirmar, são como que *padronizados*. Sendo assim, não há como confrontar as propostas apresentadas e extrair dessa comparação a vencedora. Todas serão, nesse particular, iguais, e por dita razão a competição será inviável. Essa hipótese, enquadrável, hoje, no *caput* do art. 25 do Estatuto Federal das Licitações e Contratos Administrativos, é semelhante a outra, conhecida e praticada como dispensa de licitação, prevista no inc. XI do art. 22 do então Decreto-lei n. 2.300/86. Por tal dispositivo, estabeleceu-se que a licitação era dispensável: "XI — para a aquisição de materiais, equipamentos ou gêneros padronizados ou uniformizados, por órgão oficial, quando não for possível estabelecer critério objetivo de julgamento das propostas".

15. Essa circunstância, que, no caso da Consulta, inviabiliza a realização dessa ou de outra qualquer modalidade de licitação, com o fito de escolher a melhor proposta para a contratação de serviços advocatícios de terceiros, por falta de critérios objetivos de julgamento, foi bem anotada pelo Ministro-Relator ao decidir sobre a Denúncia formulada, pelo Sindicato dos Empregados em Estabelecimentos Bancários de São Paulo (TC n. 22.225/92-7), contra o Banco do Brasil S/A. Nesse *decisum* restou assentado: "Além disso, não seria possível a licitação do tipo melhor técnica, já que os profissionais externos não teriam como diferenciar a forma de prestação de seus serviços, em decorrência da definição anterior pelo banco, do modo e condições de sua execução". Mais adiante, essa alta autoridade conclui: "Também com respeito ao argumento da impossibilidade de adoção do tipo melhor técnica não há como discordar, já que a forma e as condições gerais de execução dos serviços são dadas pelo banco. Inviabiliza-se, assim, o certame licitatório para cada contratação específica, pois não há condições objetivas para julgamento das propostas".

16. A contratação, em termos de honorários, dos advogados e escritórios de advocacia será feita pelo exato valor da verba de sucumbência, que for condenada a pagar a parte vencida, adversa ao BANDES. Nenhum outro pagamento lhes será feito por essa instituição financeira. Assim, os advogados e escritórios de advocacia contratados somente receberão esse valor se tiverem êxito. Trata-se, assim, de contrato de risco, remunerado *ad exitum*. Essa circunstância inviabiliza a licitação do tipo menor preço. Com efeito, não há como saber, no momento da contratação, o valor da condenação para, sobre ele, se estabelecer e ajustar o valor efetivo da verba honorária a que o contratado faria jus. Esse fato, inviabilizador da licitação do tipo menor preço, também foi bem levantado pelo douto Ministro-Relator no julgamento da indigitada Denúncia, formulada pelo Sindicato dos Empregados em Estabelecimentos Bancários de São Paulo (TC n. 22.225/92-7), contra o Banco do Brasil S/A, nos seguintes termos: "Estipulando os contratos a serem firmados que a remuneração dos advogados externos seria exclusivamente *ad exitum*, aqueles profissionais não perceberiam outra retribuição pela prestação de seus serviços que não os respectivos honorários, a serem pagos pelos devedores. Estes honorários, sendo fixados pelo juiz no curso do feito judicial em virtude da sucumbência processual, não poderiam ser discutidos pelos advogados, inviabilizando o procedimento licitatório do tipo menor preço". Mais adiante, esse Ministro do TCU assevera, no que está absolutamente certo, que: "O mesmo não valeria se houvesse qualquer outro tipo de pagamento aos advogados que não os honorários *ad exitum*, hipótese em que seria obrigatório o certame".

17. Se, no caso, as licitações de melhor técnica e de menor preço são inviáveis, resta claro, a toda força, que também é impraticável a de técnica e preço. Com efeito, se esses tipos de licitação (melhor técnica e menor preço) são impossíveis isoladamente, é certo, até logicamente, dizer-se que o tipo composto resultante (técnica e preço) também é inviável. A inexeqüibilidade, nessas hipóteses, será, ao contrário do que se pode imaginar, dupla, pois o novo tipo trará a inviabilidade de ambos os tipos componentes. Se não há como a licitação ser julgada tecnicamente, nem como ser avaliada pelo menor preço, é notório que ditas realidades impossibilitam a licitação de técnica e preço, sempre delas dependente para fins de julgamento. Desnecessária, pela obviedade da desmotivação que causaria se adotada, qualquer consideração em defesa da inaplicabilidade, no caso, do tipo de licitação de maior lance. Ninguém pagaria para executar os serviços advocatícios desejados pelo BANDES ou qualquer outro pretendente, salvo o insano ou o desejoso por jactar-se com o contrato celebrado, situações, no entanto, que sequer devem ser consideradas.

18. Em suma, no caso proposto pelo BANDES não cabe, por todas as razões postas e fundamentadas, a adoção de concorrência, tomada de preços ou convite, e muito menos cabe o leilão. O concurso, como modalidade licitatória indicada (art. 13, § 1º, da Lei Federal n. 8.666/93) para a escolha da melhor proposta, quando a Administração Pública deseja um serviço técnico profissional especializado, também é impraticável, pois não se tem como diferenciar o modo e as condições de execução dos serviços jurídicos pretendidos pelo BANDES. Como encontrar a melhor proposta sem que essas circunstâncias da execução dos serviços possam ser diferenciadas? Além do mais, o concurso levaria a um só advogado ou a um único escritório de advocacia para a execução dos serviços jurídicos desejados pelo BANDES. Tal realidade, como já se afirmou, não satisfaz o interesse público que essa instituição financeira está obrigada a perseguir.

19. Ainda que inviável sob todos os aspectos a submissão das pretendidas contratações pelo BANDES ao regime das licitações, esses ajustes não podem ser feitos *aleatoriamente*. De fato, essa instituição bancária somente pode contratar com quem demonstre ter condições para satisfazer, em termos técnicos, econômicos, financeiros e fiscais, os seus interesses, que, diga-se, também são públicos. Seria de total imprevidência, incompatível com o interesse público, contratar alguém sem uma prévia análise de sua personalidade jurídica, de sua capacidade técnica, de sua idoneidade econômico-financeira e de sua regularidade com o fisco. Igualmente, não podem ser contratados advogados ou escritórios de advocacia *discricionariamente*, ao nuto dos dirigentes dessa instituição financeira. Lá haveria um flagrante desrespeito ao princípio da boa administração, aqui uma evidente violação do princípio da igualdade.

Aliás, essas preocupações também foram objeto de análise do douto Ministro-Relator no julgamento da Denúncia formulada, perante o Tribunal de Contas da União, pelo Sindicato dos Empregados em Estabelecimentos Bancários de São Paulo (TC n. 22.225/92-7), contra o Banco do Brasil S/A. Nessa oportunidade, esse ilustre Ministro sentenciou: "Tal restrição não impede, contudo, que o banco, diante do grande número de causas a serem patrocinadas, da necessidade de garantir igualdade entre os interessados em contratar e da necessidade de assegurar a qualificação técnica dos advogados, avalie, de forma imparcial, a capacitação dos profissionais externos, habilitando-os previamente para as futuras contratações".

20. A avaliação prévia recomendada por essa egrégia Corte de Contas da União, em caso por tudo semelhante ao proposto pelo BANDES, há de surgir de um procedimento chamado *cadastramento*, definido e regulado por ato normativo dessa entidade financeira. O cadastramento é o procedimento feito para fins de licitação pelas pessoas obrigadas a licitar, visando a conhecer previamente os seus eventuais futuros contratados no que respeita à capacidade jurídica, à capacidade técnica, à idoneidade financeira e à regularidade fiscal. Não é, assim, procedimento de contratação, embora em alguns casos seja um de seus pressupostos. É procedimento, como é fácil perceber, que não se destina a selecionar qualquer proposta comercial. Essa sequer é cogitada nesse procedimento.

Atendidas as exigências consignadas na legislação pertinente, o interessado é cadastrado e em seu favor é expedido o competente Certificado de Registro Cadastral — CRC, com validade de uma ano. Deve, portanto, ser atualizado a cada ano, registrando-se as modificações ocorridas com o cadastrado quanto à sua pessoa e à sua atuação, anotando-se o seu bom ou mau desempenho na execução dos contratos. Essas informações permitirão à Administração Pública um preciso conhecimento e avaliação do cadastrado no que respeita às possibilidades contratuais da empresa ou do profissional cadastrado.

21. O Estatuto Federal das Licitações e Contratos Administrativos exige o cadastro para a participação de alguém em licitação na modalidade de tomada de preço e para integrar convite, desde que, neste caso, o interessado não tenha sido convidado. O cadastramento desburocratiza o procedimento da licitação e facilita ao cadastrado sua participação nessas espécies licitatórias. O cadastramento pode ser um só para todos os interessados em contratar com a Administração Pública ou vários: um para cada atividade. Nesta hipótese, ter-se-ão tantos cadastros quantas forem as atividades de interesse da Administração Pública, em que os interessados serão classificados segundo sua capacidade técnica e financeira, conforme regulado pelo art. 36 do Estatuto Federal das Licitações e Contratos Administrativos. Para essa classificação esse Estatuto não faz qualquer exigência, não carecendo para tanto que sejam atribuídas notas e pontos a certos atributos dos cadastrandos. São estabelecidas algumas classes, por exemplo, em função do capital social e enquadrados os cadastrandos que satisfaçam seus limites e exigências. Deferidos os pedidos e expedidos os respectivos CRCs, os cadastrados estão em condições de participar de tomada de preços e convite ou de outra modalidade de licitação em que dito certificado seja aceito, observadas, naturalmente, as demais exigências legais e editalícias.

22. Os interessados cadastrados estarão, dentro de suas respectivas categorias e especialidades e no que respeita à capacidade jurídica, à capacidade técnica, à idoneidade econômico-financeira e à regularidade fiscal, na mais absoluta igualdade, situação que exige da Administração Pública a adoção de algum procedimento para a escolha dos que celebrarão os contratos por ela desejados. Esse procedimento é, comumente, a licitação em uma de suas modalidades. Não é, no entanto, o que ocorre no caso da Consulta, já que tal procedimento, como vimos, é inadequado.

Na hipótese, respeitado o número de cadastrados (advogados e escritórios de advocacia) indicado nas Normas que em cada categoria pode ser contratado, em sessão pública, previamente convocada pela imprensa oficial, promove-se, entre os cadastrados, o sorteio dos futuros contratados, restando escolhidos os sorteados que, por primeiro, compuserem esse número, procedendo-se assim sempre que novas contratações forem desejadas. Uma vez escolhidos os futuros contratados, a esses deve-se distribuir os serviços advocatícios (processos judiciais e peças jurídicas). Para tanto, os referidos serviços advocatícios devem ser separados em pacotes, cujas somas dos valores dados às causas processadas e às peças jurídicas sejam, em cada um, o mais igual possível. A quantidade de pacotes deverá ser idêntica ao número de cadastrados escolhidos.

Variante desse procedimento consiste no sorteio entre os cadastrados, em sessão pública previamente convocada pela imprensa oficial, dos pacotes de processos judiciais e peças jurídicas, sempre que possível do mesmo valor, montados em quantidade igual ao número máximo de advogados e escritórios de advocacia que, segundo as Normas, pode ser contratado por categoria e especialidade. Nessa hipótese, um ou mais dos cadastrados não receberá qualquer pacote, sem que essa circunstância traga ilegalidade ao simultâneo processo de escolha do contratado e de distribuição dos serviços jurídicos que o BANDES deseja terceirizar.

Outro modo ou critério de distribuição dos processos e peças jurídicas, entre os cadastrados, seria a escolha dos futuros contratados pelo processo de sorteio em sessão pública previamente convocada, observado o número máximo que, consoante as Normas, pode ser contratado em cada categoria e especialidade. Em seguida, aos escolhidos, sem preocupação com o valor da causa ou com os honorários atribuídos à execução da peça jurídica, proceder-se-á à entrega de um processo ou peça para cada selecionado, repetindo-se a operação até que não haja processos e peças a distribuir.

23. Não se trata, portanto, do procedimento que os autores e a legislação denominam de *pré-qualificação*. Esta, prevista no art. 114 do Estatuto Federal das Licitações e Contratos Administrativos, é a verificação prévia da capacidade jurídica, da capacidade técnica, da idoneidade financeira e da regularidade fiscal de eventuais interessados em oferecer propostas em uma ou várias licitações de um mesmo empreendimento, se qualificados nessa primeira parte em que o procedimento licitatório foi cindido. Na segunda parte, os qualificados apresentarão, por ocasião e nas condições do chamamento da Administração Pública licitante, as respectivas propostas, procedendo-se normalmente ao correspondente julgamento. Atente-se a que desta fase somente participarão os qualificados.

O julgamento, como de resto todo o procedimento, objetiva selecionar uma só proposta e contratar seu autor para a execução do objeto licitado. Por ser assim, não atende aos interesses do BANDES que deseja contratar vários advogados ou escritórios de advocacia para a execução dos desejados serviços jurídicos. Inútil seria o aproveitamento tão-só da pré-qualificação, pois esta somente tem sentido quando lhe sobrevém o oferecimento de propostas para a seleção da mais vantajosa. O procedimento da pré-qualificação investe o pré-qualificado no direito subjetivo de ver sua proposta, na ocasião oportuna, examinada e confrontada com as demais pela Comissão Especial de Licitação e, se a mais vantajosa, aceita pela Administração Pública licitante. Por estas razões todas, deve ser evitado pela Administração Pública quando pretende selecionar prestadores dos serviços de seu interesse, nos moldes do proposto pela Consulta.

24. Os serviços e os termos e condições de sua execução a cargo dos eventuais contratados, selecionados pelo sistema de cadastramento, escolha e contratação uma vez instituído pelo BANDES, bem como a remuneração e as condições de pagamento por dita execução, serão os genericamente indicados nessas Normas. Essas, sob esses e outros aspectos, serão editadas livremente pelo BANDES, atendidos os princípios aplicáveis à Administração Pública e, portanto, a essa instituição financeira, e os inerentes à fixação de honorários advocatícios. De sorte que, calcado em tais Normas, o BANDES indicará, como um de seus anexos, a minuta de Contrato Particular de Prestação de Serviços Advocatícios e Fixação de Honorários. Trata-se, assim, de um *contrato de adesão*, cujos termos e condições, salvo o atendimento dos princípios que regulam a atuação da Administração Pública e outros específicos do Direito das Obrigações, são estabelecidos com liberdade por essa empresa governamental. Desse modo, não se pode ter o BANDES vinculado à resposta que lhe oferecera o colendo Tribunal de Contas do Estado do Espírito Santo, em que esse Colegiado posicionou-se no sentido de somente entender legítima a contratação se o advogado contratado, segundo as Normas dessa instituição financeira, por tratar-se de contrato de risco, assumisse a responsabilidade pelo pagamento da sucumbência, quando o seu cliente, o BANDES, fosse vencido na demanda ajuizada.

25. É certo que às Cortes de Contas, inclusive à do Estado do Espírito Santo, cabe responder às consultas que lhes são formuladas por qualquer autoridade, na forma estabelecida no respectivo Regimento Interno, a respeito de dúvidas suscitadas na aplicação de dispositivos legais e regulamentares, concernentes à matéria de suas respectivas competências. Suas respostas, também é certo, são dotadas de caráter normativo e se constituem em prejulgamento das teses examinadas, mas não dos fatos ou casos concretos. Assim está prescrito na Lei Federal n. 8.443/92, chamada de Lei Orgânica do Tribunal de Contas da União (art. 1º, XVII e § 2º). Essa regra de competência serviu de modelo para as Leis Orgânicas das Cortes de Contas dos Estados, conforme se vê, entre outras, nas leis dos Estados do Espírito Santo (LC n. 32/93, art. 1º, XVII) e de Minas Gerais (LC n. 33, art. 13, X, e parágrafo único) ou se observa, entre outros, nos Regimentos Internos dos Tribunais de Contas dos Estados de São Paulo (Resolução n. 1/94, arts. 217 a 220) e de Mato Grosso (Resolução n. 3/93, arts. 225 a 228).

A resposta oferecida pelo Tribunal de Contas à consulta que lhe fora regularmente formulada tem caráter normativo, constituindo-se em prejulgamento da tese examinada. Portanto, todos os que se encontrarem em situação semelhante devem atendê-la. Não obstante seja legalmente assim, a resposta não se constitui em prejulgamento do fato ou caso concreto que lhe deu origem, como bem explicitam as citadas leis complementares ou os mencionados regimentos. De sorte que a Corte de Contas competente, ao examinar o fato ou caso concreto, pode decidir de outro modo e até mesmo em contrário à sua manifestação anterior. Mesmo *ex officio* esse reexame pode ocorrer, conforme estatui o Regimento Interno do Tribunal de Contas do Estado de São Paulo (Resolução n. 1/94, art. 220, parágrafo único) e dispõe o Regimento Interno do Tribunal de Contas do Estado de Mato Grosso (Resolução n. 3/93, art. 228).

26. Ademais, a resposta ofertada pelo Tribunal de Contas competente somente terá tal atributo se consentânea com o ordenamento jurídico positivo ou, de outro modo, se conforme com o direito posto. Destarte, se a resposta atentar contra regras ou princípios constitucionais ou se conflitar com normas da legislação vigente, não cabe imaginar sua aplicabilidade ao caso concreto, e muito menos aos semelhantes em razão de sua natureza normativa. Aliás, esse é o princípio que vigora em situações em que alguém deve se comportar segundo uma certa ordem, comando ou determinação. Esta somente o submete se constitucional ou legal. Fora desse limite nada o constrange. Assim, o servidor não está obrigado a cumprir ordem ilegal. O dever de obediência somente lhe impõe o acatamento de ordens legais. Com efeito, ensina Hely Lopes Meirelles (ob. cit., p. 396) que: "Por esse dever, não está o servidor obrigado a cumprir mecanicamente toda e qualquer ordem superior, mas, unicamente, as ordens legais. E por ordens legais entendem-se aquelas emanadas de autoridade competente, em forma adequada e com objetivos lícitos".

Do mesmo modo, não está a autoridade responsável pela execução de lei ou de ato inconstitucionais obrigada a observá-los, conforme têm decididos os nossos Tribunais, a exemplo do Superior Tribunal de Justiça (REsp n. 23.121-GO, in *DJU* de 8.11.93). No mesmo sentido são as ensinanças dos autores. De fato, entre outros, assevera Hely Lopes Meirelles (ob. cit., p. 617) que: "Observamos, finalmente, que as leis e atos inconstitucionais podem deixar de ser cumpridos pelas autoridades responsáveis por sua execução (não por agentes subalternos, nem por particulares) que assim os considerem, devendo, em tal caso, ajuizar a ação ou solicitar seu ajuizamento".

27. A resposta à Consulta formulada pelo BANDES ao Tribunal de Contas do Estado do Espírito Santo, por não atender a esse princípio ou, mais precisamente, por destoar do direito positivo, deixa de ser obrigatória para essa instituição financeira. Sua ilegalidade no que concerne à necessidade de constar, no Contrato de Prestação de Serviços Advocatícios, cláusula atribuindo ao contratado do BANDES a obrigação de responder pela sucumbência, quando essa instituição financeira fosse vencida, não lhe assegura a natureza normativa que lhe atribui a Lei Orgânica dessa Corte de Contas e de onde se extrai sua genérica obrigatoriedade.

Essa resposta do Tribunal de Contas do Estado do Espírito Santo, sobre ter sido dada, nesse particular, sem qualquer pedido do BANDES, afronta princípio nuclear do Direito segundo o qual *a ninguém é dado locupletar-se sem razão*. De fato, o BANDES estaria beneficiando-se com os serviços advocatícios prestados pelo advogado ou escritório de advocacia contratado sem nada despender.

Por outro lado, a responsabilidade pela verba de sucumbência é da parte vencida, não de seu advogado, consoante prescreve o art. 20 do Código de Processo Civil. De fato, esse preceptivo estatui que: "A sentença condenará o vencido a pagar ao vencedor as despesas que antecipou e os honorários advocatícios". Sendo desse modo, não cabe à parte pactuar com seu defensor que a este caberá responder pela sucumbência se eventualmente for vencida no pleito, pois se estaria deslocando ilegalmente a responsabilidade por essa verba sem a necessária anuência do seu eventual titular, que é seu credor, não credor de seu advogado.

Sobremais, poder-se-ia estar atribuindo essa responsabilidade a alguém sem condições, ou com poucas, para satisfazer no momento oportuno esse pagamento, sem se mencionar que, por restar desfigurada a natureza da responsabilidade, o advogado da parte vencedora não teria como valer-se do procedimento sumaríssimo (art. 275, II, "m", do CPC) para cobrar esse valor devido pelo advogado do vencido na demanda.

Por todas essas razões não há fundamento jurídico-constitucional para essa determinação. Via de conseqüência, o BANDES não está obrigado a observá-la, ainda que imposta por quem, em determinadas circunstâncias, tem competência genérica para prescrever orientação dessa natureza.

28. Observando a súmula jurídica do cadastramento, dada nos ns. 20, 21 e 22, o BANDES pode editar as Normas para Cadastramento de Advogados, cuja síntese está na Consulta. Após, mediante rigoroso atendimento do que essas Normas estabelecem, pode cadastrar, selecionar e contratar advogados e escritórios de advocacia para lhe prestar os serviços jurídicos de seu interesse. Ditas Normas, como um todo, não discrepam dos princípios instituídos pela legislação licitatória vigente, observável pelo BANDES (art. 37, XXI, da CF e art. 1º, parágrafo único, da Lei Federal n. 8.666/93), nem dos que regem a Administração Pública. Ainda que seja assim, algumas observações são oferecidas com o único e mero intuito de seu aprimoramento e até porque foram solicitadas. Logo:

a) Do art. 1º das Normas deve ser suprimida, depois da palavra "emprego", a expressão: "obedecerá ao disposto", colocando-se em seu lugar a locução: "obedecerão aos princípios da licitação".

b) O art. 29 das Normas deve ser acrescido da palavra "jurídicos", depois da expressão: "prestação de serviços", e adicionadas as palavras "destas Normas", após a locução: "Capítulo II".

c) No art. 5º das Normas, depois da palavra "deverão", deve-se acrescentar, entre vírgulas, a expressão: "sob pena de indeferimento do pedido", e após a palavra "encaminhar" deve ser adicionada a locução: "à Comissão Especial de Cadastramento", seguida do sinal dois pontos, suprimindo-se a frase: "os seguintes documentos". As alíneas desses artigo deverão ser redigidas desse modo: "a) a documentação indicada no Anexo I; b) a declaração legal mencionada no Anexo II; c) o termo de compromisso previsto na Anexo III; d) as informações complementares referidas no Anexo IV".

d) O § 3º do art. 8º das Normas deve receber a seguinte redação: "Em cada categoria da área de Cobrança de Obrigações poderão ser escolhidos e contratados até 6 (seis) dos correspondentes cadastrados. Nas demais áreas poderão ser escolhidos e contratados até .... (...) dos respectivos cadastrados. Em qualquer caso, a escolha será sempre mediante sorteio realizado em sessão pública, previamente convocada".

e) O § 4º do art. 8º das Normas deverá ser assim redigido: "Para a comprovação do exercício profissional exigido no § 1º deste artigo, o interessado poderá juntar cópias de peças processuais, a exemplo das petições iniciais e das razões de recurso interposto em ação que tenha tido seu patrocínio".

f) Ao art. 8º deve ser acrescentado um parágrafo, o 52, com a seguinte redação: "A comprovação do patrimônio líquido poderá se feita mediante declaração, sob as penas da lei, da empresa tomadora dos serviços jurídicos".

g) No art. 9º das Normas deverá ser retirada, depois da palavra "cadastramento", a expressão: "e a licitação serão julgados", colocando-se em seu lugar a locução: "será julgado".

h) O art. 10 das Normas deverá ser assim redigido: "O BANDES contratará os serviços jurídicos com os cadastrados escolhidos nas categorias das respectivas áreas de cadastramento em regime de tarefa ou de execução global mediante remuneração fixa e pagamento mensal, salvo o disposto no art. 11 das Normas".

i) O parágrafo único do art. 10 das Normas deverá ter a seguinte redação: "A contratação nos termos deste artigo e do art. 11 destas Normas não exclui, sempre que possível, a licitação na modalidade convite e o seu julgamento pelo menor honorário cobrado do BANDES".

j) O § 1º do art. 11 das Normas deverá ser parágrafo único, dado que o segundo e o terceiro deverão ser suprimidos e o quarto deverá ser transformado em artigo, remunerando-se, daí por diante, os demais artigos. O novo art. 12 deverá ter a seguinte redação: "O BANDES adotará para a distribuição de processos e peças jurídicas, entre os cadastrados escolhidos nas categorias das respectivas áreas, critérios objetivos e procederá conforme indicado no Anexo V destas Normas".

k) Ao final do art. 14, antigo 13, das Normas deverá ser acrescentado: "Os não renovados serão considerados caducos". Ao seu parágrafo único, depois da palavra "renovarão", deverá ser acrescentada, entre vírgulas, a locução: "no que couber".

l) O parágrafo único do art. 15, antigo 14, deverá ser suprimido. Nessa matéria a Administração Pública está vinculada e qualquer alteração só cabe para os casos futuros. Ademais, a supressão sugerida compatibiliza-se com a regra do art. 19, antigo 18, destas Normas.

Aceitas essas sugestões, devem ser reescritas as Normas para Cadastramento de Advogados e elaborado o Anexo V, fixador dos critérios de distribuição, aos cadastrados ou aos cadastrados escolhidos, dos processos e peças jurídicas, cabendo ao BANDES indicar no edital de cadastramento aquele que será utilizado. Ainda, a essas Normas deve ser adaptada a minuta de Contrato de Prestação de Serviços de Advocacia, que não apresenta qualquer impropriedade de maior relevância.

29. Examinados a Consulta e os documentos que a ilustram, à luz da legislação e da doutrina pertinentes, respondemos, objetiva e conclusivamente, aos quesitos formulados pelo douto Consulente do seguinte modo:

29.1 Está correta a classificação dos interessados com base nos critérios fixados, independentemente de pontuação, prevista e regulada nos arts. 79 e 89 das Normas.

29.2 A divisão em duas categorias de interessados na execução, para o BANDES, de serviços jurídicos de Cobrança de Obrigações, instituída no art. 8º, I, "a", e I, "b", das Normas, não afronta qualquer princípio ou regra jurídica.

29.3 Conforme demonstrado no corpo do parecer, a regra é, no caso, a contratação sem licitação. Só quando essa for possível, será ela promovida na modalidade de convite e seu julgamento será pelo menor honorário a ser ajustado com o BANDES.

29.4 A distribuição mediante critério paritário atende ao princípio da igualdade, desde que esteja explicitado no corpo do edital de cadastramento ou em anexo das Normas qual o que será utilizado.

29.5 A contratação de serviço jurídico específico, não correspondente aos distribuídos aos advogados e escritórios de advocacia pelo sistema de cadastramento, seleção, contratação, instituído e regulado pelas Normas, deverá ser processada mediante licitação do tipo menor preço ou, ressalvados os casos de inexigibilidade, por concurso. O sorteio, portanto, não é cabível, devendo a Cláusula Terceira do Contrato receber nova redação, para compatibilizá-la com esse entendimento.

29.6 Não cabe a exigência do egrégio Tribunal de Contas do Estado do Espírito Santo para que conste no contrato a ser celebrado com advogado ou escritório de advocacia, cadastrado e selecionado nos termos das Normas, cláusula que atribua ao contratado a responsabilidade pelo pagamento da sucumbência quando o BANDES for vencido na demanda. Com efeito, se não se entender desse modo haverá ganho sem motivo por parte do BANDES, incompatível com a noção, até simplória, de direito.

29.7 Por afrontar o ordenamento jurídico, a resposta dada pelo colendo Tribunal de Contas do Estado do Espírito Santo, *a latere* de Consulta feita pelo BANDES, no sentido de consignar no contrato a ser celebrado com advogado ou escritório de advocacia, atribuindo a esses a obrigação de pagar a verba sucumbencial, sempre que o BANDES venha a ser vencido, não tem caráter normativo e a ela não se vincula, portanto, essa instituição financeira.

É, s.m.j., o parecer.

São Bernardo do Campo, 8 de outubro de 1995

COMPETÊNCIA DO MINISTÉRIO PÚBLICO PARA A DEFESA DO CONSUMIDOR DE SERVIÇOS BANCÁRIOS

GERALDO DE CAMARGO VIDIGAL

Ilustres membros do Ministério Público do Rio Grande do Sul, fundando-se na Lei de Defesa do Consumidor (8.078/90), instauraram inquérito civil e exigiram, de bancos, a apresentação de seus modelos de contratos em uso.

Alguns bancos entenderam que não tinha o D. Ministério Público, fundando-se na Lei de Defesa do Consumidor, poder para efetuar essa exigência. Outros fizeram a entrega dos modelos requisitados.

Aos bancos que fizeram a apresentação dos modelos de contrato, o Ministério Público, fundando-se na mesma Lei, sob penalidades que estipulou, exigiu compromisso de alteração de cláusula por ele impugnada.

Contra os bancos que não prestaram esse compromisso, o Ministério Público ajuizou ação civil pública para que fossem condenados a acolher sua exigência.

Contra os bancos que não apresentaram seus modelos de contrato, o Ministério Público, fundando-se na Lei de Defesa do Consumidor, ajuizou ação civil pública exigindo fossem a ele exibidos os modelos.

Em face desses fatos, formulamos as séries de quesitos subseqüentes.

1ª série: Há legitimidade do Ministério Público para as exigências que faz?

1. Os arts. 51, § 3º, e 54, § 5º, do Projeto de Lei de Defesa do Consumidor — Lei n. 8.078 — dispunham:

"Art. 51. (...)

§ 3º. O Ministério Publico, mediante inquérito civil, pode efetuar o controle administrativo abstrato e preventivo das cláusulas contratuais gerais, cuja decisão terá caráter geral."

"Art. 54. (...)

§ 5º. Cópia de formulário-padrão será remetida ao Ministério Público, que, mediante inquérito civil, poderá efetuar o controle preventivo das cláusulas gerais dos contratos de adesão."

Esses artigos foram vetados pelo sr. Presidente da República com a seguinte fundamentação: "o controle amplo e geral da legitimidade dos atos jurídicos somente pode ser confiado ao Poder Judiciário".

Mensagem Presidencial ao Senado Federal, de n. 664, de 11.9.90, foi publicada no *Diário Oficial da União* de 12 de setembro do mesmo ano, transmitindo o veto que foi mantido, não se tendo transformado em textos de lei aqueles parágrafos.

Indagamos:

a) Em face do veto ao § 3º do art. 51 do Projeto de Lei é lícito aos representantes do DD. Ministério Público, mediante inquérito civil ou por outra forma, exercer controle preventivo das cláusulas dos contratos?

b) É-lhes lícito, em face do veto ao § 5º do art. 54 daquele Projeto, exigir remessa de cópias dos modelos de contratos?

c) Não há, nas pretensões da espécie, ofensa ao preceito do inciso II do art. 5º da Constituição?

2. DD. representantes do Ministério Público no Rio Grande do Sul, havendo exigido de bancos a apresentação dos seus modelos de contratos em uso, têm pretendido impor, aos bancos que atenderam à exigência, compromisso de alteração ou supressão de cláusulas de seus modelos, sob ameaça de instauração de ação civil pública.

Indagamos:

a) É lícito ao Ministério Público impor supressão ou alteração de cláusulas de modelos de contratos?

b) Essa pretensão é admissível, em face da inexistência de lei em que se ampare?

c) É admissível, em face dos vetos referidos no n. 1?

3. Alguns dos bancos que sofreram essa imposição assumiram, para com representantes do Ministério Público gaúcho, sob a ameaça de instauração de ação civil pública, o compromisso de alterarem cláusulas de modelos contratuais.

Indagamos:

Tem validade esse compromisso, assumido sob ameaça de parte a que falta legitimidade?

4. Essas pretensões do Ministério Público, em alguns casos, deram efetivamente origem a ações civis públicas, nas quais se exige:

a) aos bancos que efetuaram entrega dos modelos de contratos, que assumam o compromisso de alterar determinadas cláusulas, sob penalidades que o Ministério Público estipulou;

b) aos que não os entregaram, a efetiva entrega exigida.

Indagamos:

Não é o Ministério Público parte ilegítima para essas ações e carecedor delas?

2ª série: São os bancos parte legítima para sofrerem, com fundamento no Código do Consumidor, os Inquéritos Civis e as Ações Civis Públicas referidas?

5. O § 2º do art. 3º, da Lei n. 8.078, assim dispõe:

"§ 2º. Serviço é *qualquer atividade fornecida no mercado de consumo, mediante remuneração*, inclusive as de natureza bancária, financeira, de crédito e securitária, salvo as decorrentes das relações de caráter trabalhista."

Indagamos:

Dentre os serviços bancários, poderiam sujeitar-se às normas da Lei de Defesa do Consumidor outros serviços que não aqueles *prestados no mercado de consumo e mediante remuneração*?

6. Dispõe a Lei n. 4.595/64 no "caput" e no inciso VI de seu art. 4º:

"Art. 4º. Compete privativamente ao Conselho Monetário Nacional: (...)

VI — zelar pela liquidez e solvência das instituições financeiras."

Dispõe, em outro ponto, a mesma lei:

"Art. 10. Compete privativamente ao Banco Central da República do Brasil: (...)

VIII — exercer a fiscalização das instituições financeiras e aplicar as penalidades previstas."

O Art. 192 da Constituição, por outro lado, preceituou:

"Art. 192. O sistema financeiro nacional estruturado de forma a promover o desenvolvimento equilibrado do País e a servir aos interesses da coletividade, *será regulado em lei complementar* (...)"

Indagamos:

a) Pode o Ministério Público, agindo na esfera em que a Lei n. 4.595 e o art. 192 da Constituição disciplinam as instituições financeiras, invadir o âmbito da competência normativa, fiscalizadora e punitiva reservada privativamente ao Conselho Monetário Nacional e ao Banco Central do Brasil?

b) Pode o Ministério Público, invocando a Lei de Defesa do Consumidor, expedir comandos aos bancos regrando a prática de serviços?

c) Pode envolver-se em apuração de quaisquer atos de prestação de serviços, que não os prestados no mercado de consumo, mediante remuneração?

d) Pode exercer a fiscalização das instituições financeiras e puni-las, em esferas de suas operações e de serviços alheios ao consumo?

7. A doutrina e as leis bancárias sempre distinguiram entre "serviços" e "operações" de banco.

As normas do Conselho Monetário Nacional e do Banco Central detalham as distinções entre essas duas figuras.

O Manual de Normas e Instruções do Banco Central — MNI, em 2.1.11 estabelece disciplina para numerosos serviços bancários, como compensação de cheques, cobrança de cheques, transferências e depósitos para crédito em conta corrente, ordem de pagamento ou de crédito, fornecimento de talonário de cheques, manutenção de contas de depósito, lançamentos em conta corrente, consultas realizadas via terminal eletrônico, manutenção de contas em caderneta de poupança, manutenção e movimentação de contas de depósito especial remunerado — DER, dando disciplina às tarifas, na prestação desses serviços.

Em nenhum momento, em 2.1.11, se ocupa das operações bancárias.

Ao revés, as operações recebem disciplina, nos capítulos 2.1.1 até 2.1.9.

Apenas como exemplo, em 2.1.1.4 o MNI autoriza os bancos múltiplos com carteira de desenvolvimento e os bancos de desenvolvimento a:

"a) praticar as seguintes modalidades de operações ativas: empréstimos e financiamentos, prestação de garantias, investimentos, arrendamento mercantil e outras, mediante prévia autorização do Banco Central do Brasil;

"b) realizar operações de investimento tais como: subscrição de ações ou debêntures para revenda no mercado, garantia de subscrição e participação no capital social de empresas, em caráter transitório e minoritário, com vistas à implantação ou ampliação de empreendimentos de importância para a economia do Estado (...)".

Em 2.1.1.20, determina:

"As instituições financeiras em suas operações com sociedades de arrendamento mercantil coligadas ou interdependentes, relativas a empréstimos, financiamentos, repasses de recursos e prestação de garantias, bem como de aquisição de direitos creditórios com coobrigação de cedentes, devem observar, além do disposto na Lei n. 7.492, de 16.06.86, que os encargos são os normalmente cobrados em operações da espécie realizadas com terceiros."

Em 2.1.3 disciplina longamente os prazos e remuneração de diferentes operações ativas e passivas, sem nunca cuidar de serviços.

Em 2.1.4, cuidando da cessão e aquisição de créditos, o MNI — por exemplo nos ns. 6, 7, 11 e 12 patenteia estar disciplinando operações.

Em 2.1.6 cuida de operações de curso anormal.

Em 2.1.8, para fins de direcionamento de recursos classifica nitidamente diferentes espécies de operações (2.1.8.3).

Em 2.1.9 e 2.1.10 disciplina garantias de operações.

Nunca se confundem, na doutrina e na jurisprudência ou em normas, as operações bancárias e os serviços de banco.

Dentre os capítulos 2.1.1 até 2.1.9, apenas 2.1.1.3 fazem menção de serviços, mas para distinguir operações admitidas em 2.1.1.3.A e serviços que podem manter determinados bancos múltiplos — 2.1.1.3.B.

Não há como estabelecer confusão entre serviços e operações.

Em face disco, indagamos:

Incluídos na Lei de Defesa do Consumidor certos "serviços bancários", mas não as operações de banco, tem legitimidade o Ministério Público para, com fundamento na Lei de Defesa do Consumidor, pretender intervir na contratação de operações bancárias?

São Paulo, 6 de dezembro de 1994

NECESSIDADE DE MOTIVAÇÃO DO ATO DE DISPENSA DE SERVIDOR CELETISTA*

Processo: PGE n. 97.827/87

Interessado: Secretaria de Estado do Governo

Parecer PA-3 n. 138/91

MARIA SYLVIA ZANELLA DI PIETRO
Procuradora do Estado-Chefe da 3ª Subprocuradoria

De acordo com o Parecer PA-3 n. 138/91, em sua conclusão quanto à necessidade de motivação do ato de dispensa do servidor celetista.

O assunto concernente à necessidade ou não de motivação dos atos administrativos em geral é dos mais controvertidos. Antônio Carlos de Araújo Cintra, em sua monografia sobre *Motivo e Motivação do Ato Administrativo* (Ed. RT, 1979), aponta as divergências que se travam no direito estrangeiro e no direito brasileiro.

Tanto na França como na Itália prevaleceu, durante longo tempo, a idéia de que a motivação só é necessária quando a lei a exige; no entanto, mais recentemente, revela-se a tendência de ampliar-se os casos de motivação; e em ambos os países entende-se que a autoridade administrativa é obrigada a explicitar os motivos do ato, quando o Judiciário o solicite (ob. cit., pp. 114 e ss.). Nos Estados Unidos ensina o mesmo autor que há nítida tendência para a ampliação dos casos de decisões administrativas que devem ser motivadas; ainda que haja certa liberalidade quanto à indicação das razões de direito, exige-se sempre a indicação dos fatos.

No direito brasileiro também divergem os autores. Antônio Carlos de Araújo Cintra demonstra também a perplexidade do pesquisador que se propõe a estudar a jurisprudência sobre o assunto. Menciona as seguintes decisões do Poder Judiciário:

a) In *RDA* 80/128 — O Min. Luiz Gallotti afirmava: "O Tribunal já tem o seu critério, assentado e pacífico, sobre decisões não motivadas. Decisões não motivadas anulam-se. Nunca vi, neste Tribunal, prevalecer outro critério, que não este".

No mesmo acórdão, o Min. Víctor Nunes Leal, em seu voto, dizia: "A motivação é que nos permite distinguir entre o arbítrio e o julgamento. A lei não concedeu arbítrio, deu competência para julgar. Quem julga deve motivar suas decisões, ainda que fosse, no caso, ao menos, pela atribuição de nota às provas".

b) *RTJ* 37/521-523 — O Min. Pedro Chaves, adotando as razões de indeferimento de recurso extraordinário apresen-

* Pareceres publicados no *DOESP* 3.2.93, Seção I, pp. 2, 3 e 4.

tadas pelo Dr. José Carlos Ferreira de Oliveira, dizia que "nem sempre a autoridade é obrigada a declinar os motivos de seus atos e resoluções. Basta que ela possua competência para apreciar e decidir a matéria que lhe é submetida a exame... O ato administrativo em apreço não precisava ser motivado. Não era ato administrativo vinculado necessariamente aos fundamentos em que se alicerçou, porque nenhuma lei lhe traçou requisitos ou limites para a sua prática".

No mesmo julgamento, o Min. Aliomar Baleeiro ressalvou: "Há um ponto, na brilhante exposição do eminente Presidente José Carlos Ferreira de Oliveira, de que não estou convencido (grifamos) a tese dc S. Exa. de que o ato administrativo, na sua verificação, se não foi vinculado, não necessita de motivação. Acho que o ato administrativo necessita sempre de motivação e que, em se tratando mesmo de ato de competência discricionária, isso é indispensável, para que se possa apreciar, num País como o nosso, sujeitos os atos do Executivo ao Poder Judiciário, se houve, ou não, *détournement de pouvoir*".

c) *RTJ* 73/732-735 — O Min. Aliomar Baleeiro declarou: "O Supremo Tribunal Federal sempre sustentou a necessidade de motivação do ato administrativo e como se vê do trecho de Gallotti, já transcrito, no relatório, sempre que a lei o exige ou sujeita a deliberação da autoridade à verificação concreta de certas ocorrências de fato". Na ementa desse acórdão, consta que, "em princípio, o ato administrativo deve ser motivado".

Segundo Antônio Carlos de Araújo Cintra, "a facilitação do controle não constitui a única razão para a exigência de motivação e, ainda que o fosse, assim mesmo não nos parece que isso constituiria argumento suficiente para excluir a sua necessidade quanto aos atos discricionários. Isto porque, de um lado, há a possibilidade de controle interno, abrangendo o mérito do ato, e, de outro lado, o exame da motivação pode indicar sintomas de desvio do poder, sujeito a apreciação pelo Poder Judiciário" (ob. cit., pp. 125-126).

Sabe-se que o motivo é um dos elementos essenciais à existência e validade do ato administrativo e corresponde aos pressupostos de direito (dispositivo legal que serve de fundamento ao ato) e pressupostos de fato (circunstâncias, fatos, situações que precedem e justificam a prática do ato).

Se o motivo inexistiu ou não era verdadeiro, o ato é ilegal. Por isso, salienta Celso Antônio Bandeira de Mello: "... para legitimidade do ato, são imprescindíveis tanto a ocorrência dos motivos quanto sua enunciação pelo autor da decisão administrativa. Sem a ocorrência dos motivos, explícita ou implicitamente, supostos na lei, o ato não será válido. Ora, sem a enunciação da situação fática (motivo de fato) que lhe serviu de suporte não haveria como saber-se se os motivos ocorreram ou não, se eram compatíveis com o ato e, de conseguinte, se foi legítimo ou ilegítimo" (*RDP* 90/65).

O mesmo autor lembra que, "se até as decisões jurisdicionais são nulas se carecerem de emunciação de seus fundamentos (CF, art. 93, IX, e CPC, art. 458, II), requisito insuprimível delas, e suscetíveis de desconstituição por ação rescisória, quando incursas em erro de fato (art. 485, IX, do CPC), não há como imaginar-se que meros atos administrativos possam ficar à margem de tal exigência e ensejarem erros de fato encobertos para sempre, ainda que sob o manto do 'segredo' dos motivos".

Note-se que no projeto de Constituição elaborado por Bernardo Cabral, em seu 2º substitutivo, o art. 43 (correspondente ao 37 da CF) determinava: "A administração pública, direta ou indireta, de qualquer dos Poderes, obedecerá aos princípios da legalidade, impessoalidade, moralidade e publicidade, exigindo-se, salvo na hipótese da rescisão do contrato de trabalho, como condição de validade dos atos administrativos, a motivação suficiente e, como requisito de sua legitimidade, a razoabilidade".

O dispositivo não foi aprovado com essa redação, já que não faz referência à motivação nem à razoabilidade.

Mas a motivação, a nosso ver, é formalidade ligada ao princípio da publicidade e este não significa outra coisa que não transparência, ausência de decisões secretas, possibilidade de dar ciência das decisões da Administração e das razões que as justificam. É, além do mais, formalidade sem a qual o direito à informação previsto no art. 5º, inciso XXXIII, da Constituição Federal poderia tornar-se inútil. A única ressalva é para os assuntos concernentes à segurança da sociedade e do Estado.

No caso específico dos autos, cuida-se da hipótese de dispensa do servidor, prevista no art. 59, § 1º, item 2, da Lei Complementar n. 180, de 12.5.78. Trata-se do caso de dispensa "a critério da Administração". Em princípio, poder-se-ia entender que, sendo a critério da Administração, esta terá ampla liberdade de decisão porque, qualquer que seja o motivo da dispensa, ele será válido; daí a desnecessidade de motivação.

No entanto, há que se ter em vista que, em face do princípio da legalidade, o motivo, qualquer que seja, há de ser legal. Daí a necessidade de motivação, para controle dessa legalidade. Precisamente em se tratando de dispensa de servidor, é preciso maiores cuidados para evitar decisões arbitrárias, que escondam, sob a aparência de um ato discricionário, finalidades outras que não aquelas que devam nortear uma decisão administrativa, por outras palavras, decisões que encerrem desvio de poder (razões políticas, razões pessoais, razões sancionatórias etc.).

Se alguma dúvida tivéssemos, antes da atual Constituição do Estado, ela agora se dissiparia diante da norma do seu art. 111, que incluiu a motivação entre os princípios de observância obrigatória pela Administração.

Finalmente, parece-nos oportuno ressaltar que a motivação não precisa, necessariamente, vir expressa no próprio ato de dispensa, bastando que constem do processo respectivo os motivos da decisão, que possam ser verificados, a qualquer momento, quer pelo próprio interessado (com base no direito à informação), quer pela própria Administração ou pelo Poder Judiciário, para fins de controle da legalidade.

Com essas considerações submeto o assunto à superior apreciação.

São Paulo, 2 de julho de 1991

Parecer PA-3 n. 138/91

Clóvis Beznos
Procurador do Estado-Chefe Substituto da 1ª Seccional da 3ª Subprocuradoria

1. Retornam os presentes autos a esta Unidade, por despacho da Sra. Subprocuradora-Geral da área da Consultoria, para novo exame, considerando "eventual repercussão da Constituição do Estado sobre a matéria".

2. A matéria em questão já foi apreciada por esta PA-3, sob a égide da ordem constitucional anterior.

3. Tratou-se, então, do exame de questão formulada pelo Coordenador do Grupo de Reforma Administrativa, consistente na conclusão de que a motivação passara a ser requisito indispensável para a validade do ato administrativo de dispensa de servidor celetista.

4. Examinando a questão proposta, elaboramos, então, o Parecer PA-3 n. 418/87, concluindo em sentido oposto ao formulado pelo Sr. Coordenador do Grupo de Reforma Administrativa, sintetizando-se nosso anterior entendimento na seguinte ementa: "Desnecessária é a motivação do ato de dispensa de servidor celetista, levada a efeito a critério da Administração, nos termos do art. 59 § 1º, n. 2, da Lei Complementar n. 180, de 12.5.78".

5. Aludido Parecer, com o endosso das Chefias da PA-3 e da Procuradoria Administrativa, foi acolhido pelo Sr. Procurador-Geral do Estado, pelo Sr. Secretário dos Negócios da Justiça e pela douta Assessoria Jurídica do Governo, anotando, então, o Procurador do Estado Assessor Chefe dessa Assessoria que, ante a relevância da matéria, poderia o tema ser reexaminado com a entrada em vigor da nova Ordem Constitucional.

6. Assim, vieram os autos a esta PA-3, para nova manifestação, ao advento da Constituição Estadual de 5.1.89. É o relatório, opinamos.

7. O exame dos Textos Constitucionais, Federal e Estadual, efetuado em primeira leitura, poderia levar a conclusões radicalmente opostas às expendidas no Parecer PA-3 n. 418/87, pela redação dos arts. 39 e 124, respectivamente, das Constituições Federal e Estadual.

8. Com efeito, tanto a Constituição Federal, em seu art. 39, como a Constituição Estadual, em seu art. 124, asseguram o regime jurídico único para os servidores da administração pública direta, das autarquias e das fundações públicas.

9. O art. 37, inciso II, da Constituição Federal e o art. 115, II, da Carta Estadual instituem o requisito da prévia aprovação em concurso público de provas ou de provas e títulos, para a investidura em cargo ou emprego público.

10. O art. 41 da Constituição da República e o art. 127 do Texto Estadual asseguram a estabilidade aos servidores nomeados em virtude de concurso.

11. Finalmente, o § 1º desse art. 41 aludido, acolhido pela Constituição Estadual por força da redação de seu art. 127, preconiza: "O servidor público estável só perderá o cargo em virtude de sentença judicial transitada cm julgado ou mediante processo administrativo em que lhe seja assegurada ampla defesa".

12. Assim, a leitura desses dispositivos, sem maior detença, induz ao raciocínio de que, sob o princípio do regime único, hão de se equiparar estatutários e celetistas; que em favor ambas as espécies de servidores incide o instituto da estabilidade, vez que tanto o provimento em cargo público como o provimento em emprego público dependem da aprovação em concurso público; que o desligamento do serviço público de ambas as espécies tratadas somente se pode dar em virtude de sentença judicial transitada em julgado, ou de processo administrativo, onde seja assegurada a ampla defesa.

13. Ora, adotando-se tal posicionamento, e considerando o disposto no art. 5º, inciso LV, da Constituição Federal, que assegura aos litigantes em processo judicial ou administrativo o contraditório e a ampla defesa, somente se poderia concluir que a dispensa de servidor, ainda que celetista, exige a motivação, ou seja, a exteriorização dos motivos da Administração, para a efetivação do desligamento dos serviços públicos do celetista.

14. Com efeito, a ausência de motivação tornaria inócuo o preceito assegurador da ampla defesa, que tem como pressuposto o contraditório.

15. Ocorre, todavia, que, inobstante respeitabilíssimas opiniões em contrário, perfilhamos o entendimento de Adílson Abreu Dallari, no sentido de que o regime jurídico único é o regime estatutário, que deve ser adotado pelas entidades da administração direta ou autárquica, nesta última compreendidas as fundações públicas.

16. Desse modo o Texto Constitucional afasta a possibilidade da adoção do regime celetista, para a administração direta ou autárquica, ressalvando apenas a situação das contratações para a execução de serviços temporários, por tempo determinado, nos termos do art. 37, IX, da Constituição Federal, ou do art. 115, X, da Constituição do Estado:

"Divergindo de todos, entendemos que o regime jurídico único a ser utilizado pela administração centralizada e autárquica (compreendida nesta as fundações públicas) para o pessoal permanente é o regime estatutário, exatamente por ser o regime próprio, típico e adequado para a administração pública, mas que somente pode ser utilizado por pessoas jurídicas de direito público, como é exatamente o caso das entidades referidas no art. 39.

Hely Lopes Meirelles, com o peso de sua reconhecida autoridade, também sustenta que o regime jurídico único somente pode ser o estatutário, estabelecido pela União, Estado, Distrito Federal e Municípios, no âmbito de suas respectivas competências, o que significa que a Constituição afastou a possibilidade de utilização do regime trabalhista.

Entendemos que o regime único é realmente único e de natureza estatutária para o pessoal permanente. Haverá, porém, servidores na administração direta e autárquica sob regime trabalhista, tanto como remanescentes de contratações feitas antes da promulgação de nova Constituição, quanto como contratados para execução de serviços temporários" (in *Regime Constitucional dos Servidores Públicos*, 2ª ed., Revista dos Tribunais, 1990, p. 46).

17. Com efeito, impressionaram-nos os argumentos do ilustre autor, como *v.g.* quando o mesmo alude ao disposto no § 2º do art. 39 da Constituição Federal, que determina a aplicabilidade a esses servidores, mencionados pelo artigo, de vários incisos do art. 7º da mesma Constituição.

18. De fato, cuidando o art. 7º da Carta Constitucional Federal das garantias dos trabalhadores celetistas, em seus vários incisos, emerge a conclusão lógica que o § 2º do art. 39 da mesma Carta não determina aos celetistas a aplicabilidade das garantias, que os mesmos já têm, referindo-se, como é óbvio, aos estatutários, que não os servidores permanentes da administração direta e autárquica.

19. De outra parte, ao fixar o § 1º do art. 41 do Texto Constitucional Federal a necessidade de sentença judicial, com trânsito em julgado, ou do processo administrativo, com o asseguramento da ampla defesa, para o desligamento do servidor dos serviços públicos, refere-se tal dispositivo expressamente à perda do cargo, a evidenciar que o mesmo tem pertinência tão-somente ao titular de cargo, ou seja, ao estatutário.

20. Desse modo, a incidência da previsão do regime único não seria, por si, motivo suficiente para concluir-se em sentido oposto ao parecer PA-3 n. 418/87.

21. Ocorre, todavia, que a Constituição do Estado de São Paulo, ao elencar os princípios informadores da administração pública, em seu art. 111, expressamente fixou, entre eles, o da motivação, *verbis*: "A administração pública direta, indireta ou fundacional, de qualquer dos Poderes do Estado, obedecerá aos princípios de legalidade, impessoalidade, moralidade, publicidade, razoabilidade, finalidade, motivação e interesse público".

22. Ao fazê-lo, vinculou a Carta Estadual, inexoravelmente, a administração ao citado princípio, evidenciando-se disso que toda legislação infraconstitucional que em contrário estabelecia resultou não recepcionada e excluída, pois, do Ordenamento.

23. Destarte, afigura-se-nos que, não fruindo o servidor celetista de estabilidade no serviço público, poderá ser o mesmo dispensado a critério da administração, impondo-se todavia a exteriorização dos motivos informadores da expedição do ato de dispensa.

É o nosso parecer, s.m.j.

São Paulo, 30 de abril de 1991

Parecer PA-3 n. 138/91

VERA DE ALMEIDA NOVELLI
Procuradora do Estado Assessora

Assunto: Servidor Temporário. Servidor Trabalhista. Dispensa de Função-Atividade: Lei Complementar n. 180/78, art. 59, inciso I, § 1º, item 2 (critério da Administração). Proposta da adoção de entendimento quanto à necessidade de motivação do ato: Constituição Estadual, art. 111. Competência do Governador do Estado para essa medida: Constituição Estadual, art. 47, inciso II.

1. Cuidam os autos de proposta do então Grupo de Reforma Administrativa, da repercussão, no âmbito da Administração, de decisão proferida pela 1ª Câmara do Tribunal de Justiça do Estado, no sentido da necessidade de motivação do ato de dispensa de servidor, nos termos do art. 59, inciso I, § 1º, item 2, da Lei Complementar n. 180, de 12.5.78.

2. A matéria foi analisada pela Procuradoria-Geral do Estado e por este órgão por intermédio do Parecer n. 694/88, inserto às fls. 67-74, que concluiu no seguinte sentido:

"11. Portanto, o ato de dispensa de servidor, quando não tiver caráter disciplinar ('a critério da Administração'), consoante o entendimento doutrinário, é discricionário quanto à existência e valoração do motivo, que não precisa ser revelado (motivação).

12. É claro que tal entendimento pode ser alterado.

Lembre-se que foi amplamente discutida, na Assembléia Nacional Constituinte, a exigência de motivação para a rescisão do contrato de trabalho no campo privado. E que, no tocante à Administração Pública, o problema é muito mais sensível em relação aos servidores não sujeitos à CLT — que não têm direitos à indenização prevista nesse estatuto legal.

13. Não obstante, a existência de uma única decisão no sentido em apreço (a primeira, invocada pelo Grupo de Reforma Administrativa, não é definitiva) e a indefinição quanto ao tratamento constitucional que será dado à matéria desaconselham a adoção, do ponto de vista preconizado, que implicará no abandono, pela Administração Pública, de importante instrumental.

14. Conseqüentemente, adotando a linha perfilhada pela Procuradoria-Geral do Estado e pelo Secretário da Justiça, entendemos que a sugestão sob exame, *et si in quantum*, não merece acolimento."

3. À vista desse parecer, os autos foram reencaminhados à Procuradoria-Geral do Estado, conforme despacho às fls. 76, proferido aos 7 de março p. passado.

4. Reexaminando a questão face ao novo ordenamento constitucional, entendeu a Procuradoria Administrativa, Parecer PA-3 n. 138/91 (fls. 78-85), pela possibilidade da dispensa, a critério da Administração, do servidor celetista que não usufrua de estabilidade, impondo-se, todavia, a exteriorização dos motivos determinantes do ato.

5. A Procuradoria do Estado-Chefe da 3ª Subprocuradoria, em aditamento ao referido trabalho (fls. 86-92), concordou com a "sua conclusão quanto à necessidade de motivação do ato de dispensa do servidor celetista", e, fundamentando-se em conceitos doutrinários e jurisprudência, entendeu que:

"Mas a motivação, a nosso ver, é formalidade ligada ao princípio da publicidade e este não significa outra coisa que não transparência, ausência de decisões secretas, possibilidade de dar ciência das decisões da Administração e das razões que as justificam. É, além do mais, formalidade sem a qual o direito à informação, previsto no art. 5º, inciso XXXIII, da Constituição Federal, poderia tornar-se inútil. A única ressalva é para os assuntos concernentes à segurança da sociedade e do Estado.

No caso específico dos autos, cuida-se da hipótese de dispensa do servidor, prevista no art. 59, § 1º, item 2, da Lei Complementar n. 180, de 12.5.78. Trata-se do caso de dispensa 'a critério da Administração'. Em princípio, poder-se-ia entender que, sendo a critério da Administração, esta terá ampla liberdade de decisão porque, qualquer que seja o motivo da dispensa, ele será válido; daí a desnecessidade de motivação.

No entanto, há que se ter em vista que, em face do princípio da legalidade, o motivo, qualquer que seja, há de ser legal. Daí a necessidade de motivação, para controle dessa legalidade. Precisamente em se tratando de dispensa de servidor, é preciso maiores cuidados para evitar decisões arbitrárias, que escondam, sob a aparência de um ato discricionário, finalidades outras que não aquelas que devam nortear uma decisão administrativa, por outras palavras, decisões que encerrem desvio de poder (razões políticas, razões pessoais, razões sancionatórias etc.).

Se alguma dúvida tivéssemos, antes da atual Constituição do Estado, ela gora se dissiparia diante da norma do seu art. 111, que incluiu a motivação entre os princípios de observância obrigatória pela Administração.

Finalmente, parece-nos oportuno ressaltar que a motivação não precisa, necessariamente, vir expressa, no próprio ato de dispensa, bastando que constem do processo respectivo os motivos da decisão, que possam ser verificados, a qualquer momento, quer pelo próprio interessado (com base no direito à informação), quer pela própria Administração ou pelo Poder Judiciário, para fins de controle da legalidade."

6. Esse posicionamento foi acolhido pelo Procurador-Geral do Estado ao encaminhar a matéria a esta Pasta, com o seguinte despacho: "Aprovo o Parecer PA-3 n. 138/91, no sentido de que, tendo em vista o disposto no art. 111 da nova Constituição do Estado, impõe-se a exteriorização dos motivos informadores do ato de dispensa, a critério da Administração, do servidor celetista que não goza de estabilidade no serviço público, com o atendimento da Chefia da Procuradoria Administrativa, no sentido de que a ausência de tal motivação no próprio ato da dispensa se considera suprida desde que constem do processo respectivo os motivos da decisão. Encaminhe-se o expediente à Secretaria do Governo" (fls. 96).

7. Por solicitação da Chefia da Assessoria Técnica do Governo (fls. 97), passamos a opinar.

8. Em primeiro lugar, a consagrada teoria dos motivos determinantes, corrente há longo tempo na doutrina publicista e, atualmente, erigida a princípio constitucional conforme art. 111 da Carta Estadual — princípio da motivação — condiciona a validade do ato administrativo ao motivo determinante de sua edição.

9. Maria Sylvia Zanella Di Pietro, em sua obra *Direito Administrativo*, preleciona a respeito:

"Motivação é a exposição dos motivos, ou seja, é a demonstração, por escrito, de que os pressupostos de fato realmente existiram. Para punir, a Administração deve demonstrar a prática da infração. A motivação diz respeito às formalidades do ato, que integram a sua validade. Não tem, em geral, forma definida em lei; às vezes, a motivação integra o próprio ato, vindo sob a forma de *consideranda*, outras vezes está contida em parecer, laudo, relatório, emitido pelo próprio órgão expedidor do ato ou por outro órgão, técnico ou jurídico, hipótese em que o ato faz remissão a esses atos precedentes. O importante é que o ato possa ter a sua legalidade comprovada.

Discute-se se a motivação é ou não obrigatória. Para alguns, ela é obrigatória quando se trata de ato vinculado, pois, nesse caso, a Administração deve demonstrar que o ato está em conformidade com os motivos indicados na lei; para outros, ela somente é obrigatória no caso dos atos discricionários, porque nestes é que se faz mais necessária a motivação, pois, sem ela, não se teriam meios de conhecer e controlar a legitimidade dos motivos que levaram a Administração a praticar o ato.

Entendemos que a motivação é, em regra, necessária, seja para os atos vinculados, seja para os atos discricionários, pois constitui garantia de legalidade, que tanto diz respeito ao interessado como à própria Administração Pública; a motivação é que permite a verificação, a qualquer momento, da legalidade do ato, até mesmo pelos demais Poderes do Estado. Note-se que o art. 111 da Constituição Paulista de 1989 inclui a motivação entre os princípios da Administração Pública" (1ª ed., São Paulo, Editora Atlas, 1990, p. 160).

10. Celso Antônio Bandeira de Mello, ao analisar os *Princípios Constitucionais do Direito Administrativo Brasileiro*, entre os quais está incluído o "princípio da motivação", em harmonia com as manifestações da colega Chefe da 3ª Subprocuradoria, diz que:

"20. Dito princípio implica para a Administração o dever de justificar seus atos, apontando-lhe os fundamentos de direito e de fato, assim como a correlação lógica entre os eventos e situações que deu por existentes e a providência tomada, nos casos em que este último aclaramento seja necessário para aferir-se a consonância da conduta administrativa com a lei que lhe serviu de arrimo.

A motivação deve ser prévia ou contemporânea à expedição do ato. Em algumas hipóteses de atos vinculados, isto é, naqueles em que há aplicação quase automática da lei, por não existir campo para interferência de juízos subjetivos do administrador, a simples menção do fato e da regra de direito aplicada pode ser suficiente, por estar implícita a motivação. Naqueloutros, todavia, em que existe discricionariedade administrativa ou em que a prática do ato vinculado depende de apurada apreciação e sopesamento dos fatos e das regras jurídicas em causa é imprescindível motivação detalhada. É o que sucede, por exemplo, na tomada de decisões em procedimentos nos quais exista uma situação contenciosa como no chamado processo administrativo disciplinar. Idem em certos procedimentos em que vários interessados concorrem a um mesmo objeto, como nas licitações.

21. O fundamento constitucional da obrigação de motivar está — como se esclarece de seguida — implícito tanto no art. 1º, inciso II, que indica a cidadania como um dos fundamentos da República, quanto no parágrafo único deste preceptivo, segundo o qual todo o poder emana do povo, como ainda no art. 5º, XXXV, que assegura o direito à apreciação judicial nos casos de ameaça ou lesão de direito. É que o princípio da motivação é reclamado, quer como afirmação do direito político dos cidadãos ao esclarecimento do 'porquê' das ações de quem gere negócios que lhes dizem respeito por serem titulares últimos do poder, quer como direito individual a não se assujeitarem a decisões arbitrárias, pois só têm que se conformar às que forem ajustadas às leis.

Por isso Ramón Real disse que o dever de motivar é exigência de uma administração democrática — e outra não se concebe em um Estado que se declara 'Estado

Democrático de Direito' (art. 1º, *caput*) — pois o mínimo que os cidadãos podem pretender é saber as razões pelas quais são tomadas as decisões expedidas por quem tem de servi-los.

De outra parte não haveria como assegurar confiavelmente o contraste judicial eficaz das condutas administrativas com os princípios da legalidade, da finalidade, da razoabilidade e da proporcionalidade se não fossem contemporaneamente a elas conhecidos e explicados os motivos que permitiriam reconhecer seu afinamento ou desafinamento com aqueles mesmos princípios. Assim, o administrado para insurgir-se ou para ter elementos de insurgência contra atos que o afetem pessoalmente necessita conhecer as razões de tais atos na ocasião em que são expedidos. Igualmente, o Judiciário não poderia conferir-lhes a real justeza se a Administração se omitisse em enunciá-las quando da prática do ato. É que se fosse dado ao Poder Público aduzi-los apenas serodiamente, depois de impugnada a conduta em Juízo, poderia fabricar razões *ad hoc*, 'construir' motivos que jamais ou dificilmente se saberia se eram realmente existentes e/ou se foram deveras sopesados à época em que se expediu o ato questionado.

Assim, atos administrativos praticados sem a tempestiva e suficiente motivação são ilegítimos e invalidáveis pelo Poder Judiciário toda vez que sua fundamentação tardia, apresentada apenas depois de impugnados em Juízo, não possa oferecer segurança e certeza de que os motivos aduzidos efetivamente existiam ou foram aqueles que embasaram a providência contestada" (*Elementos de Direito Administrativo*, 2ª ed., 2ª tiragem, São Paulo, Ed. Revista dos Tribunais, 1991, pp. 67-69).

11. A motivação "atua como elemento vinculante da Administração aos motivos declarados como determinantes do ato", como ensina Hely Lopes Meirelles, acrescentando ainda que, "se tais motivos são os falsos ou inexistentes, nulo é o ato praticado" (*Direito Administrativo Brasileiro*, 16ª ed., São Paulo, Ed. Revista dos Tribunais, 1991, p. 177).

12. Face a esses ensinamentos, concordamos integralmente com o posicionamento da Procuradoria-Geral do Estado, no sentido de ser indispensável a exteriorização dos motivos informadores do ato de dispensa, a critério da Administração, do servidor celetista que não usufrua de estabilidade no serviço público, podendo, entretanto, tal motivação não constar do ato de dispensa, desde que constem do processo os respectivos motivos da decisão.

13. Cabe-nos ainda observar que as autoridades competentes para a prática desses atos são os Secretários de Estado, nos termos do art. 37, da Lei n. 500, de 13.11.74.

14. Assim sendo, e competindo ao Governador do Estado o exercício, com o auxílio dos Secretários de Estado, da direção superior da administração, nos termos do art. 47, inciso II, da Constituição Estadual, entendemos que a matéria se encontra suficientemente instruída de forma a lhe ser submetida, e que, se assim houver por bem, poderá acolher a proposta mediante decisão normativa ou determinando a expedição de ofício circular a todos os Secretários, dando ciência do que for decidido.

É o nosso parecer, s.m.j.

Assessoria Jurídica do Governo,
16 de outubro de 1991

PARECERES

CONCEITO DE EMPRESA BRASILEIRA DE CAPITAL NACIONAL E INCENTIVOS FISCAIS — REVOGAÇÃO DO ART. 171 DA CONSTITUIÇÃO — INTERPRETAÇÃO DA CONSTITUIÇÃO

EROS ROBERTO GRAU
Professor Titular da Faculdade de Direito da USP — Professor Visitante da Faculdade de Direito da Universidade de Montpellier I (França)

"A ASSESPRO Nacional encaminhou-me a seguinte

CONSULTA

"A Lei n. 8.248, de 23 de outubro de 1991, concede incentivos tributários a empresas brasileiras de capital nacional, definindo, o seu art. 1º, o que se entende como tal — a pessoa jurídica constituída e com sede no Brasil, cujo controle efetivo esteja, em caráter permanente, sob a titularidade direta ou indireta de pessoas físicas domiciliadas e residentes no País ou de entidade de direito público interno; o § 1º deste mesmo artigo define controle efetivo de empresa.

Essa definição, como se vê, corresponde àquela enunciada no art. 171, II, da Constituição de 1988, artigo revogado pela Emenda Constitucional n. 6, de 15 de agosto de 1995.

Em função dessa revogação, parecer jurídico emitido pela Consultoria Jurídica do Ministério, e aprovado pelo Ministro da Ciência e Tecnologia, afirma ter sido revogado o incentivo instituído pelo art. 7º da Lei n. 8.248/91, atinente à dedução de até 1% do imposto de renda devido para aplicação em ações novas, inalienáveis pelo prazo de dois anos, de empresas brasileiras de capital nacional de direito privado que tenham como atividade única, ou principal, a produção de bens e serviços de informática.

Indaga-se da correção do entendimento da Consultoria Jurídica do Ministério da Ciência e Tecnologia."

PARECER

1. O parecer mencionado na consulta, publicado no *Diário Oficial da União* de 20 de novembro de 1995, é o Parecer CONJUR n. 231/95, datado de 13 de novembro, do Assessor/CONJUR Ailton Carvalho Freitas.

Observando serem duas as teses plausíveis de cogitar, em torno dos efeitos da Emenda Constitucional n. 6/95 — (a) apesar da revogação do art. 171 da Constituição, nada obsta a que a lei ordinária faça distinção entre *empresa brasileira* e *em-*

presa brasileira de capital nacional, tal como o fez ainda na vigência da Emenda Constitucional n. 1/69, sem incidir em inconstitucionalidade; (b) as normas infraconstitucionais, nesse particular, ter-se-iam tornado incompatíveis com a Constituição reformada, resultando, porque não recepcionadas pela emenda, derrogadas —, o parecer adota a segunda delas.

São os seguintes, em breve síntese, os argumentos fundamentais que o sustentam:

(i) a Emenda Constitucional n. 6/95, tendo revogado o art. 171 da Constituição, "extirpou de seu texto os conceitos de *empresa brasileira* (171, I) e de *empresa brasileira de capital nacional* (171, II) e a faculdade de concessão a estas últimas de *proteção e benefícios especiais temporários* (171, § 1º, I), assim como a determinação de se-lhes (sic) *dar tratamento preferencial* (171, § 2º);

(ii) a Constituição de 1988 "criou os conceitos de *empresa nacional* e de *empresa brasileira de capital nacional* e, no mesmo dispositivo, em *exceção* ao princípio da igualdade — amplamente assegurado a todos pela Lei Básica, sejam pessoas físicas ou jurídicas — conferiu às segundas determinadas vantagens";

(iii) "ao atribuir vantagens de natureza excepcional a essa nova espécie (a empresa dita *brasileira de capital nacional*), ipso facto inadmitiu lhes fossem concedidas quaisquer outras, de mesma natureza (excepcional), que não as expressamente previstas; daí por que seria inconstitucional a concessão, a elas, de qualquer outra vantagem;

(iv) extirpado algo que era previsto constitucionalmente, a fim de que não mais componha a ordem jurídica, disso decorre um corolário lógico: "tudo quanto na esfera infraconstitucional era dependente desse dispositivo, com ele concomitantemente revogado ficou";

(v) para adequada e perfeita compreensão do sentido da Emenda Constitucional n. 6/95 cumpre indagar "qual a sua finalidade, a *mens legis*, o seu verdadeiro espírito"; e a promulgação dessa emenda decorre do seguinte: "a economia mundial tende à globalização, refletindo os instrumentos de regulação multilateral das relações comerciais verdadeiros óbices às barreiras legais que as inibam, impondo, destarte, ajuste das legislações nacionais; a tônica é a eliminação das reservas de mercado e, conseqüentemente, sua abertura para viabilizar o inter-relacionamento das economias; a realidade sócio-econômica nacional erige como pressuposto de estabilização da economia e do desenvolvimento autosustentado, (sic) expressivos investimentos de recursos financeiros de que reconhecidamente não dispõe o País; daí ceder passo a distinção de que se cuida, para permitir — eliminados os privilégios soerguidos a nível de exceção — o tratamento igualitário dos capitais, independentemente de sua origem. Este o verdadeiro escopo da Emenda Constitucional n. 6/95, o qual, aliás, inclusive é corroborado pelas razões expendidas na EM n. 37/95 (...). Induvidoso, pois, que a *mens legis* é a eliminação da distinção entre as empresas em razão da origem de seu capital";

(vi) como tudo quanto na legislação ordinária dependia do conceito de *empresa brasileira de capital nacional* resultou revogado em decorrência da revogação do art. 171 da Constituição, revogado também foi o incentivo previsto no art. 7º da Lei n. 8.248/91, conhecido como "capitalização incentivada".

2. Entendo, diversamente, que a revogação do art. 171 da Constituição de 1988 pelo art. 3º da Emenda Constitucional n. 6/95 não inviabiliza a concessão, pela lei ordinária, de incentivos a empresa brasileira diferenciada pela circunstância de ser pessoa jurídica constituída e com sede no Brasil, cujo controle efetivo esteja, em caráter permanente, sob a titularidade direta ou indireta de pessoas físicas domiciliadas e residentes no País ou de entidade de direito público interno — entendendo-se por *controle efetivo da empresa* a titularidade direta ou indireta de, no mínimo, 51% (cinqüenta e um por cento) do capital com direito a voto e o exercício, de fato e de direito, do poder decisório para gerir suas atividades, inclusive as de natureza tecnológica.

Passo a fundamentar esse meu entendimento, desenvolvendo, preliminarmente, breve exposição a respeito da interpretação do direito, com sucinta alusão aos argumentos, do parecer, indicados em (v), acima.

3. A interpretação é uma relação entre duas expressões; a primeira (que porta uma *significação*), expressão original, é o *objeto da interpretação*; a segunda, designada "a interpretação", cumpre, em relação à outra, a função de *interpretante*.

A interpretação aporta à primeira expressão (objeto da interpretação) uma *nova forma de expressão*, que não é necessariamente verbal — como ocorre no caso das artes *alográficas* (música e teatro); assim, interpretar é *compreender + reformular ou reexprimir sob forma nova*.[1]

A interpretação, pois, consubstancia uma operação de *mediação* que consiste em transformar uma expressão em uma outra, visando-se a tornar mais compreensível o objeto ao qual a linguagem se aplica.

Se concebermos a interpretação do direito como operação de caráter lingüístico, deveremos descrevê-la como um processo intelectivo através do qual, partindo de *fórmulas lingüísticas* contidas nos atos normativos, alcançamos a determinação do seu *conteúdo normativo*: caminhamos dos *significantes* (os enunciados) aos *significados*[2] (Zagrebelsky 1990/68).

4. A interpretação nunca é livre de pressuposições.

Desejo dizer, com isso, que ela, enquanto *compreensão*, escapa ao âmbito da ciência. A *compreensão* respeita ao ser no mundo (*Dasein*). E o *ser no mundo* é um ente que não se limita a colocar-se entre outros entes; é, ao contrário, um ente que se caracteriza onticamente pelo privilégio de, em seu ser — isto é, *sendo* — estar em jogo seu próprio ser.[3] Logo, o *compreender* é algo *existencial*; a compreensão do ser é, ela mesma, uma *determinação de ser* do ser no mundo. Ela se dá como *compreensão do ser*.[4] A *compreensão* é, então, *experiência*.

Por isso mesmo resultará sempre inútil, em qualquer *ciência compreensiva*, qualquer tentativa de separação entre *racionalidade* e *personalidade da compreensão*. O direito, diz Kaufmann,[5] diferentemente da lei (do *texto*, digo-o), não é algo que permaneça inalterado; é *ato* e, portanto, não pode ser um *objeto* que se possa conhecer independentemente de um *sujeito*.

5. Daí a alusão de Canotilho[6] a dois tipos de postura assumidas perante a Constituição.

A primeira, adotada por aqueles que optarem por concepções ideológicas e políticas substancialmente diferentes das mensagens ideológicas consagradas na

1. A respeito do caráter *alográfico* dos textos normativos, vide meu *La doppia destrutturazione del diritto (una teoria brasiliana sull'interpretazione)*, Edizioni Unicopli, Milano, 1996, pp. 57-58.

2. Cf. Gustavo Zagrebelsky, *Manuale di Diritto Costituzionale*, rist. agg., UTET, Torino, 1990, p. 68.

3. Cf. Heidegger, *El ser y el tiempo*, trad. de José Gaos, 2ª ed., 5ª reimp., Fondo de Cultura Económica, México, 1988, pp. 21-22.

4. Vide Ulrich Schroth, "Hermenéutica filosófica y jurídica", in *El pensamiento jurídico contemporáneo*, Arthur Kaufmann y Winfried Hassemer (org.), trad. de Juan Antônio García Amado, Editorial Debate, Madrid, 1992, p. 290.

5. "Panorámica histórica de los problemas de la Filosofía del Derecho", in *El pensamiento jurídico contemporáneo*, Arthur Kaufmann y Winfried Hassemer (org.), trad. de Maria Virginia Martínez Bretones y Gregorio Robles Morchón, Editorial Debate, Madrid, 1992, p. 130.

6. *Direito Constitucional*, 3ª ed., Almedina, Coimbra, 1983, p. 224.

Constituição, conduz à eleição de fundamentos interpretativos que lhes permitam vulnerar, direta ou indiretamente, a estrutura normativa constitucional.

A segunda, adotada por aqueles que guardam sintonia com os princípios fundamentais atinentes à conformação política e jurídica da sociedade, que a Constituição contempla, exercitam um *prudente positivismo*, indispensável à manutenção da obrigatoriedade normativa do texto constitucional.

Os que optam por concepções ideológicas e políticas adversas às mensagens ideológicas constitucionais em regra privilegiam, a ela conferindo importância maior, a chamada *vontade do legislador*.

6. A referência à "vontade do legislador" consubstancia o lugar-comum que tantas vezes aproxima exegetas e os que reagem contra a ideologia constitucional. No nível constitucional, a referência é feita à "vontade do legislador constitucional".

Cumpre recusar, no entanto, a doutrina da busca dessa vontade. O legislador dos exegetas, dela titular, e o Deus dos teólogos são uma e a mesma pessoa, já que, como observa Vernengo,[7] seus atributos são indiscerníveis. Em uma palavra: o legislador dos exegetas é Deus; e, como o legislador é Deus, o Direito positivo é sagrado. Essa doutrina, assim, nos conduz de retorno ao passado e à recusa de qualquer mudança (social e jurídica), pois o passado é imutável. No seu bojo o Direito instrumenta o governo dos vivos pelos mortos.[8]

A referência à *vontade do legislador*, assim, tem-se-a hoje como despida de qualquer sentido.

7. *La interpretación jurídica*, Universidad Nacional Autónoma de México, México, 1977, p. 85.

8. Jerzy Wróblewski, *Constituición y teoría general de la interpretación jurídica*, trad. de Arantxa Azurza, Civitas, Madrid, 1985, p. 76. A respeito da *vontade do legislador,* Carlos Maximiliano (*Hermenêutica e aplicação do direito*, 6ª ed., Freitas Bastos, Rio de Janeiro, 1957, pp. 33-51) produziu libelo contundente: "A lei não brota do cérebro do seu elaborador, completa, perfeita, como um ato de vontade independente, espontâneo" (p. 35). "O legislador não tira do nada, como se fora um Deus; é apenas o órgão da consciência nacional" — daí por que pode a lei ser mais sábia do que o legislador, na medida em que abrange hipóteses que este não previu (p. 38). "Em uma das forjas da lei, no parlamento, composto, em regra, de duas câmaras, fundem-se opiniões múltiplas, o conjunto resulta de frações de idéias, amalgamadas; cada representante do povo aceita por um motivo pessoal a inclusão de palavra ou frase, visando um objetivo particular a que a mesma se presta; há o acordo aparente, resultado de profundas contradições. Bastas vezes a *redação final* resulta imprecisa, ambígua, revelando-se o produto da inelutável necessidade de transigir com exigências pequeninas a fim de conseguir a passagem da idéia principal" (p. 39). "O projeto peregrina pelos dois ramos do Poder Legislativo, em marchas e contramarchas, recebendo retoques de toda ordem, a ponto de o renegar afinal, espantado do aspecto definitivo da própria obra, o autor primitivo da medida. Como descobrir, naquele labirinto de idéias contraditórias e todas parcialmente vencedoras, a vontade, o pensamento, a intenção diretora e triunfante?" (p. 40). "A vontade do legislador não será a da maioria dos que tomam parte na votação da norma positiva; porque bem poucos se informam, com antecedência, dos termos do projeto em debate; portanto não podem querer o que não conhecem. Quando muito, desejam o principal: por exemplo, abaixar ou elevar um imposto, cominar ou abolir uma pena. Às vezes, nem isso; no momento dos sufrágios, perguntam do que se trata, ou acompanham, indiferentes, os *leaders*, que por sua vez prestigiam apenas o voto de determinados membros da Comissão Permanente que emitiu parecer sobre o projeto. Logo em última análise a vontade do legislador é a da minoria; talvez de uma *élite* intelectual, dos componentes, que figuram nas assembléias políticas em menor número sempre, *rari nantes in gurgite vasto*" (pp. 40-41). "Por outro lado, não só é difícil determinar aquela intenção volitiva, como, também, distingui-la do *sentido* da lei, ou ao menos mostrar quanto influi no significado de uma norma jurídica e como fora impelida pelos motivos geradores de um texto positivo" (p. 41). "O legislador não tem personalidade física individual, cujo pensamento, pendores e vontades se apreendam sem custo. A lei é obra de numerosos espíritos, cujas idéias se fundam em um conglomerado difícil de decompor" (p. 44). "Além de retrógrada, afigura-se-nos temerária empresa a de descobrir em um todo heterogêneo o *fator psicológico da intenção*" (p. 45). "Com a promulgação, a lei adquire vida própria, autonomia relativa; separa-se do legislador; contrapõe-se a ele como um produto novo; dilata e até substitui o conteúdo respectivo sem tocar nas palavras; mostra-se,

A interpretação constitucional, no nível lingüístico, é *interpretação semântica*, voltada à determinação do *significado* das palavras e expressões contidas no texto da Constituição. Vale dizer: refere-se a *normas reveladas por enunciados lingüísticos* — não a intenções ou vontades do texto ou do *legislador constituinte* — estando ademais, como observa Canotilho,[9] condicionada pelo *contexto*, na medida em que se opera em condições sociais historicamente caracterizadas, produtoras de determinados *usos* lingüísticos, decisivamente operantes na atribuição do significado.

7. Daí por que me parece despicienda qualquer alusão ao discurso da globalização da economia para determinar a interpretação da Constituição de 1988 ou de qualquer emenda a ela, inclusive a n. 6/95, cujo art. 3º revogou o seu art. 177.[10]

E isso, em especial na medida em que estivermos atentos para a realidade. A esse respeito, para ser breve, lembro inicialmente o vigor atual do protecionismo europeu e norte-americano no setor agrícola. Lembro que o *Omnibus Trade Bill*, de 1988, ampliou os poderes do Presidente dos EUA, autorizando-o a investigar, sob a ótica de segurança nacional, as associações e aquisições de empresas americanas (o que já vinha sendo praticado à margem da lei) e, ainda, a restringir os investimentos estrangeiros. Lembro também que a Presidente do Conselho de Assessoria Econômica do Presidente Bill Clinton, no livro *Who's bashing whom? Trade Conflict in High Technology Industries*, editado em 1992, recomenda providências de caráter defensivo visando à proteção de indústrias que estejam sendo prejudicadas por práticas de concorrentes estrangeiros, atitude que refere como de *cautious activism*; o discurso de livre comércio apregoado pelos americanos, segundo ela, não mais se aplica aos setores de alta tecnologia. Rememoro que os países da CEE adotam, para alguns setores, normas que prevêem o tratamento discriminatório contra fornecedores de países que não tenham estabelecido acordos com a Comunidade Européia, assegurando o acesso recíproco às compras do setor público. Finalmente recordo que, no Japão, a reserva de mercado é praticada de forma intensa, mencionando-se a da indústria automobilística, em 1936, as das áreas de mecânica e eletro-eletrônica, a partir dos anos 50, a dos semicondutores, na década de 70, até a relativa ao arroz, na década de 90; além disso, o Governo participa, intensamente, na alavancagem das indústrias tidas como importantes para o interesse nacional.

Esses dados da realidade parecem-me suficientes para que se ponha alguma dúvida sobre o discurso que afirma que, hoje, a tônica é a eliminação das reservas de mercado e, conseqüentemente, sua abertura para viabilizar o inter-relacionamento das economias.

Isso é tanto mais grave quando se observe que o modo de produção social globalizado dominante, além de conduzir não apenas à perda de importância dos conceitos de "país" e "nação", mas também ao comprometimento da noção de Estado, nos coloca diante do desafio, enunciado por

na prática, mais previdente que o seu autor" (p. 48). Vide Perelman (*La lógica jurídica y la nueva retórica*, trad. de Luis Díez-Picazo, Civitas, Madri, 1979, pp. 55-56), Larenz (*Methodenlehre*, pp. 191 e ss.; *Metodologia*, pp. 312 e ss.) e Josef Esser (*Principio y norma en la elaboración jurisprudencial del Derecho Privado*, trad. de Eduardo Valenti Fiol, Bosch, Barcelona, 1961, pp. 228 e ss. e 327 e ss.).

9. *Direito Constitucional*, 4ª ed., Almedina, Coimbra, 1987, p. 148.

10. Não entendi, no Parecer CONJUR n. 231/95, o significado da seguinte frase: "a economia mundial tende à globalização, refletindo os instrumentos de regulação multilateral das relações comerciais verdadeiros óbices às barreiras legais que as inibam, impondo, destarte, ajuste das legislações nacionais". Tratar-se-ia de *óbices às barreiras legais que inibam as relações comerciais*? Tratar-se-ia, pois, da superação das soberanias nacionais pela *lex mercatoria*?

Dahrendorf,[11] da quadratura do círculo entre crescimento econômico (criação de riqueza), sociedade civil (coesão social) e liberdade política: como harmonizar esses valores no clima do mercado global?

Além disso, a *globalização* ameaça a sociedade civil, na medida em que[12] (i) está associada a novos tipos de exclusão social, gerando um subproletariado (*underclass*), em parte constituído por marginalizados em função da raça, nacionalidade, religião ou outro sinal distintivo; (ii) instala uma contínua e crescente competição entre os indivíduos; (iii) conduz à destruição do serviço público (= destruição do espaço público e declínio dos valores do serviço, por ele veiculados). Enfim, a *globalização*, na fusão de competição global e de desintegração social, compromete a liberdade.[13]

8. A esta altura devo deixar bem vincado aspecto ao qual tenho dedicado detida atenção.

É que não se pode interpretar o direito — e pois, menos ainda, a Constituição — em tiras. Assim como jamais se aplica *uma norma jurídica*, mas sim o *direito*, não se interpretam normas constitucionais, isoladamente, mas sim a Constituição, no seu todo.

Santi Romano[14] insiste em que a interpretação da lei é sempre interpretação não de uma lei ou de uma norma singular, mas de uma lei ou de uma norma que é considerada em relação à posição que ocupa no todo do ordenamento jurídico; o que significa que o que efetivamente se interpreta é esse ordenamento, e, como conseqüência, a norma singular. Hermann Heller,[15] por outro lado, observa que o preceito jurídico particular somente pode ser fundamentalmente concebido, de modo pleno, quando se parta da totalidade da Constituição política.

Insisto nisso: não se interpreta a Constituição em tiras, aos pedaços.

A interpretação de qualquer texto (= enunciado normativo) da Constituição impõe ao intérprete, sempre, em qualquer circunstância, o caminhar pelo percurso que se projeta a partir dele — do texto — até a Constituição no seu todo.

E assim é porque uma norma jurídica isolada, destacada, desprendida do sistema jurídico, não expressa significado normativo nenhum.[16]

Por isso tenho como inteiramente descabida a interpretação isolada do texto do art. 3º da Emenda Constitucional n. 6/95 — ou da ausência do art. 171 na Constituição.

A interpretação *da Constituição* me autoriza a concluir pela constitucionalidade, ainda após o advento da Emenda Constitucional n. 6/95, da concessão, pela lei ordinária, de incentivos a empresa brasileira diferenciada pela circunstância de ser pessoa jurídica constituída e com sede no Brasil, cujo controle efetivo esteja, em caráter permanente, sob a titularidade direta ou indireta de pessoas físicas domiciliadas e residentes no País ou de entidade de direito público interno — entendendo-se por *controle efetivo da empresa* a titularidade direta ou indireta de, no mínimo, 51% (cinqüenta e um por cento) do capital com direito a voto e o exercício, de fato e de direito, do poder decisório para gerir suas atividades, inclusive as de natureza tecnológica.

11. *Quadrare il cerchio*, 4ª ed., trad. di Rodolfo Rini, Editorial Laterza, Roma, 1995, pp. 20-21.

12. Cf. Dahrendorf, ob. cit., pp. 31 e ss.

13. Cf. Dahrendorf, ob. cit., p. 45.

14. *Fragmentos de un dicionario jurídico*, trad. de Santiago Sentis Melendo y Marino Ayerra Redin, Ediciones Jurídicas Europa-América, Buenos Aires, 1964, p. 211. Onde se lê *norma*, no texto de Santi Romno, leia-se *texto* ou *enunciado normativo*.

15. *Teoría del Estado*, trad. de Gerhart Niemeyer, Fondo de Cultura Económica, México, 1977, p. 274.

16. A propósito, observando que as normas só têm existência em um contexto de normas — o sistema normativo — Norberto Bobbio, *Teoria dell'ordinamento giuridico*, Giappichelli, Torino, 1960, p. 3.

9. No próprio Parecer CONJUR n. 231/95, aliás, imediatamente depois de alusão ao fato de a Constituição, após a revogação do seu art. 171 e parágrafos, não conceituar (*conceituação constitucional*, pois) *empresa brasileira* e não determinar tratamento preferencial obrigatório para bens e serviços de informática, está escrito o seguinte:

"Semelhante situação poderia, aparentemente, render ensejo a que se cogitasse de não ter sido recepcionado pela nova ordem — posto que nela não determinado, como se pretendia — o tratamento preferencial para bens e serviços produzidos no País, quando de sua aquisição pelo Poder Público.

Todavia, consoante já se afirmou, no caso específico do setor de informática, há uma *política pública setorial* que estendeu aludido tratamento a certos bens e serviços produzidos sob certas condições. E tal se fez, conforme antes demonstrado, com esteios constitucionais diversos daquele inscrito no art. 171, § 1º, ora revogado, quais sejam, as disposições dos arts. 218 e 219, combinadas com os princípios dos arts. 3º, II, e 170, I. Portanto, trata-se de mera aparência, eis que efetivamente recepcionada tal política pública pela Constituição emendada, até porque, nesse particular, sequer mudança houve.

Daí a pertinência de se lembrar, com as razões expostas pelo Executivo, que 'as alterações propostas não impedem que legislação ordinária venha a *conferir incentivos e benefícios especiais a setores considerados estratégicos*, inexistindo qualquer vedação constitucional nesse sentido' (grifamos). De fato, inexistia e inexiste, e, no caso do setor de informática, considerado estratégico *ex vi legis* (Lei n. 7.232/84, art. 2º, VI e VII), já se tinha, por legislação ordinária, com o específico fulcro constitucional apontado, subsistente, o mencionado tratamento preferencial, que, em suma, nada mais é que um benefício especial, estímulo ou incentivo para o desenvolvimento do setor. Por isso que, em perfeita consonância com a Carta Política, iniludivelmente encontrou, de parte desta, integral recepção."

Para logo se vê, destarte, que, segundo o Parecer CONJUR n. 231/95, a Constituição de 1988, mesmo emendada, dá fundamentação a políticas públicas de proteção e concessão de benefícios ao setor de informática. O Parecer menciona os arts. 218 e 219, combinados com os princípios dos arts. 3º, II, e 170, I.

10. Resultam estranhas, por isso mesmo, as conclusões afirmadas no Parecer CONJUR n. 231/95, mesmo porque, salvo falta de clareza na exposição ou incompreensão por culpa minha, o cerne da argumentação nele alinhada encontra-se na assertiva de que a Constituição de 1988 "criou os conceitos de *empresa nacional* e de *empresa brasileira de capital nacional*". e "ao atribuir vantagens de natureza excepcional a essa nova espécie (a empresa dita *brasileira de capital nacional*), *ipso facto* inadmitiu lhes fossem concedidas quaisquer outras, de mesma natureza (excepcional), que não as expressamente previstas; daí por que seria inconstitucional a concessão, a elas, de qualquer outra vantagem".

Sendo assim — e desde que correto o quanto afirmado no Parecer CONJUR — a revogação do art. 171 e seus parágrafos importaria que deixasse de existir a restrição à concessão de outras vantagens de natureza excepcional à nova espécie (a empresa dita *brasileira de capital nacional*), que não as expressamente previstas.

De mais a mais, a leitura do § 1º do art. 171 revogado não me permite discernir a quais *outras vantagens, de natureza excepcional* — que não poderiam ser atribuídas à *empresa brasileira de capital nacional* — estaria a reportar-se o Parecer CONJUR.

O fato é que, em verdade, a análise detida do seu texto leva-me a pensar que as conclusões nele afirmadas não encontram nenhuma referência na exposição que as antecede.

11. Daí por que, retomando o fio de minha exposição, observo que a Constituição de 1988 define como um dos *objetivos fundamentais da República Federativa do Brasil* (isto é, *objetivos fundamentais do Brasil*) o de *garantir o desenvolvimento nacional* (art. 3º, II) e, como um dos *princípios da ordem econômica*, a *soberania nacional* (art. 170, I).

De outra parte, que o seu art. 218 atribui ao Estado o *dever* de promover e incentivar o desenvolvimento científico, a pesquisa e a capacitação tecnológica e que o seu art. 219 define que "o mercado interno integra o patrimônio nacional e será incentivado de modo a viabilizar o desenvolvimento cultural e sócio-econômico, o bem-estar da população e a autonomia tecnológica do País, nos termos de lei federal".

Tratei, em outra oportunidade,[17] desses quatro temas.

12. Observei então que a idéia de *desenvolvimento* supõe dinâmicas mutações e importa que se esteja a realizar, na sociedade por ela abrangida, um processo de mobilidade social contínuo e intermitente. O processo de desenvolvimento deve levar a um salto, de uma estrutura social para outra, acompanhado da elevação do nível econômico e do nível cultural-intelectual comunitário. Daí por que, importando a consumação de mudanças de ordem não apenas quantitativa, mas também qualitativa, não pode o desenvolvimento ser confundido com a idéia de crescimento. Este, meramente quantitativo, compreende uma parcela da noção de desenvolvimento.

O desenvolvimento, como já apontava Schumpeter,[18] se realiza no surgimento de fenômenos econômicos *qualitativamente* novos — isto é, de inovação — conseqüentes à adoção de novas fontes de matéria-prima, de novas formas de tecnologia, de novas formas de administração da produção etc. Já o crescimento é demonstrado pelo incremento da população e da riqueza; implica apenas mudança nos dados *quantitativos*. Daí por que, nos conceitos formulados de desenvolvimento, sempre aparece como nota marcante uma referência a este seu aspecto *qualitativo*. De outra parte, embora o dado econômico apareça como extremamente relevante em todos os conceitos de desenvolvimento, ainda assim é forçoso observar que o *conceito de desenvolvimento não é apenas econômico*.

Assim, a noção de desenvolvimento envolve a necessária visualização de um *devir* a projetar, no futuro, determinados valores.

Garantir o desenvolvimento nacional é realizar políticas públicas cuja reivindicação, pela sociedade, encontra fundamentação no art. 3º, II, da Constituição.

13. Quanto à *soberania nacional*, observei inicialmente que significa, no inciso I do art. 170, *soberania econômica*. A Constituição a refere após ter afirmado, excessivamente — pois sem ela não há Estado —, a *soberania política*, no art. 1º, como fundamento da República Federativa do Brasil, e, no art. 4º, I, a *independência nacional* como princípio a reger suas relações internacionais.

A afirmação da *soberania nacional econômica* não supõe o isolamento econômico, mas antes, pelo contrário, a modernização da economia — e da sociedade — e a ruptura de nossa situação de dependência em relação às sociedades desenvolvidas.

Talvez um dos sintomas mais pronunciados dessa dependência se encontre, nos nossos dias, como anotei em outra ocasião,[19] na dissociação entre a *tecnologia*

17. *A ordem econômica na Constituição de 1988 (interpretação e crítica)*, 2ª ed., Ed. RT, São Paulo, 1991.

18. *Teoría del Desenvolvimiento Económico*, trad. de Jesus Prados Ararte, Fondo de Cultura Económica, México, 1967, p. 74.

19. "La réserve de marché, au Brésil, sour la production de biens informatiques", in *Revue Internationale de Droit Économique*, 1989 — 2, pp. 219-220.

usada e a pobreza da *tecnologia concebida ou concebível* pelas sociedades dependentes. No nosso caso, o processo de industrialização que nos legou um *capitalismo tardio* — ou seja, instalado em um momento em que, como observa João Manuel Cardoso de Mello,[20] "o capitalismo monopolista se torna dominante em escala mundial, isto é, em que a economia mundial capitalista já está constituída" — produziu, entre outras seqüelas, a da institucionalização de nossos agentes econômicos como meros intermediários entre produtores industriais estrangeiros e o mercado. Deles se fez agentes comerciais de repasse de tecnologia importada ao consumidor — cuida-se não de *produtores industriais*, mas de *fabricantes*. Os anos 60, com a consolidação das corporações multinacionais no mercado internacional, definiram, nitidamente, o nosso papel de consumidores de tecnologia externa.

Ao par disso, uma certa conotação ideológica conferida à concepção de *modernização* tende a perpetuar esse papel. Na medida em que se sustenta sobre a organização da empresa capitalista — e também sobre a organização do Estado-aparato — a *modernização* impõe a institucionalização de um agir econômico e administrativo orientado pela racionalidade voltada aos fins (*Zweckrationalitat*).[21] No quadro ideológico da *modernização*, a racionalidade da divisão do trabalho leva naturalmente à condenação, como *irracional*, de toda e qualquer tendência à utilização de tecnologia local, pelas sociedades subdesenvolvidas, ou esforço para concebê-la. Nesse mesmo quadro, por outro lado, os conceitos de Estado e de Nação são apontados como obstáculos ao desenvolvimento, de modo que, sempre, a afirmação da busca de desenvolvimento tecnológico local é contestada sob o argumento de que *o nacionalismo é retrógrado*. O fato, de toda sorte, é que não apenas em tal quadro ideológico de *modernização*, mas também na *praxis* hegemônica por ele informada, ainda que possa, a engenharia local, diante de tecnologias primitivas participar do processo de sua concepção, finda por restar definitivamente alijada do processo produtivo quando a tecnologia é mais sofisticada.

Afirmar a *soberania econômica nacional* como instrumento para a realização do fim de assegurar a todos existência digna e como objetivo particular a ser alcançado é definir programa de políticas públicas voltadas — repito — não ao isolamento econômico, mas a viabilizar a participação da sociedade brasileira, em condições de igualdade, no mercado internacional.

14. No que tange ao art. 219, pretendi deixar bem claro que afirmar, como o faz o texto constitucional, que o mercado interno integra o *patrimônio nacional* não significa — isso é nítido — que tenha sido ele integrado ao *domínio público* ou que constitua *bem de uso comum do povo*, como o meio ambiente. Isso somente poderia ser concebido por quem nutrisse o firme e deliberado propósito de *não compreender* o preceito. Sua integração ao patrimônio nacional se dá na medida em que a Constituição o toma como expressão da *soberania econômica nacional*.

Por isso mesmo é que — prossegue o preceito — "será incentivado de modo a viabilizar o desenvolvimento cultural e sócio-econômico, o bem-estar da população e a autonomia tecnológica do País, nos termos de lei federal".

15. Por fim, a respeito do art. 218, observei dizer o seu § 1º que a pesquisa científica terá em vista, além do progresso das ciências, o bem público. O que inspira a consagração, no texto constitucional, des-

20. *O capitalismo tardio*, 7ª ed., Editora Brasiliense, São Paulo, 1988, p. 98.

21. Habermas, *Der philosophishe Diskurs der Moderne*, Erste Auflage, Suhrkamp, Frankfurt am Main, 1988, p. 9.

sa regra é a verificação de que, hoje, o fator determinante do crescimento econômico, parcela do desenvolvimento nacional, já não é mais tão-somente a acumulação de capital, mas, também, a acumulação de saber e tecnologia.

Esta, em verdade, a razão do declínio da importância relativa das patentes de invenção, ao qual corresponde a elevação da relevância dos contratos de *know-how*: a necessidade de reservar conhecimentos técnicos acumulados impõe a manutenção em segredo — em *caixas pretas* — dos novos inventos. Por isso mesmo se impõe a revisão da noção mesma de *transferência de tecnologia*. Essa *transferência* em regra não se manifesta, no mercado internacional, senão como mero *aluguel de tecnologia*. É que a tecnologia é um elemento antropológico, razão pela qual só pode haver *absorção* dela quando houver capacidade nacional de saber científico.

A tarefa de viabilizar o rompimento do processo de dependência tecnológica no qual estão embrenhadas as sociedades subdesenvolvidas é missão do Estado, ainda que a evolução tecnológica haja de ser empreendida pela empresa — não mais pelo indivíduo.

O art. 218 impõe ao Estado a realização de políticas públicas voltadas à proteção e à concessão de benefícios ao empreendimento de atividades imprescindíveis ao desenvolvimento tecnológico nacional. É necessário enfatizar que a situação de cada sociedade diante do desafio tecnológico — situação de autonomia ou dependência — é que há de determinar o seu papel, de *sujeito* ou *objeto*, no mercado internacional.

16. Nesse quadro, assim desenhado, é que se deve questionar a adequação, à Constituição emendada, da concessão, pela lei ordinária, de incentivos a empresa brasileira diferenciada pela circunstância de ser pessoa jurídica constituída e com sede no Brasil, cujo controle efetivo esteja, em caráter permanente, sob a titularidade direta ou indireta de pessoas físicas domiciliadas e residentes no País ou de entidade de direito público interno — entendendo-se por *controle efetivo da empresa* a titularidade direta ou indireta de, no mínimo, 51% (cinqüenta e um por cento) do capital com direito a voto e o exercício, de fato e de direito, do poder decisório para gerir suas atividades, inclusive as de natureza tecnológica.

Antes do mais — é óbvio que ressalvando o respeito que se deve a todo e qualquer exercício profissional — devo ainda tecer breves considerações a propósito do Parecer CONJUR n. 231/95, não pelo gosto de opor críticas a ele, porém visando a esclarecer a questão a que refere.

17. É que me parece necessário observarmos que, não pertencendo, os conceitos, à esfera normativa, não podem ser *revogados*. O art. 171 da Constituição de 1988 não contemplava *conceitos*, porém *definições* de *empresa brasileira* e de *empresa brasileira de capital nacional*.

As *definições* (jurídicas) explicitam termos de conceitos, no quadro de um determinado texto normativo.[22] Assim teremos, *v.g.*, as seguintes *definições*: "Para os efeitos desta lei entende-se por..."; "São consideradas (*para os efeitos do texto*)".

Definições podem ser revogadas; *conceitos*, não.

A revogação do art. 171 e seus parágrafos correspondeu a revogação de uma *permissão forte* para incentivos (§ 1º) e de um *dever de diferenciação* (§ 2º). Nada senão isso, nada mais do que isso.

Não obstante essa revogação, de *permissão forte* para incentivos, a Constituição (que se deve interpretar em seu todo, não em tiras) contempla *permissão fraca* para incentivos, no setor (*atividades con-*

22. Vide meu *Direito, conceitos e normas jurídicas*, Ed. RT, São Paulo, 1988, pp. 70-71.

sideradas estratégicas para a defesa nacional ou *imprescindíveis ao desenvolvimento do País, especialmente em setores imprescindíveis ao desenvolvimento tecnológico nacional*).

Assim, da revogação da *permissão forte* no § 1º do art. 171 não decorre proibição da concessão dos incentivos; ela apenas transforma o direito, no sentido de admitir possam surgir regras que conformem o âmbito da *permissão fraca* (*v.g.*, uma lei que estabeleça limites para a concessão dos incentivos).

Em suma: parece-me inquestionavelmente óbvio não importar, a revogação do art. 171, vedação à concessão, pela lei ordinária, de incentivos a empresa brasileira diferenciada pela circunstância de ser pessoa jurídica constituída e com sede no Brasil, cujo controle efetivo esteja, em caráter permanente, sob a titularidade direta ou indireta de pessoas físicas domiciliadas e residentes no País ou de entidade de direito público interno — entendendo-se por *controle efetivo da empresa* a titularidade direta ou indireta de, no mínimo, 51% (cinqüenta e um por cento) do capital com direito a voto e o exercício, de fato e de direito, do poder decisório para gerir suas atividades, inclusive as de natureza tecnológica.

O Parecer CONJUR n. 231/95, além do mais, não demonstra qualquer incompatibilidade entre os incentivos e a Constituição. E — repito — as conclusões que alcança não encontram nenhuma referência na exposição que as antecede.

18. Vimos já que não se interpreta o direito, nem a Constituição, em tiras, aos pedaços.

A compreensão da totalidade do texto constitucional, atenção detida posta na leitura dos arts. 3º, II; 179, I; 218 e 219, fundamenta, segundo me parece, a afirmação da plena constitucionalidade do art. 7º da Lei n. 8.248/91.

A circunstância de a Constituição não excepcionar mais, no seu plano (plano constitucional), o *princípio da igualdade* nada produz de significativo — salvo o quanto acima anotei: a revogação do art. 171 e seus parágrafos, desde que correto o quanto afirmado no Parecer CONJUR, importaria que deixasse de existir a restrição à concessão de outras vantagens de natureza excepcional à nova espécie (a empresa dita *brasileira de capital nacional*), que não as expressamente previstas.

De resto, não vejo como se possa afirmar exceção constitucional ao princípio da igualdade quando se o relacione a coisas distintas entre si, *empresas brasileiras* e *empresas brasileiras de capital nacional*. Se uma e outra não são iguais entre si, não se reclama, a pretexto de acatamento ao *princípio da igualdade*, a atribuição de tratamento jurídico igual a ambas.

19. Pois a igualdade, qual ensina Aristóteles,[23] consiste em que, *pour les personnes égales, la chose doit être égale*; e *à des hommes différents appartiennent des droits et des mérites différents*.

O art. 1º da Lei n. 8.248/91 contempla uma *definição legal* de *empresa brasileira de capital nacional*, para os seus efeitos e para os efeitos da Lei n. 7.232, de 29.10.84.

Essa definição, que corresponde precisamente àquela enunciada no art. 171 da Constituição, revogado, presta-se a diferenciar dela (*empresa brasileira de capital nacional*) a *empresa brasileira*. E isso precisamente para, cogitando da *capacitação e competitividade do setor de informática e automação*, instituir benefícios em favor da primeira.

Há conexão lógica entre os elementos diferenciais considerados, referidos ao *controle efetivo* da empresa e a disparidade de disciplinas estabelecidas em vista deles (benefícios em favor da *empresa brasileira de*

23. *La Politique* (III, 12, 1282 *b*, 20) trad. de J. Tricot, 4ª tir., J. Vrin, Paris, 1982, pp. 222-223.

capital nacional; ausência de benefícios em favor da *empresa brasileira*).[24]

E, por fim, a possibilidade de planos e programas setoriais de desenvolvimento, evidentemente estruturados sobre distinções colhidas entre pessoas e entidades, é expressamente afirmada no art. 48, IV, da Constituição de 1988.

20. Diante disso tudo — e porque, como vimos, os arts. 3º, II; 179, I; 218 e 219 da Constituição de 1988 contemplam *permissão* (ainda que *permissão fraca*, diante do que dispunha o § 1º do art. 171 revogado) para a outorga do benefício — a lei ordinária podia, para os seus efeitos, definir *empresa brasileira de capital nacional*, outorgando-lhe benefícios adequados à instrumentação de políticas públicas de promoção e incentivo à capacitação e competitividade do setor de informática e automação.

À indagação proposta na consulta dou, portanto, a seguinte resposta:

O entendimento da Consultoria Jurídica do Ministério da Ciência e Tecnologia é inteiramente equivocado, resultando insustentável; o incentivo instituído pelo art. 7º da Lei n. 8.248/91 é plenamente constitucional.

É o que me parece.

São Paulo, 8 de abril de 1996

24. Faço uso, neste passo, da terminologia adotada por Celso Antônio Bandeira de Mello em seu *O conteúdo jurídico do princípio da igualdade*, 3ª ed., 3ª tir., Malheiros Editores, São Paulo, 1995, p. 41.

PARECERES

LICITAÇÃO — LEI N. 8.666 — DISPENSA DE LICITAÇÃO POR RAZÕES DE SEGURANÇA NACIONAL — SERVIÇOS TÉCNICOS ESPECIALIZADOS — INEXIGIBILIDADE

CELSO ANTÔNIO BANDEIRA DE MELLO

CONSULTA

"A Comissão de Coordenação para implantação do Sistema de Vigilância da Amazônia — CCSIVAM, presidida pelo subscritor da presente, por força da Portaria n. 443/GM3, de 26.5.92, baixada por S. Exa. o Sr. Ministro da Aeronáutica, assomou as responsabilidades pela coordenação e desenvolvimento das ações relativas à implantação do Sistema de Vigilância da Amazônia, Projeto SIVAM, em cooperação com a Secretaria de Assuntos Estratégicos da Presidência da República — SAE a quem cabem a supervisão, coordenação e implantação do Sistema de Proteção da Amazônia (SIPAM), integrando ambos os sistemas.

2. O Sistema de Proteção da Amazônia — SIPAM constitui um arrojado e inovador conceito de administração integrada, voltado, inicialmente, para a estratégica Região Amazônica, objetivando reduzir os custos operacionais e desburocratizar, ao máximo, todas as ações hoje empreendidas por diferentes órgãos e entidades de diversos Ministérios, beneficiando, também, órgãos e entidades das administrações estaduais e locais da Região. É um Sistema multiusuário, de gestão estratégica, que combina sistemas abertos de comunicações, obtenção de informações e banco de dados, podendo exercer importante papel nos ganhos de sustentabilidade para a Região, estimular o desenvolvimento científico e tecnológico do País e permitir a integração, mantendo a descentralização, de todas as ações destinadas à unicidade, desenvolvimento e segurança da Amazônia.

3. O segredo do sucesso desse Sistema, apoiado na base tecnológica proporcionada pelo Sistema de Vigilância da Amazônia — SIVAM, está na diferença radical em relação às abordagens tradicionais de gestão. Ele integra ao permitir que todos os órgãos compartilhem informações e tecnologia, preservando sua privacidade, garantindo a confidencialidade das informações privativas de cada um, classificadas para circulação restrita. O Sistema faz isto eliminando custos redundantes, duplicação de funções, reuniões burocráticas para troca de informações e tentativas de cooperação entre agências governamentais, tão comuns na prática administrativa tradicional.

4. É possível afirmar ser o SIVAM integrado ao SIPAM, um instrumento que abre a Amazônia, com segurança, ao conhecimento da Nação Brasileira, sem perda de controle e sem vedar o acesso da humanidade aos benefícios do desenvolvimento criativo e sustentável de suas riquezas, principalmente de sua biodiversidade. Assim sendo, trata-se, sem dúvida, da maior realização que o Governo poderá legar à história, por seu caráter inovador, por sua racionalidade fiscal, pelo impulso à ciência e à tecnologia, pela garantia da segurança da Região Amazônica, sem intervencionismo, e por ser o primeiro programa da administração pública integralmente inserido no novo paradigma global, criado pela revolução no campo da informática, dirigido às telecomunicações, e que está revolucionando, também, os procedimentos industriais e gerenciais de todo o mundo.

5. Essas alusões à importância do SIVAM estão plenamente absorvidas pelo Governo, na medida em que esse projeto foi contemplado no Plano Plurianual 1994-1995, objeto da Mensagem n. 71, de 1993, do Congresso Nacional, com apoio complementar de outros órgãos públicos. Nesse Plano Plurianual está estabelecida, como de fundamental importância estratégica para a Região Amazônica, a implantação do Sistema de Proteção da Amazônia — SIPAM, e uma política de ocupação permanente dessa área.

6. O SIVAM constitui o elo mais complexo e abrangente e, sem dúvida, condição indispensável para o funcionamento do conjunto de meios e ações a serem implementados naquela Região, onde se tem, como objetivo final, contribuir para o permanente e definitivo controle brasileiro sobre a mesma e para o seu desenvolvimento sustentável, solidificando a presença estratégica do Governo numa área imensa e crítica, cenário de múltiplas preocupações, no Brasil e Exterior, dada a atuação crescente do narcotráfico e de outras atividades marginais igualmente repulsivas.

7. A implementação do SIVAM exigirá a aquisição de um variado número de produtos, que implicará a realização de atividades diversas, tais como: sensoriamento remoto por satélite e por aeronaves, monitoração ambiental, vigilância aérea e de superfície, radiomonitoração, processamento de dados, integração e visualização de dados e imagens, de comunicações por voz e dados, elaboração de projetos técnicos, implantação de suporte logístico e integração e operacionalização de todo o Sistema.

8. Informamos a V. Sa. que, muito antes da edição do Decreto n. 892, de 12.8.93, que possibilitou a contratação de equipamentos e serviços para o SIVAM com dispensa de licitação, e ainda na vigência do Decreto-lei n. 2.300/86, a Secretaria de Assuntos Estratégicos (SAE), no intuito de dar início ao processo de eventual contratação de empresas nacionais para o Sistema de Vigilância da Amazônia, formulou uma consulta ao Sindicato Nacional das Empresas de Engenharia Consultiva — SINAENCO e à Associação Brasileira das Indústrias de Automação e Informática — AUTOMÁTICA, buscando aferir, no mercado nacional, as empresas com capacitação técnica para a execução da integração dos Sistemas e outros serviços correlatos, imprescindíveis à conclusão do projeto, apesar de esta Comissão já ter firmada sua posição no sentido da inviabilidade da abertura total e pública dessa consulta, mesmo compreendendo a sua grandeza de propósitos. Essa salutar iniciativa da SAE resultou na manifestação de interesse de um conjunto de empresas brasileiras, algumas das quais de reconhecida capacitação técnica em suas respectivas áreas de atuação. Contudo, a escassez de informações e a carência de comprovação da experiência dessas empresas na prestação desses serviços tão especiais, à exceção de uma, impeliu esta Comissão à tendência de adotar a escolha sobre a empresa que constituiu-se na exceção.

9. Por outro lado, a escolha pública de quem vai executar os serviços para operacionalização do Sistema implicará a abertura de uma fenda muito grande na engenharia de processo do mesmo, com conseqüências difíceis de serem dimensionadas no que se refere à proteção do sigilo envolvido, posto que, para os efeitos de avaliação das propostas técnicas, teríamos que entregar a todos os interessados documentos altamente sigilosos, tais como especificações técnicas, locais onde os serviços técnicos seriam prestados e — o que é mais preocupante — o conhecimento de todos os equipamentos, esquemas, desenhos e outros dados a serem integrados, inclusive com outros sistemas já existentes e essenciais à segurança do Estado. Ademais, as características técnicas, operacionais e de desempenho exigidas pelo Sistema são revestidas do caráter *Confidencial* e/ou *Secreto*, devendo as autoridades incumbidas desse empreendimento envidar todos os esforços e tomar todos os cuidados nas contratações a ele relativas, adotando procedimentos restritivos e observando, no que couberem, as prescrições da legislação destinada a assuntos sigilosos, nos termos do Regulamento aprovado pelo Decreto n. 79.099, de 6.1.77.

10. Assim, por envolverem elementos relativos aos procedimentos de defesa, da integridade e da soberania da Nação, o Excelentíssimo Senhor Presidente da República, tendo ouvido o Conselho de Defesa Nacional, editou em 12.8.93, posteriormente àquela consulta a que se reporta o item 8 desta carta, o Decreto n. 892, nos seguintes termos:

"Art. 1º. Os equipamentos e os serviços técnicos cuja divulgação comprometeria a eficácia do Sistema de Vigilância da Amazônia inserem-se no que preceitua o inciso IX do art. 24 da Lei n. 8.666, de 2I de junho de 1993.

Art. 2º. Em respeito ao princípio da competitividade, os órgão executantes promoverão consultas para obter os menores preços e as melhores condições técnicas e de financiamento na seleção, visando a aquisição de equipamentos e a realização dos serviços técnicos pertinentes."

11. Verifica-se, portanto, que o referido decreto veio estabelecer um regime completamente especial e adequado às contratações de tão delicado projeto, de sorte que, mesmo no que se refere à escolha e contratação da empresa nacional, incumbida da integração do Sistema, esta deve, também, seguir este regime e estar de acordo com os critérios que serão expostos no corpo desta exposição.

12. A base do SIVAM assenta-se em um programa, cujo coração está no *software* e não, apenas, em máquinas e equipamentos. Esse programa incorpora a gestão e o planejamento estratégicos, baseados na inteligência, no aprendizado pelo adequado processamento da informação e, por isto, dentro daquele novo paradigma tecnológico gerencial, no qual não é a máquina que importa e sim o seu uso inteligente para aumentar a produtividade, reduzir esforços e gastos, possibilitar o controle remoto, sem necessidade de intervenções físicas.

13. Os serviços técnicos necessários à implantação do SIVAM abrangem, dentre outros, a coordenação dos estudos técnicos, o planejamento e controle, o aperfeiçoamento de pessoal, a concepção e desenvolvimento do *software* e a integração com o Sistema de Proteção da Amazônia (SIPAM) e com outros sistemas pertinentes.

14. O *software* a ser desenvolvido envolve vários níveis de elaboração. Ao lado do *software* básico, aplicativo e aplicativo adicional, deverá ser desenvolvido aquele que diz respeito ao núcleo do sistema que integrará toda a gama de dados processados pelo SIVAM e pelo SIPAM e manipulará informações de alto interesse estratégico.

15. Assim sendo, tendo em vista o nível de segurança a ser empregado, bem como a necessidade de se deter o perfeito e exclusivo domínio brasileiro da parte nuclear do sistema, entende-se que a concepção e desenvolvimento do *software*, sobretudo nessa parte, deve emergir de tecnologia adicional a cargo de uma empresa da mais alta confiabilidade e especialização.

16. Acresce que os trabalhos necessários abrangem serviços de alta qualificação, acentuadamente técnicos, específicos, de natureza singular, requerendo, portanto, para executá-los, uma empresa que, comprovadamente, já os tenha prestado, estando integrada, até mesmo, com o desenvolvimento de projetos semelhantes, hipótese esta que configuraria a inexigibilidade de licitação, nos termos do art. 25, inciso II e § 1º, da Lei n. 8.666, de 21.6.93, em face da notória especialização dessa empresa.

17. Dessa forma, esta Comissão entende que a natureza dos serviços técnicos, relativos ao *software*, que constituirá o núcleo do sistema, insere-se no que preceitua o inciso IX do art. 24 da Lei n. 8.666, de 21.6.93, bem como se enquadra na hipótese do art. 25, inciso II e § 1º, da referida lei, eis que tais serviços devem ser executados por uma empresa que já tenha demonstrado, em outros serviços prestados, capacidade técnica, confiabilidade, experiência em trabalhos análogos e garantia do resguardo do sigilo envolvido, levando-se em consideração, ainda, os seguintes aspectos:

a) a imperiosa necessidade de contar, desde já, com os trabalhos preliminares da estruturação técnica e funcional do SIVAM, visando a uma coordenação centralizada, nos termos da Exposição de Motivos n. 194, de 21.9.90, e objetivando um trato multidisciplinar dos problemas envolvidos, a fim de atender às necessidades estratégicas do País, mormente daqueles órgãos voltados à preservação da soberania e segurança nacionais;

b) a urgente necessidade, conforme a Exposição de Motivos acima referida, de estabelecer-se uma vigilância sistematizada na Região da Amazônia, que proverá os dados para a coordenação centralizada de todas as ações governamentais, devidamente integradas ao Sistema de Controle do Espaço Aéreo Brasileiro;

c) a notória dependência de todo o processo ativo da Amazônia ao transporte aéreo, em razão da incipiente infra-estrutura de transporte terrestre, sendo que as iniciativas marginais são ainda estimuladas pela carência de recursos para uma vigilância adequada do espaço aéreo, nos termos da mesma Exposição de Motivos n. 194 acima citada;

d) a possibilidade de início imediato dos trabalhos, desde que essa empresa disponha de pessoal capacitado e de informações especializadas relativas aos serviços, decorrentes de projetos semelhantes por ela executados anteriormente;

e) reconhecimento da qualificação e especialização da equipe técnica dessa empresa, além de notória experiência de seus dirigentes e funcionários no setor de defesa e tráfego aéreos, aeroportuário, aeroespacial, informática, engenharia, sistemas e equipamentos, comprovados, sobretudo, pelo perfeito cumprimento dos contratos celebrados com o Ministério da Aeronáutica, dentre outros, o de prestação de serviços técnicos especializados de engenharia, visando ao gerenciamento da implantação e à integração do Sistema de Controle do Espaço Aéreo Brasileiro — SISCEA;

f) a notória especialização dessa empresa, que há anos vem desenvolvendo processo de capacitação de pessoal, com investimentos do próprio Governo brasileiro, com comprovada absorção de tecnologia, tendo, inclusive, elaborado a concepção do Sistema de Controle do Espaço

Aéreo Brasileiro — SISCEA e desenvolvido *software* de Defesa Aérea, efetivando a sua implantação e sempre mantendo o necessário sigilo que envolve projetos dessa natureza.

18. Informamos a V. Sa., ainda, que a notória especialização dessa empresa exsurge, ademais, da prestação de vários outros serviços técnicos profissionais especializados de natureza singular, conforme a seguir indicados:

a) serviços de engenharia para assessoria na elaboração de estudos e projetos prioritários do Plano de Desenvolvimento do Sistema de Proteção do Vôo — PDSPV;

b) prestou os serviços de engenharia para a Implantação do Sistema de Controle do Espaço Aéreo brasileiro, contemplando o apoio ao gerenciarnento, planejamento, fiscalização, supervisão, controle e integração de sistemas;

c) desenvolvimento e implantação do *software* central do sistema de controle do Espaço Aéreo Brasileiro e desenvolvimento e implantação do sistema de Processamento de Dados para o Controle de Tráfego Aéreo do Rio de Janeiro e São Paulo;

d) elaboração de projeto para implantação dos meios para constituição de um Sistema de Controle Aerotático;

e) elaboração do Plano de Ação Básica de Metrologia Aeroespacial;

f) serviços especializados e projetos de engenharia para implantação do Centro de Lançamento de Alcântara;

g) desenvolvimento do *software* do Sistema Tático Naval — SICONTA e integração e comissionamento do SICONTA para o navio-aerodrómo Minas Gerais;

h) elaboração de projeto, fabricação e testes de instrumentos imageadores para uso especial nos Satélites Sino-Brasileiros de Recursos Terrestres — CBERS e Missão Especial Completa Brasileira — MECB para o Instituto Nacional de Pesquisas Espaciais — INPE;

i) fornecimento do Sistema de Monitoração e Apoio Estratégico de Comunicações para a Polícia Federal;

j) projeto, implantação e operação do Sistema Tático de Gestão e Comunicação de Móveis, via sistema de satélites GPS e INMARSAT, em associação com a EMBRATEL;

l) convênio com a Marinha do Brasil e a Secretaria Especial de Informática — SEI para absorção de tecnologia do *software* e de integração de Sistema de Armas de Navios de Guerra;

m) desenvolvimento e implantação de *software* para gerador de Alvos Radar para a Marinha;

n) serviços de engenharia em apoio ao projeto de nacionalização de material aeronáutico;

o) projeto do Centro de Controle e Planejamento de Combate a Incêndios para Amazônia, para o IBAMA;

p) plano de contingências para incêndios florestais para o IBAMA;

q) desenvolvimento e implantação de Simulador para Controle de Tráfego Aéreo para o Ministério da Aeronáutica; e

r) desenvolvimento e implantação de simulador de treinamento para pilotagem de navios.

19. Ante a todo o exposto, solicitamos a V. Sa. responder, na forma de parecer jurídico, à consulta abaixo formulada, em três quesitos, a saber:

a) Em virtude do Decreto n. 892/93, expedido pela Presidência da República Federativa do Brasil, e das disposições da Lei n. 8.666/93, e considerando, ainda, a necessidade de sigilo relativamente ao *software* nuclear do Sistema, assim como do Sistema como um todo, qual a forma de seleção e contratação da empresa integradora desse Sistema, responsável pela concepção do referido *software*?

b) As disposições a que alude o art. 2º do Decreto n. 892/93 compreendem ou implicam exigência à prática de alguma das modalidades licitatórias previstas na Lei n. 8.666/93?

c) A Comissão de Coordenação para Implantação do Sistema de Vigilância da Amazônia, tendo em vista as razões aqui expostas, poderá contratar diretamente, portanto sem licitação, uma empresa de sua confiança, com experiência e capacidade técnica comparáveis com a magnitude do Projeto e cujo perfil esteja identificado com as qualificações e aspectos mencionados nos itens 13, 14, 15, 16, 17 e 18 da presente? Em caso positivo, quais os fundamentos legais que amparariam essa contratação?"

Às indagações respondo na forma que segue.

PARECER

1. As questões propostas não oferecem dificuldade alguma para desate. Sem embargo, para melhor exibir o suporte teórico embasador das respostas, convém recordar algumas noções fundamentais sobre o instituto da licitação, alumiando-se, assim, de barra a barra, o universo temático no qual se encartam as indagações feitas.

É sabido e ressabido que o Poder Público e suas entidades auxiliares, quando desejam adquirir, locar, alienar bens, realizar obras ou serviços mediante contratos com terceiros, estão juridicamente obrigados a recorrer a um procedimento preliminar denominado licitação. Isto resulta, desde logo, do art. 37, XXI, da Constituição brasileira e, a nível infraconstitucional, da Lei n. 8.666, de 21.6.93. Nesta última assinalam-se como objetivos de tal procedimento a busca do negócio mais vantajoso e o asseguramento do princípio da isonomia.

Esta regra geral mencionada, entretanto, como sói acontecer com as normas de direito, inevitavelmente teria de comportar exceções. Bem por isto, o próprio dispositivo constitucional referido (art. 37, XXI), do mesmo passo em que firma o princípio impositivo do dever de licitar, obtempera: "ressalvados os casos especificados na legislação". É que, como ao diante se aclarará, em algumas hipóteses *sequer podem ser utilmente colocadas em pauta* as razões determinantes da existência do instituto da licitação, por falecerem os pressupostos lógicos que lhe embasam a existência ou proveito. Em outras tantas, ainda que compareçam ditos pressupostos, os motivos inspiradores da licitação são sobrepujados por ponderáveis razões de interesse público que tornariam desaconselhável realizá-la.

2. No passado, os diplomas regedores da matéria costumavam listar um rol de hipóteses ensejadoras de contratação direta, nominando-as a todas, indiscriminadamente, como casos de "dispensa de licitação". É dizer: não se fazia acepção entre situações em que a licitação seria exeqüível, mas acarretaria inconveniências (e às vezes seriíssimas), sendo por isto dispensável efetuá-la, daqueloutras em que ocorria uma verdadeira inviabilidade de licitar. Esta última situação é a que sucedia — e sucede — quando o objeto de que a Administração necessita é *singular ou* quando se trate de bem produzido e fornecido por um *único sujeito. Em* rigor, conforme averbamos em obra teórica (*Licitação*, Ed. RT, 1983, p. 15), nas situações deste jaez não caberia falar em "dispensa", pois "só se pode dispensar alguém de um dever possível". Escrevendo sobre o assunto há mais de vinte anos, tivemos ocasião de sublinhar a diferença entre estas duas ordens de situações referidas ("Do Objeto Licitável", in *RDP* 8/93 e ss., abril-junho, 1969).

3. Com o advento do Decreto-Lei n. 92.300, de 21.11.86, foi acolhido o referido discrímen, passando a ser catalogadas como figuras distintas a "dispensa de licitação" e a "inexigibilidade" (expressão, aliás, infeliz), por "inviabilidade de competição". De par com elas, o referido decreto-lei incluía, ainda, uma terceira hipótese: a de *vedação de licitar*, "quando houver possibilidade de comprometimento da segurança nacional, a juízo do Presidente da República" (§ 1º do art. 23).

Na atualidade, isto é, sob o império da vigente Lei n. 8.666 de 21.6.93, foi mantido o discrímen entre licitação inexigível (art. 25) e licitação dispensável (art. 24), suprimindo-se a referência à licitação vedada, por haver sido incluída no arrolamento dos casos de dispensa. Este tópico — diga-se de passo — merece uma consideração especial, que será feita a breve trecho.

4. Anote-se, finalmente, que alguns pretendem seja reconhecível, ainda, a categoria da licitação dispensada (não apenas dispensável), prevista no art. 17, itens I e II, *in fine*, relativos à alienação de bens. É o pensamento de Jessé Torres Pereira Júnior (*Comentários à Nova Lei das Licitações Públicas*, Ed. Renovar Ltda., 1993, p. 125). Para sustentar este ponto de vista, presume-se que esteja arrimado na diversidade da linguagem normativa utilizada nos pertinentes dispositivos. Sem embargo, estamos em que, embora possível adotar tal entendimento, ele não foi assumido pela lei. Com efeito, entre os casos arrolados como de licitação *dispensável* — expressão que estaria a indicar uma *faculdade conferida ao administrador* e não um típico já pré-resoluto pelo diploma normativo, como sucederia ante as licitações *dispensadas* — alguns deles (itens IV e V do art. 24), mais do que uma simples faculdade, já representam uma solução obrigatória, da qual o agente administrativo não poderá fugir. Destarte se vê que o pretenso fundamento do suposto discrímem legal simplesmente não foi retratado na catalogação dos distintos artigos (24 e 17, respectivamente). Houve, apenas, uma casual variação na linguagem normativa e uma técnica insatisfatória no arrolamento de casos de dispensa, o que, aliás, se redemonstra no fato de que há casos de inexigibilidade arrolados tanto entre os de licitação "dispensável" (incisos X e XV do art. 24), quanto entre os de licitação dispensada, como bem observou Marçal Justen Filho em seus excelentes *Comentários à Lei de Licitações e Contratos Administrativos* (AIDE Ed., 1993, p. 134).

5. Antes de examinar a variedade de situações ensanchadoras de contratação direta, convém firmar alguns pontos significativos para a adequada compreensão do que é uma licitação e das condições que lhe presidem a existência e operacionalidade. Deste modo arrecadar-se-ão importantes elementos para entender por que acodem situações em que fica absolvida a necessidade ou a possibilidade de efetuá-la.

Por que existe a licitação? Por que a Administração e seus sujeitos auxiliares, ao se proporem a um relacionamento com terceiros, devem, como regra, socorrer-se do procedimento licitatório?

A licitação é instituto que se assenta na idéia de competição e dos proveitos daí decorrentes.

Pressupõe-se que, instaurado um certame, os interessados no travamento da relação prevista, para concorrerem entre si com possibilidade de sucesso, terão de esmerar-se em fazer as melhores propostas a seu alcance, ensejando, pois, ao promotor da disputa, a possibilidade de eleger e vir a constituir a relação jurídica mais satisfatória. Paralelamente, e com a mesmo ênfase, pretende-se render obséquio ao dever de dispensar aos administrados um tratamento isonômico, abrindo para quaisquer sujeitos capacitados a bem realizarem o objeto do certame a possibilidade de disputarem-no igualitariamente. De resto, cabe lembrar que, destarte, também se acautela o princípio da moralidade administrativa, na medida em que, por tal via, forceja-se por empecer conluios entre agentes administrativos e terceiros.

Basta a enunciação destas razões, que estão expressadas no art. 2º da Lei n. 8.666 ("A licitação destina-se a garantir o princípio constitucional da isonomia e a selecionar a proposta mais vantajosa para a Administração..."), para perceber-se que:

(a) a licitação *não é um fim em si mesma,* mas, estando em pauta a aquisição, a alienação ou a locação de um bem, a obtenção de obra ou serviço, é simplesmente um *meio,* conquanto importante, para que o Poder Público *possa aceder ao negócio que realmente lhe convém* e para que, presentes os pressupostos comandantes de sua realização, *fique assegurada a plena realização do preceito constitucional da isonomia*;

(b) só faz sentido realizar licitação quando seja lógica e faticamente possível uma *competição* na qual *possam* vir a concorrer propostas *aptas a atenderem o que a Administrarão deseja para preenchimento da utilidade ou necessidade a ser suprida.*

6. Visto porque existe licitação e reconhecido que se trata de um *meio* a ser adotado preliminarmente a certas relações jurídicas e *não de um fim* em si, compreende-se que a lei possa descartar sua exigência quando, em juízo razoável e sem descaracterizar a necessária amplitude de sua exigência como regra geral, seja *conveniente* ou até mesmo *impositivo* arredar dito procedimento para benefício ou salvaguarda de outros interesses públicos. É isto que dá azo a instituição legal de hipóteses de "dispensa" do dever de licitar ou até mesmo da *imposição de "não licitar".*

Por outro lado, como a licitação é uma competição entre possíveis ofertas prestantes para atendimento do que a Administração deseja, a fim de suprir uma dada necessidade ou utilidade, compreende-se que seria incabível licitar se não houvesse como instaurar utilmente o certame, por falta dos pressupostos lógicos ou fáticos indispensáveis para uma competição conseqüente. É o que ocorre deste logo se inexistir uma possível pluralidade de objetos *equiparáveis* para a satisfação do bem pretendido e uma possível pluralidade de ofertantes. O reconhecimento de circunstâncias do gênero é o que determina a previsão de hipóteses de "inexigibilidade". Em tais casos reconhece-se que a licitação — instrumento que é, para atingir determinados fins — apresentar-se-ia como *inviável,* pois seria inconseqüente, despojada de sentido.

7. Assentados estes tópicos, cumpre verificar o tratamento que a Lei n. 8.666 dispensou ao assunto.

No art. 17, incisos I e II, como já anotado, são referidos os casos em que se declara "dispensada" a licitação para a *alienação* de bens. Visto que o tema "alienação" não tem pertinência com o objeto da presente Consulta, não interessa examiná-los. Registre-se, apenas de passagem, que alguns dos casos nominados deste modo são manifestamente hipóteses de licitação inviável, por não comparecerem os pressupostos que supedaneiarn o instituto (dação em pagamento, ou doação do bem a outra entidade governamental, por exemplo).

No art. 24 são arroladas as hipóteses em que se declara "dispensável" a licitação. De acordo com o precitado Marçal Justen Filho, jurista a quem se deve obra de fôlego sobre a Lei n. 8.666 — aliás, de longe, a melhor que até o presente se escreveu sobre ela — os casos compendiados no referido artigo podem ser sistematizados (*Comentários* cit., pp. 133 e 134) "segundo o fator de desequilíbrio na relação custo/benefício, do seguinte modo:

— custo econômico da licitação: quando o custo econômico da licitação for superior ao benefício extraível da licitação (incs. I e II)".

Ambos se referem a contratos em que estão envolvidos dispêndios de pequeno valor.

"— Custo temporal da licitação: quando a demora na realização da licitação puder acarretar a ineficácia da contratação (incs. III, IV e XIII)."

Concernem respectivamente a casos de "guerra ou grave perturbação da ordem"; "casos de emergência ou de calamidade pública" que demande atendimento urgente da situação para remediar ou prevenir outros danos e "compras eventuais de gêneros alimentícios perecíveis".

"— Ausência de potencialidade de benefício: quando inexistir potencialidade de benefício em decorrência da licitação (incs. V, VII, VIII, XI e XIV)."

Os incisos reportam-se a casos em que não acudiram interessados à licitação anterior e sua repetição seria prejudicial; a casos em que as propostas consignaram preços exorbitantes, admitindo-se, então, contratação direta por preços adstritos aos constantes de registro de preços; casos em que a operação envolve exclusivamente pessoas de direito público interno e a contratação direta não implica postergação de interesses de empresas privadas; casos em que, subseqüentemente a uma rescisão contratual, fica autorizado o contrato do remanescente de obra ou serviço com licitantes do certame anterior, obedecida a ordem de classificação e nas mesmas condições substanciais originais; quando a aquisição de bens ou serviços se faça por intermédio de organização internacional de que o Brasil seja membro, perante condições manifestamente vantajosas.

"— Destinação da contratação: quando a contratação só for norteada pelo critério da 'vantajosidade' econômica, porque o Estado busca realizar outros fins (incs. VI, IX, X, XIII e XV)."

São casos em que a União tem que intervir no domínio econômico para regular preços ou normalizar o abastecimento; quando houver comprometimento da segurança nacional; quando se dispõe a comprar ou locar imóvel cuja localização deva condicionar-lhe a escolha; quando pretender contratar instituição nacional sem fins lucrativos de reputação inquestionável, estatutariamente incumbida da pesquisa, ensino, desenvolvimento institucional, científico ou tecnológico; quando se trate de adquirir ou restaurar obras de arte e objetos históricos.

8. O autor referido assinala ainda, como já se averbou, que as hipóteses dos incisos X e XV (respectivamente, compra ou locação de imóvel cuja escolha seja condicionada pela localização e aquisição ou restauração de obras de arte e objetos históricos) na legislação anterior é que estavam corretamente catalogados, pois nela se incluíam entre os casos de inexigibilidade de licitação. Observa, mais, consoante advertência dantes feita, que esta também é a compostura dos casos de licitação dispensada referidos no art. 17, inciso II, alíneas "a" e "e", ou seja: doação de bens móveis para fins de interesse social e venda de bens produzidos ou comercializados por órgãos ou entidades da Administração Pública, em virtude de suas finalidades (ob. cit., p. 154 e notas de rodapé 128 e 127). A eles entendemos que se devem acrescer os supostos no inciso I, alíneas "a" a "d".

Caberia, ainda, reafirmar que, tal como ocorre com a totalidade das hipóteses figuradas no art. 17, em que a lei já decidiu previamente dispensar licitação, em pelo menos dois casos do art. 24 (incs. IV e V) o administrador não tem a faculdade de dispensar ou não a licitação. Antes, está obrigado a dispensá-la. Com efeito, não se compreenderia que em casos de emergência ou calamidade pública em que se propusesse necessidade de urgente atendimento de situação capaz de causar dano ou comprometer a segurança de pessoas, obras, serviços, equipamentos ou bens (inciso IV), tivesse o administrador a faculdade de consumir tempo precioso com as delongas de uma licitação. Ou se dá a situação descrita no inciso ou não se dá. Ocorrida esta, a licitação está *ipso facto* dispensada. O mesmo haver-se-á de dizer quando não acodem participantes a uma licitação e repeti-la acarretaria prejuízo (inciso V). Sem dúvida, o administrador não pode resolver que prefere dar causa a prejuízos, pois é seu dever evitá-los. Donde, não faz sentido supor que, ocorrida a hipótese, ainda assim disponha da faculdade de dispensar ou não o certame. Ela já estará dispensada pelo mero fato de configurar-se a previsão normativa.

9. Cumpre acrescentar que a Medida Provisória n. 351, de 16.9.93, *acrescentou mais dois incisos ao art. 24 (XVI e XVII) e lhe inseriu dois parágrafos, que são, também estes últimos, novos casos de dispensa*, perfazendo, então, um total de quatro hipóteses acrescentadas às possibilidades de contratação direta supostas no preceptivo em causa; a saber:

— inciso XVI, relativo ao fornecimento à pessoa jurídica de direito público interno, por órgão da Administração ou entidade de sua Administração indireta criada para este fim específico, de bens, impressão de diários oficiais, formulários padronizados e prestação de serviços de informática ou de natureza industrial (inciso XVII). Na classificação feita por Marçal Justen Filho, possivelmente, haveriam de se incluir entre os casos que catalogou como de *ausência de potencialidade de benefício*, por similitude à do item VIII, que foi por ele inclusa nesta classe;

— inciso XVII, concernente à compra de hortifrutigranjeiros, pelo preço do dia, destinados ao programa de alimentação escolar. É incluível entre os casos de dispensa em razão do *custo temporal da licitação: quando a demora na realização da licitação puder acarretar a ineficácia da contratação*, por similitude à do item XII, assim catalogada pelo autor referido. A mesma categorização, por razões análogas, há de ser dada à hipótese do

— § 1º, atinente a compras ou serviços, até certo limite de valor, o do convite, efetuadas para abastecimento de navios, embarcações, unidades aéreas ou tropas e seus gastos de deslocação, quando em estada eventual de curta duração fora de sua sede, se a exigüidade dos prazos da licitação puder comprometer a normalidade e os propósitos das operações;

— § 2º, relativo a compras, pelas Forças Armadas, de materiais de uso para manter a padronização requerida pela estrutura de apoio logístico. A hipótese, por identidade de razão, haverá de ser arrolada entre os casos em que a dispensa está ligada à "destinação da contratação: quando a contratação não for norteada pelo critério da 'vantajosidade' econômica, porque o Estado busca realizar outros fins (incs. VI, IX, X, XIII e XV)".

10. Exposta a generalidade dos casos mencionados pela Lei n. 8.666 como de dispensa de licitação, o que interessa para a Consulta é o do inciso IX do art. 24, a saber: "quando houver possibilidade de comprometimento da segurança nacional, nos casos estabelecidos em decreto do Presidente da República, ouvido o Conselho de Segurança Nacional".

Em rigor, em hipóteses deste jaez, haver-se-á de entender que será terminantemente *vedado* realizar licitação. Embora a lei não se valha de tal categorização (ao contrário do que ocorria no diploma precedente), é óbvio, é de evidência solar, que a licitação não pode ser instaurada perante situação desta compostura. Com efeito, se dela pudesse derivar comprometimento da segurança nacional, quem pretendesse realizá-la ou se omitisse em advertir os escalões competentes para os riscos que daí adviriam estaria afrontando um bem jurídico fundamental para toda a Sociedade Brasileira.

Deveras, segurança nacional quer dizer segurança do País e, portanto, de todos os seus cidadãos. Segue-se, como é claro a todas as luzes, que o administrador que concorresse, mediante conduta comissiva ou omissiva, para expor a segurança nacional a riscos ou que colaborasse para seu comprometimento revelar-se-ia, desde logo, como um irresponsável, como um transgressor de dever jurídico elementar e — conforme a compostura do caso — poderia até mesmo estar incidindo em conduta penalmente sancionável, por incurso em crime contra a segurança nacional.

Nos termos do referido art. 24, IX, é unicamente o Presidente da República, ouvido o Conselho de Defesa Nacional, quem está juridicamente habilitado a, mediante decreto, dispensar licitação sob fundamento de possibilidade de comprometimento da segurança nacional. Expedido o decreto, resulta cristalinamente óbvio que autoridade alguma poderá proceder à licitação nos casos abrangidos pela disposição presidencial.

11. No caso *sub consulta*, a questão está regida pelos termos do Decreto n. 892, de 12.8.93, expedido após ouvida do Conselho de Defesa Nacional, que assim dispôs em seus arts. 1º e 2º:

"Art. 1º. Os equipamentos e os serviços técnicos cuja divulgação comprometeria a eficácia do Sistema de Vigilância da Amazônia, inserem-se no que preceitua o inciso IX do art. 24 da Lei n. 8.666, de 21 de junho de 1993.

Art. 2º. Em respeito ao princípio da competitividade, os órgãos executantes promoverão consultas para obter os menores preços e as melhores condições técnicas e de financiamento na seleção, visando a aquisição de equipamentos e a realização dos serviços técnicos pertinentes."

Ao incluir a contratação a que se reporta a Consulta como caso de dispensa de licitação, por motivo de segurança nacional, tem-se como cristalinamente claro e óbvio que, nos termos do considerado no item 10 deste parecer, a licitação não está apenas dispensada, mas *formalmente proibida*. Com efeito, se a matéria, muito compreensivelmente, impõe sigilo, e não apenas em relação ao "*software* nuclear" do Sistema, mas, evidentemente, do Sistema como um todo, a empresa que o desenvolverá e integrará, a toda evidência, não pode ser eleita mediante procedimento essencialmente público, como é o da licitação.

Deveras, o art. 3º da lei inclui ente os princípios da licitação a *publicidade* e o § 3º deste preceptivo estatui que: "A licitação não será sigilosa, sendo públicos e acessíveis ao público os atos de seu procedimento, salvo quanto ao conteúdo das propostas, até a respectiva abertura".

Ademais, de acordo com o art. 4º: "Todos quantos participem de licitação promovida pelos órgão ou entidades a que se refere o art. 1º têm direito público subjetivo à fiel observância do pertinente procedimento estabelecido nesta Lei, podendo qualquer cidadão acompanhar seu desenvolvimento, desde que não interfira de modo a perturbar ou impedir a realização dos trabalhos".

Ora, como esclarece a Consulta, a escolha pública de quem deva executar os serviços para operacionalizacão do Sistema obviamente "implicará uma fenda muito grande na engenharia de processo do mesmo, com conseqüências muito difíceis de serem dimensionadas no que se refere à proteção do sigilo envolvido, posto, para os efeitos de avaliação das propostas técnicas, teríamos que entregar a todos os interessados documentos altamente sigilosos, tais como especificações técnicas, locais onde os serviços técnicos seriam prestados e — o que é mais preocupante — o conhecimento de todos os equipamentos, esquemas, desenhos e outros dados a serem integrados, inclusive com outros sistemas já existentes e essenciais à segurança do Estado. Ademais, as características técnicas, operacionais e de desempenho exigidas pelo Sistema estão revestidas do caráter *Confidencial* e/ou *Secreto*, devendo as autoridades incumbidas desse empreendimento envidar todos os esforços e tomar todos os cuidados nas contratações a ele relativas, adotando procedimentos restritivos e observando, no que couberem, as prescrições da legislação destinada a assuntos sigilosos, nos termos de Regulamento aprovado pelo Decreto n. 79.099, de 6.1.77".

12. Ressalte-se que o próprio edital da licitação e o conjunto de elementos e anexos que o informam e integram, contendo dados confidenciais e/ou secretos, estaria liberado não só ao conhecimento dos que afluíssem ao certame — o que já seria inconveniente mais que bastante para arredar tal certame — mas do público em geral, dado o caráter público do procedimento licitatório. Destarte, é manifesta a incompatibilidade visceral entre o instituto da licitação e o objeto que está em causa.

Derradeiramente, cabe anotar que havendo sido dispensada licitação por razões de segurança nacional, tal como disposto no decreto mencionado, *realizá-la configuraria crime contra a segurança nacional*, enquadrável no art. 14 da Lei n. 7.170 de 14.12.83, se em outra figura típica mais grave não fosse alojável.

13. Outrossim, a dispensa da licitação exclui, *ipso facto*, a adoção de quaisquer das modalidades licitatórias contempladas na Lei n. 8.666.

Com efeito, a figura prevista no inciso IX do art. 24 não é dispensa de concorrência, ou de tomada de preços ou de convite etc., mas, como ali indicado, de "licitação", ou seja, do gênero, no qual se incluem as espécies referidas, bem como quaisquer outras mencionadas no aludido diploma. Aliás, mesmo a variedade convite, hoje, por força da forma como está regulada (§ 3º do art. 22), também envolve considerável teor de publicidade, para não se falar dos pré-referidos arts. 4º e 3º, § 3º, que, de todo modo, ensejariam amplo conhecimento público do certame e documentos que o instruem.

Destarte, quando o Decreto presidencial n. 892, de 12.8.93, alude a consultas para obter os menores preços e as melhores condições técnicas e de financiamento na seleção, evidentemente haver-se-á de entender, de um lado, que não está referido a qualquer figura dentre as previstas na Lei n. 8.666 e, de outro lado — como é de incontestável obviedade —, que está a presumir as consultas *possíveis*, ou seja, as que possam ser feitas *sem comprometimento do sigilo necessário à proteção da segurança nacional envolvida no caso*.

Significa, conseqüentemente, que as autoridades encarregadas desfrutam de larga discrição administrativa para, segundo seu prudente critério, colherem, de modo informal, os elementos que consigam arrecadar — direta ou indiretamente, e pelos meios mais adequados ao resguardo que o assunto impõe — para se orientarem na eleição e contratação da empresa integradora do Sistema a que se reporta a Consulta. Significa, finalmente, que o Decreto n. 892 impôs o procedimento da chamada "contratação direta", segundo o qual a Administração, exonerada ou proibida — como ocorre no caso — de realizar licitação, elege o contratado *em quem deposita a confiança* de que é, na situação vertente, o mais adequado para assumir e efetuar, vantajosamente, o cumprimento do objeto da maneira mais satisfatória requerida para a boa realização do interesse público a ser suprido.

14. Consoante reiteradas vezes se disse, ao longo deste parecer, paralelamente aos casos de dispensa de licitação, existem hipóteses em que certame de tal gênero seria *inviável,* pois, se fosse realizado, apresentar-se-ia como um "sem-sentido" ou, então como um ritual inútil, até ilógico, porque incapaz de se desenvolver de modo racionalmente conseqüente e de aportar ao resultado a que toda licitação deve tender: eleição da proposta adequada ao preenchimento da necessidade administrativa a ser atendida. Em suma: faltariam ao certame os pressupostos fáticos ou lógicos que devem informá-lo.

A Lei n. 8.666 contempla tais situações em seu art. 25, cuja dicção é a seguinte:

"É inexigível a licitação quando houver inviabilidade de competição, em especial:

I — para aquisição de materiais, equipamentos, ou gêneros que só possam ser fornecidos por produtor, empresa ou representante comercial exclusivo, vedada a preferência de marca, devendo a comprovação de exclusividade ser feita através de atestado fornecido pelo órgão de registro de comércio do local em que se realizaria a licitação ou a obra ou o serviço, pelo Sindicato, Federação ou Confederação patronal, ou, ainda, pelas entidades equivalentes;

II — para a contratação de serviços técnicos enumerados no art. 13 desta Lei, de natureza singular, com profissionais ou empresas de notória especialização, vedada a inexigibilidade para serviços de publicidade e divulgação;

III — para contratação de profissional de qualquer setor artístico, diretamente ou através de empresário exclusivo, desde que consagrado pela crítica especializada ou pela opinião pública."

Não é difícil perceber-se que na hipótese contemplada no inciso I está-se perante um *bem singular* e na dos incisos II e III, perante *serviço ou anuidade singular*.

15. Vejamos como se caracteriza tal singularidade.

São *singulares* os bens que possuem uma individualidade tão peculiar que os torne inassimiláveis a quaisquer outros da mesma espécie. Esta individualidade referida pode provir: 1) da natureza íntima deles; 2) da circunstância de serem únicos: a) quer em sentido absoluto; b) quer em razão de evento externo a eles.

Alguns exemplos constituir-se-ão no melhor recurso para elucidar o alcance do que vem de ser dito. Uma produção intelectual — como um livro de crônicas *verbi gratia* —, uma obra de arte, são singulares pela *própria natureza íntima deles*.

Um selo de que foi emitido um só exemplar é singular, *por ser único em sentido absoluto*. Uma espada utilizada em momento histórico relevante é singular e *única em razão de evento externo a ela*. Poderão existir inúmeras do mesmo formato, fabricação, época e composição metálica, sem embargo àquela aderiu irremovivelmente uma qualidade externa que a singularizou.

Serviços singulares são os que se revestem de análogas características. A produção de um quadro, por um artista, é singular pela natureza íntima do trabalho a ser realizado. De modo geral, são singulares todas as produções intelectuais, realizadas isoladas ou conjuntamente, por equipe, sempre que o trabalho a ser produzido se define pela marca, pelo cunho pessoal (ou coletivo), expressada em características técnicas, científicas e/ou artísticas. Neste enquadramento cabem os mais variados serviços: uma monografia escrita por jurista, uma intervenção cirúrgica praticada por experiente cirurgião, uma pesquisa sociológica empreendida por uma equipe de planejamento urbano, uma reforma administrativa implantada por técnicos em administração, estudos técnicos, planejamentos e projetos, um curso de alfabetização promovido por educadores qualificados, um ciclo de conferências efetuado por professores, uma exibição de orquestra sinfônica, uma perícia técnica sobre o estado de coisas ou das causas que o geraram.

16. Todos estes serviços se singularizam por estilo, por uma criatividade, engenhosidade ou por uma orientação pessoal. Note-se que a singularidade mencionada não significa que outras pessoas ou entidades não possam realizar o mesmo serviço. Isto é, são singulares, embora não sejam necessariamente únicos.

Por certo uma monografia sobre tema jurídico poderia ser escrita por outro jurista, uma exibição sinfônica por outra orquestra, uma perícia por outro perito, um quadro valioso por outro artista, um levantamento sociológico por outra equipe, estudos, assessorias, planejamentos e projetos, por outro corpo de profissionais. São trabalhos singulares, embora não únicos. Por isso, tal como os bens que podem ser singulares sem serem únicos, tanto quanto estes, em razão da peculiaridade que os caracteriza, não são licitáveis. Eventualmente, nas hipóteses em que caiba concurso, por esta via devem ser obtidos. Quando, porém, seja impossível ou desaconselhável o concurso, pela natureza da atividade ou pelo eventual desinteresse que suscitaria, seja pelo método de trabalho das empresas que fornecem o serviço requerido, seja pelo ônus que acarretaria, sem compensação garantida ao eventual fornecedor, seja por alguma outra razão relevante, a solução cabível é contratar diretamente.

17. Em suma: um serviço deve ser havido como singular quando nele tem de interferir um componente criativo de seu autor, envolvendo o estilo, o traço, a engenhosidade, a contribuição intelectual ou artística de quem o produz. É o que ocorre quando os conhecimentos científicos, técnicos ou artísticos a serem manejados (conforme o caso) dependem, pelo menos, de uma articulação ou organização impregnada pela específica individualidade e habilitação pessoal do sujeito (pessoa física ou jurídica, indivíduo ou grupo de indivíduos) que o realize. O serviço, então, absorve e traduz a expressão subjetiva e, pois, a singularidade de quem o fez, no sentido de que — embora outros, talvez até muitos, pudessem fazê-lo — cada qual o faria à sua moda, de acordo com os próprios critérios, juízos, interpretações e conclusões, parciais ou finais.

Conquanto quaisquer deles produzissem o trabalho em apreço, os serviços efetuados nunca seriam iguais entre si, por estar em pauta atividade que envolve mais do que a simples aplicação de conhecimentos ou técnicas padronizadas (ou nem sequer as envolve). Bem por isto não é indiferente que sejam prestados pelo sujeito *A* ou pelos sujeitos *B* ou *C*, ainda que todos estes fossem pessoas de excelente reputação.

18. A singularidade de tais serviços impede sejam cotejados, pois cada qual é único. Ora, "não se licitam coisas desiguais", já o dissemos muitas vezes, em afirmação que vem sendo reiterada pela doutrina (cf. Adílson Abreu Dallari, *Aspectos Jurídicos da Licitação*, Ed. Saraiva, 2ª ed., 1980, pp. 33 e ss., Lucia Valle Figueiredo, *Direitos dos Licitantes*, Ed. RT, 2ª ed., 1981, pp. 14 e ss., Régis Fernandes de Oliveira, *Licitação*, Ed. RT,, 1981, pp. 41-42) para acolher a distinção que há tantos lustros fizemos entre bens licitáveis e ilicitáveis e que acabou por ser legislativamente consagrada a partir do Decreto-lei n. 2.300.

Em nosso direito positivo, os casos de serviços técnicos, de *natureza singular*, estão referidos, como dito, no inciso II do art. 24 precitado e retrotranscrito, o qual se remete à enumeração feita no art. 13, de acordo com o qual:

"Para os fins desta Lei, consideram-se serviços técnicos profissionais especializados os trabalhos relativos a:

I — estudos técnicos, planejamentos e projetos básicos ou executivos;

II — pareceres, perícias e avaliações em geral;

III — assessorias ou consultorias técnicas e auditorias financeiras;

IV — fiscalização, supervisão ou gerenciamento de obras ou serviços;

V — patrocínio ou defesa de causas judiciais ou administrativas;

VI — treinamento e aperfeiçoamento de pessoal;

VII — restauração de obras de arte e bens de valor histórico."

Ao tempo do Decreto-lei n. 2.300, Hely Lopes Meirelles, examinando o que caracterizaria tais serviços, em seu consagrado *Licitação e Contrato Administrativo* (Ed. RT, 9ª ed. atualizada, pp. 105-106), averbou:

"*Serviços técnicos profissionais especializados*, no consenso doutrinário, são os prestados por quem, além da habilitação técnica e profissional — exigida para os serviços profissionais em geral — aprofundou-se nos estudos, no exercício da profissão, na pesquisa científica, ou através de cursos de pós-graduação ou de estágios de aperfeiçoamento. Bem por isso Celso Antônio considera-os singulares, posto que *marcados por características indvidualizadoras*, que os distinguem dos oferecidos por outros profissionais do mesmo ramo.

A contratação direta desses serviços com profissionais ou empresas de *notória especialização*, tal como a conceitua agora o parágrafo único do art. 12 do Estatuto, enquadra-se, genericamente, no *caput* do art. 23, que declara *inexigível a licitação* quando houver *inviabilidade de competição*. Essa inviabilidade, no que concerne aos serviços técnicos profissionais especializados em geral, decorre da impossibilidade lógica de a Administração pretender 'o mais adequado à plena satisfação do objeto do contrato' (art. l2, parágrafo único), pelo menor preço, ou que renomados especialistas se sujeitem a disputar administrativamente a preferência por seus trabalhos.

Todavia, o Estatuto apresenta um rol de serviços técnicos profissionais especializados que podem ser contratados diretamente com profissionais ou empresas de notória especialização, sem maiores indagações sobre a viabilidade ou não de competição, desde que comprovada a sua *natureza singular*, como resulta do confronto dos arts. 12 e 23, II" (os destaques no texto são do original).

As observações do judicioso autor, ora colecionadas, *mutatis mutandis*, permanecem rigorosamente válidas perante a Lei n. 8.666.

19. Vejamos, pois, o que é a *notória especialização* apta a justificar a contratação direta dos serviços arrolados no art. 13 do vigente diploma.

Raul Armando Mendes, também ao tempo da legislação precedente, em seus *Comentários ao Estatuto das Licitações e Contratos Administrativos* (Ed. RT, 1988, p. 39), sem prejuízo de anotar que a legislação já conceituava o que se devia entender como tal, recenseou algumas opiniões doutrinárias, apostilando:

"Na lição do professor Celso Antônio Bandeira de Mello, 'a hipótese de dispensa por notória especialização só se configura quando concorrem dois elementos: a) tratar-se de serviço cuja natureza demande uma qualificação incomum, uma perfeita técnica, artística ou científica ou então um cunho pessoal do autor, isto é, reconhecida capacidade do profissional ou firma na pertinente matéria' (*Licitação*, 2ª ed., Ed. RT, 1985, p. 20).

Lucia Valle Figueiredo diz que 'a par de se reunirem no profissional ou firma contratada as características que conotam a notória especialização, deverá também estar presente a necessidade técnica, da Administração, de contratá-los, tendo em vista a natureza do objeto pretendido' (*Direitos dos Licitantes*, 2ª ed., Ed. RT, 1981, p. 17).

Na versada opinião de Hely Lopes Meirelles, a inexigibilidade de licitação 'atende só à necessidade, em certos casos, da obtenção de trabalhos altamente exatos e confiáveis que só determinados especialistas estão em condições de realizar, como também habilita a Administração a obtê-los imediatamente, sem as delongas naturais da licitação, e sem afastar aqueles que, exatamente pelo seu renome, não se sujeitariam ao procedimento competitivo entre colegas' (*Estudos e Pareceres de Direito Público*, Ed. RT, 1977, II/21 e ss.)."

20. É a própria legislação, entretanto, que, tal como sucedia à época do Decreto-lei n. 2.300, fornece os parâmetros para identificar-se o que deve ser considerado como indivíduo ou empresa de *notória especialização*, fazendo-o no § 1º do art. 25 da Lei n. 8.666, cujo teor é o seguinte: "Considera-se de notória especialização o profissional ou empresa cujo conceito no campo de sua especialidade, decorrente de desempenho anterior, estudos, experiências, publicações, organização, aparelhamento, equipe técnica, ou de outros requisitos relacionados com suas atividades, permita inferir que seu trabalho é o mais adequado à plena satisfaço do objeto do contrato".

De acordo com este preceptivo (idêntico, aliás, ao § 1º do art. 12 do diploma anterior), o que importa é que o conceito do profissional ou empresa em seu campo de especialidade seja de molde a autorizar que a Administração infira poder dele obter o trabalho mais adequado para a satisfação do objeto do contrato, tendo em vista o credenciamento qualificador granjeado pela pessoa, graças a anteriores desempenhos, experiências, estudos, publicações e, especificamente no caso de pessoas jurídicas, também sua organização, aparelhamento e equipe técnica — a qual, no caso de empresas, apresenta relevo notável —, bem como outros requisitos qualificadores relacionados com suas atividades.

É bem de ver que há nisto certo teor de discricionariedade, posto que a conclusão de que dada pessoa ou empresa é aquela cujo trabalho será "o mais adequado à plena satisfação do objeto do contrato" envolve certa margem de apreciação irredutível à objetividade total. Com efeito, o normal e salvo situações muito raras é que exista mais de um profissional ou empresa altamente qualificados em dado ramo ou setor de atividade, ensejando, portanto, opção por algum deles, sempre que mais de um ponto de vista fosse razoavelmente defensável sobre qual seria, dentre todos, o mais adequado. Somente em algum País carente em altíssimo grau de sujeitos qualificados é que ocorreria a hipótese de haver uma só pessoa de quem se pudesse dizer, para além de qualquer controvérsia, que seria "a mais adequada" para o trabalho pretendido. Portanto, a toda evidência, não é possível excluir, na maioria dos casos, uma certa discricionariedade da Administração quanto ao contratado a ser eleito.

Foi isto, aliás, que Lucia Valle Figueiredo, eminente administrativista e ilustre juíza do Tribunal Regional Federal da 3ª Região, apontou com propriedade: "Se há dois, ou mais, altamente capacitados, mas com qualidades peculiares, lícito é, à Administração, exercer seu critério discricionário para realizar a escolha mais compatível com seus desideratos" (ob. cit., p. 21).

21. Ora bem, os serviços contemplados no caso *sub consulta* respondem com precisão exemplar ao conceito de serviços técnicos especializados, encaixando-se no inciso relativo a estudos técnicos, planejamentos e projetos e envolvendo, certamente, também, trabalhos de assessoramento na área de engenharia de sistemas, bem como se haverá de requerer treinamento de pessoal, tanto mais porque à empresa contratada competirá a função de integradora de todas as atividades pertinentes ao Sistema. De outro lado, é induvidoso que está em pauta serviço de natureza singular, a teor da configuração desenhada nos itens 15 e seguintes deste parecer, visto que o demandado de quem vier a ser contratado é justamente um trabalho de natureza intelectual, que requer a aplicação e o desenvolvimento de conhecimentos científicos, envolvendo criatividade e engenho próprios de uma equipe de profissionais especializados.

Anote-se, ademais, que o arrolamento dos casos de *inexigibilidade de licitação*, procedido no art. 25, é meramente exemplificativo, pois — recorde-se — o que ali se dispõe é que se considera "inexigível a licitação quando houver inviabilidade de competição, especialmente:...", seguindo-se os incisos I a III. Em suma: o que os incisos I a III do art. 25 estabelecem é, simplesmente, uma prévia e já resoluta indicação de hipóteses nas quais ficam antecipadas situações características de inviabilidade. Assim, a remissão do inciso II (serviços técnicos enumerados) ao arrolamento do art. 13 não exclui que possam existir outros serviços singulares ilicitáveis.

Ora, no caso vertente, a licitação seria inviável *pelo simples fato de o serviço ser singular*, ante a criatividade e sofisticada engenhosidade requerida do trabalho intelectual demandado, notadamente por requerer a concepção do "*software* nuclear" do Sistema. Assim, embora esteja enquadrado, à perfeição, entre os casos referidos no art. 13, ainda que não o estivesse, caracterizar-se-ia igualmente como caso de licitação inviável.

Finalmente, o perfil curricular da empresa a ser contatada, delineado na parte final da Consulta, corresponde modelarmente ao que se entende como notória especialização, seja nos termos do § 1º do art. 25 da Lei n. 8.666, seja nos termos dos comentos doutrinários.

Assim, no caso *sub consulta*, a licitação jamais poderia ser procedentemente realizada, pois, ainda que não tivesse ocorrido a dispensa, determinada, a bem da segurança nacional, pelo Decreto n. 892/93, com fundamento no art. 24, IX, da Lei n. 8.666 — razão de per si *impediente* da instauração de certame licitatório — este já estaria elidido por configurar-se situação de inviabilidade, a teor do art. 25, II, da mesma lei.

22. Isto tudo posto e considerado, às indagações da Consulta respondo:

a) Em face do Decreto n. 892, de 12.8.93, expedido pelo Presidente da República, e dos dispositivos da Lei n. 8.666, de 21.6.93, e considerando-se, ainda, a necessidade de sigilo relativamente ao *software* nuclear do Sistema, bem assim deste como um todo, as autoridades encarregadas desfrutam de larga discrição administrativa para, segundo seu prudente critério, elegerem a empresa integradora do Sistema a que se reporta a Consulta, uma vez colhidos, de modo informal, os elementos que consigam arrecadar — direta ou indiretamente, e pelos meios mais adequados ao resguardo que o assunto impõe.

A forma de contratação é, pois, a denominada "contratação direta", de acordo com a qual a Administração, exonerada ou proibida — como ocorre no caso — de realizar licitação, elege o contratado *em quem deposita a confiança* de que se trata da empresa mais adequada para assumir e efetuar vantajosamente o cumprimento do objeto pretendido, em vista de obter a mais satisfatória realização do interesse público a ser suprido.

b) As disposições a que alude o art. 2º do Decreto n. 892/93 não compreendem nem implicam exigência da adoção de algumas das modalidades licitatórias previstas na Lei n. 8.666/93, antes, obrigatoriamente, as excluem.

c) A Comissão de Coordenação para Implantação do Sistema de Vigilância da Amazônia, tendo em vista as razões expostas na Consulta, pode contratar diretamente, isto é, sem licitação, empresa de sua confiança cuja experiência e capacidade técnicas sejam compatíveis com a magnitude do projeto referido e cujo perfil se identifique com as qualificações e aspectos mencionados nos itens 13 a 18 da Consulta. Os fundamentos legais para tanto residem quer no Decreto presidencial n. 892/93, o qual se esteia no art. 24, IX, da Lei n. 8.666/93, quer no art. 25, *caput*, e notadamente no inciso II, desta mesma lei.

É o meu parecer.

São Paulo, 18 de outubro de 1993

MONOPÓLIO DO TRANSPORTE DE GÁS NATURAL

FÁBIO KONDER COMPARATO
Professor Titular da Faculdade de Direito da Universidade de São Paulo — Doutor em Direito da Universidade de Paris

PARECER

O advogado Fernando A. Albino de Oliveira consulta-me a respeito da natureza e do alcance do monopólio, estabelecido no art. 177, IV, da Constituição Federal, relativo ao transporte, por meio de conduto, de gás natural de qualquer origem.

Indaga o consulente, em primeiro lugar, se esse monopólio pode se considerar estendido à atividade de transporte realizada fora do território nacional.

Em segundo lugar, pergunta se o monopólio público exige que o seu titular tenha o domínio dos bens, móveis ou imóveis, indispensáveis ao seu exercício, ou se o proprietário desses bens poderia ser um particular, pessoa física ou jurídica. Quanto a esta última, a se exigir que o Poder Público lhe detenha o controle, deseja o consulente saber se esse controle não poderia consistir, sendo a empresa organizada sob a forma de sociedade anônima, na titularidade de uma classe de ações ordinárias dotada dos poderes inerentes ao controle (*golden share*).

Indaga também se, nesta última hipótese, a empresa proprietária do complexo de bens necessários à operacionalização do transporte poderia ser binacional.

Por último, o consulente levanta dúvidas a respeito de ser a Petróleo Brasileiro S.A. — Petrobrás, legalmente, a executora do monopólio da União Federal sobre as operações de transporte de gás natural em território brasileiro; ou seja, questiona a recepção, pela Constituição Federal de 1988, da Lei n. 2.004, de 3.10.53, no tocante à atividade de transporte de gás, de qualquer origem.

Vejamos, metodicamente, as várias questões suscitadas na consulta.

Objeto e alcance dos monopólios públicos

Enquanto termo jurídico (e não apenas conceito econômico), *monopólio* tem origem na *comon law*. Os sistemas jurídicos da família romano-germânica conhecem *privilégios*, mas desconheciam, até a era moderna, os monopólios.

No direito romano clássico, os *privilegia*, juntamente com os *beneficia*, eram as duas espécies em que se subdividia a categoria do *ius singulare*, enquanto exceção à racionalidade e, por conseguinte, à generalidade do *ius commune*. Na clássica definição de Paulo, *ius singulare est quod contra tenores rationis propter aliquam utilitatem auctoritate constituentium introductum est* (D. 1, 3, 16). O direito romano pós-clássico estendeu o sentido do privilégio também às vantagens singulares atribuídas a um indivíduo, ou classe de indivíduos, e foi exclusivamente nesta última acepção que o vocábulo passou a ser utilizado no direito moderno.

É importante frisar que o privilégio, na tradição romanista, diz respeito a qualquer direito subjetivo ou poder jurídico, seja ele de natureza pessoal ou real. Não assim o monopólio, que tem sempre por objeto uma atividade empresarial, isto é, a exploração lucrativa da produção e distribuição de bens, ou a prestação de serviços no mercado. Na primeira metade do século XVII, a noção de *monopoly* fixou-se, na Inglaterra, como sendo a situação em que "um só compra a totalidade de determinado gênero de mercadorias, fixando livremente o respectivo preço".[1] Data de 1624 o *Statute of Monopolies*, primeira lei de patentes de invenção do Ocidente, promulgada por Jaime I da Inglaterra.[2]

O monopólio, portanto, diz respeito a uma atividade empresarial, nada tendo a ver com o dominio ou propriedade.[3] Os sistemas jurídicos modernos, como se sabe, distinguem os monopólios de direito dos monopólios de fato, sendo estes últimos, em geral, ilícitos ou, pelo menos, suspeitos, num sistema em que existe o princípio da livre iniciativa. Quanto aos monopólios legais ou de direito, eles podem ser públicos ou privados. Os primeiros têm como titular uma pessoa jurídica de direito público interno e existem exclusivamente no interesse coletivo. Os segundos são atribuídos por lei a particulares, mas sempre coordenando a satisfação do interesse próprio do monopolista ao interesse geral da coletividade. É o caso dos chamados privilégios industriais (privilégios de invenção e sinais distintivos).

No tocante aos monopólios públicos, Pontes de Miranda bem marcou a sua distinção em relação ao domínio público. "*Monopolizar*", escreveu ele,[4] "não é desapropriar, nem encampar. Desapropria-se ou encampa-se sem se monopolizar, como se, havendo duas ou mais empresas que exploram determinado ramo de indústria ou de comércio, a entidade estatal desapropria os bens da empresa, ou encampa a empresa, e não se dirige contra as outras. Pode a entidade estatal desapropriar os bens de todas as empresas em funcionamento ou encampar todas as empresas existentes sem estabelecer monopólio, isto é, sem proibir que se instalem e funcionem outras empresas com a mesma atividade".

Tampouco se há de confundir monopólio público com serviço público, pelo menos na acepção clássica com que esta expressão foi usada em direito administrativo. O monopólio tem por objeto uma ati-

1. *Monopolia dicitur, cum unus solus aliquod genus mercaturae universum emit, pretium ad suum libitum statuens* (*Coke's English King's Bench Reports* 11, 86). Observe-se que Coke define o monopólio como um monopsônio, o que corresponde perfeitamente à era anterior à Revolução Industrial, onde a atividade econômica concentrava-se em torno do proprietário e não do produtor (cf. as observações pertinentes de Bertrand de Jouvenel a esse respeito, em *La Civilisation de la Puissance*, Paris, Fayard, 1976, cap. 2).

2. Na tradição jurídica inglesa (mas não na norte-americana), os chamados privilégios industriais não são propriedades ou direitos reais, tendo por objeto um bem intelectual (uma idéia), mas direitos de exercício exclusivo de determinada atividade.

3. No direito constitucional alemão, os monopólios públicos são tratados como exceções ao princípio da liberdade de exercício profissional (*Berufsfreiheit*) e não da liberdade de concorrência empresarial. Cf. Hans-Jurgen Papier, *Grundgesetz und Wirtschaftsordnung*, em Ernst Benda, Werner Maihofer e Hans-Jochen Vogel, *Handbuch des Verfassungsrechts*, Berlim e Nova York, Walter de Gruyter, 1983, pp. 623 e ss.. No mesmo sentido, *Reihe Alternativkommentare*, ed. Rudolf Wassermann, 2ª ed., v. I, Luchterhand, 1989, pp. 984 e ss. Seja como for, trata-se sempre de restringir *atividades* e não de suprimir *propriedades*.

4. *Comentários a Constituição de 1967 com a Emenda n. 1 de 1969*, t. VI, 2ª ed., São Paulo (RT), 1972, p. 86.

vidade empresarial e não a realização de um serviço considerado essencial à afirmação do Estado. Os Estados podem ser monopolistas ou não, mas não podem dispensar a tarefa de organizar e fazer funcionar os serviços públicos.

Na doutrina administrativista francesa da atualidade, está sendo abandonada a categoria dos serviços públicos industriais e comerciais, que se confundem, justamente, com monopólios públicos.[5] Em seu lugar, fala-se, hoje, em "serviços públicos econômicos", que desenvolvem uma atividade puramente regulamentar, visando a assegurar não a ordem pública tradicional, como a atividade de polícia administrativa, mas uma certa direção às atividades econômicas dos particulares.[6]

Historicamente, os primeiros monopólios públicos foram os de índole fiscal, destinados a favorecer o ingresso de receita pública. Assim foi, entre nós, com as várias espécies de *estanco*, durante todo o período colonial. Hoje, o Estado monopoliza setores empresariais com o objetivo de dar cumprimento às suas tarefas administrativas: são os monopólios ditos, justamente, administrativos.

No sistema de organização da ordem econômica, próprio das Constituições de 1946 e 1967-69, facultava-se aos Poderes Públicos,[7] sob certas condições, "monopolizar determinada indústria ou atividade". A vigente Carta Constitucional preferiu seguir o critério de enumeração taxativa dos setores ou atividades em que existe (independentemente, pois, de criação por lei) monopólio estatal, deferido agora exclusivamente à União (arts. 177 e 21, X, XI e XII). Quer isto dizer que, no regime da Constituição de 1988, a lei já não pode criar outros monopólios, não previstos expressamente no texto constitucional, pois contra isto opõe-se o princípio da livre iniciativa, sobre o qual se funda toda a ordem econômica (art. 170).

Titularidade e exercício do monopólio público

Determinando a Constituição que "compete à União" desenvolver as atividades enumeradas nos incisos X, XI e XII do art. 21, e que "constituem monopólio da União" as indicadas no art. 177, é de se perguntar se a União Federal deve exercê-las diretamente, ou se está ela autorizada a delegar o seu exercício a outras entidades, públicas ou privadas.

No regime constitucional anterior, Pontes de Miranda pronunciou-se, enfaticamente, pela inconstitucionalidade de um exercício delegado dos monopólios. A seu ver, o art. 163 da Constituição de 1967-69, tal como o art. 146 da Constituição de 1946, "de modo nenhum permite que a União estabeleça monopólio a favor de empresa particular, mesmo de economia mista. O que se prevê", frisou, "é o *monopólio pela União*". O fato de a Constituição admitir a exploração direta ou indireta de certos serviços (como telecomunicações e energia elétrica) nada significaria, a seus olhos, pois que aí "não se cogitou de monopólio". E arrematava: "monopólio só a União pode ter e exercer. Desde que o fundo de empresa é de outra entidade que a União, não se pode pensar em qualquer medida legal de monopolização. As sociedades por ações de economia mista têm *personalidade*; portanto, outrem, e não a União, exerceria o monopólio".[8]

5. Cf. D. Linotte e A. Mestre, *Services Publics et Droit Public Économique*, t. 1, Paris (Librairies Téchniques), s/d, pp. 65 e ss.

6. Cf. Jean-Louis de Corail, "Le juge administratif et la qualification des interventions de l'État dans le domaine de l'économie", *Mélanges Eisenmann*, Paris (Cujas), 1977, pp. 317-318.

7. Discutia-se, acirradamente, sobre se esse poder de monopolização existiria só para a União Federal ou também para as demais entidades federativas (cf. Alberto Venâncio Filho, *A Intervenção do Estado no Domínio Econômico*, Rio de Janeiro, Fundação Getúlio Vargas, 1968, pp. 48 e ss.).

8. Ob. cit., v. VI, pp. 87-88.

Essas palavras foram escritas com um endereço certo: o monopólio instituído pela Lei n. 2.004, de 3.10.53, em favor da União, a ser exercido "por meio da sociedade por ações Petróleo Brasileiro S.A. e das suas subsidiárias, constituídas na forma da presente Lei, como órgãos de execução" (art. 2º, II).

A opinião do eminente jurisconsulto, porém, é de ser repelida. Ninguém contesta que o Estado pode deixar de prestar, diretamente, os serviços públicos e convencionar a sua prestação, mediante convênio, com outras pessoas jurídicas de direito público, ou contratar a sua concessão a empresas particulares. Por que razão, pois, estaria o Estado inibido de delegar a outrem — pessoas jurídicas de direito público ou privado — a execução de monopólios públicos? Deve-se notar, aliás, que os serviços públicos são essenciais ao funcionamento do Estado; eles constituem, a rigor, a sua razão de ser. Os monopólios, ao contrário, são perfeitamente dispensáveis e só existem quando a lei ou a Constituição os cria. Em suma, um Estado pode viver sem monopólios, mas não subsiste sem serviços públicos.

No direito estrangeiro, aliás, distingue-se, correntemente, entre a titularidade e a organização ou modo de gestão do monopólio. Na França, por exemplo, há monopólios geridos pelo Estado diretamente, sob a forma de *régies* (como o monopólio do tabaco), enquanto outros há, cuja gestão é confiada a empresas públicas (*établissements publics*), ou a sociedades de economia mista.[9]

Entre nós, Hely Lopes Meirelles distinguiu monopólio de privilégio, atribuindo a este último vocábulo o sentido de "delegação do direito de exploração do bem ou da atividade monopolizada a um ou alguns interessados".[10]

9. Cf. André de Laubadère, *Droit Public Économique*, 2ª ed., Paris (Dalloz), 1976, n. 178.

10. *Direito Administrativo Brasileiro*, 16ª ed., São Paulo (RT), 1991, p. 539.

Não há, portanto, dúvida possível. O titular do monopólio público não está obrigado a explorá-lo diretamente, podendo essa exploração ser exercida por outrem, pessoa jurídica de direito público ou privado. O único ponto discutível, nessa matéria, é o modo de se instituir a delegação do monopólio: por meio de decreto do Poder Executivo, ou por lei. No meu entender, como todo monopólio público em nosso sistema constitucional decorre de norma expressa da Constituição, que excepciona o princípio da livre iniciativa empresarial, somente a lei pode autorizar o seu exercício por pessoa diversa do titular.

Resposta às indagações do consulente

1. Os monopólios públicos, instituídos pela Constituição em favor da União Federal, submetem-se, obviamente, ao princípio da soberania territorial do Estado brasileiro. De acordo com os princípios e normas do direito internacional, não compete ao Estado estender o seu *imperim* além de seu território. No caso específico do monopólio de transporte de gás natural por meio de conduto (art. 177, IV, *in fine*), o poder monopolizador da União Federal não é, por conseguinte, dotado de extraterritorialidade.

2. Como explicado acima, monopólio público não se confunde com domínio público. Um pode existir sem o outro.

Assim, as instalações e equipamentos de um gasoduto não precisam ser propriedade da União nem da empresa que explore, por delegação, essa atividade monopolizada de transporte de gás natural no território brasileiro. É perfeitamente concebível que uma empresa, pública ou privada, construa o gasoduto e o entregue em arrendamento à União, ou à sua delegatária na execução do monopólio. Mas a celebração desse contrato administrativo exige licitação prévia.

Seja como for, a construção do gasoduto supõe, preliminarmente, a solução do problema do direito à utilização do solo por onde irá estender-se a linha do conduto. A fórmula jurídica mais indicada, por ser a mais freqüente, é a da *servidão administrativa*, que não implica, necessariamente, o pagamento de indenização aos proprietários dos prédios servientes. Mas esse ônus real só pode ser criado por lei.[11]

3. Como explicado acima, o titular de um monopólio público não está obrigado a explorar, diretamente, a atividade monopolizada. A delegação do monopólio a uma empresa, pública ou privada, é juridicamente possível, mas deve ser autorizada por lei.

Anteriormente à Constituição de 1988, executora do monopólio do transporte de gases raros de qualquer origem, por meio de condutos — monopólio esse instituído pela Lei n. 2.004, de 3.10.53 — era a Petróleo Brasileiro S.A. (art. 22, II). A Constituição em vigor não alterou minimamente essas disposições legais, que com ela se compatibilizam; de sorte que a Petrobrás continua com essa atribuição exclusiva, da qual só poderá ser privada por outra lei.

No entanto, como procurei mostrar, o agente executor do monopólio não precisa ter a propriedade dos bens, móveis ou imóveis, utilizados na exploração da atividade monopolizada, podendo, por exemplo, tomá-los em arrendamento de terceiros. Nessa situação, todo o ônus financeiro do investimento recairá sobre o arrendador e será, por conseguinte, levado em conta na fixação da renda e do prazo do contrato. Nada impede que se faça (mas sempre mediante licitação) um arrendamento de bens futuros, ou seja, antes da construção do gasoduto (a ser feita segundo as especificações formuladas pelo agente executor do monopólio), fixando-se um prazo inflexível para a conclusão das obras e o início da operação do sistema. É indispensável, porém, resolver preliminarmente o problema da utilização do solo.

Como foi dito, a empresa proprietária do equipamento não precisa ser pública, nem se vê qual a utilidade ou importância de ser ela binacional. Não é ela que executará o monopólio, explorando comercialmente o gasoduto. Em princípio, o arrendamento de bens para o exercício de atividade empresarial não torna o arrendador comerciante.

É o que me parece, à luz do sistema jurídico brasileiro.

São Paulo, 6 de abril de 1993

11. Cf. Ruy Cirne Lima, *Princípios de Direito Administrativo*, 5ª ed., São Paulo (RT), 1982, § 23; José Cretella Júnior, *Direito Administrativo Brasileiro*, v. II, Rio de Janeiro (Forense), 1987, pp. 85 e ss.

PARECERES

OBRIGATORIEDADE DE OBSERVÂNCIA DAS NORMAS SOBRE LICITAÇÃO DO BIRD

JOSÉ CARLOS DE MAGALHÃES

Professor Associado da Faculdade de Direito da USP

Entidade pública firmou contrato de financiamento com o Banco Internacional de Reconstrução e Desenvolvimento — BIRD, para a construção de unidades escolares e a prestação de serviços para a inovação do ensino.

O contrato foi aprovado pelo Senado e tem como interveniente garantidora a República Federativa do Brasil. O financiamento está sujeito a normas precisas do BIRD, dentre as quais as que disciplinam o processo de licitação para a contratação de obras e serviços.

As diretrizes para o procedimento licitatório reguladas no contato diferem das estabelecidas pela Lei federal n. 8.666/93 e pela Lei do Estado de São Paulo n. 5.444/94, às quais a entidade está subordinada. Dentre estas destacam-se a abertura das propostas comerciais antes da habilitação dos licitantes, com inversão do procedimento previsto no art. 43 da Lei n. 8.666/93, que impõe a habilitação antes da abertura das propostas comerciais, bem como o critério adotado para a contratação de serviços, com a pré-seleção de número determinado de licitantes.

Segundo disposição contratual, o BIRD somente libera os recursos do financiamento após o cumprimento das diretrizes por ele estabelecidas para o procedimento licitatório.

Ante a discrepância daquelas diretrizes com as normas legais já referidas, impõe-se o exame da compatibilidade entre ambas e da possibilidade de uma entidade pública observá-las sem incidir em ilegalidade.

As conclusões serão utilizadas nas negociações com órgãos públicos, na formalização de contratações e na apresentação de justificativas e defesas perante o Tribunal de Contas do Estado de São Paulo.

Questões

1. De acordo com o estabelecido no contrato de empréstimo, a adoção dos procedimentos e normas do BIRD, as chamadas *guidelines*, nas licitações internacionais, é obrigatória ou facultativa?

2. Tendo em vista que o Brasil subscreveu as Convenções sobre o Fundo Monetário Internacional — FMI e sobre o Banco Internacional da Reconstrução e Desenvolvimento — BIRD, posteriormente aprovadas pelo Decreto-lei Federal n. 8.479/45 e promulgadas pelo Decreto Federal n. 21.177/46, se verifica a existência de algum óbice nas Constituições Federal e Estadual quanto à aplicação das normas adotadas pelo BIRD na contratação de obras e serviços?

3. A Lei Federal n. 8.666/93 e a Lei Estadual n. 6.544/89, que disciplinam os procedimentos licitatórios, vedam a aplicação de normas e procedimentos adotados por órgãos e instituições financeiras internacionais?

4. O agente administrativo, ao observar as *guidelines* nas contratações e nas licitações internacionais, incide em violação ao princípio da legalidade?

5. A metodologia adotada pela consulente, aprovada pelo BIRD, na contratação de profissionais, serviços de consultoria e aquisição de bens está adequada à legislação federal e estadual?

6. A exigência de garantia para apresentação de propostas, nos percentuais de 1% a 5% de seu valor, adotada pelo BIRD nas licitações internacionais, resulta efetivamente em restrição à participação dos concorrentes e violação ao disposto no art. 37, XXI, da Constituição Federal e arts. 3º e 31, III, da Lei Federal n. 8.666/93?

7. A garantia de execução do contrato, fixada entre 5% e 10% do valor do contrato nas *guidelines*, pode ser reputada como violação ao art. 56, § 2º, da Lei Federal n. 8.666/93?

8. A prática adotada nas licitações internacionais, pela qual primeiro se abrem as propostas comerciais para posteriormente se proceder à habilitação dos concorrentes, implica inversão e violação ao art. 43 da Lei Federal n. 8.666/93?

9. Os editais para licitação pública nacional padronizados pelo BIRD estão de acordo com as disposições da Lei Federal n. 8 666/93 e da Lei Estadual n. 6.544/89?

Parecer

A matéria versa sobre as relações entre o direito internacional e o direito interno. Os tratados firmados pelo país têm eficácia internacional, enquanto que as leis, fundadas na Constituição do Estado, regem relações no plano interno. A subordinação ou inter-relação entre tais direitos é questão que tem suscitado exame dos internacionalistas, havendo quem sustente que o Direito é uno, abrangendo a ordem interna e a internacional, pouco importando a origem formal das normas que o compõem, enquanto que outros apegam-se a essa origem, afirmando que a esfera de um não interfere com a de outro.

A controvérsia já é antiga e vem desde a famosa polêmica entre Triepel e Kelsen,[1] travada em dois cursos proferidos na Academia de Haia, na década de 20. Triepel, apoiado por Anziloti,[2] sustenta que a ordem interna é autônoma e independe da internacional, enquanto que Kelsen considera a ordem jurídica concêntrica, abrangendo a interna e a internacional, como um só todo. O monismo, sustentado por Kelsen, em contraposição ao dualismo de Triepel e Anziloti, deixou ramificações, havendo os que defendem a prevalência do direito internacional sobre o direito interno[3] e os que entendem o contrário, a preponderância do direito interno sobre o internacional. Na linha de raciocínio de Triepel, registra-se no Brasil o apoio de Amílcar de Castro, acolhido por Cunha Peixoto, em substancioso voto proferido em decisão do Supremo Tribunal Federal.[4] Para o notável internacionalista mineiro, os tratados internacionais somente obrigam na ordem interna após a edição de lei que lhes reproduza o conteúdo.

1. Heinrich Triepel, "Les rapports entre droit interne et le droit international" in *Recueil des Cours*, v. 1, pp. 77 e ss. (1923), e Hans Kelsen, "Les rapports de système entre le droit interne et le droit international public", in *Recueil des Cours*, v. 14, pp. 231 e ss. (1926).

2. Anziloti: *Corso de Diritto Internacional* (1955), pp. 49 e ss.

3. É o caso de Alfred Verdross, defensor do monismo moderado, para quem "o direito estatal somente pode mover-se com inteira liberdade dentro dos limites fixados pelo Direito Internacional" (*Derecho Internacional Público*, 1967, p. 65).

4. Voto vencedor no Acórdão que decidiu o Recurso Extraordinário 80.004-SE, publicado na *RTJ*, 83/809.

Já os monistas sustentam que a norma de direito internacional revoga a interna, sobre a qual tem prevalência, ou esta se sobrepõe à internacional, não se justificando a coexistência de duas normas, uma para efeito interno e outra externo. Essa é a posição adotada, no Brasil, por Haroldo Valladão, apoiado em diversas manifestações do Supremo Tribunal Federal, em julgados por ele apontados em seu trabalho,[5] e por Vicente Marotta Rangel, que refere, em seu trabalho, autores brasileiros com o mesmo pensamento, dentre os quais Pedro Lessa, Philadelpho Azevedo e Hildebrando Acioly.[6]

Não obstante, a polêmica entre monistas e dualistas encontra-se hoje de certa forma ultrapassada, havendo quem, como Sir Gerald Fitzmaurice, jurista britânico, membro da Comissão de Direito Internacional da ONU, considere que "the entire monist-dualist controversy is unreal, artificial and stictly beyond the point".[7]

De fato, com a multilateralidade cada vez mais acentuada das relações entre os Estados, sobretudo com o surgimento, no segundo pós-guerra, de inúmeros organismos internacionais, há grande interpenetração das normas internacionais nos direitos nacionais, influenciando-os e estabelecendo-lhes limites antes desconhecidos.

A influência do Direito Internacional sobre os direitos nacionais ultrapassa a simples questão de forma — edição de lei incorporando o texto de um tratado ou a aplicação direta, independentemente de recepção formal por lei interna — chegando a provocar alterações constitucionais, como foi o caso da África do Sul, compelida a abolir o *apartheid*, em virtude da pressão internacional e das sanções impostas pelo Conselho de Segurança da ONU. No entanto, o art. 2.7 da Carta da ONU estabelece que nenhum de seus dispositivos autorizará as Nações Unidas a intervirem em assuntos que dependam essencialmente da jurisdição de qualquer Estado.

Todavia, o caráter transnacional que as relações internacionais adquiriram após a constituição da ONU fez com que cada vez mais os valores e princípios consagrados pela comunidade internacional interferissem com a ordem interna, alterando-a e condicionando o comportamento dos Estados no plano interno.

É dentro desse quadro que se deve examinar a matéria sobre as relações entre o direito interno e o direito internacional. A Convenção sobre Direito dos Tratados, de 1969, que entrou em vigor em 27 de janeiro de 1980, refletindo princípios gerais de direito internacional, dispõe, no art. 27, que "uma parte não pode invocar as disposições de seu direito interno para justificar o descumprimento de um tratado". E o art. 11 da Convenção sobre Tratados, assinada na VI Conferência Interamericana, realizada em 20 de fevereiro de 1928, em Havana,[8] vai mais longe: "Art. 11. Os tratados continuarão a produzir seus efeitos, ainda quando se modifique a constituição interna dos Estados contratantes. Se a organização do Estado mudar, de maneira que a execução seja impossível, por divisão de território ou por outros motivos análogos, os tratados serão adaptados às novas condições".

Esses dois textos internacionais ratificam a tendência de conferir aos tratados o caráter obrigatório no plano interno do Estado e não simplesmente na esfera interna-

5. Haroldo Valladão. *Direito Internacional Público*, 3ª edição (1971), p. 96.

6. Vicente Marotta Rangel, "La procédure de conclusion des accords internationaux au Brésil", in *Revista da Faculdade de Direito de São Paulo*, 1960/55, pp. 264-265.

7. Gerald Fitzmauricc "The General Principles of International Law", *Revue des Arms*, v. 92 (1957), v. II, pp. 1 a 71.

8. Ratificada pelo Brasil em 30 de junho de 1929 e promulgada pelo Decreto 18.596, de 22 de outubro de 1929 (*DOU* de 12 de dezembro de 1929), cf. Vicente Marotta Rangel, in *Direito e Relações Internacionais*, 4ª edição, Ed. RT, pp. 237 e ss.

cional. A pretendida separação formal entre as áreas interna e externa ignora que o Estado atua, seja numa, seja noutra, como simples delegado da nação, do povo, dotado de jurisdição originária e, assim, autoridade para declarar o direito, que, provindo da mesma fonte, é um só, a refletir aspirações comuns traduzidas na norma.

A participação do Estado em organismo internacional também pode causar a alteração da forma pela qual o direito internacional interfere com as normas internas. A aprovação de uma resolução, ainda contra o voto do Estado, pode obrigá-lo na ordem internacional e sujeitá-lo à sanções em caso de descumprimento.

Apesar dessa flagrante evolução, são ainda as constituições dos Estados os instrumentos que regulam no âmbito interno os limites da interferência do direito internacional na ordem nacional. As normas aprovadas por organismo internacional de que o Brasil faça parte devem, por isso, ser examinadas à luz dos princípios e normas da Constituição.

No caso em exame, a matéria versa sobre a compatibilidade das normas e procedimentos sobre licitação estabelecidos pelo BIRD para as aquisições ou realização de obras ou a prestação de serviços com seu financiamento, com os princípios constitucionais brasileiros sobre licitação. E tais princípios encontram-se inscritos no art. 37, XXI, da Constituição Federal, *in verbis*:

"Art. 37. (...)

XXI — ressalvados os casos especificados na legislação, as obras, serviços, compras e alienações serão contratados mediante processo de licitação pública que assegure igualdade de condições a todos os concorrentes, com cláusulas que estabeleçam obrigações de pagamento, mantidas as condições efetivas da proposta, nos termos da lei, o qual somente permitirá as exigências de qualificação técnica e econômica indispensáveis à garantia do cumprimento das obrigações."

Verifica-se que a Carta Magna estabelece o princípio da isonomia, fazendo a ressalva dos "casos especificados na legislação", podendo incluir-se no conceito de "legislação" os tratados firmados pelo Brasil, devidamente ratificados e vigentes no país. O Supremo Tribunal Federal, em decisão histórica de que adiante se falará, deixou assentado que os tratados celebrados pelo Brasil equiparam-se às leis, revogando-as e sendo por elas revogados no plano interno. Em outras palavras, um tratado revoga as leis anteriores com ele conflitantes e a lei posterior revoga os dispositivos do tratado, não obstante continue o país obrigado perante a ordem internacional.

Essa manifestação da cúpula do Judiciário se deu em duas oportunidades. A primeira, na decisão sobre a vigência, no país, das Convenções sobre Lei Uniforme sobre Cheques, Nota Promissória e Letra de Câmbio, aprovadas em Genebra, em 1932, ratificadas e aprovadas pelo Congresso Nacional, pelo Decreto Legislativo 54, e promulgadas pelo Presidente da República, pelos Decretos 57.595 e 57.663, de 7 e 24 de janeiro de 1964, respectivamente.

Discutiu-se a vigência, no país, daquelas leis uniformes independentemente da edição de lei específica com a reprodução de seu conteúdo, contra o entendimento de que a simples promulgação, pelo Executivo, dos decretos, após sua aprovação pelo Congresso, seria suficiente para tê-las como vigentes, e, em conseqüência, revogado o Decreto 2.044, de 1908, antiga lei cambial brasileira.

Prevaleceu o entendimento de que, tendo o Congresso aprovado as Convenções, não se justificaria a reprodução do texto em nova lei. A decisão foi tomada pelo Plenário do STF, no Recurso Extraordinário 71.154, sendo relator o Ministro Oswaldo Trigueiro[9] e reiterada em outras oportunidades.

9. *RTJ* 58/70.

A segunda versou sobre a constitucionalidade do Decreto 427/69, que estabeleceu o requisito de registro das notas promissórias para sua validade, tendo-se objetado que essa exigência, por não estar prevista na Lei Uniforme sobre Nota Promissória, seria inconstitucional.

A Suprema Corte, em v. Acórdão com diversos votos discordantes dos fundamentos, mas concordantes com a conclusão, decidiu: "Embora a Convenção de Genebra que previu uma lei uniforme sobre letras de câmbio e notas promissórias tenha aplicabilidade no direito brasileiro, não se sobrepõe às leis do país, disso decorrendo a constitucionalidade e conseqüente validade do Decreto-lei n. 427/69, que instituiu o registro obrigatório da nota promissória em repartição fazendária, sob pena de nulidade do título".[10]

Pode-se inferir dessas decisões que os tratados integram a legislação interna, no sentido amplo do texto constitucional. A ressalva constitucional, deixando ao legislador ordinário liberdade para estabelecer o processo de licitação, seria suficiente para considerar aplicáveis no Brasil as regras editadas pelo BIRD sobre licitação de obras, serviços e compras objeto de financiamento pela entidade, porque incluídos dentre "os casos especificados na legislação".

É evidente que as diretrizes aprovadas pelo BIRD não se equiparam a tratados, nem a resoluções de organismo internacional. Todavia, refletem o pensamento dos países dele integrantes e os princípios de comum acordo adotados sobre determinada matéria.

Por outro lado, a norma constitucional inscreve como princípio básico e específico da licitação "a igualdade de condições a todos os concorrentes", que a Lei n. 8.666/93 observou ao esclarecer, em seu art. 3º, que "a licitação destina-se a garantir a observância do princípio constitucional da isonomia".

O processo para assegurar a observância desse princípio não está definido no diploma constitucional, que o relegou ao legislador ordinário. O fato de as normas do BIRD preverem procedimento diverso do estabelecido na Lei n. 8.666, de 1993, não significa, por si só, desobediência ao mandamento constitucional. Seria preciso que tal procedimento violasse, efetivamente, o princípio básico de "igualdade de condições a todos os concorrentes" e, mesmo que isso ocorresse, a ressalva dos "casos específicos na legislação" permite concluir haver o Constituinte deixado ao legislador ordinário discrição para decidir sobre o assunto.

O exame das normas de procedimento para licitações financiadas pelo BIRD revela que "a igualdade de condição a todos os concorrentes" está preservada. As normas sobre aquisições com empréstimos do BIRD e Créditos da AIF contêm princípio similar ao da Constituição, como se vê do Capítulo II — Licitação Pública Internacional, cujo art. 2.1 está assim redigido: "2.1. O objetivo da licitação pública internacional, tal como se descreve nas presentes Normas, é proporcionar a todos os possíveis licitantes qualificados informação oportuna e adequada das necessidades de um Mutuário e proporcionar a tais licitantes uma oportunidade igual para apresentar propostas relativas aos bens e obras necessários".

Já as normas para a contratação de consultores para mutuários do BIRD e para o BIRD, como agência executora, não requerem necessariamente, a licitação pública. O método normal de seleção consiste no convite de 3 a 6 firmas qualificadas e com experiência, para apresentar propostas, e, mediante processo apropriado, faz-se a escolha da empresa mais conveniente para a tarefa (§ 2.02). O processo de sele-

10. RE 80.004-SE, Tribunal Pleno, *RTJ* 83/809.

ção prevê, em ordem cronológica, diversas etapas, a saber: a) elaboração dos termos de referência da tarefa; b) preparação da estimativa de custo; c) elaboração de uma lista curta de firmas; d) definição dos procedimentos de seleção; e) envio de uma carta-convite para apresentação de propostas às firmas da lista curta; f) avaliação das propostas das firmas e seleção de uma firma para negociar o contrato; e g) negociação do Contrato com a firma selecionada.

De todo o elenco de procedimentos, tem relevo a preparação de uma "lista curta" de consultores selecionados de uma lista mais ampla, feita com base numa lista maior obtida mediante anúncios de embaixadas e associações profissionais, do conhecimento do próprio Tomador, ou, em circunstâncias excepcionais, do Banco. Essas listas longas não devem ser usadas para convocar proponentes, em virtude das desvantagens que oferecem, sobretudo o consumo de tempo, com a possibilidade de avaliação inadequada e o desencorajamento das melhores firmas (§ 2.14). Tal critério, é evidente, reflete a experiência do Banco em todo o mundo e visa, como se nota na justificativa, a evitar custos desnecessários e possibilitar, ao mesmo tempo, a escolha que melhor convém ao Tomador.

A dispensa de licitação, por outro lado, é expressamente prevista na Lei n. 8.666/93 para as numerosas hipóteses elencadas no art. 24, a indicar que a concorrência pública não é a única forma de assegurar a observância do princípio da igualdade entre os concorrentes.

A jurisprudência brasileira, por seu turno, começa a apreciar a matéria, tendo já manifestado o entendimento de que são válidas e aplicáveis no país as normas sobre procedimento licitatório amparados em financiamentos do BIRD. A esse respeito, registra-se decisão do E. Tribunal de Justiça de Mato Grosso do Sul, cuja ementa ilustra o acolhimento daquelas normas: "Em licitação internacional, para a compra de material, com emprego de recursos alocados perante organismos internacionais, a observância de normas de licitação, ditadas por estes organismos, não se constitui em ilegalidade ou quebra da Soberania Nacional, se no contrato de empréstimo celebrado pela União, devidamente autorizada pelo Senado Federal, com o BIRD, no caso, consta expressamente a obrigação de serem observadas estas normas. O Estado, que foi beneficiado com repasse de parte deste empréstimo, também está sujeito à obediência das mesmas normas de licitação. A observância de tais normas é permitida pelo disposto no art. 34 do Decreto lei n. 2.300/86".[11]

Essa decisão foi proferida sobre concorrência aberta sob o regime de revogado Decreto-lei n. 2.300/86, que já continha norma conferindo tratamento diverso às concorrências internacionais (art. 34).

A mesma orientação foi adotada pela 3ª Câmara Civil do Tribunal de Justiça da Bahia, no Acórdão 11.508-8/93, com a ementa seguinte: "Apelação cível. Mandado de segurança. Contrato de empréstimo firmado com o BIRD. Autorização legal. Normas expedidas pelo BIRD. Dever de obediência. Inocorrência de quebra de soberania. Falta de direito líquido e certo. Apelação provida. A licitação internacional para a compra de material, com emprego de recursos alocados perante entidades internacionais, a observância de normas de licitação, ditadas por essas entidades, não se constituem em quebra da Soberania Nacional, se, no contrato de empréstimo celebrado pela União, ocorreu a autorização do Senado Federal e nele consta a obrigação de serem observadas essas normas. O Estado, beneficiado com o repasse, também está sujeito a essas normas. Assim, o edital, *in casu*, deverá ajustar-se às diretrizes da política monetária e do comércio

11. *RT* 708/150.

exterior e atender às exigências dos órgãos competentes".[12]

A Lei n. 8.666/93 foi mais precisa e abrangente, tornando claro que, nas licitações para a realização de obras, prestação de serviços ou compras com recursos provenientes de organismo de que o Brasil faça parte, podem ser admitidas as normas e procedimentos daquelas entidades. Eis o que dispõe o § 5º do art. 42 da citada lei, com a redação que lhe foi dada pela Lei n. 8.883, de 8.6.94:

"Art. 42. Nas concorrências de âmbito internacional, o edital deverá ajustar-se às diretrizes da política monetária e do comércio exterior e atender às exigências dos órgãos competentes.

(...)

§ 5º. Para realização de obras, prestação de serviços ou aquisição de bens com recursos provenientes de financiamento ou doação oriundos de agência oficial de cooperação estrangeira ou organismo financeiro multilateral de que o Brasil seja parte, poderão ser admitidas, na respectiva licitação, as condições decorrentes de acordos, protocolos, convenções ou tratados internacionais aprovados pelo Congresso Nacional, bem como as normas e procedimentos daquelas entidades, inclusive quanto ao critério de seleção da proposta mais vantajosa para a Administração, o qual poderá contemplar, além do preço, outros fatores de avaliação, desde que por elas exigidos para a obtenção do financiamento ou da doação, e que também não conflitem com o princípio do julgamento objetivo e sejam objeto de despacho motivado do órgão executor do contrato, despacho esse ratificado pela autoridade imediatamente superior".

Essas disposições, pela clareza de sua redação, seriam suficientes para afastar quaisquer dúvidas sobre o assunto.

12. *Diário da Justiça da Bahia*, 13.9.94, p. 7, ementa oficial.

O exame do contrato objeto da Consulta leva à conclusão de que suas disposições não ofendem o princípio constitucional da isonomia nas licitações e se enquadram nas exceções previstas no § 5º do art. 42 da Lei n. 8.666/93.

O financiamento é objeto do Contrato n. 3.375 BR, entre o BIRD e o Estado de São Paulo, dele participando a União, como garantidora, pressupondo-se tenham sido obtidas todas as autorizações legais para sua assinatura, inclusive do Poder Legislativo. A Cláusula 3.02 estabelece que a compra de bens, obras e serviços de consultoria necessários para o Projeto a ser financiado "deverá ser regida pelos dispositivos do Anexo 4" do contrato. Esse Anexo 4 contém as normas sobre as concorrências internacionais para a compra de bens (Parte A); a Preferência por Fabricantes Nacionais (Parte B): Outros Procedimentos de Compras (Parte C); e Análise das Decisões de Compra pelo Banco (Parte D). A contratação de consultores é regulada na Cláusula II, que exige tenham os consultores qualificações, experiência e condições de emprego satisfatórios para o Banco, devendo ser escolhidos com base nas "Diretrizes de Utilização de Consultores pelos Tomadores de Empréstimos do Banco e pelo Banco Mundial como Agência Excutora", publicadas pelo Banco em agosto de 1981.

Trata-se de condição contratual a ser satisfeita pelo Tomador para receber o financiamento. Não se prevê o procedimento de licitação para a contratação de consultores, como esclarecido, mas método diverso, dotado de publicidade e que permite a seleção de firmas interessadas, o que não conflita com a normativa da Lei n. 8.666/93, que, em casos específicos, também dispensa licitação.

Ainda que assim não fosse, como se salientou nesta exposição, tratando-se de normas de organismo internacional do qual o Brasil faz parte, integram o conceito amplo e genérico de "legislação", específico para a matéria ora tratada e abrangida na ressalva feita no inciso XXI do art. 37 da Constituição Federal.

Quanto ao Convênio entre a Secretaria de Estado da Educação — SEE e o Programa das Nações Unidas para o Desenvolvimento — PNUD, deve-se lembrar que o BIRD é organismo de execução do PNUD, a ele aplicando-se as mesmas diretrizes aprovadas pelo Banco. A minuta do Convênio apresenta, como partes, a SEE e o PNUD. Contudo, na cláusula sobre obrigações, surge a Fundação para o Desenvolvimento da Educação — FDE, como entidade que se compromete ao cumprimento das prestações pactuadas, embora seja qualificada apenas como órgão executor da SEE, e não como parte. As obrigações são da SEE — e não da FDE, que atua como executor, por conta e ordem da SEE. Creio ser adequada a participação da FDE como parte, já que assume compromissos em seu próprio nome e é responsável pelos desembolsos em favor do PNUD.

O Convênio regula prestações entre duas entidades de direito público, uma delas de caráter internacional e integrante da ONU.

Dito isto, as respostas às questões apresentadas podem ser assim sintetizadas:

1. As diretrizes estabelecidas pelos procedimentos e normas do BIRD são obrigatórias, salvo se o Banco expressamente concordar em contrário, como se verifica da Cláusula 3.02 do Contrato e do próprio teor daquelas diretrizes (Parte A da Cláusula I — Concorrências Internacionais e Cláusula II).

2. Como explanado no corpo desse parecer, não há óbice na Constituição Federal quanto à aplicação das normas adotadas pelo BIRD, o mesmo ocorrendo com a Constituição do Estado de São Paulo, que reproduz o texto da Constituição Federal.

3. Ao contrário de vedar a aplicação das normas e procedimentos adotados por instituições financeiras internacionais das quais o Brasil faz parte, a Lei Federal 8.666/93 e a Lei Estadual 6.544/89 admitem-no expressamente (§ 5º do art. 42 e art. 39, respectivamente).

4. Não. O Agente Administrativo, ao observar as diretrizes na contratação e licitações internacionais, está tão-somente cumprindo o acordado pelo Estado de São Paulo, subscritor do Contrato de Empréstimo, e, assim, dando cumprimento não só à norma contratual, como, ainda, à legislação aplicável.

5. A metodologia aprovada pelo BIRD para a contratação de serviços de consultoria e aquisição de bens está adequada à legislação federal e estadual, pelo simples fato de que é a aprovada pelo organismo internacional, nas condições contratadas. Note-se que a Cláusula II do Anexo 4 ao Contrato — Compras e Serviços de Consultores dispõe que o Tomador deverá contratar consultores cujas qualificações e experiência sejam aceitáveis para o Banco — e não para o Tomador —, o que leva, inexoravelmente, ao atendimento das diretrizes do Banco financiador, até mesmo como condição para receber o financiamento (§ 2.44 do Manual para Contratação de Consultores). Tais diretrizes, como ressaltado, não ofendem qualquer norma de ordem pública brasileira, nem a Constituição, tratando-se de simples normas de procedimento.

6. Segundo o § 12 do Manual para Contratação de Consultores, o Banco não solicita e normalmente é contra o fornecimento de caução de propostas, por considerá-las de pouca utilidade. Entretanto, ressalva, "se cauções de propostas forem pedidas, devem ser de tal natureza que, durante as negociações Tomador/Consultor, a incapacidade de se chegar a um acordo sobre o custo dos serviços não seja uma justificativa para se invocar a caução".

Já para as aquisições e créditos da AID, o Manual faculta a caução, para dar proteção razoável ao Tomador, mas de valor que não desencoraje os proponentes (§ 2.14).

7. A caução de desempenho, segundo as diretrizes do Banco, deve ser de valor suficiente para proteger o Tomador e seu valor depende do tipo de caução exigido e da magnitude da obra. O princípio da razoabilidade deve ser observado para a determinação, em cada caso, do montante da caução. A fixação de percentual prevista no art. 56, § 2º, da Lei n. 8.666/93 não se aplica às licitações suportadas por financiamentos de organismos internacionais, em virtude do já mencionado § 5º do art. 42 da mesma lei.

8. O procedimento de abertura de propostas é mera norma de trabalho, um método ou critério de procedimento, que não implica violação do princípio constitucional de isonomia, uma vez que imposto a todos os concorrentes. Ainda aqui o § 5º do art. 42 autoriza a observância de procedimento diverso.

9. Os editais-padrão para licitação pública nacional foram elaborados de acordo com a legislação brasileira, com adaptação às normas e procedimentos adotados pelo BIRD. A Secretaria de Assuntos Internacionais do Ministério do Planejamento e Orçamento tomou a iniciativa de rever e consolidar os editais-padrão, tendo por referência a Lei n. 8.666/93, expressamente mencionada como lei de regência. Eventuais discrepâncias com a norma não maculam os editais-tendo-se sempre presente a disposição do § 5º do art. 42 da Lei n. 8.666/93, que permite a adoção de requisitos impostos pelos organismos internacionais financiadores do objeto da licitação.

Já estava redigido este parecer, quando tomamos conhecimento de decisão do Tribunal de Contas da União, proferida no processo de Consulta 001.525/92-1, formulada pela Empresa Brasileira de Pesquisa Agropecuária — Embrapa, sobre procedimentos legais a serem adotados para a utilização de recursos oriundos de contrato de empréstimo celebrado entre a República Federativa do Brasil e o BIRD, cujas conclusões não diferem das deste parecer, confirmando-as integralmente.

E o meu parecer, s.m.j.

São Paulo, 18 de janeiro de 1996

ESTUDOS & COMENTÁRIOS

A NATUREZA JURÍDICA DA COMPENSAÇÃO FINANCEIRA PELA EXPLORAÇÃO DE RECURSOS MINERAIS

REGINA HELENA COSTA
Mestre em Direito do Estado pela PUC/SP — Professora Assistente de Direito Tributário da Faculdade de Direito da PUC/SP — Juíza Federal em São Paulo

A compensação financeira pela exploração de recursos minerais, prevista no art. 20, § 1º, da Constituição da República, é instituto ainda pouco conhecido, pelo que nos parece relevante indagar acerca de sua natureza jurídica.

Para tal fim, impende observar, inicialmente, os dispositivos constitucionais atinentes à exploração de recursos minerais.

Dispõe a Lei Maior:

"Art. 20. São bens da União:

"(...)

"IX — os recursos minerais, inclusive os do subsolo;

"(...)

"*§ 1º. É assegurado, nos termos da lei, aos Estados, ao Distrito Federal e aos Municípios, bem como a órgãos da Administração Direta da União, participação no resultado da exploração de petróleo ou gás natural, de recursos hídricos para fins de geração de energia elétrica e de outros recursos minerais no respectivo território, plataforma continental, mar territorial ou zona econômica exclusiva ou compensação financeira por essa exploração*" (destacamos).

Mais adiante, no capítulo relativo aos princípios gerais da atividade econômica, estatui:

"Art. 176. As jazidas em lavra ou não, e demais recursos minerais e os potenciais de energia hidráulica constituem propriedade distinta da do solo, para efeito de exploração ou aproveitamento, e pertencem à União, garantida ao concessionário a propriedade do produto da lavra.

"§ 1º. A pesquisa e a lavra de recursos minerais e o aproveitamento dos potenciais a que se refere o *caput* deste artigo somente poderão ser efetuados mediante autorização ou concessão da União, no interesse nacional, por brasileiros ou empresa brasileira de capital nacional, na forma da lei, que estabelecerá as condições específicas quando essas atividades se desenvolverem em faixa de fronteira ou terras indígenas.

"§ 2º. É assegurada a participação ao proprietário do solo nos resultados da lavra, na forma e no valor que dispuser a lei".

Do quadro normativo transcrito, verifica-se ter a União a titularidade dos recursos minerais, inclusive os do subsolo, sendo que sua pesquisa e lavra somente pode ser efetuada mediante autorização ou concessão. A propriedade do produto da lavra é do concessionário, sendo assegurado ao proprietário do solo participação nos resultados, nos termos da lei.

Igualmente, assegura-se, nos termos da lei, aos Estados, Municípios, ao Distrito Federal e a órgãos da Administração Direta da União, participação no resultado da exploração desses recursos no respectivo território, plataforma continental, mar territorial ou zona econômica exclusiva, ou, então, compensação financeira por essa exploração.

Em atendimento ao disposto no art. 20, §1º, veio a Lei n. 7.990, de 28 de dezembro de 1989, a instituir a denominada compensação financeira, cujo texto foi alterado pela Lei n. 8.001, de 13 de março de 1990. No que tange à exploração de recursos minerais, estabelece:

"Art. 1º. O aproveitamento de recursos hídricos, para fins de geração de energia elétrica e dos recursos minerais, por quaisquer dos regimes previstos em lei, ensejará a compensação financeira aos Estados, Distrito Federal e Municípios, a ser calculada, distribuída e aplicada na forma estabelecida nesta Lei.

"(...)

"Art. 6º. A compensação financeira pela exploração de recursos minerais, para fins de aproveitamento econômico, será de até 3% (três por cento) sobre o valor do faturamento líquido resultante da venda do produto mineral, obtido após a última etapa do processo de beneficiamento adotado e antes de sua transformação industrial.

"(...)

"Art. 8º. O pagamento das compensações financeiras previstas nesta Lei, inclusive o da indenização pela exploração de petróleo, do xisto betuminoso e do gás natural, será efetuado mensalmente, diretamente aos Estados, ao Distrito Federal, aos Municípios e aos órgãos da Administração Direta da União, até o último dia útil do segundo mês subseqüente ao do fato gerador, devidamente corrigido pela variação do Bônus do Tesouro Nacional-BTN ou outro parâmetro de correção monetária que venha a substituí-lo, vedada a aplicação dos recursos em pagamento de dívida e no quadro permanente de pessoal" (destacamos).

O art. 2º da Lei n. 8.001, de 13 de março de 1990, por sua vez, prescreve:

"Art. 2º. Para o cálculo da compensação financeira de que trata o art. 6º da Lei n. 7.990, de 28 de dezembro de 1989, *entende-se por faturamento líquido o total das receitas de vendas, excluídos os tributos incidentes sobre a comercialização do produto mineral, as despesas de transporte e as de seguros.*

"(...)" (destacamos).

Regulamentando o pagamento da compensação financeira em tela, o Decreto n. 1, de 11 de janeiro de 1991, preceitua:

"Art. 13. A compensação financeira devida pelos detentores de direitos minerários a qualquer título, em decorrência da exploração de recursos minerais para fins de aproveitamento econômico, será de até 3% (três por cento) sobre o valor do faturamento líquido resultante da venda do produto mineral, obtido após a última etapa do processo de beneficiamento adotado e antes de sua transformação industrial".

Visto, sucintamente, o panorama jurídico-positivo acerca da compensação financeira em foco, podemos, então, passar à análise do instituto.

O preceito inscrito no art. 20, § 1º, da Lei Maior é novidade constitucional.

Entendo que a *ratio* do mesmo foi a de garantir, às pessoas mencionadas, ressarcimento pela exploração de petróleo ou gás natural, de recursos hídricos para fins de geração de energia elétrica e de outros recursos minerais nos respectivos territórios, sob a forma de participação no resultado dessa exploração ou compensação financeira.

Certamente supondo mais complexa a disciplina da participação no resultado da exploração, o legislador optou por regulamentar a compensação financeira, cuja natureza jurídica suscita indagações.

Uma primeira teoria seria a de que tal prestação teria natureza tributária.

É preciso lembrar a advertência da mais abalizada doutrina, para a qual a definição legal de tributo, contida no art. 3º do CTN, conquanto didática, não pode alargar, reduzir ou modificar o conceito de tributo, que é constitucional (cf. Geraldo Ataliba, *Hipótese de Incidência Tributária*, 4ª ed., SP, RT, 1990, p. 29).

Por outro lado, não deve impressionar o fato de que o regulamento regente da compensação financeira (Decreto n. 1/91) utilize, por vezes, termos próprios do direito tributário, tais como fato gerador (art. 15) e lançamento (art. 16).

Como sabido, as palavras são meros rótulos, sendo irrelevantes para determinar a natureza jurídica de dado instituto, importando, para esse fim, o regime normativo ao qual o mesmo está submetido e que, *in casu*, não é o fiscal, como adiante se verá.

Outra tese seria a de que a compensação financeira pela exploração de recursos minerais tem fundo contratual.

Entendemos, também, equivocada tal orientação. Cremos não ser preciso adentrar à antiga polêmica relativa à natureza jurídica da concessão em si, se contrato ou ato administrativo, para que a compensação financeira possa ter a sua natureza jurídica apreciada, até porque se cuida de instituto absolutamente novo no direito pátrio.

Nessa linha de raciocínio, não se pode concluir que a compensação financeira seja uma imposição contratual, pelo simples fato de que sua exigência independe de qualquer tratativa entre as partes interessadas para que seja devida.

Em verdade, é ela uma imposição constitucional, cujo perfil é delineado pela lei ordinária. Assim, havendo exploração de petróleo ou gás natural, de recursos hídricos para fins de geração de energia elétrica e de outros recursos minerais, assegura-se aos Estados, ao Distrito Federal, aos Municípios e órgãos da Administração Direta da União, participação nos lucros ou compensação financeira por essa exploração.

Veja-se que tais pessoas são estranhas às partes envolvidas na própria concessão ou autorização para a exploração desses recursos, mas têm garantido, de uma forma ou outra, o ressarcimento, se a exploração ocorrer em seu território.

De tudo quanto foi exposto, entendo que a compensação financeira constitucionalmente prevista possui natureza indenizatória. Ainda que a propriedade dos recursos minerais, inclusive os do subsolo pertença à União (art. 20, IX), pressupõe a Lei Maior um prejuízo para aquela pessoa em cujo território se dê a respectiva exploração.

Manoel Gonçalves Ferreira Filho, um dos poucos juristas a debruçar-se sobre o tema, assim comentou o instituto previsto no art. 20, § 1º, do Texto Fundamental: "*Participação ou compensação*. O direito constitucional anterior não se preocupava com a questão.

"A norma distingue entre participação e compensação. Esta última pressupõe um "prejuízo" decorrente da exploração. Já a participação constitui uma associação de benefícios.

"Compreende-se que o ente federativo que no seu território sofra a exploração, seja por ela compensado, ou, até, nela tenha participação. Menos aceitável é que faça jus a uma participação quando a exploração se der na plataforma continental, mar territorial ou zona econômica exclusiva, que não lhe integram o território. *Quanto à compensação, esta seria admissível sob a condição do prejuízo.*

"Causa estranheza, também, a previsão de uma participação em favor de órgão da administração direta federal. Trata-se de aberrante vinculação de receita, pois, como ente da administração direta, não tem personalidade à parte".[1]

Destarte, cumpre salientar que, mesmo em se tratando o instituto em tela de uma obrigação *ex lege*, cujo objeto é uma prestação pecuniária compulsória, que não se constitui em sanção de ato ilícito e cujo sujeito ativo é uma pessoa jurídica, pode não se estar diante de um tributo, mas de uma obrigação por dano.[2]

Por derradeiro, anote-se que o sujeito passivo dessa obrigação somente pode ser a pessoa que efetua a exploração de recursos minerais, dela se beneficiando economicamente (art. 6º, Lei n. 7.990/89).

1. *Comentários à Constituição de 1988*, São Paulo, Saraiva, 1990, v. 1, p. 154, destaques nossos. Também Ives Gandra Martins, a despeito de não enfrentar diretamente a questão da natureza jurídica da compensação financeira em foco, deixa entrever seu caráter indenizatório, ao afirmar que "na medida em que a exploração de um bem que o constituinte outorgou à União, embora situado em Estados e Municípios, inclusive no Distrito Federal, represente *perda de patrimônio* destes em favor da entidade maior do Estado Federativo" (*Comentários à Constituição Federal do Brasil*, São Paulo, Saraiva, p. 96, destaque nosso).

2. Cf. Geraldo Ataliba, *Hipótese de Incidência Tributária*, 3ª ed., p. 35.

A NATUREZA JURÍDICA DOS CONTRATOS DE PRESTAÇÃO DE SERVIÇO EM EDUCAÇÃO

PAULO MAGALHÃES DA COSTA COELHO
Juiz de Direito da 8ª Vara da Fazenda Pública

I — Introdução

É questão pública e notória, divulgada quase que diariamente pelos meios de comunicação do país, os inúmeros percalços que vem sofrendo alunos e pais que possuem filhos matriculados em escolas particulares de ensino, relacionados às mensalidades ou às contraprestações exigidas, decorrentes de contratos firmados entre esses e as entidades mantenedoras de ensino público.

Pode-se afirmar, sem receio, que todos os anos a batalha se renova, com inúmeras ações judiciais no qual o tema é debatido, sem que se encontre o remanso necessário à segurança jurídica em questão dessa magnitude.

Há, inclusive, inúmeras declarações de representantes da classe dos proprietários de estabelecimento de ensino, que se insurgem contra a intercessão do Estado nessas relações, incitando seus associados à desobediência às leis e às decisões soberanas do Poder Judiciário, quando lhes são desfavoráveis.

Trata-se de questão que retrata o caos a que foi reduzido, pela inépcia da gestão da coisa pública, a estrutura educacional.

E pode se dizer que a matéria atinente aos contratos de prestação de serviços em educação constitui-se em uma das mais tormentosas e relevantes questões que tem sido trazida do Poder Judiciário, notadamente no que se refere a autonomia de vontade ali expressa e de possibilidade de intervenção do Estado nessa relação.

II — A educação como dever do Estado

Como intróito, convém ressaltar que por expressa determinação de norma, erigida à categoria de preceito constitucional, a "educação" é efetivamente questão de relevante interesse público.

Bem por isso a Constituinte de 1988 fez inserir no art. 205 da Carta Magna, que a educação é *direito* de todos e *dever* do Estado.

Disso decorre, como corolário lógico, que o acesso à educação e permanência na escola é direito subjetivo atribuído a todo cidadão brasileiro ao qual corresponde o dever do Estado de provê-lo, incentivá-lo e fiscalizá-lo, de modo que a norma constitucional não se torne letra morta, direito sem vida e frustração latente.

A educação como processo de construção e reprodução da experiência humana é atributo de todos os brasileiros.

Daí o porquê ser forçoso reconhecer que a concepção agasalhada pela Constituição Federal importa elevar a educação à categoria de serviço público essencial, que ao Poder Público compete propiciar a todos (cf. José Afonso da Silva, *Curso de Direito Constitucional Positivo*, pp. 702-703, 6ª ed., Ed. RT).

Reconhecido que a educação é serviço público essencial, convém ressaltar que não o é, porém, de sua exclusiva iniciativa.

O Poder Público está autorizado, por norma, também de categoria constitucional, a delegar em certas hipóteses, à iniciativa privada.

O Poder Público está autorizado, por norma, também de categoria constitucional, a delegar em certas hipóteses, à iniciativa privada, parcela de tarefa estatal.

Diz-se pois, que a educação é serviço público essencial embora não exclusivo, do Estado que a delega, em certos casos, para os particulares.

A educação é, assim, serviço público não privativo do Estado, sendo lícito aos particulares desempenhá-la, uma vez que a livre iniciativa, na hipótese, não está proscrita do ramo.

A questão a saber é se, ao delegar à iniciativa privada parcela de seu "poder-dever", despe-se o Estado de sua soberania, de seu império, que são próprios à função estatal.

III — A natureza jurídica dos contratos de prestação de serviço em educação

Como se sabe, pode a administração pública relacionar-se com os particulares de diversas formas. As funções do Estado são normalmente desenvolvidas por atos unilaterais legislativos ou executivos.

É certo que, em condições especialíssimas, pode o Estado despir-se de parcela de sua soberania, para celebrar contratos com os particulares, para a consecução de certos fins.

Tal será, por exemplo, o contrato para realização de uma obra.

Daí o porquê ser relevante a distinção entre a atividade pública, atividade privada desenvolvida pelo Estado e atividade pública desenvolvida pelo particular.

Na atividade privada desenvolvida pelo Estado, este age como se particular fosse. Opera e controla, abdicando de parcela de sua soberania.

Em contraposição, quando o particular desenvolve atividade publica, serviço público delegado, consentido ou permitido pelo Estado, cede ele parcela de direitos que, normalmente teria, caso se dedicasse a funções puramente privadas.

A ninguém será licito negar, em face dos termos da Constituição, que a educação está submetida a um regime público, em razão do "poder-dever" atribuído ao Estado.

Trata-se, na hipótese, de espécie ou modalidade de permissão legal.

Mas a permissão não atribui aos permissionários a liberdade de contratar segundo as regras comuns do direito privado.

Isto porque, em se tratando de função que lhe é cometida pela Constituição Federal, como no caso da "educação", não pode o Estado abdicar de sua soberania, nem mesmo por ínfima parcela que seja.

Não é possível analisar as relações entre o Estado e os particulares na questão de prestação do serviço público de educação, segundo regras eminentemente privatísticas, tais como a consensualidade nas relações jurídicas e de equilíbrio comutativo entre as partes.

O Estado delega a função, mas não abdica de regulamentá-la segundo princípios de direito público, autoritários e imperativos, marcados pela imposição unilateral, como conseqüência das prerrogativas de sua soberania.

A atividade educacional é, por definição constitucional, serviço público, que a administração, por vezes, delega à iniciativa privada para satisfação do interesse publico.

E como tal, deve sujeitar-se ao controle estatal que a regulamente em prol do interesse público, do bem comum, que sempre deve sobrepujar o interesse privado.

É que atuando em seara originalmente deferida no Poder Público, não pode o réu pretender que o Estado abdique de seu império em questão de tal magnitude e que a pendenga seja resolvida exclusivamente sobre os princípios do direito privado, notadamente o *pacto sunt servanda*.

A lei ao regular de maneira diversa o que havia sido contratado pelas partes, não feriu, na hipótese, o ato jurídico perfeito, porque tal não havia, em função de peculiar atividade desenvolvida.

O liame que vincula Estado, Escolas Particulares e usuários não tem características de direito privado e este é insuficiente para o exame da questão. O vínculo que os une é de inegável caráter público. Daí o porque a avença firmada por eles não pode ser analisada exclusivamente sob a ótica privatística.

O momento é oportuno para que o empresário da educação entenda que se pretende desenvolver atividade na qual o Estado se imiscua minimamente, que mude de ramo. Passe a dedicar à indústria, ao comércio, em ramos em que o interesse público, não esteja presente.

O empresário da educação não está obrigado a continuar com sua atividade, se esta não se lhe revela lucrativa. Que se dedique a outra, mas a escola jamais poderá ser vista ou gerida como um supermercado, onde as disciplinas ficam exposta, a conveniência de consumo dos usuários.

Se ao contrário, pretende continuar operando com a educação, há de se entender que nesta hipótese há de sujeitar-se as normas imperativas ditadas pelo Estado no exercício de seu dever de regulamentar e fiscalizar a atividade educacional.

Pretender que ao Estado seja deferido tão somente o poder de fiscalização sobre as atividades pedagógicas, é, subverter todo o sistema no qual esta inserida a atividade educacional.

Seria o mesmo que, após autorizar a permissão a empresa particular de transporte coletivo, não pudesse o poder público, ditar a política tarifária.

Ninguém em sã consciência poderia admitir tal proposição.

O art. 209 da CF dispõe que o ensino é livre à iniciativa privada, mas obrigatoriamente o cumprimento das normas gerais de educação nacional.

E dentre tais normas e princípios, foi erigido um preceito constitucional de igualdade de condições para o acesso e "permanência na escola" (art. 206, I, da CF).

Assim, não pode a escola negar-se ao recebimento da matrícula de seus alunos, a pretexto de mera conveniência privada de seus proprietários, ou condicioná-la a exigência não prevista em lei.

A impossibilidade de matrícula só poderá ocorrer em casos concretos e determinados, como na hipótese de insuficiência de aproveitamento, jubilamento ou por questões disciplinares e mesmo assim, apuradas estas em regular processo administrativo e assegurado ao estudante o mais amplo direito de defesa.

Fora das hipóteses tais, não pode a escola, sob qualquer pretexto, negar-se a efetuar a matrícula do estudante que lhe procure, ou negar-lhe o acesso às aulas ou provas, a pretexto de que se encontra em débito com os cofres da entidade.

Por igual razão, não pode negar-lhe, como comumente acontece, a fornecer os documentos aptos à sua transferência quando solicitados.

O ordenamento jurídico coloca à disposição dos proprietários e entidades mantenedoras das escolas particulares, os meios idôneos e suficientes para a satisfação do crédito, na hipótese de inadimplência.

O impedimento do estudante à freqüência às aulas e à realização de provas, e a recusa à matrícula e a expedição de documentos de caráter público, constituem forma de execução não prevista em lei e revestem-se de evidente arbitrariedade que, a nenhum pretexto, pode ser tolerada.

A vontade privada do proprietário da escola, deve curvar-se ao interesse público, segundo o qual o estabelecimento deve garantir as condições de permanência de seus alunos em seus cursos.

Trata-se de preceito constitucional que não pode ser desprezado por questões pessoais ou de diferenças no que se refere à administração e gestão de atividade educacional.

IV — Conclusão

A questão, como se viu, não pode ser vista sob a ótica exclusivamente privatística. A relação que se estabeleceu entre o aluno da escola particular e seus pais, e o estabelecimento e seus proprietários, não é uma relação de puro direito privado, mescla-se com a natureza pública da atividade desenvolvida pela escola.

Finalmente, a atividade educacional é modalidade de permissão que o Poder Público delega à iniciativa privada, para a satisfação do interesse público.

Como tal, deve sujeitar-se ao controle estatal que a regulamenta e disciplina, e orienta sempre em prol do interesse público.

Como a formalidade ética do controle estatal do ensino e da educação é superior por resguardar interesse público, deve prevalecer sobre o interesse, a conveniência e a vontade subjetiva dos estabelecimentos privados de ensino, seus dirigentes e proprietários.

A garantia de permanência na escola é direito erigido em preceito constitucional e ao Poder Judiciário, como guardião da Constituição Federal, cumpre fazer-lhe respeitado.

AS POLÍTICAS PÚBLICAS E O DIREITO ADMINISTRATIVO

MARIA PAULA DALLARI BUCCI
Mestre em Direito pela USP e Assistente Jurídica da USP

Introdução

As políticas públicas tornaram-se uma categoria de interesse para o direito há menos de vinte anos, havendo pouco acúmulo teórico sobre sua conceituação, sua situação entre os diversos ramos do direito e o regime jurídico a que estão submetidas a sua criação e implementação. Este trabalho registra uma reflexão sobre o assunto, sem pretender alcançar conclusões acabadas.

O tema é, por natureza, muito complexo. Em primeiro lugar, porque não é um tema ontologicamente jurídico, mas é originário do universo de preocupações da teoria política. O instrumental jurídico de análise centrado na norma e no ordenamento jurídico não é o mais adequado para captar o caráter eminentemente dinâmico e funcional das políticas públicas.

Isso porque o modo como se estruturou o Estado liberal é mais voltado à limitação do poder para a garantia das liberdades individuais, em sentido omissivo, do que à ação do Estado, em sentido comissivo e construtivo. As instituições do poder e a repartição tradicional de atribuições entre os Poderes Legislativo e Executivo foram concebidas em torno da autoridade do Estado e não conformadas ao caráter prestacional e de gestão que a Administração assume hoje.[1]

O direito administrativo é uma subdivisão do conhecimento jurídico relativamente nova, cujo desenvolvimento mais significativo data da segunda metade do século XIX, quando a doutrina jurídica passou a enfocar as funções do Estado como transcendentes do exercício do poder de polícia, no plano interno. O instrumento dessa passagem foi a criação de serviços públicos (inicialmente os correios, depois as ferrovias e outros), por meio dos quais se prenunciava a intensificação da atividade estatal do século XX, que depois da década de 30 se alteraria qualitativamente, com o aumento da intervenção direta do Estado sobre o domínio econômico.

1. Giannini, Massimo Severo, *El Poder Público. Estados y Administraciones Públicas*, Madrid, Civitas, 1991. O Prof. Giannini rejeita como premissa para a análise do poder público atual o conceito de Estado intervencionista, expressão para ele inócua, uma vez que para ele todo ordenamento jurídico seria intervencionista. "(...) la valoración del 'intervencionismo' como una actuación mas allá de la esfera de 'competencia natural' no tiene ya sentido. El término de referencia de hoy día es el de regímen, dentro del cual se modulan las potestades de los distintos poderes públicos y las garantías para los sujetos que no son poderes públicos". E reitera, em nota, a idéia de que "las administraciones públicas no se inmiscuyen en asuntos ajenos, sino que desarrollan funciones, gestionan servicios y producen bienes" (p. 22).

Com o fim da 2ª Guerra Mundial e o advento de políticas sociais de saúde, seguridade social e habitação, muito expressivo nos países da Europa e nos Estados Unidos, há um aprofundamento dessa alteração qualitativa das funções do Estado, que do plano da economia se irradia sobre o conteúdo social da noção de cidadania. O dado novo a caracterizar o Estado social, no qual passam a ter expressão os direitos dos grupos sociais e os direitos econômicos,[2] é a existência de um modo de agir dos governos ordenado sob a forma de políticas públicas, um conceito mais amplo que o de serviço público, que abrange também as funções de coordenação e de fiscalização dos agentes públicos e privados.

Considerações sobre o fundamento das políticas públicas

O fundamento mediato das políticas públicas, o que justifica o seu aparecimento, é a própria existência dos direitos sociais — aqueles, dentre o rol de direitos fundamentais do homem, que se concretizam por meio de prestações positivas do Estado. Enquanto os direitos individuais, ditos direitos fundamentais de primeira geração, consistem em liberdades, os direitos sociais, ditos de segunda geração, consistem em poderes, que "só podem ser realizados se for imposto a outros (incluídos aqui os órgãos públicos) um certo número de obrigações positivas".[3]

A função estatal de coordenar as ações públicas (serviços públicos) e privadas para a realização de direitos dos cidadãos — à saúde, à habitação, à previdência, à educação — se legitima pelo convencimento da sociedade quanto à necessidade de realização desses direitos sociais.

Mas esse raciocínio não basta para explicar as demais políticas públicas, como a política industrial, a política de energia, a política de transportes e outras, que não se fundam na realização imediata de direitos sociais. Vistas como políticas setoriais inseridas numa política de desenvolvimento, essas têm como fundamento o próprio conceito de desenvolvimento, "processo de elevação constante e harmônica do nível de vida e da qualidade de vida de toda uma população".[4]

Além disso, as políticas hoje são instrumentos de ação dos governos, "o government by policies em substituição ao government by law",[5] fenômeno que se explica também pela maior importância da fixação de metas temporais para a ação dos governos republicanos. A função de governar — o uso do poder coativo do Estado a serviço da coesão social[6] — seria, portanto, o fundamento imediato das políticas públicas.

Por que estudar as políticas públicas em direito administrativo?

As políticas públicas são uma categoria jurídica útil para a análise das funções do Estado? Como o direito racionaliza o tema? Qual a expressão jurídica das políticas públicas? Pode-se falar em um "regime jurídico das políticas públicas"?

As políticas públicas, isto é, a coordenação dos meios à disposição do Estado,

2. Giannini, ob. cit., p. 118.

3. Bobbio, Norberto, "Sobre os fundamentos dos direitos do homem", in *A Era dos Direitos*, Rio de Janeiro, Editora Campus, 1992, p. 21.

4. Processo de causação circular e cumulativa, Prof. Fábio Konder Comparato, conceito exposto em aula no curso de Direito do Desenvolvimento, no programa de pós-graduação da Faculdade de Direito da USP, no 2º semestre de 1995.

5. Comparato, Fábio Konder, "Planejar o desenvolvimento: a perspectiva institucional", in *Para Viver a Democracia*, São Paulo, Editora Brasiliense, 1989, p. 102.

6. Bobbio, Norberto; Matteucci, Nicola e Pasquino, Gianfranco, *Dicionário de Política*, v. 2, Universidade de Brasília, Linha Gráfica Editora, 1991.

harmonizando as atividades estatais e privadas para a realização de objetivos socialmente relevantes e politicamente determinados, são um problema de direito público, em sentido lato.

Haveria razão para estudá-las sob a ótica do direito administrativo?

O que é o direito administrativo? É a área do direito que se ocupa do estudo da instituição estatal, em sua vertente executiva. O direito constitucional trata da organização do poder e dos direitos dos cidadãos, que devem servir de balizas para o exercício do poder estatal. O direito administrativo, por sua vez, incumbe-se da racionalização formal do exercício do poder pelo Estado.

No início do século XX, poucos anos depois da aceitação, pelo Conselho de Estado francês, do serviço público como critério para definição da competência da jurisdição administrativa (1873),[7] seguiu-se importante teorização sobre o papel do Estado, diante dessa nova forma de relacionamento entre o poder público e a sociedade. Leon Duguit deu grande atenção a esse problema — "Los Gobiernos no son más que los representantes de un poder social que manda: son los gerentes de los servicios públicos"[8] — ocupando-se do ordenamento jurídico dos serviços públicos, para explicar e fundamentar teoricamente a crescente dependência da vida comum em relação aos serviços criados e mantidos pelo Estado.[9]

Contudo, se é verdade que o Estado-serviço público foi sucedido pelo Estado-políticas públicas, a essa evolução não correspondeu amadurecimento teórico do direito administrativo, que explicasse sistematicamente as tarefas de coordenação que o Estado cada vez mais passava a assumir, isto é, a função administrativa das políticas públicas.[10]

Há um paralelo entre a dificuldade de situar as políticas públicas no direito administrativo e o que se sucedeu com a conceituação de serviço público, noção que está muito distante da unanimidade.

Hely Lopes Meirelles relata a controvérsia da doutrina administrativista nacional para a fixação do conceito de serviço público:

"O conceito de serviço público não é uniforme na doutrina, que ora nos oferece uma noção orgânica, só considerando como tal o que é prestado por órgãos públicos; ora nos apresenta uma conceituação formal, tendente a identificá-lo por características extrínsecas; ora nos põe um conceito material visando defini-lo por seu objeto. Realmente, o conceito de serviço público é variável e flutua ao sabor das ne-

7. Di Pietro, Maria Sylvia Zanella.

8. Duguit, Leon, *La Transformación del Estado*, Madrid, Francisco Beltrán Librería Española y Estrajera, sem data, 2ª edição espanhola, três conferências proferidas em 1908. Duguit deu origem à chamada "Escola do Serviço Público".

9. Bandeira de Mello, Oswaldo Aranha, *Princípios Gerais de Direito Administrativo*, v. I, Rio de Janeiro, Forense, p. 140.

10. Essa "paralisia" do direito administrativo foi lucidamente criticada por Carlos Ari Sundfeld: "Quando se observa o surgimento de novos ramos, como os direitos econômico, urbanístico, ambiental, agrário, sanitário, todos ligados, embora não exclusivamente, ao estudo da ação governamental sobre a vida privada, nota-se que a ciência do direito administrativo não tem sabido oferecer uma teoria geral apta a ser aplicada a cada um deles. Vem, por isso, perdendo importância. De pouco ou de nada adiantará o estudioso buscar na teoria do direito administrativo as categorias de que necessita para compreender os limites e exigências das novas funções do Estado. Encontrará uma doutrina que ainda se debate com dificuldades originárias em torno do poder de polícia! O resultado disso, todos conhecemos: o surgimento de teorias *ad hoc*, voltadas apenas aos problemas específicos que enfrentam, e descompromissadas muitas vezes com os próprios padrões que o direito administrativo já fixou. A dificuldade de encontrar alguma harmonia entre liberdade de iniciativa econômica, princípio da legalidade e controle estatal de preços, por exemplo, ou entre proteção do patrimônio cultural e ambiental e direito de propriedade é indicativo claro e sério dessa insuficiência." (*Direito Administrativo Ordenador*, São Paulo, Malheiros Editores, 1993, p. 15).

cessidades e contingências políticas, econômicas, sociais e culturais de cada comunidade, em cada momento histórico, como acentuam os modernos publicistas. Eis o nosso conceito:

"Serviço público é todo aquele prestado pela Administração ou por seus delegados, sob normas e controles estatais, para satisfazer necessidades essenciais ou secundárias da coletividade, ou simples conveniências do Estado."[11]

Celso Antônio Bandeira de Mello conjuga os sentidos formal e material, dando relevo especial ao regime administrativo, na seguinte conceituação:

"Serviço público é toda atividade de oferecimento de utilidade ou comodidade material fruível diretamente pelos administrados, prestado pelo Estado ou por quem lhe faça as vezes, sob um regime de direito público — portanto consagrador de prerrogativas de supremacia e de restrições especiais — instituído pelo Estado em favor de interesses que houver definido como próprios no sistema normativo."[12]

Outros autores acentuam a importância de elementos como o processo, o regime administrativo e a suplementariedade em relação às iniciativas dos particulares — o Estado erige uma atividade em serviço público quando entende que o interesse geral não poderia ser satisfeito, ou o seria de maneira insuficiente, se não assumisse tal encargo.[13]

Norberto Bobbio anota o fenômeno da "tecnicização do direito público" — relativamente recente, se comparado ao direito privado, e marcadamente desenvolvido no último século —, decorrente da concepção do Estado de direito, "como órgão de produção jurídica e, no seu conjunto, como ordenamento jurídico".[14] Essa concepção daria origem à doutrina jurídica do Estado, complementar à doutrina sociológica, que examina o Estado como forma de organização social.

Com a evolução do Estado de direito para o Estado social,[15] volta a ter prestígio a visão do Estado "como forma complexa de organização social, da qual o direito é apenas um dos elementos constitutivos".[16]

Pode-se levantar o argumento de que o estudo das políticas públicas não pertenceria à esfera do direito administrativo, mas ao direito constitucional, uma vez que as políticas consistem na atuação do Estado para implementar escolhas políticas, que são feitas, em sua maioria, pelo Poder Legislativo. Isso é o que se afirma, textualmente, no direito anglo-americano, onde as políticas públicas são institutos perfeitamente incorporados ao direito público, o que não ocorre no direito público de influência européia, no que Massimo Giannini classifica como "países de direito administrativo".

Na Inglaterra, onde o direito administrativo é uma subdivisão do direito constitucional, não desligada do tronco original, afirma-se que o direito administrativo é definido em função das políticas públicas, começando a atuar depois da formulação delas:

11. Meirelles, Hely Lopes, *Direito Administrativo Brasileiro*, São Paulo, Ed. RT, 1985, 11ª edição, pp. 271-272.

12. Bandeira de Mello, Celso Antônio, *Prestação de Serviços Públicos e Administração Indireta*, p. 20.

13. Bandeira de Mello, Oswaldo Aranha, ob. cit., p. 141.

14. Bobbio, Norberto, *Estado, Governo e Sociedade. Para uma teoria geral da política*. Rio de Janeiro, Ed. Paz e Terra, 1987, 2ª edição, pp. 56 e 22.

15. Numa visão de direito administrativo, segundo Giannini, o Estado social desenvolve predominantemente atividades constituídas por serviços públicos. "Dado que los servicios públicos, desde la vieja instrucción pública a la joven informática, se extienden predominantemente, en el campo de lo social, con la locución que nos ocupa, se quiere dar a entender que los poderes públicos han variado su dirección: son ahora organizaciones que auxilian a los ciudadanos de todas las formas posibles", ob. cit., p. 118.

16. Bobbio, ob. cit., p. 57.

"Administrative law is the branch of public law dealing with the actual operation of government, the administrative process. When the constitutional process has resulted in a duly elected Government which has determined its policies and enacted any necessary primary legislation, the administrative process begins."[17]

Nos Estados Unidos, Bernard Schwartz também qualifica a execução das políticas públicas como um dos problemas fundamentais do direito administrativo, acentuando a maior importância desse ramo jurídico nos Estados Unidos, em relação ao direito britânico. Num estudo de 1955, dirigido a explicar o direito constitucional americano ao público britânico, o autor inicia o capítulo do direito administrativo comentando que conhece o desinteresse dos britânicos pelo tema, pois não haveria motivo para curiosidade sobre uma área do direito estrangeiro cuja existência os ingleses se habituaram a negar em sua própria casa. Entretanto, destaca o crescimento da importância teórica do direito administrativo, devido ao extraordinário desenvolvimento legal, no século XX, desse campo que "reflete no direito a hegemonia do braço executivo do governo", a qual, por sua vez, decorre diretamente da expansão do papel do Estado.[18]

A própria estruturação do campo de estudo traduz o sentido dos novos problemas da relação entre a administração do Estado e os cidadãos. Em 1955, Bernard Schwartz resumia as questões do direito administrativo a duas: de um lado, aquelas envolvendo a autoridade administrativa para editar regras e regulamentos de aplicabilidade geral e, de outro, os efeitos desse poder sobre as pessoas ou a propriedade dos cidadãos.[19] Num contexto em que direito administrativo é parte do problema central da teoria política, isto é, da conciliação entre autoridade e liberdade, o tratamento jurídico da administração pública volta-se à instituição de autoridades administrativas com poderes para realizar políticas públicas — por definição, de interesse público —, e à salvaguarda dos interesses privados contra a arbitrariedade administrativa ou o excesso de poder.[20]

Num trabalho específico sobre o direito administrativo, de 1991, a essas duas vertentes Schwartz acrescenta uma terceira, relativa às condições legais para o exercício desses poderes, isso é, ao processo administrativo, em sentido amplo.[21]

Deve-se notar, contudo, que o direito administrativo anglo-americano é muito menos abrangente que o direito francês, do qual o direito brasileiro sofreu influência direta. Os temas que a nossa tradição jurídica situa no campo do direito administrativo — contratos administrativos, servidores públicos, bens públicos etc. —, no sistema anglo-americano são objeto de estudo da administração pública, mais ampla que o direito administrativo.

Essa discussão preliminar deve ser considerada para que não se trabalhe sobre um falso problema. Se as políticas pú-

17. Smith, Stanley de, e Brazier, Rodney, *Constitutional and Administrative Law*, London, 1994, 7ª edição, p. 577, o texto prossegue com a definição do escopo do direito administrativo, no qual se sobressai o papel do processo administrativo: "It concerns the day-to-day administration of the country at central and local level and putting into practice constitutional decided policies. Administrative law regulates this process. It relates to the organization, composition, functions and procedures of public authorities and special statutory tribunals, their impact on the citizen and the legal restraints and liabilities to which they are subject. It controls the making of subordinate legislation by public authorities. In essence administrative law is that part of constitutional law which reveals what tangible and enforceable limits can be placed on administrative action."

18. Schwartz, Bernard, *American Constitutional Law*, Londres, Cambridge University Press, 1955, p. 283.

19. Idem, ibidem, pp. 284-307.

20. *Encyclopaedia Britannica*, Chicago, 15ª edição, 1986, v. 1, verbete *administrative law*, pp. 102-103.

21. Schwartz, Bernard, *Administrative Law*, USA, 1991, Little, Brown and Company, p. 2.

blicas forem um tema tratado pelo direito constitucional, não há razão científica relevante para que este estudo se prenda ao campo de análise do direito administrativo. É possível, mesmo, que o instrumental teórico do direito administrativo — o feixe de princípios que o regem e o postulado da supremacia do interesse público sobre o particular — não seja suficente para explicar as questões que envolvem as políticas públicas.

Parece-me, então, que o problema da situação topológica das políticas públicas deve ser deixado em suspenso, para que se examine mais detidamente o que são políticas públicas e como elas se caracterizam juridicamente.

Políticas públicas, plano e planejamento

Num exame superficial da *Enciclopédia Saraiva do Direito*, nota-se a falta de consenso da doutrina brasileira sobre a forma metodológica de conceituar as políticas públicas. As definições enfocam ângulos variados, desde as noções mais gerais, como "a política é a teoria, arte e prática do governo, para a direção dos negócios públicos", até as definições específicas, como "o conjunto de conhecimentos sobre..."; "conjunto de medidas...", "ação de caráter oficial...", "ciência e arte de conduzir os assuntos...".[22] A definição mais rigorosa, sob esse aspecto metodológico, é a de *política agrária*, como "planejamento ou programa de ação governamental para o setor...", à qual se somam as noções de "plano" e "atualização e adaptação da legislação aos planos governamentais".

Há uma certa proximidade entre as noções de política pública e a de plano, embora a política possa consistir num programa de ação governamental que não se exprima, necessariamente, no instrumento jurídico do plano.

Massimo Severo Giannini ressalva que considera os termos "planificação" e "programação" equivalentes, salvo na linguagem da norma positiva, ambos entendidos como uma "técnica de atuação administrativa de longa duração".[23] Segundo historia, embora os planos fossem utilizados desde que existe a atividade administrativa, os primeiros planos juridicamente relevantes foram os de contabilidade pública. Em seguida, surgiram os planos urbanísticos elaborados por ocasião da ampliação das grandes cidades, como Paris, Nápoles e Viena no século XIX. No século XX, surgiram as planificações mais típicas, os planos econômicos.

O ilustre professor italiano, contudo, identifica as planificações[24] econômicas com os países socialistas, excluindo de seu relato as experiências de planejamento realizadas no pós-guerra — algumas com reconhecido sucesso, como a francesa — ao

22. *Enciclopédia Saraiva do Direito*, São Paulo, Editora Saraiva, 1977, vol. 59. As definições se referem aos verbetes *política criminal, política de imigração, política econômica, política penitenciária nacional, política social.*

23. Giannini, ob. cit., p. 155.

24. Planejamento e planificação, para muitos autores não são expressões sinônimas, identificando-se a última como o planejamento cogente realizado nas economias socialistas, acepção que adota Massimo Giannini. "Jurídicamente, un plan económico nacional es un conjunto orgánico de ordenes a las empresas, que se funda, por tanto, en relaciones de potestad-sujeción, las cuales, en sistemas que garantizan la libre iniciativa económica, sólo serían posibles si el mismo sistema reservase a los poderes públicos potestades de "programación" (término usado preferentemente en los textos normativos). Pero, de hecho, la mayor parte de los ordenamientos positivos no conocen textos constitucionales que enuncien los dos extremos de la materia — libertad y potestad — (...) de manera que serían necesarias leyes de rango constitucional para generalizar el extremo "potestad". La mayor dificultad es la institucional en cuanto que para la aplicación de un plan económico se necesitan numerosos órganos centrales y periféricos, pertrechados de técnicos adecuados, con capacidad para dirigir y controlar las empresas; órganos que son, por tanto, costosísimos y de una dudosa eficiencia en un ordenamiento que no es socialista."

afirmar, categoricamente, que as teses dos economistas sobre a conveniência de se adotar a planificação também em países de economia de mercado não puderam ser verificadas na prática, uma vez que nenhum dos Estados não socialistas teria adotado planificações, salvo a Itália, cujo plano de 1967/70 teria sido um fracasso.[25]

Entretanto, a conclusão daqueles que examinaram mais de perto a questão do planejamento não coincide com a negativa de Giannini. Experiências importantes de planejamento ao longo do século XX — que têm por objeto tanto as empresas privadas como os problemas de desenvolvimento regional e nacional dos países — apontam para o sentido oposto. A evolução histórica, que vai da década de 30 até os anos da recuperação econômica pós-Segunda Guerra Mundial, consolida o planejamento como "pressuposto indispensável de todo programa de ação política, econômica ou social", uma vez que praticamente todos os países do mundo capitalista passam a adotar os métodos do planejamento.[26]

A divergência do ilustre publicista italiano merece destaque, porque toca exatamente na dificuldade da definição ontológica do plano como instrumento jurídico-institucional para a realização do desenvolvimento. Particularmente, não endosso sua posição, embora acredite que o professor identifica com bastante clareza o problema ao destacar, além das dificuldades políticas e técnicas para a elaboração e implementação do plano, "as dificuldades verdadeiras, de caráter jurídico-institucional".[27]

Merece registro a conclusão final de Giannini, favorável ao planejamento, admitindo que a atividade administrativa se desenvolve por meio de planos, tendência que "parece encontrar, atualmente, uma correspondência com a realidade".[28]

Essa discussão nos remete ao caráter do planejamento, que a Constituição brasileira define, de maneira peculiar, como "determinante para o setor público e indicativo para o setor privado" (art. 174). Embora inspirado no art. 131 da Constituição espanhola, o duplo caráter da atividade de planejamento é inovação brasileira, para a qual já apontava a doutrina do direito econômico[29] em época de maior prestígio do conceito de planejamento, na década de 70, quando foram editados o I Plano Nacional de Desenvolvimento (I PND), e o II Plano Nacional de Desenvolvimento (II PND).

A política é mais ampla que o plano e se define como o processo de escolha dos meios para a realização dos objetivos do governo, com a participação dos agentes públicos e privados. Políticas públicas são os programas de ação do governo, para a realização de objetivos determinados, num espaço de tempo certo.

A expressão mais freqüente das políticas públicas é o plano (embora com ele não se confunda), que pode ter caráter geral, como é o Plano Nacional de Desenvolvimento, ou regional, ou ainda setorial, quando se trata, por exemplo, do Plano Nacional de Saúde, do Plano de Educação etc. Nesses casos, o instrumento normativo do plano é a lei, na qual se estabelecem os objetivos da política, suas metas temporais, os instrumentos institucionais de sua realização e outras condições de implementação.

A origem normativa da política pública, mesmo que resulte da iniciativa legislativa do governo, Poder Executivo, é o Poder Legislativo. Há, no entanto, políticas que se traduzem em programas de ação, em sentido estrito, como o Progra-

25. Idem, ibidem, p. 157.

26. Grau, Eros Roberto, *Planejamento Econômico e Regra Jurídica*, São Paulo, 1977, ed. do autor, p. 12.

27. Giannini, ob. cit., p. 157.

28. Giannini, ob. cit., p. 160.

29. Grau, ob. cit.

ma de Material Escolar, o Programa do Álcool, cujo detalhamento se exprime por meio de formas normativas infra-legais, como decretos, portarias ou resoluções, resultados da atividade regulamentar do Poder Executivo. Lembre-se que no Brasil inexistem os decretos autônomos, de tal forma que a função normativa da administração se exerce sempre a partir de previsão legal.

Há, ainda, uma distinção das políticas públicas quanto ao que poderíamos classificar como "nível hierárquico", em relação aos fins. Assim, por exemplo, a política nacional de educação é uma política geral para o setor da educação, política "de fins", cuja execução supõe a formulação de políticas "de meios", que digam respeito à contratação de pessoal (política de recursos humanos), à construção de prédios escolares etc.

O que há de comum entre todas essas políticas, em suas diferentes acepções, dando sentido ao agrupamento delas sob um mesmo conceito jurídico, é o processo político de escolha de prioridades para o governo. Essa escolha se faz tanto em termos de objetivos como de procedimentos. Para ilustrar, veja-se a política nacional de educação, que externa um conjunto de opções de governo em matéria de educação, relativas, por exemplo, à concentração de recursos no ensino fundamental, ou à ênfase no ensino profissionalizante e assim por diante. As políticas instrumentais do setor devem estar racionalmente coordenadas com a política maior, e adotar as suas prioridades quanto aos meios, viabilizando a realização das finalidades da política principal do setor. Assim, por exemplo, a política de recursos humanos na educação, supondo que a tônica do plano principal fosse o ensino básico, poderia privilegiar os professores mais qualificados, canalizando recursos para a formação de professores. Ou, de maneira oposta, poderia privilegiar a quantidade de professores, estimulando a contratação de grande número de normalistas.

Todos esses exemplos evidenciam a variedade de formas que assumem as políticas públicas, diversidade que encontra correspondente no campo jurídico.

A política pública transcende os instrumentos normativos do plano ou do programa. Há, no entanto, uma paralelo evidente entre o processo de formulação da política e a atividade de planejamento. Note-se a correlação de ambos, no sentido de que, ao contrário do que muitos sustentaram nos anos 60, o planejamento não é uma atividade vazia de conteúdo político. Trata-se de função eminentemente técnica, voltada à realização de valores sociais, como afirmou Celso Furtado em texto auto-biográfico:

"(...) o planejamento foi para mim uma *técnica social* de importância muito maior, a qual permitiria elevar o nível de racionalidade das decisões que comandam complexos processos sociais, evitando-se surjam processos cumulativos e não-reversíveis em direções indesejáveis."[30]

A escolha das diretrizes da política, os objetivos de determinado programa não são simples princípios de ação, mas são os vetores para a implementação concreta de certas formas de agir do poder público, que levarão a certos resultados.

A formulação da política consistiria, portanto, num procedimento e poder-se-ia conceituar, genericamente, os programas de ação do governo como atos complexos. O incremento das atividades concernentes à elaboração das políticas e à sua execução inserem-se num movimento de "procedimentalização das relações entre os poderes públicos", a que se refere, mais uma vez, Massimo Giannini.[31] Esse fenômeno de procedimentalização, no qual se sobressai o poder de iniciativa do governo — e que diz respeito aos meios, ao pessoal, às

30. Furtado, Celso, "Auto-retrato intelectual", in *Celso Furtado*, coleção Grandes Cientistas Sociais, v. 33, coletânea organizada por Francisco de Oliveira, São Paulo, Editora Ática, 1983, p. 35.

31. Giannini, ob. cit., p. 154.

informações, aos métodos e ao processo de formação e implementação das políticas —, é o ângulo sob o qual se justifica e se faz necessário o estudo das políticas públicas dentro do direito administrativo.

A organização estrutural do poder e as políticas públicas

Esse problema envolve outro, extremamente mais complexo, sobre a iniciativa das políticas públicas; a quem compete formulá-las, ao Poder Legislativo ou ao Executivo?

Parece relativamente tranqüila a idéia de que as grandes linhas das políticas públicas, as diretrizes, os objetivos, são opções políticas que cabem aos representantes do povo e, portanto, ao Poder Legislativo, que as organiza em forma de leis, de caráter geral e abstrato, para execução pelo Poder Executivo, segundo a clássica separação de poderes de Montesquieu. Entretanto, a realização concreta das políticas públicas demonstra que o próprio caráter diretivo do plano ou do programa implica a permanência de uma parcela da atividade "formadora" do direito nas mãos do governo, Poder Executivo, perdendo-se a nitidez da separação entre os dois centros de atribuições.[32]

Ter-se-ia alterado, segundo Fábio Konder Comparato, o sentido material do governo:

"Acontece que não foi apenas pela forma de governar que o Estado contemporâneo reforçou os poderes do ramo executivo. Foi também pelo conteúdo da própria ação governamental. Doravante e sempre mais, em todos os países, governar não significa tão-só a administração do presente, isto é, a gestão de fatos conjunturais, mas também e sobretudo o planejamento do futuro, pelo estabelecimento de políticas a médio e longo prazo."[33]

A teoria política cunhada no liberalismo atribui a função formadora do direito à competência exclusiva do Poder Legislativo, sede da representação popular. Em matéria de políticas públicas, o acerto dessa visão se confirma em relação aos programas de longo prazo, cuja realização ultrapasse a duração de um governo. Os objetivos de interesse público não podem ser sacrificados pela alternância no poder, essencial à democracia. As leis de plano, portanto, conciliam princípio republicano e democrático com as demandas da estabilidade e da governabilidade.

Todavia, como programas de ação, ou como programas de governo, não parece lógico que as políticas possam ser impostas pelo Legislativo ao Executivo. O mais correto seria que pudessem ser realizados pelo Executivo, por iniciativa sua, segundo as diretrizes e dentro dos limites aprovados pelo Legislativo.

Na verdade, o exercício de funções normativas pelo Poder Executivo é noção que se encontra numa zona cinzenta, devido à necessidade crescente de instrumentos para uma ação ágil do governo. Dessa necessidade surgiu o instrumento da medidas provisórias, previsto no art. 62 da Constituição Federal, cuja aplicação é fonte de muita controvérsia, principalmente devido ao transplante do instituto do modelo parlamentarista italiano para o presidencialimo brasileiro, sem as necessárias adaptações.

32. "Si bien la formulación de políticas es una función que generalmente no figura entre las tareas habituales de la mayoria de los burócratas, las responsabilidades que les conciernen surgen porque lo que se genere en esta primera etapa puede afectar la concreción de las políticas. Por lo general, las autoridades políticas superiores definen el alcance y el contenido de las políticas públicas. De este modo, los procedimientos en los que se produce esta definición evidentemente afectan, y de hecho determinan, qué políticas deben aplicar los burócratas. Estas dos etapas principales del processo de formulación de políticas están estrechamente relacionadas entre sí de diversas maneras." Burke, John, *Responsabilidad Burocrática*, Buenos Aires, Editorial Heliasta, 1994.

33. Comparato, ob. cit., p. 102.

Esse tipo de instrumento normativo permite que se realize o que Eros Roberto Grau chamou de "capacidade normativa de conjuntura",[34] visando o desempenho de uma atividade de ordenação pelo Estado sobre os agentes econômicos. O fenômeno, segundo Grau, corresponde ao aumento da quantidade e da importância das normas editadas pelo Poder Executivo, por meio da administração centralizada ou dos entes estatais autônomos, mediante o exercício de competência delegada pelo Poder Legislativo.

Observe-se que a delegação é a forma mais intensamente utilizada pelo Poder Executivo americano para regulamentar e fiscalizar setores inteiros da atividade econômica sem a atuação direta do Poder Legislativo, que apenas fixa as diretrizes para a ação administrativa das agências.

Esse fenômeno foi analisado também por Fábio Konder Comparato, que constata a generalização, nos países do Ocidente, da "parcial transferência ao Executivo da própria tarefa de fazer leis",[35] tendência de que não se exclui o Brasil, adepto dos decretos-leis no regime constitucional de 1967/69 e das medidas provisórias, que se converteram no principal instrumento legislativo do governo sob a égide da Constituição de 1988.

Quanto à estruturação do poder, a proposta de Comparato é no sentido da instituição de um órgão de planejamento desvinculado do Poder Executivo, cujas decisões seriam tomadas por um Conselho corporativo com atribuições distintas das do Congresso Nacional.

Sem entrar no mérito da proposta, parece-me que o aspecto funcional inovador de qualquer modelo de estruturação do poder político caberá justamente às políticas públicas. Em relação a elas, mais importantes que os objetivos ou as metas temporais fixadas será o processo de sua realização.

Em parte, esse é o processo político, cuja legitimidade e cuja "qualidade decisória", no sentido da clareza das prioridades e dos meios para realizá-las, estão na razão direta do amadurecimento da participação democrática dos cidadãos.

Em grande parte, porém, o sucesso da política pública, qualquer que seja ela, está relacionado com a qualidade do processo administrativo que precede a sua realização e que a implementa. As informações sobre a realidade a transformar, a capacitação técnica e a vinculação profissional dos servidores públicos, a disciplina dos serviços públicos, enfim, a solução dos problemas inseridos no processo administrativo, com o sentido lato emprestado à expressão pelo direito americano, determinarão, no plano concreto, os resultados da política pública como instrumento de desenvolvimento. Essa é a razão pela qual entendo que os administrativistas podem e devem voltar seus olhos para a temática das políticas públicas.

34. Ob. cit., p. 69.
35. Comparato, ob. cit., p. 101.

Bibliografia

BURKE, John, *Responsabilidad Burocrática*, Buenos Aires, Editorial Heliasta, 1994.

BANDEIRA DE MELLO, Celso Antônio, *Prestação de Serviços Públicos e Administração Indireta*, São Paulo, Ed. RT, 1987, 2ª edição, 3ª tiragem.

BANDEIRA DE MELLO, Oswaldo Aranha, *Princípios Gerais de Direito Administrativo*, v. I, Rio de Janeiro, Forense.

BOBBIO, Norberto, *Estado, Governo e Sociedade. Para uma teoria geral da política*. Rio de Janeiro, Ed. Paz e Terra, 1987, 2ª edição.

BOBBIO, Norberto, "Sobre os fundamentos dos direitos do homem", in *A Era dos Direitos*, Rio de Janeiro, Editora Campus, 1992.

BOBBIO, Norberto; MATTEUCCI, Nicola e PASQUINO, Gianfranco, *Dicionário de Política*, v. 2, Universidade de Brasília, Linha Gráfica Editora, 1991.

COMPARATO, Fábio Konder, "Planejar o desenvolvimento: a perspectiva institucional", in *Para*

Viver a Democracia, São Paulo, Editora Brasiliense, 1989.

DUGUIT, Leon, *La Transformación del Estado*, Madrid, Francisco Beltrán Librería Española y Estranjera, sem data, 2ª edição espanhola, três conferências proferidas em 1908.

FURTADO, Celso, "Auto-retrato intelectual", in *Celso Furtado*, coleção Grandes Cientistas Sociais, v. 33, coletânea organizada por Francisco de Oliveira, São Paulo, Editora Ática, 1983.

GIANNINI, Massimo Severo, *El Poder Público. Estados y Administraciones Públicas*, traduzido do original italiano por Luis Ortega, Madrid, Civitas, 1991.

GRAU, Eros Roberto, *Planejamento Econômico e Regra Jurídica*, São Paulo, ed. do autor, 1977.

MEIRELLES, Hely Lopes, *Direito Administrativo Brasileiro*, São Paulo, Ed. RT, 1985, 11ª edição.

SCHWARTZ, Bernard, *American Constitutional Law*, Londres, Cambridge University Press, 1955.

SCHWARTZ, Bernard, *Administrative Law*, USA, Little, Brown and Company, 1991, 3ª edição.

SMITH, Stanley de, e BRAZIER, Rodney, *Constitutional and Administrative Law*, Londres, 1994, 7ª edição.

SUNDFELD, Carlos Ari, *Direito Administrativo Ordenador*, São Paulo, Malheiros Editores, 1993.

ESTUDOS & COMENTÁRIOS

ELEIÇÕES MUNICIPAIS DE 1996, COM ÊNFASE PARA O QUADRO DE SÃO PAULO

MONICA HERMAN SALEM CAGGIANO

Professora Associada da Faculdade de Direito da Universidade de São Paulo — Coordenadora Adjunta do Curso de Especialização em Direito Empresarial da Universidade Mackenzie — Secretária dos Negócios Jurídicos da Prefeitura do Município de São Paulo

1. Introdução

A complexidade e peculiar mutabilidade das regras e práticas eleitorais impõem, por mais uma vez, aos analistas o exame do quadro a envolver a consulta popular programada para o corrente ano de 1996, com vistas à escolha dos Prefeitos municipais e dos Vereadores a compor os Legislativos locais a partir de 1º de janeiro de 1997.[1]

É que, não obstante a existência de um respeitável complexo normativo de regência desse sofisticado campo, o legislador ordinário tem entendido indispensável a edição de leis específicas para o disciplinamento particular de cada uma das consultas. Assim, já consolidada a tradição de normas especiais de regulação dos pleitos, talvez em razão do célere avanço das técnicas utilizadas nessa esfera de atuação e das transformações a atingir a própria sociedade, com reflexos imediatos quanto a suas demandas, o espectro eleitoral descortina, a cada pleito, uma série de inovações, impondo aos analistas renovado esforço na reconstrução dos vários e diversificados escaninhos que compõem o processo eleitoral.

Daí a exigência, diante da pretensão de dissecar o processo eleitoral de 1996, para a seleção de prefeitos e vereadores, de especial registro em relação ao *bloco legal* a discipliná-lo, a par da análise de questões que, costumeiramente, conferem ao tema um aspecto exótico e altamente controvertido.

2. Do bloco legal

No âmbito do bloco legal a incidir sobre o processo seletivo de 1996, emerge em posição sobranceira a *Lei n. 9.100, de 29 de setembro de 1995*, texto que estabelece as regras para a realização desse pleito, principiando sua ação regulamentadora com a fixação da *data da consulta* (3.10.96) e, nas hipóteses de ocorrência do *segundo turno — 15.11.96*. O diploma vai além: fixa prazo de carência quanto aos requisitos domicílio eleitoral e filiação partidária (esse último, aliás, em flagrante contradição com a regra básica do art. 18

1. As eleições municipais de 1996 envolvem a disputa de oitenta mil vagas para prefeito e vereador, por cerca de oitocentos mil a um milhão de candidatos, em todo o Brasil.

da Lei dos Partidos Políticos — Lei 9.096/95, paradoxalmente editada dez dias antes), autoriza coligações e normatiza sua concretização e funcionamento, dispõe sobre o registro das candidaturas, dos meios e fórmulas de fiscalização aplicáveis, da arrecadação e da aplicação dos recursos financeiros, da propaganda e faz estrear, a nível de exigência legal, a previsão de reserva de cota especial, dedicada à candidatura feminina (20% das vagas de cada partido ou coligação), donde sua rotulação de Lei das Cotas.

Aliás, relevante se nos afigura transcrever a postura protecionista, adotada pelo E. Tribunal Superior Eleitoral sobre a cota feminina, ao responder a Consulta n. 157, do Distrito Federal, *in verbis*:

"Ementa — Candidaturas Femininas — Se não se preencherem os 20% das vagas destinadas às candidaturas femininas, a chapa poderá ser registrada, ainda que incompleto aquele percentual de mulheres. O que não se admite conforme entendimento firmado por esta Corte, é que a diferença seja preenchida por candidatos-homens" (*DJ* 10.7.96).

É de se notar, porém, a par da relevante estréia da cota feminina, que, diante de um exame perfunctório, o documento oferece ao leitor a errônea impressão de exaurir o disciplinamento do quadro eleitoral a emoldurar os pleitos municipais de 1996, conquanto, em verdade, outros textos legais continuam irradiando seus comandos sobre as eleições deste ano.

Parece-nos salutar, nessa esteira, apontar o próprio *Código Eleitoral, Lei n. 4.737, de 15 de julho de 1965* (ou o que restou de seus dispositivos), com especial ênfase ao capítulo dos crimes eleitorais e ao macroprincípio insculpido no seu art. 237, voltado a robustecer a garantia de lisura do processo e a vedar ingerências emanadas do poder econômico, inclusive da máquina estatal a deteriorar o resultado do pleito.

No elenco de preceitos vedativos, resultantes de desdobramentos do já assinalado princípio consagrado pelo art. 237 do diploma eleitoral, merece registro a denominada *Lei Etelvino Lins — Lei n. 6.091, de 15 de agosto de 1974* — originariamente direcionada à regulação do transporte de eleitores e que, hoje, mantém destacada posição em função do disposto no seu art. 13, que inaugurou regra proibitiva quanto ao ingresso, dispensa e movimentação nos quadros de pessoal do serviço público estadual e municipal.

Referida norma alimentou acirrada polêmica quanto a sua vigência e aplicação por ocasião do pleito de 1990 quando, de forma excepcional, o legislador se mostrou silente no tocante à regulação das eleições. Na ausência de regra específica, o E. Tribunal Superior Eleitoral acabou por lhe acoplar o caráter permanente (Resolução n. 16.437, de 3 de maio de 1990), posição reforçada pelo C. Supremo Tribunal Federal que declarou também sua constitucionalidade (RE 92.728-BA). O preceito, aliás, tem sua incidência assegurada no que toca às eleições de 1996, até porque a norma projetada pelo Legislativo, quando da elaboração da atual Lei n. 9.100/95 (art. 77), foi objeto de veto presidencial. Em especial, no Município de São Paulo, a regra vem servir de respaldo e fundamento à Ordem Interna n. 11/96 do Prefeito, que orienta acerca dos atos administrativos que poderão ser praticados no período eleitoral, em relação a servidores públicos.

O campo das inelegibilidades, de outra parte, vem subordinado à *Lei Complementar n. 64, de 18 de maio de 1990*, cujos dispositivos de maior interesse para os pleitos municipais podem ser visualizados no quadro infra-transcrito:

PRAZOS DE DESINCOMPATIBILIZAÇÃO ELEIÇÕES MUNICIPAIS/ 1996

Cargo exercido	Prefeito	Vereador
Administrador Regional	exoneração/4 meses	exoneração/6 meses
Procurador Geral	"	"
Diretor de Dep.	"	"
Chefe de Assessoria e Supervisor	"	"
Coordenador e Supervisor	"	"
Chefe de Gabinete	"	"
Os servidores que tenham interesse direto na arrecadação, lançamento, fiscalização de tributo ou para aplicar multas	"	"
Servidor público municipal	afastamento/3 meses, assegurada percepção integral dos vencimentos (Res. TSE-18.019/92)	afastamento/3 meses, assegurada percepção integral dos vencimentos (Res. TSE-18.019/92)

Relevante é notar a hipótese de desincompatibilização dos servidores públicos da Administração Direta e Indireta, que sofreu alteração de tratamento não apenas por parte do legislador como também por força da jurisprudência construtiva emanada da Justiça Eleitoral. Assim, num primeiro passo, cumpre frisar que a modelagem adotada pela Lei Complementar n. 64/90 ofereceu contornos diferentes à figura do afastamento do servidor público para a promoção da respectiva campanha (art. 1º, II, "1"). Até aí, esse afastamento recebia o tratamento de favor legal, mera liberalidade que o servidor poderia usar ou não. Um benefício assegurado a cada nova consulta eleitoral pelo respectivo diploma regulamentador.

Na sua nova roupagem, contudo, foi erigido à *hipótese de inelegibilidade,* obrigando o servidor a se afastar de suas funções, assegurados os vencimentos, por um período fixado em razão da data do pleito e não mais do registro da respectiva candidatura.[2] E mais, nesse particular domínio, o próprio prazo de afastamento acabou sendo fixado pelo exercício da função normativa da Justiça Eleitoral, que estendeu aos pleitos municipais o período de 3 (três) meses preconizado pelo já referido art. 1º, II, "1", enquanto que, por força do disposto nos incisos IV e VII desse mesmo preceito, os prazos seriam de quatro e seis meses, dependendo da candidatura visar o cargo de prefeito ou de vereador. E

2. No Município de São Paulo, a questão foi objeto de regulamentação especial — Portaria n. 81/SMA-G.96 — da Secretaria Municipal da Administração, que, atendido o quadro normativo eleitoral, estabeleceu os tramites processuais e condições de deferimento dos pedidos de afastamento formulados pelos servidores/candidatos.

mais ainda, nulificou o E. Tribunal Superior Eleitoral a viabilidade de afastamento quanto às candidaturas a cargos não pertinentes ao Município em que o servidor exercesse suas funções. Memorável, pois, a decisão consagrada por intermédio da Resolução n. 18.019, *DOU* 7.4.92, *in verbis*:

"I, a: Aplica-se às eleições municipais a inelegibilidade da alínea 1, do art. 1º, II, da Lei Complementar n. 64/90, desde que vinculado o servidor candidato a repartição, fundação pública ou empresa que opere no território do município.

"I, b: Para excluir a inelegibilidade de que cuida o item 1, *a*, supra, deve o candidato às próximas eleições municipais afastar-se do cargo, emprego ou função até 2 de julho....

"I, c: O servidor afastado para o fim do item 2, supra, tem direito à remuneração integral por todo o tempo de afastamento exigido."

Interessante assinalar, também, as razões que conduziram a mais alta Corte Eleitoral a tal interpretação, igualando, em relação a todos os servidores públicos, independentemente do pleito a que venham a concorrer, o período necessário para fins de desincompatibilização: 3 meses. Tal solução, resta anotado no mencionado decisório, "impede conseqüências catastróficas, dificilmente conciliáveis com o princípio constitucional da moralidade, quando transposta para o prisma de seus reflexos sobre a Administração Pública".

Integrando o rol da legislação aplicável ao quadro eleitoral de 1996, não há como deixar de assinalar a nova lei dos partidos políticos, *Lei n. 9.096, de 19 de setembro de 1995*, já em plena operabilidade, em especial no que toca à previsão de veiculação publicitária pelo sistema de curtas inserções, com a participação inclusive dos candidatos, mecanismo já absorvido pelos partidos de maior força político-eleitoral e com o qual a sintonia foi instantânea.

De fato, o diploma contemplou as agremiações partidárias de forma generosa com o acesso gratuito ao rádio e à televisão, preconizando, a par da possibilidade de divulgação, por semestre, de um programa em cadeia nacional e um em cadeia estadual, com a duração de 20 minutos, a utilização de inserções nesses veículos de comunicação, de trinta segundos a um minuto, perfazendo um total de oitenta minutos semestrais, quarenta em emissoras nacionais e outros quarenta nas estaduais (art. 49). No que toca ao programa semestral, o texto disciplinou a matéria para o período compreendido entre a sua edição e o início da próxima legislatura seguindo modelo mais econômico (art. 56, II e III). Não ofereceu, porém, tratamento diferenciado à nova técnica publicitária por via de inserções. E essas inundaram as telas no primeiro semestre do corrente ano, sendo acopladas a um *marketing* pré-eleitoral das candidaturas já definidas pelos respectivos partidos.

Questionada a utilização da propaganda partidária, por *spots*, para fins eleitorais e antes mesmo de qualquer definição, por via do processo de registro das candidaturas, a Justiça Eleitoral (Representação do Ministério Público Eleitoral contra inserções realizadas pelo PPB-decisão da 1ª Zona Eleitoral da Capital de São Paulo, datada de 11 de maio de 1996) concluiu inocorrer qualquer vedação legal no tocante à transmissão de programas partidários que tenham como protagonista pré-candidato, frisando que "pelo fato de aparecer o pré-candidato para difundir o programa é, sem dúvida antiético, mas não ilegal".

Alinhando-se ao quadro produzido pelo legislador, não há como ignorar os atos reguladores emanados da Justiça Eleitoral com base na sua competência normativa e formalizados por via de Instruções. Nessa esteira, a comandar os pleitos eletivos de 1996, o Calendário Eleitoral (Resolução n. 19.382, *DJU* 22.11.95, p. 40.009), e as Instruções de n. 2 (Escolha e Registro dos Candidatos) é: 4 (Prestação de contas das Campanhas Eleitorais), 6 (Recibo eleitoral), 11 (Propaganda), 12 (Pesquisas Eleitorais), 13 (Atos Preparatórios, Cédula Eleitoral, Recepção dos votos e Garantias eleitorais), 14 (Atos Preparatórios, Cédula Eleitoral, Recepção de Votos e Garantias Eleitorais nas seções em que for utilizado o sistema eletrônico de votação), 15 (Formulários para as eleições), 16 (Apuração das eleições nas seções onde não for utilizado o sistema eletrônico de votação), e 17 (Apuração das eleições nas seções onde for utilizado o sistema eletrônico de votação), todas publicadas no *DJU* de 25.4.96, p. 12.993 e seguintes.

3. Dos partidos políticos

Nos termos do modelo eleitoral agasalhado pelo texto da Lei Maior (art. 14, § 3º, V), na paisagem doméstica *não há lugar para candidaturas independentes.*[3] As candidaturas são vinculadas a partidos políticos, embora não mais perdure a regra da plena e exclusiva responsabilidade das agremiações político-partidárias no concernente à realização das campanhas eleitorais. Impõe-se, assim, um exame — ainda que sucinto— do quadro partidário, dos partidos que, isoladamente ou por intermédio da figura da coligação, engajaram-se no processo eleitoral e da responsabilidade do partido no tocante ao desenvolvimento da campanha e às ações que envolvem a disputa dos votos.

O panorama brasileiro oferece-se propício à proliferação das formações político-partidárias, ensejando uma considerável pulverização, um turismo interpartidário, de contornos bastante acentuados a nível parlamentar, c o surgimento em cena política dos denominados partidos nanicos. O quadro coloca o analista, de imediato, diante de uma realidade de 32 partidos políticos — 26 com registro definitivo, 4 com registro provisório e 2 com requerimento em tramitação, solicitando capacitação jurídica.

QUADRO PARTIDÁRIO

Partidos com registro definitivo:
PC do B — Partido Comunista do Brasil
PCB — Partido Comunista Brasileiro
PDT — Partido Democrático Trabalhista
PFL — Partido da Frente Liberal
PL — Partido Liberal
PMDB — Partido do Movimento Democrático Brasileiro
PMN — Partido da Mobilização Nacional
PPB — Partido Progressista Brasileiro (fusão entre PPR/PP)
PPS — Partido Popular Socialista
PRN — Partido da Reconstrução Nacional

3. Sobre o tema, aliás, oportuna a observação do Prof. Cláudio Lembo, no sentido de que "o virtual monopólio conferido aos partidos políticos na indicação, apresentação e divulgação de candidatos, por toda parte, concede-lhes uma relevância especial no quadro das instituições políticas, a ponto de, hoje, estar em curso uma tendência à "constitucionalização" destas associações" — *Participação Política e Assistência Simples*, São Paulo, Forense Universitária, 1991.

Partidos com registro definitivo:
PRONA — Partido de Reedificação da Ordem Nacional
PRP — Partido Republicano Progressista
PSB — Partido Socialista Brasileiro
PSC — Partido Social Cristão
PSD — Partido Social Democrático
PSDB — Partido da Social Democracia Brasileira
PT — Partido dos Trabalhadores
PTB — Partido Trabalhista Brasileiro
PTdoB — Partido Trabalhista do Brasil
PV — Partido Verde
PSTU — Partido Socialista dos Trabalhadores Unificado
PRTB — Partido Renovador Trabalhista Brasileiro
PTN — Partido Trabalhista Nacional
PGT — Partido Geral dos Trabalhadores
PST — Partido Social Trabalhista
PSL — Partido Social Liberal
Partidos com registro provisório:
PAN — Partido dos Aposentados da Nação
PCO — Partido da Causa Operária
PSDC — Partido Social Democrata Cristão (ex-PDC)
PSN — Partido Solidarista Nacional
Partidos com solicitação de capacitação jurídica:
PFB — Partido Feminista Brasileiro
PJP — Partido de Justiça Popular

Desse invejável elenco de opções partidárias, poucos aqueles que efetivamente contam com adequado nível de representatividade. Como de maior expressão, continuam com o seu domínio o PMDB (107 deputados eleitos no último pleito de 1994, com uma bancada total de 129, incluindo os senadores), o PFL (90 deputados eleitos /94 — bancada de 107 congressistas, incluindo os senadores), o PSDB (63 deputados eleitos/94 — bancada de 73 congressistas, incluindo os senadores), o PPB (decorrente da fusão do PPR e do PP que elegeram em 1994, em conjunto, 99 deputados), o PT (49 deputados — bancada de 54 congressistas, incluindo os senadores). E, dentre os de menor densidade eleitoral, podemos anotar casos como o do PL (14 congressista), PCdoB (10 congressistas), PMN (4 congressistas), PSC (3 congressistas), PPS (3 congressistas), PRP (1 congressista), PRN (1 congressista) e PV (1 congressista).

As agremiações de menor expressividade eleitoral ingressam na disputa basicamente por via de coligações (para os pleitos municipais de 1996 autorizadas desde que pertinentes à eleição majoritária e proporcional ou apenas à majoritária art. 6º), comumente visando a ampliação do tempo de antena[4] dos mais poderosos, conquistando, em contrapartida, recursos de *marketing* e espaço mais promissor para os seus próprios candidatos. Por vezes, porém, sua participação tem por escopo mero ato de presença eleitoral, presença que, quando não produz efeitos nocivos sobre a campanha, por privilegiar, a partir da sombra, candidato de maior potencial, é salutar para o robustecimento da participação política e ampliação das possibilidades de exercício da cidadania.

As eleições municipais de 1996 já têm um quadro definido nesse sentido. Assim, em São Paulo, concorrendo ao pleito de 3 de outubro há o registro:

PARTIDOS EXPRESSIVOS/ COLIGAÇÕES	PARTIDOS NANICOS
PSDB/coligação *SP* com PPS, PV e PSL/ candidato José Serra/15 min. 27 seg.	PSC/candidato Pedro de Camilo Neto
PMDB/ coligação *Viver São Paulo*, com PSDC/candidato João Leiva ou José A. Pinotti (disputando a candidatura perante a Justiça Eleitoral) 17 min. 54 seg.	PRTB/candidato José Levy Fidelis/1 min. 48 segs.
PPB/Coligação *Não Deixe São Paulo Parar* com PFL/candidato Celso Pitta/29 min. 9 seg.	PSTU/candidato Valério Arcary/ 1 min.
PT/coligação *Sim Por São Paulo* com PSB, PCdoB, PMN, PCB/candidata Luiza Erundina/14 min. 18 seg.	PTB/coligação *São Paulo Esperança* com PAN e PSD/candidato José Campos Machado/7min.
PDT/coligação *Rossi por São Paulo* com PL e PST/candidato Francisco Rossi/ 8 min. 45 segs.	PTN/coligação *Bandeira Paulista* com PGT e PTdoB/candidato Dorival Masci de Abreu/1 min 49 segs.
	PRP/candidato Carlos Alves/1 min. 49 segs.
	PRONA/ candidata Havanir Tavares de Almeida Nimtz/1 min. 49 segs.
	PCO

* Os partidos PPB, PMDB, PFL e PSDC não realizaram coligação para a eleição de Vereadores (sistema proporcional) e o PCO requereu apenas o registro de candidatos a Vereador na Capital de São Paulo.

** A título ilustrativo, parece-nos oportuno, apontar algumas coligações e candidaturas registradas em outros municípios, capitais de Estados da Federação brasileira. Assim, no *Rio de Janeiro*, verifica-se a realização das coligações: "Verde Arco Íris" (PPS, PV); "O Melhor Para o Rio" (PSDB, PMDB, PL, PPB, PSD, PTB, PSC) — só para a eleição majoritária; "PTdoB-PGT" (PTdoB, PGT); "Rio Cidade Maravilhosa" (PST, PRP); "Unidade Popular" (PDT, PCdoB, PSB). O PFL não integrou qualquer coligação, apresentando candidato isoladamente. *Em Florianópolis*, Estado de Santa Catarina, foram formadas 4 coligações: "Aliança Pela Vida" (PRTB, PAN, PMN, PSD, PV); "Força Capital" (PPB, PTB,

4. A questão aqui tratada diz respeito ao tempo de cada partido no horário gratuito de propaganda eleitoral no rádio e na televisão. A partilha, nos moldes preconizados pelo legislador, sofre forte influência da representação de que dispõe cada agremiação junto à Câmara dos Deputados. As coligações, notadamente para os pleitos majoritários, sofrem o reflexo da necessidade de ampliação desse tempo de antena, poderoso veículo de *marketing* político-eleitoral (Lei n. 9.100/95, art. 56 e ss.).

O exame do momento eleitoral, quando o enfoque se dirige ao partido político, impõe especial atenção à questão da responsabilidade das agremiações no que concerne ao espectro financeiro das campanhas e ao *marketing* político. Afastando-se da clássica responsabilização integral dos partidos pela propaganda e movimento financeiro das campanhas pré-eleitorais, o legislador (Lei n. 9.100, de 29.9.95) optou por atribuir *solidariamente — a partidos e candidatos, tal responsabilidade.* Quanto à figura da agremiação, a esta foi acoplada, em caráter obrigatório, a tarefa de registrar comitê financeiro e a relativa à abertura de conta bancária específica para o registro de todo movimento financeiro, contemplando, de forma facultativa, os candidatos com essa última atribuição, com exceção dos candidatos a Prefeito e, nos municípios com mais de 50 mil eleitores, também os aspirantes a mandato de Vereador, para os quais impera também a obrigatoriedade (art. 35, § 3º). O preceito contido no § 5º do já assinalado art. 35 é taxativo, porém, ao designar o *candidato* como "o *único responsável* pela veracidade das informações financeiras e contábeis referentes à sua campanha...", embora persista a regra de que "a prestação de contas à Justiça Eleitoral será sempre feita por intermédio do comitê financeiro e assinada pelo presidente do Partido" (art. 35, § 7º).

Em verdade, o documento legal a disciplinar os pleitos de 1996 acompanha o espírito que norteou a produção da Lei n. 8.713/93 (eleições a nível federal e estadual de 1994), aprimorando, até, o tratamento oferecido naquela oportunidade a vários pontos de intensa e eterna nevralgia nos domínios das consultas eletivas. Continua paradoxal e nebulosa, porém, a defi-

PSDB); "Frente Popular" (PDT, PT, PCB, PPS, PSB, PCdoB); "Nossa Cidade" (PFL, PL, PSC, PSL). O PMDB e o PSTU apresentaram candidatos independentemente de qualquer coligação. O quadro de *Porto Alegre*, Estado de Rio Grande do Sul, oferece 4 coligações: "Frente Popular" (PT, PPS, PCdoB); "União por Porto Alegre" (PSDB, PL, PFL, PSC, PSL); "União Social Popular" (PST, PMN, PSD, PRN); "Unidade Popular" (PCdoB, PDT). Os partidos PTB, PPB, PSB, PSTU, PRONA, PMDB e PAN apresentaram candidaturas próprias, independentemente de qualquer coligação. *Em Aracajú*, Estado de Sergipe, há 7 coligações: "PDT/PTB", "PT/PCB/PCdoB", "PMDB/PSB", "PST/PRN", "PL/PPS/PFL", "PPB/PMN/PRP", "PTN/PSC/PTdoB". Os partidos PSTU, PSDC e PV apresentaram candidatos a prefeito sem coligação. *Em Recife*, Estado de Pernambuco, os partidos PPB, PT, PSTU, PSC, PFL, PPS, PSDB e PCdoB apresentaram isoladamente candidatos. *Em Salvador*, Estado da Bahia, há 4 coligações: "PDT/PSDB", "PT/PCB/PPS/PSB/PCdoB", "PRN/PSD/PRP", "PTB/PSC/PL/PFL/PTdoB". Os partidos PMN, PGT, PMDB e PCO apresentaram individualmente candidaturas. *Em Fortaleza*, Estado do Ceará: os partidos PPB, PDT, PMDB, PSL, PSC, PSN, PV, PSDB PCdoB e PTdoB apresentaram individualmente candidatos a prefeito. *Em Belo Horizonte*, Estado de Minas Gerais, há 7 coligações: "PSB/PMDB/PPS", "PSTU/PCO", "PRN/PST/PRP", "PT/PV/PCB/PCdoB", "PSDB/PL/PPB/PTB/PSL/PSD/PTdoB", "PDT/PMN/PAN/PRONA", "PFL/PSC". O partido PTN apresentou candidato isoladamente. *Em Vitória*, Estado de Espírito Santo, há 6 coligações: "PDSB/PDT/PV/PSDC", "PTB/PFL", "PMDB/PL/PCdoB", "PSB/PAN/PPS/PSN", "PSD/PST", "PMN/PSC". O PT, PPB, PDT e o PRN apresentaram candidaturas individuais. *Em Curitiba*, Estado do Paraná: "PPB/PDT/PTB/PSC/PFL", "PT/PCB/PV/PCdoB", "PST/PL/PSDC/PTdoB", "PSDB/PPS". Os partidos, PSB, PMN, PTN, PSTU e PMDB apresentaram candidaturas isoladas. *Em Belém*, Estado do Pará, há 4 coligações, sendo que os partidos PRN, PMDB, PPB e PL apresentaram candidatos isoladamente. *Em João Pessoa*, Estado de Paraíba, há 4 coligações: "PPB/PDT/PCdoB", "PSC/PMN/PSD", "PSDC/PRN/PRP", "PSB/PSDB". Os partidos PCO, PSL e PSTU apresentaram candidatos isoladamente. *Em Porto Velho*, Estado de Rondônia, há 4 coligações: "PT/PCdoB/PV/PPS", "PSDC/PAN/PRP/PSN/PRN", "PDT/PPB/PL/PTB/PMN/PSD/PFL", "PMDB/PSDB". Os partidos PTdoB, PSB e PRONA apresentaram candidatos isoladamente. *Em Boa Vista*, Estado de Roraima, há 3 coligações: "PTB/PMDB/PP", "PDT/PL/PFL/PMN/PSB/PV/PSDB/PCdoB", "PT/PST/PTN/PSC/PPS/PSDC/PSD/PRP". Os partidos PRTB e PSL apresentaram candidatos isoladamente.

nição da responsabilidade. O candidato é o único responsável? É ao partido, contudo, que foi cometido o dever da prestação final de contas à Justiça Eleitoral. E mais, em se tratando agora de pleitos municipais, vários serão os lugares a comportar campanhas a vereador realizadas por candidatos que não têm a obrigação e não abrirão conta bancária própria (art. 35 § 3º). Nessa última hipótese, a campanha será desenvolvida pelo partido e alimentada financeiramente por contas partidárias. Ainda assim, persistirá a exclusividade pertinente à responsabilidade do candidato?

4. Do financiamento das campanhas

Cuida-se aqui do aspecto financeiro a envolver a operação eleitoral, tema de irrecusável notoriedade porquanto ninguém há de ignorar que o custeio da atividade política demanda quantias cada vez mais vultosas, mormente nos momentos pré-eleitorais,[5] quando a disputa pelo voto impõe a busca incontrolável de fontes de captação de receita, conduzindo invariavelmente a um processo periférico e nocivo de obtenção de aportes financeiros que desvirtuam e contaminam todo o cenário eleitoral.

A verdade é que a questão financeira a envolver a atividade partidária tem sido encarada com reserva, não só por força das dependências que possam originar, como, também, em face do iminente perigo de deterioração da vontade popular expressa através do voto. Daí o vasto e grave repertório de escândalos, girando em torno do financiamento da atividade política, a ocupar os espaços da imprensa. Daí, ainda, a busca de meios e adequada regulamentação, aptos a intimidar, a desmotivar e a reduzir as práticas espúrias, timbradas pela corrupção.[6]

O legislador de 1995 (Lei 9.100) acompanhou, de perto, o espírito arrojado do texto normativo a comandar o pleito de 1994, editando normas mais consentâneas com as práticas de arrecadação de fundos, reconhecendo e regulamentando a captação de recursos no âmbito da esfera privada, de pessoas físicas e jurídicas, de molde a assegurar um determinado equilíbrio à campanha (estabelecimento de limites, art. 34), a transparência (visando identificar quem financia quem — a obrigatoriedade do recibo previsto no § 5º do art. 36), a lisura e a autenticidade da consulta.

Aprimorou o mecanismo pertinente à introdução de tetos máximos de contribuição e o respectivo controle, inaugurado por ocasião do pleito de 1994, abandonando o sistema do "bonus eleitoral", para manter simplesmente a exigência do já aludido *recibo* a ser fornecido pelo candidato ou partido a cada contribuição, documento cuja confecção exige a lei formulário impresso em série própria para cada agremiação, segundo modelo aprovado pela Justiça Eleitoral (art. 36, § 5º).

Em resumo e para uma melhor visualização do quadro possível de doações em prol das campanhas eleitorais de partidos e candidatos, parece-nos oportuno registrar o seguinte esquema:

5. No artigo "Legalidade, Legitimidade e Corrupção em Campanhas Eleitorais" (v. infra) de 1994, registrou a autora estudo elaborado pelo Prof. Roberto Aguiar que apontava o elevado custo do voto no Brasil, cerca de $ 35.00. Em recente levantamento promovido pela revista *Veja* (ed. de 31.7.96), verifica-se uma redução desse valor, sendo orçado o custo médio do voto para prefeito em $ 20.00 e para vereador $ 10.00. O montante de dinheiro que deve circular nas eleições municipais de 1996, na estimativa apresentada, implicará em cerca de 3 bilhões de dólares.

6. O fenômeno corrupção foi objeto de análise no artigo "Legalidade, Legitimidade e Corrupção em Campanhas Eleitorais", da autora, in *Cadernos Liberais*, ed. Centro de Estudos Políticos e Sociais — CEPS, São Paulo, Brasil.

Limites de doações

Pessoas Físicas	Pessoas Jurídicas
10% da renda de 1995 ou 70 mil UFIR (R$ 61.929,00 em 1.7.96) — o que for maior	1% da receita operacional bruta de 1995 ou 300 mil UFIR (R$ 265.410,00 em 1.7.96) — o que for maior
200 UFIR (R$ 176,94 em 1.7.96), quantia não sujeita à contabilização, que poderá ser dispendida por qualquer cidadão em apoio do candidato de sua preferência	Em relação a todos os candidatos de determinada circunscrição — 2% da receita de impostos arrecadados pelo Município em 1995, acrescida das transferências constitucionais

Limites de recursos do próprio candidato

— limite máximo estabelecido para despesas pelo partido ou coligação (art. 36, § 1º, II).

Vedações

— utilização de serviços gráficos custeados pelas Casas Legislativas, na hipótese de candidato detentor de mandato eletivo (art. 40);

— doações de entidades estrangeiras, Administração Pública Direta e Indireta, concessionários e permissionários de serviço público, pessoas jurídicas ou físicas que mantenham contrato de obra ou serviço com o Poder Público, entidades declaradas de utilidade pública, entidades de classe ou sindical, pessoa jurídica, sem fins lucrativos, que receba recursos do exterior (art. 37);

— doações por intermédio de: confecção de material impresso de qualquer natureza; propaganda e publicidade, direta ou indireta, por qualquer meio; aluguel de locais para a promoção de atos de campanha; despesas com transporte ou deslocamento de pessoal a serviço das candidaturas; correspondência e despesas postais; instalação e funcionamento de comitês; montagem e operação de carros de som, de propaganda; confecção, aquisição e distribuição de camisetas, chaveiros e outros brindes; realização de pesquisas ou testes pré-eleitorais; aluguel de bens particulares para veiculação de propaganda eleitoral (art. 38) — *tudo isto quando sua verificação ocorrer sem o registro da contribuição na forma regulamentar e se afigurar de valor superior a 200 UFIR.*

Requisitos formais

— o recibo, na forma preconizada no § 5º do art. 36; excetuada a hipótese autorizada por força do art. 39;

— prestação de contas na forma dos arts. 41 e seguintes;

— balancetes mensais (§ 3º, art. 32, Lei 9.096/95).

Instrumentos de arrecadação

O dilema atinente ao levantamento de fundos de campanha, que os americanos reduzem à clássica expressão *raising the money*, impõe a utilização de modernas técnicas promocionais direcionadas, ao lado do fundo partidário[7] e das doações, a incrementar as possibilidades arrecadatórias, tema amplamente discutido no *Finanças Partidárias*, publicado em 1983[8] e que, a título ilustrativo, aponta, dentre outras, as modalidades infra-arroladas:

— mala direta;

— *fund-rising dinners, brekfast, lunches* e os atuais *brunches*;

— venda de adesivos, camisetas, bottons, etc.;

— publicações (venda avulsa ou por assinatura).

5. *Da propaganda eleitoral*

A temática pertinente à veiculação publicitária vem disciplinada pelo diploma que comanda o pleito de 1996 em capítulo à parte (arts. 50 e seguintes), texto complementado pela Instrução n. 11, editada pela Superior Corte Eleitoral, quadro normativo norteado pelo princípio alojado no art. 237 do Código Eleitoral (Lei n. 4.737/65).

Em princípio o legislador manteve o tratamento clássico, acompanhando de perto a linha adotada por ocasião das duas últimas consultas eletivas, de tom mais aberto e benevolente. Alguns itens impõem, contudo, uma atenção especial, em razão da eterna polêmica que suscitam.

Dedicaremos, pois, maior atenção às modalidades permitidas, às vedações e a algumas hipóteses de maior teor nevrálgico.

Modalidades permitidas

Após a escolha em convenção,[9] a partidos e candidatos é permitida a realização de propaganda, frisando o legislador a inviabilidade de cerceamento do *marketing* político-eleitoral por força de legislação municipal ou estadual.

Os veículos de divulgação albergam:

— *fixação de faixas placas, cartazes, pinturas, inscrições ou murais* de qualquer dimensão em bens particulares;

— *alto-falantes e amplificadores de voz,* das 14 às 22 horas, instalados nas suas sedes e em veículos de partidos, candidatos ou coligações, sempre a pelo menos 200m de distância das sedes dos Poderes e estabelecimentos enumerados no parágrafo único do art. 244 do C. Eleitoral, a exemplo de hospitais, bibliotecas, igrejas, teatros ou quartéis (art. 53, § 4º, Lei 9.100/95);

— distribuição de *folhetos volantes* e outros *impressos (panfletagem)* em vias e logradouros públicos;

* paradoxal e inconstitucional nos parece, porém, a liberação ampla e global da panfletagem eleitoral, ignorando-se a legislação municipal, notadamente quando esta tem por escopo preservar a higiene e a estética urbana. A questão já foi suscitada perante o Poder Judiciário, advindo o entendimento de que o Código Eleitoral, prevê em seu art. 248 que "ninguém poderá impedir propaganda eleitoral..." e dispõe no artigo seguinte que "o direito de propaganda não importa restrição ao poder de polícia quando este deva ser exercido em benefício da ordem pública-

7. Segundo noticiado pelos jornais *O Estado de São Paulo* e *Jornal da Tarde* (ed. de 23.7.96), os partidos serão contemplados com cerca de R$ 33 milhões, o maior repasse já realizado pelo Tesouro Nacional, montante a ser repartido entre todos os partidos, sendo os maiores privilegiados os que contam com bancadas mais numerosas junto à Câmara dos Deputados. Noticia-se, ainda, projeto de lei em tramitação, aumentando ainda mais a verba destinada ao Fundo Partidário, sendo proposto um valor aproximado de R$ 500 milhões para partilha entre as agremiações.

8. *Finanças Partidárias,* Monica Herman Salem Caggiano, Brasília, Sen. Federal, Centro Gráfico, 1983.

9. O § 1º do art. 50 da lei eleitoral em vigor para o pleito de 1996 autoriza aos postulantes a legenda para candidatura a cargo eletivo promoverem suas campanhas uma semana antes da realização da convenção partidária.

ca". Bastante claro também o art. 243 que relaciona casos em que não será tolerada propaganda, entre eles, quando houver prejuízo a higiene e a estética urbana, ou "contravenha a postura municipais ou a outra qualquer restrição de direito" (Ac. N. 93.954, *DOE* 4.11.86). E em outros municípios, a exemplo da cidade de São Paulo, deve haver legislação de limpeza pública que veda a panfletagem nas ruas e logradouros públicos; parece-nos, pois, que tal legislação local — com suas penalidades e sanções deve prevalecer sob pena de lesar a previsão constitucional de competência reservada e exclusiva do Município (CF, art. 30, I) no que tangenciar o interesse local. E mais, a panfletagem irrestrita, tal qual pretendida pelo legislador eleitoral (art. 52) imporia aos municípios um ônus financeiro demasiadamente pesado (limpeza dos logradouros públicos, desobstrução de bueiros e bocas de lobo etc.), o que também seria absurdo. Daí o nosso entendimento de que a propaganda por via de panfletagem deve adequar-se às disposições dos textos legais editados no âmbito de cada município;

— realização de *comícios* em recinto aberto ou fechado, independentemente de licença da polícia e no horário compreendido entre 8 e 24 horas. O art. 3º da Lei n. 1.207, de 25 de outubro de 1950, comete à Secretaria Estadual da Segurança Pública a tarefa fixar, ao começo de cada ano, as praças destinadas à realização de comícios e o art. 53, § 1º da Lei 9.100/95 (repetindo regra anterior do art. 245 CE) exige apenas mera comunicação à autoridade policial com 24 horas de antecedência, no ensejo de se assegurar uma determinada ordem e tranqüilidade a tais atos de propaganda;

* é interessante notar que a recente lei editada no Município de São Paulo (Lei municipal n. 12.153, de 29 de julho de 1996), que dispõe sobre a necessidade de prévio aviso às autoridades municipais de trânsito nas hipóteses de manifestações públicas na Av. Paulista, visando assegurar o regular fluxo de tráfego na região, vai produzir reflexos sobre os atos de propaganda política, nessa modalidade, na indicada área. Por mais uma vez, porém, parece-nos oportuno assinalar a impositiva exigência de preservar o poder de polícia da autoridade municipal, interpretando a lei eleitoral de forma a não nulificá-lo, pois isto seria absurdo;

— a modalidade conhecida como *outdoor*, que inunda ruas e avenidas no momento pré-eleitoral e que devido a sua larga utilização demandou regulamentação especial. A esse instrumento é dedicado o art. 55 da Lei n. 9.100/95, adotando-se a técnica do sorteio para a distribuição dos locais entre os partidos e rígida fiscalização da Justiça Eleitoral. A distribuição dos locais para a afixação do *outdoor* entre os candidatos de cada partido é tratada como questão *interna corporis* de cada agremiação (§ 7º, art. 55);

— divulgação na *imprensa escrita*, publicidade paga e que atende ao preceito do art. 54 da Lei 9.100/95 que limita a um oitavo de página de jornal padrão e a um quarto de página de revista ou tablóide a propaganda de partido, candidato ou coligação;

— *o rádio e a televisão*, sendo assegurado aos partidos e às coligações horário gratuito pelo período de 60 dias anterior à antevéspera do pleito, partilhado, principalmente, com base na representação partidária junto à Câmara dos Deputados, nos moldes já configurados às fls. 8 deste trabalho. Na televisão, os partidos, conjuntamente, foram contemplados com uma hora de propaganda e nesse segmento publicitário introduziu, também, o legislador, o esquema das inserções ou *spots* de 30 a 60 segundos, a serem veiculados ao longo da programação diária das emissoras, independentemente do horário reservado à propaganda eleitoral. No rádio, o tempo destinado à publicidade eleitoral partidária é de uma hora e meia. Houve também previsão de dias específicos para a veiculação da propaganda aos cargos dos Legislativos (segundas, terças e quartas) e dias restritos à campanha para Prefeito — terças, quintas e sábados. Há vedação expressa, contudo, quanto à publicidade paga ou compra de horário nesses veículos complementando a produção apresentada no horário gratuito;

— *debates* — já tradicional entre nós a previsão de debates entre os candidatos, por via de rádio ou televisão, inclusive emissoras de televisão que operem em VHF e UHF. A Lei 9.100/95 (arts. 62 e 63) assegurou a todos os candidatos — eleições majoritárias e proporcionais — a participação em debates. No que toca aos pleitos majoritários previu duas possibilidades: a primeira, com a presença de todos os candidatos e a segunda, em grupos, devendo, nesta última hipótese, a escolha do dia e da ordem de fala ser feita mediante sorteio, salvo se celebrado acordo diverso entre os candidatos. É de se observar, no entanto, que, já na realização do primeiro debate a envolver apenas um grupo de candidatos a Prefeito no Município de São Paulo, a Justiça Eleitoral, por decisão datada de 1º de julho de 1996, do Juiz da 1ª Zona, garantiu a presença dos demais candidatos dos denominados partidos "nanicos".

No que concerne às candidaturas aos Legislativos Municipais (Vereador), o documento preconizou, na organização dos debates, garantia da presença de, pelo menos, 3 partidos concorrentes. Deixou, porém, à livre escolha do partido a indicação de seus representantes no encontro, entendendo a questão, pois, como de interesse *interna corporis*.

— *presença de autoridades* — faceta de elevado grau de nevralgia do momento eleitoral, até agora, a questão da participação das autoridades nas produções de *marketing* eleitoral ganhou tratamento mais ameno no cenário dos pleitos municipais de 1996. Por intermédio da regra do art. 61, o legislador assegurou a participação, em apoio aos candidatos, de qualquer cidadão filiado ou não ao partido daqueles, vedando apenas a presença remunerada e a propaganda que possa degradar ou ridicularizar candidatos, ainda que de forma dissimulada. E mais, nessa linha, previu para o segundo turno, onde o reagrupamento partidário é obrigatório, a participação de filiados a partido diferente daquele defendido pelo candidato que pretende apoiar.

A regra, da forma como idealizada pelo legislador, aberta e sem restrições, colidiu frontalmente com posicionamentos já consolidados no âmbito da Justiça Eleitoral, posturas mais restritivas que impediam o apoio claro e expresso das autoridades em prol de seus candidatos. Suscitada a temática perante o E. Tribunal Superior Eleitoral, houve inequívoca remodelação do entendimento anteriormente perfilhado, advindo a Resolução n. 19.608, de 11.6.96, que, alterando a redação do inciso IX do art. 58 da Instrução n. 11 (Res. n. 19.512, de 18.4.96), consagrou a presença das autoridades nos palanques e demais veículos publicitários ao dispor que a tais personalidades somente será vedado "participar de atos públicos de campanha eleitoral do candidato ou partido político, quando acarrete o comprometimento de recursos públicos" (*DJU* 21.6.96.).

— *propaganda em táxis* — a matéria já foi objeto de abordagem, notadamente no tocante ao Município de São Paulo, por ocasião das eleições de 1990,[10] quando se demonstrou a excrescência do Decreto municipal n. 22.252, de 28 de maio de 1986. Isto, de um lado, porque não havia e continua inocorrendo qualquer vedação expressa na lei eleitoral quanto à exploração de publicidade político-partidária e a afixação de cartazes de candidatos a postos eletivos no interior de táxis e, de outro, porque a Lei municipal n. 9.387, de

10. "Eleições 90 e o seu Metabolismo", Monica Herman Salem Caggiano, in *Cadernos Liberais 97-90*, edição do Instituto Tancredo Neves de Estudos Políticos e Sociais, São Paulo, 1990.

21.12.81, autorizativa dessa espécie de propaganda, encarregou a autoridade regulamentadora (o Executivo) tão só do delineamento das normas técnicas, tipo: dimensões, formato, área de exposição, etc. Não lhe oferece, todavia, qualquer brecha para introdução de impedimentos quanto à matéria a ser veiculada por esse sistema de *marketing*. Evidente, assim, a conotação de *praeter legem* da regulamentação proposta por força do indigitado decreto.

Reflexo imediato da revogação parcial do já assinalado Decreto n. 22.252/86, a manifestação do MM. Juiz da 1ª Zona Eleitoral do Município de São Paulo que, transformando uma representação de Vereador do PT em consulta, resolveu respondê-la (proc. N. 028/96-1ª Zona Eleitoral). Reconhecendo a inviabilidade de discutir o decreto revocatório municipal nessa sede, traçou, porém, orientação no sentido de que questionado ato de propaganda viria a ser proibido por força da regra do art. 51 da Lei n. 9.100/95.

Ora, é de se notar que assinalado preceito, como aliás é frisado nessa r. decisão, impede propaganda em "bens cujo uso dependa de cessão, permissão ou concessão do Poder Público"; o serviço de táxi não se enquadra em qualquer dessas hipóteses legais. É um bem particular que detém mera licença para operar no âmbito do transporte individual de passageiros. E não há como ignorar que as disposições legais restritivas, uma característica indissociável da norma eleitoral, devem ser interpretadas de forma estrita, restando vedado qualquer exercício de hermenêutica de maior elasticidade. Em especial, a produção e o exercício da propaganda eleitoral, meio de divulgação e veiculação dos personagens que postulam cargos eletivos, não pode sofrer processos de engradamento e intimidação, totalmente destoantes da perspectiva participativa própria do período pré-eleitoral. Este, em verdade, pressupõe uma exacerbação do exercício do direito, constitucionalmente consagrado e tutelado, de livre e ampla manifestação e exteriorização do pensamento — tudo em homenagem e atendimento do cânone democrático conhecido como *free and fair elections*.[11]

Fato é que não há na legislação em vigor qualquer regra expressa inibidora dessa espécie publicitária, o que, a nosso ver, impõe a revisão do posicionamento adotado em primeiro grau por parte da Justiça Eleitoral.

— *circuito fechado de som e imagem a que o público tenha acesso e vídeos* — desde que a publicidade produzida (em salas de cinema ou espetáculos teatrais ou, ainda, por via de vídeos locados) venha a ser paga e devidamente contabilizada pelo partido, coligação ou candidato, não há qualquer óbice legal à veiculação.

Vedações

— *material publicitário produzido pelos serviços gráficos das Casas Legislativas* beneficiando candidato detentor de mandato parlamentar (art. 40, Lei 9.100/95);

11. O problema a envolver a questão publicitária em terreno eleitoral toca de perto a discussão pertinente à liberdade de manifestação do pensamento tanto em relação ao eleitor quanto do prisma do candidato. O tema foi objeto de amplo debate no cenário norte-americano logo após a revisão legal procedida em 1974 e que introduziu um esquema mais rígido de controle sobre o aprovisionamento das atividades partidárias. Memorável a decisão proferida pela Suprema Corte dos Estados Unidos, no caso "Buckley *x* Valeo" (30.7.76), eliminando grande parte dessas restrições sob a argumentação de que tal linha vedativa implicava uma ofensa à Emenda n. 1 do Estatuto Fundamental, por conduzir a restrições quanto à liberdade de expressão, posto que importaria em limitações quanto à profundidade dos debates, temas a serem debatidos e em limitação quanto à amplitude da audiência a ser alcançada (in *Electing Congress*, abril de 1978, p. 110).

— *propaganda em bens cujo uso dependa de cessão, permissão ou concessão do Poder Público* ou em bens públicos, englobando tal proibição as pichações, as inscrições, afixação de cartazes ou qualquer outra veiculação publicitária;

— *a partir de 1.7.96 a veiculação, por emissoras e ainda que no curso de sua programação normal, de entrevistas jornalísticas com candidatos,* de pesquisas ou consultas de natureza eleitoral em que seja possível a manipulação de dados; a utilização de trucagem, montagem ou outro recurso de vídeo ou áudio de forma a ridicularizar ou degradar partido, candidato ou coligação; difundir opinião favorável ou contrária a partido, candidato ou coligação; oferecer tratamento privilegiado a candidatos, partidos ou coligações; quaisquer alusões, na sua programação cotidiana — novelas, minisséries etc. — a partido, candidato ou coligação (art. 64, Lei 9.100/95);

— *a partir de 2.8.96 transmitir programa apresentado ou comentado por candidato ou* divulgar nome de programa, ainda que preexistente, se coincidente com variação nominal adotada por candidato (art. 64, § 3º);

— *qualquer ato de propaganda de valor superior a 200 UFIR* e que não tenha sido objeto de correta contabilização por parte do partido ou candidato (art. 38 c/c art. 39 Lei 9.100/95).

Pesquisas eleitorais

Clássica a postura refratária do legislador no que concerne à divulgação de prévias ou pesquisas eleitorais, sempre encarando esse meio informativo como de alto risco para a lisura e sinceridade do resultado eleitoral, por rotulá-lo como de elevado potencial de ingerência na exteriorização da vontade política do eleitor. Já em 1987 (*Sistemas Eleitorais e Representação Política*),[12] contudo, demonstramos a reduzida capacidade de aliciamento eleitoral desse instrumento, refletindo sua proibição um significativo prejuízo e, até mesmo, infringência ao direito de informação a todos assegurado.

O texto normativo a comandar o pleito de 1996 contemplou o segmento com um tratamento mais adequado, afastando-se da linha vedativa para autorizar sua produção; porém, sob rígido sistema de controle. Ao tema, a lei atual dedica capítulo à parte, arts. 48 e 49, dispositivos que, por intermédio de seus múltiplos incisos e parágrafos, oferecem à matéria uma regulamentação que visa impedir a manipulação de dados e a transmissão de informações tendenciosas ao eleitorado.

Começa a lei por introduzir um termo inicial de incidência, 2.4.96, data a partir da qual quaisquer pesquisas de opinião pública relativas às eleições ou aos candidatos passam a se subordinar à regência de um sistema de controle norteado pelos princípios da informação — quem contratou a pesquisa, valor e origem dos recursos financeiros, metodologia, margem de erro, etc.— e da ciência e possibilidade de impugnação pelos interessados. A vedação persiste, nos novos moldes, tão só, em relação às pesquisas não registradas junto à Justiça Eleitoral, que, portanto, deixaram de atender ao procedimento de fiscalização imposto e em relação às denominadas sondagens de "boca de urna". Estas últimas inviabilizadas em razão da impossibilidade do atendimento do prazo de carência — registro junto à Justiça Eleitoral *5 dias antes da sua divulgação.*

12. Monica Herman Salem Caggiano, *Sistemas Eleitorais X Representação Política*, Brasília, Senado Federal, 1990.

6. Do direito de resposta

Segmento eleitoral sobre o qual o legislador vem se debruçando de forma particular, introduzindo tópicos de flagrante aprimoramento, o quadro atinente ao direito de resposta foi merecedor de tratamento específico no âmbito do documento legal editado em 1995 (art. 66, com seus 12 parágrafos, sendo os três primeiros integrados por um expressivo rol de incisos), denotando uma acentuada preocupação com o delineamento de um procedimento célere e eficaz a coibir ou, ao menos, apto a corrigir e remediar situações que se afigurem ofensivas a candidatos, partidos, coligações, por via da transmissão de imagens ou afirmações caluniosas, difamatórias, injuriosas ou sabidamente inverídicas.

Nessa perspectiva, é de se notar, inicialmente, que o texto cuidou em separado das hipóteses de ofensa por intermédio da imprensa escrita, por via audiovisual (rádio e televisão), programação normal e horário gratuito. E mais, estabeleceu exíguos prazos para as partes, como também para o próprio Juiz, robustecendo, inclusive, as partes, por contemplá-las com a faculdade de, *em não sendo proferida a decisão nos prazos fixados se dirigirem aos órgãos superiores da Justiça Eleitoral na busca do provimento jurisdicional (art. 66, § 12 c/c com art. 65, § 6º)*. E mais, ainda, puniu o não cumprimento da ordem com sanção pecuniária (§ 11, art. 66), a par de reforçar sua tipificação como crime eleitoral, ao qual é acoplada a pena de detenção de 3 meses a 1 ano (art. 347, CE).

Demais disso, preconizou determinadas condições — de forma e de fundo — para o exercício dessa prerrogativa, acoplando-lhe um procedimento rápido, preordenado ao atingimento concreto da finalidade do próprio instituto.

Ofensa praticada pela imprensa escrita:

— *condições de fundo:*

a) legitimidade (competência) — partido, candidato ou coligação.

* embora o diploma legal mencione como titulares do direito de resposta apenas partidos, candidatos ou coligações (elenco ao qual a Resolução editada pelo TSE acrescentou também a figura do eleitor), parece-nos evidente que tal prerrogativa se estende a todo e qualquer ente que venha a ser alvo da ofensa de cunho eleitoral, restando a esse, também, facultado o procedimento previsto para o reparo moral, finalidade precípua desse instituto. Este entendimento decorre, de forma natural, até, do próprio preceito assecuratório consagrado no art. 5º, V da Constituição Federal (direito de resposta), reafirmado em sede eleitoral por força do respectivo Código (Lei n. 4.737/65), no art. 243, § 3º.

b) hipóteses admissíveis:

calúnia, difamação, injúria ou afirmação sabidamente inverídica.

— *condições de forma:*

a) instrução do pedido: exemplar da publicação e o texto da resposta.

b) prazo de defesa: 48 horas.

c) prazo global para a instrução e julgamento: 3 dias contados da data da formulação do pedido.

d) ônus da prova relativa à adequada veiculação da resposta: ofensor.

e) prazo de recurso: 48 horas da publicação, previsto igual prazo para o oferecimento de contra-razões.

Ofensa praticada por intermédio de emissoras de rádio e televisão/ programação normal

— *condições de fundo:* idênticas à hipótese anterior.

— *condições de forma:*

a) instrução do pedido: não há necessidade da exibição do material ofensivo. A Justiça Eleitoral notificará o responsável pela emissora para que entregue em 24 horas cópia da fita da transmissão.

b) prazo de defesa: não há; presume-se que eventual defesa deverá ser produzida juntamente com a apresentação do material de prova requisitado.

c) prazo global para instrução e julgamento: 72 horas.

d) prazo de recurso: 48 horas tratamento idêntico à hipótese anterior.

Ofensa praticada por intermédio de emissoras de rádio e televisão/ horário gratuito

— *condições de fundo:* idênticas.

— *condições de forma:*

a) apresentação do pedido: 24 horas do término da transmissão.

b) instrução do pedido: não há necessidade de exibição do material ofensivo.

c) prazo para notificação do ofensor para a defesa: 24 horas.

d) prazo para a defesa: 24 horas.

e) prazo global para a instrução e julgamento: 72 horas.

f) tempo de resposta: nunca inferior a um minuto.

g) prazo de recurso: 48 horas.

7. Das representações e reclamações

A par do direito de resposta e no mesmo sentido de preservação da moralidade, da ética e do espírito cívico que devem emoldurar o momento pré-eleitoral, o legislador disciplinou a via das representações e das reclamações denunciadoras do não cumprimento da legislação e causas de eventual ruptura do equilíbrio de atuação que deve ser assegurado a todas as facções que ingressam na corrida pelo voto.

Nesse sentido a abrangente regra do art. 65 da Lei n. 9.100/95, que, em moldes similares aos prescritos no que toca ao direito de resposta, vem delinear um procedimento célere, fixando os seguintes requisitos:

— *condições de fundo:*

a) legitimidade (competência): qualquer eleitor, candidato, partido, fiscal, delegado.

b) hipótese de admissão: denúncia de irregularidade nos quadros da publicidade eleitoral ou qualquer outra atuação que venha a lesar os dispositivos da legislação de regência das eleições de 1996.

— *condições de forma:*

a) apresentação da reclamação ou representação, afigurando-se oportuna e recomendável a adequada instrução do documento; não é contudo impositivo o oferecimento de provas.

b) notificação imediata do reclamado.

* em sendo candidato, a notificação poderá ser feita ao partido ou coligação a que pertença.

c) prazo para defesa: 24 horas.

d) prazo global para decisão: 72 horas.

e) prazo para recurso: 24 horas, sendo autorizadas contra-razões em igual prazo.

f) prazo para julgamento em segundo grau: 24 horas.

* na hipótese de inobservância dos prazos por parte da Justiça Eleitoral, faculta-se às partes conduzirem a questão à apreciação dos Tribunais Superiores (§ 6º, art. 65).

8. Do dia da eleição

Por tradição e considerando que o eleitor necessita de algumas horas de reflexão para a emissão de um voto consciente, bem como em homenagem à garantia da livre expressão das preferências políticas, a lei eleitoral veda “desde quarenta e oito horas antes até vinte e quatro horas depois da eleição, qualquer propaganda política mediante radiodifusão, televisão, comícios ou reuniões públicas” (parágrafo único, art. 240, CE). A par disso, à semelhança da legislação alienígena (exemplo francês e norte-americano), que dedica especial tratamento ao dia das eleições, por intermédio de legislação especial, editada a cada pleito, tem procurado definir normas que assegurem e complementem a eficácia desse princípio, erigindo o desatendimento a figuras penais, além das cominações de ordem pecuniária que são impostas. Em regra, busca-se o atingimento e a eficácia das garantias eleitorais, direcionadas a viabilizar a autêntica, livre e soberana manifestação da vontade por parte de cada um dos eleitores, isto por intermédio de precauções com a identificação do votante, com o seu isolamento, a proteção da cédula e a urna.

O texto legal elaborado para regulamentar o quadro eleitoral de 1996 não se afastou dessa regra. Foi mais rígido até, impedindo em quaisquer lugares — e não apenas nas proximidades das seções eleitorais — a distribuição de volantes e outros impressos, o funcionamento de postos de distribuição de material publicitário e outros atos de propaganda. Contemplou, ainda, vedação expressa a "qualquer forma de aliciamento ou coação tendente a influir na vontade do eleitor". E mais, tipificou o não cumprimento dessas determinações como crime eleitoral, acoplando à primeira dessas hipóteses sanção pecuniária (multa) e à segunda a pena de detenção de 1 a 3 meses (art. 67, IX e X).

Atenuando os efeitos da drástica restrição contida no inciso IX, art. 67, da lei, a Instrução de n. 11 (Propaganda) baixada pelo E. Tribunal Superior Eleitoral explicitou que resta vedado, durante o dia da votação, "em qualquer local público ou aberto ao público, a aglomeração de pessoas portando os instrumentos de propaganda (inscrições no vestuário, bandeiras, flâmulas ou adesivos em veículos) de modo a caracterizar manifestação coletiva...". Autorizou, porém, "a manifestação individual e silenciosa da preferência do cidadão por partido, coligação ou candidato...", utilizando tais meios (art. 57, *caput* e § 1º). Evidenciou, ademais, que "os fiscais, no decurso da votação, poderão portar nas suas vestes o nome ou a sigla do respectivo partido ou coligação" (art. 57, § 3º).

O dia da eleição, como já assinalado, engloba outras garantias, a par das atinentes à questão publicitária, tudo no sentido de prestigiar o cânone maior, insculpido no art. 234 do Código Eleitoral que dispõe: "Ninguém poderá impedir ou embaraçar o exercício do sufrágio". Nesse diapasão, a regra inibidora da prisão ou detenção de eleitor, salvo em flagrante delito ou em virtude de sentença criminal condenatória por crime inafiançável, ou ainda, por desrespeito a salvo-conduto — isto desde 5 dias antes e até 48 horas depois do encerramento da eleição (art. 236, *caput,* CE). Nessa linha, também, o impedimento quanto à prisão dos membros das Mesas Receptoras e dos fiscais dos partidos ou coligações, no exercício de suas funções (art. 236, § 2º, CE). E, ainda, nesse sentido, a proibição relativa à presença de força pública no edifício em que funcionar Mesa Receptora ou nas imediações. Aliás, como garantia da liberdade do voto, no período compreendido entre as 72 horas que antecederem a realização do pleito e as 48 horas imediatamente posteriores, desloca-se o poder policial para a autoridade eleitoral (art. 235, CE).

Ressucitando precaução abandonada pela Justiça Eleitoral, de identificar o eleitor por fotografia, porquanto há tempos já o título de eleitor não traz esse dado,[13] a lei atual impôs, por via do seu art. 75, a apresentação conjunta do respectivo título e de um documento oficial do qual conste a fotografia daquele, introduzindo sérios óbices à exteriorização da vontade política pelo voto. Isto porque uma grande maioria dos eleitores dos municípios do interior não possuem esse documento, para muitos afigurando-se suficiente o título eleitoral para o exercício da cidadania. Dúvidas não restam de que a exigência suplementar do texto regulamentador incidente sobre os pleitos de 1996 afigura-se meritória, decorrente da preocupação a cercar a

13. A Lei n. 7.444/85, art. 5º, § 4º, c/c com art. 1º parágrafo único, dispensa de fotografias no processamento eletrônico do alistamento.

correta identificação do eleitor; *afigura-se, porém, inconstitucional por exigir dupla identificação para o exercício do direito de sufrágio, limitando-o e ignorando o único requisito insculpido no Estatuto Fundamental, ou seja o alistamento.* E este é comprovado tão só pela apresentação do título de eleitor; exigir mais significa um retrocesso, podendo-se, nessa trilha, chegar até ao sufrágio censitário, o que seria absurdo.

Outro tópico a demandar especial enfoque é o relativo à atuação dos fiscais e delegados dos partidos, em plena atividade no dia da eleição. Cada partido ou coligação poderá nomear 2 delegados em cada município — naqueles que contem com mais de uma zona eleitoral, 2 delegados junto a cada uma delas — e 2 fiscais junto a cada Mesa Receptora, sendo que estes atuarão um de cada vez. O credenciamento dessas figuras é atribuição das agremiações ou coligações, exigindo-se apenas a indicação, aos Juízes Eleitorais, do nome das pessoas autorizadas a expedir a credenciais dos fiscais e dos delegados.

Compete aos fiscais e delegados, conjuntamente com os candidatos, fiscalizar a votação e a apuração, formular protestos e fazer impugnações, inclusive sobre a identidade do eleitor, vigiar e fiscalizar a urna, bem como todo o material referente à eleição. Aliás, acentuada é a responsabilidade desses personagens, na medida em que, em sede eleitoral, salvo raras exceções, a ausência de impugnação no momento oportuno, torna a matéria preclusa, inviabilizada restando a via judicial para a discussão da eventual irregularidade.

9. Da apuração/da validade do voto

Cuida-se aqui do momento de contagem dos votos, matéria objeto de remodelação legal em 1990, quando se optou por uma linha de privilegiamento do candidato, em detrimento do partido, reforçando-se a postura de priorização do nome do candidato como indicativo da expressão da vontade eleitoral e desprezando-se a indicação por número. No âmbito do processo convencional de votação — não eletrônico — há regras claras a distinguir os votos nulos, i.é., aqueles que não estampam qualquer exteriorização da vontade eleitoral (são absolutamente vazios, sem conteúdo) daqueles que, embora defeituosos, oferecem possibilidades de apreensão da efetiva e verdadeira preferência eleitoral por seu intermédio expressada. Assim, alguns equívocos acabaram sendo perdoados, desde que decifrável a opção eleitoral, com respaldo nas regras interpretativas dos arts. 176 e 177 do Código (Lei n. 4.737/65).

Dúvidas, no entanto, emergem quanto ao tratamento da vontade eleitoral no âmbito do novo sistema eletrônico de votação e apuração. Neste caso será a própria máquina, de acordo com alimentação padronizada, a decidir se este ou aquele voto poderá ser considerado válido. O eleitor estará trabalhando com números — e muitos nos pleitos proporcionais, para vereador — o nome não mais terá o peso que tem na votação e apuração pela técnica tradicional.

O processo eletrônico constitui, não há dúvida, um avanço; uma conformização aos tempos contemporâneos dominados pela informática, da qual, parece-me, não há como se esconder. Evidente, contudo, que a máquina não poderá expressar com a mesma fidelidade a vontade do eleitor, será incapaz de qualquer esforço interpretativo da opção eleitoral; e mais que isso será incapaz de espelhar resultados de protesto, a exemplo do "voto cacareco" que integra o nosso folclore eleitoral.

De forma geral, contudo, poderíamos nos permitir elaborar o seguinte quadro esquemático, ilustrativo das hipótese de validade ou invalidade do voto:

ELEIÇÕES MAJORITÁRIAS		**ELEIÇÕES PROPORCIONAIS**		
Voto Nulo	**Voto Válido**	**Voto Nulo**	**Voto Válido p/a Legenda**	**Voto válido p/ o candidato**
Voto em branco. Voto conferido em cédula não oficial, em cédula não autenticada, ou que contiver expressões ou símbolos que possam identificar o voto	Voto que identifique a vontade política do eleitor. O voto que indicar apenas a sigla partidária, o número de registro ou, ainda, expresso na parte da cédula destinada à eleição proporcional	Voto conferido em cédula não oficial, ou fora do procedimento adotado	Voto em branco. Voto que registrar a sigla partidária; que registrar dois ou mais candidatos do mesmo partido; que não indique o candidato com clareza necessária para distingui-lo de outro do mesmo partido	Voto que registre o nome de um candidato e o número de outro; que indique nome de candidato ou seu número e a sigla de outro partido

* O voto em branco é considerado válido e aproveitado nos pleitos proporcionais. É computado para a fixação do quociente eleitoral e acaba beneficiando, na distribuição das cadeiras, o partido de maior densidade eleitoral no momento, i.e., aquele que consegue o maior número de assentos.

Julho de 1996

ESTUDOS & COMENTÁRIOS

O MINISTÉRIO PÚBLICO BRASILEIRO E A DEFESA DO ESTADO DEMOCRÁTICO DE DIREITO

GERALDO BRINDEIRO

Doutor em Direito pela Universidade de Yale (EUA) — Professor da Universidade de Brasília — Procurador-Geral da República

O Ministério Público Brasileiro recebeu, pela primeira vez na nossa História, amplo disciplinamento institucional de nível constitucional na Constituição Federal de 1988. Ela o definiu como instituição permanente, essencial à função jurisdicional do Estado, incumbindo-lhe a defesa da ordem jurídica, do regime democrático e dos interesses sociais e individuais indisponíveis.

A Constituição estabelece como princípios institucionais do Ministério Público a unidade, a indivisibilidade e a independência funcional. Além das funções tradicionais de *custos legis*, fiscal da lei, e promotor da ação penal pública, da ação direta de inconstitucionalidade ou de constitucionalidade, da representação interventiva, e das funções eleitorais, são novas funções institucionais do *Parquet* promover o inquérito civil público e a ação civil pública para proteção do patrimônio público e social, do meio ambiente e de outros interesses difusos e coletivos. Cabe ainda à instituição zelar pelo devido respeito dos poderes públicos e dos serviços públicos aos direitos assegurados na Constituição, defender judicialmente os direitos e interesses das populações indígenas e exercer o controle externo da atividade policial.

Nosso compromisso com a proteção dos Direitos Humanos e a defesa do Estado Democrático de Direito é uma exigência constitucional. A violência policial tem historicamente gerado as maiores violações de direitos humanos no País. O próprio Ministério Público já sofreu as conseqüências disso. É preciso mudar, e é o que se começa a fazer por meio do Plano Nacional de Direitos Humanos, cursos para as polícias militares e civis e criação de Departamento de Direitos Humanos na Polícia Federal. Devo reverenciar sempre a memória do Procurador da República Pedro Jorge de Mello e Silva, assassinado em razão do exato cumprimento de seu dever em 1982. Requisitei em setembro do ano passado a reabertura das investigações, pela Policia Federal, para captura do assassino, o ex-Major Ferreira, da Polícia Militar de Pernambuco, que se encontrava foragido há treze anos. A prisão ocorreu em janeiro deste ano e em abril o Presidente da República Fernando Henrique Cardoso, atendendo a solicitação que fiz, concedeu condecoração póstuma da Ordem do Rio Branco ao Procurador assassinado, entregue à viúva e filhas, em solenidade no Itamaraty, em reconhecimento

do Estado Brasileiro por seus méritos como Membro do Ministério Público.

É missão do Ministério Público cumprir e fazer cumprir a Constituição e as leis do País. A lei deve valer para todos. Os princípios da legalidade e da igualdade perante a lei são os fundamentos do Estado Democrático de Direito.

A Constituição assegura ainda aos Membros do Ministério Público garantias e vedações análogas às da Magistratura. As garantias da vitaliciedade, inamovibilidade e irredutibilidade de vencimentos visam a assegurar sua independência. As vedações do recebimento de honorários, percentuais ou custas processuais, da participação em sociedade comercial, do exercício de qualquer outra função pública, salvo uma de magistério, do exercício da advocacia e de atividade político-partidária visam a garantir-lhes a indispensável isenção e conseqüente credibilidade. Propus duas ações diretas de inconstitucionalidade, que deverão ser julgadas em breve pelo Supremo Tribunal Federal, contra a filiação partidária de Membro do Ministério Público simultaneamente no exercício de suas funções institucionais.

Devo enfatizar a necessidade de reformas para tornar o processo moderno e funcional, atendendo aos anseios da sociedade. É preciso modernizar a Justiça, o Ministério Público e a polícia judiciária, aparelhando-os com os meios materiais e os recursos humanos necessários e eliminando-se anacronismos legislativos e administrativos. Somente assim poderão ser evitadas a lentidão na prestação jurisdicional, o acúmulo de processos e as dificuldades no combate à criminalidade.

Meras cruzadas moralizadoras periódicas sem os efeitos práticos desejados são insuficientes. É necessário modernizar a legislação e o processo para maior eficiência na persecução criminal, especialmente no combate ao crime organizado, ao tráfico de drogas, aos crimes contra o patrimônio público e aos crimes do colarinho branco, denominação usada pelos criminalistas americanos já na década de 50, a partir da publicação do livro *The White Collar Crime*, em 1949, por Edwin H. Sutherland.

A modernização do processo, todavia, não deve significar prejuízo na observância rigorosa dos princípios constitucionais do Estado Democrático de Direito. Nele não há lugar para julgamentos sumários e tribunais de exceção, como nos regimes autoritários. Na persecução criminal não se pode dispensar, em nenhuma hipótese, a observância dos princípios constitucionais da legalidade, da presunção da inocência, do *due process of law*, do contraditório e da ampla defesa.

No Mundo Contemporâneo — em que há fatos novos nunca antes ocorridos no campo da biotecnologia, cibernética, comunicações e informática, e no qual existe a globalização da economia e a formação de blocos como a Comunidade Econômica Européia, o NAFTA-*North American Free Trade Agreement*, e o Mercosul dentre outros —, não pode o jurista prescindir de perspectiva internacional e de direito comparado, visão interdisciplinar e sólida formação humanística e filosófica. Somente assim poderá enfrentar os desafios de encontrar as soluções éticas que se impõem à convivência nacional e internacional, à solidariedade e à dignidade da pessoa humana.

O Estado moderno certamente não é o mesmo do Século XIX ou da primeira metade do Século XX. O Direito Internacional contemporâneo tem sido neste final de século muito menos direito interestatal e muito mais direito de cooperação internacional nas mais diversas áreas de interesse comum e de proteção dos direitos da pessoa humana independentemente de fronteiras nacionais, como ensina o Professor Wolffgang Friedman, a partir do seu livro *The Changing Structure of International*

Law, publicado pela Columbia University Press, New York (1964). O Brasil deverá ingressar no Século XXI com as reformas constitucionais necessárias à governabilidade a que se refere Norberto Bobbio, plenamente realizadas, a fim de permitir o desenvolvimento econômico e social do País e que o Estado possa exercer efetivamente o seu papel de promover a segurança, a justiça e o bem-estar.

O Ministério Público Brasileiro tem compromisso com o Estado Democrático de Direito e com a proteção dos Direitos Humanos. Tal compromisso renova-se em face da globalização da economia no Mundo contemporâneo, devendo-se preservar a ordem jurídica constitucional e assegurar o respeito aos direitos fundamentais da pessoa humana e indispensáveis à sua dignidade. Às vésperas do Terceiro Milênio estamos no rumo certo, contribuindo para construir a nova Democracia Brasileira, "forte e humana na América Tropical", como diria o saudoso Gilberto Freyre.

CONTROLE EXTERNO DA ADMINISTRAÇÃO PÚBLICA ESTADUAL E MUNICIPAL

Possibilidades e Limites da Fiscalização das Casas Parlamentares e do Tribunal de Contas

HILDA REGINA SILVEIRA ALBANDES DE SOUZA
Procuradora da Assembléia Legislativa do Rio Grande do Sul

A experiência como operadora do Direito, na qualidade de Procuradora da Assembléia Legislativa do Estado do Rio Grande do Sul, alertou-me para a necessidade de escrever um texto didático, cujo único valor reside em seu caráter heurístico, abordando aspectos do controle externo da administração pública, por parte do Poder Legislativo, com o auxílio do Tribunal de Contas, no âmbito da administração pública estadual e municipal.

As fundas e substanciais mudanças introduzidas no direito brasileiro pela ordem constitucional estabelecida em 1988, no que atina ao controle externo da administração pública, ainda não foram bem assimiladas e entendidas, de tal sorte que, no trabalho rotineiro de consultoria à Assembléia Legislativa do Rio Grande do Sul e às Câmaras de Vereadores que, através dela, utilizam os serviços regimentalmente previstos da Procuradoria da Assembléia, postos a sua disposição, foi possível identificar alguns aspectos, embora singelos, a merecer atenção interpretativa.

1. A necessidade do controle externo da administração pública: das fontes históricas até o estágio atual

Bem antes de Cristo, Aristóteles, o sábio de Estagira, responsabilizado por Felipe pela educação de seu filho Alexandre, o Grande, certamente prelecionou ao discípulo, que viria a ser poderoso soberano de um vasto império, certas idéias colhidas das reflexões preciosas que fez em seu tratado denominado "A Política".

Algumas, pela atualidade inaudita, neste fim do segundo milênio da era cristã, merecem ser reproduzidas nesta pequena resenha histórica, como lições fundamentais: "o exame das contas e a escolha das magistraturas constituem o maior de todos os poderes... enquanto para administrar os dinheiros públicos, comandar os exércitos e exercer as magistraturas mais importantes, é preciso um sentimento elevado".[1]

Deve, ainda, ter ensinado a Alexandre que "É importante tornar dependente o po-

1. Aristóteles, *A política.* 1990, SP, Tecnoprint, Livro Terceiro, Capítulo VI, § 11.

der, e não suportar que aqueles que dele dispõem obrem segundo os seus caprichos, porque a possibilidade de fazer tudo o que se quer impede de resistir às más inclinações da natureza humana".[2]

Mais, e me permito a impertinência da licença, imagino Aristóteles insistindo com seu pupilo no sentido de que "...como certas magistraturas, para não dizer todas, tem o manejo dos dinheiros públicos, é forçoso que haja uma outra autoridade para receber e verificar as contas, sem que ela própria seja encarregada de qualquer outro mister. Os magistrados que a exercem são chamados controladores, examinadores, verificadores, inspetores".[3]

E completando o magistério, quando em 336 A.C. Alexandre ascendia ao trono, Aristóteles lhe teria feito — no original estilo peripatético, pedagogia perfeita no cenário dos jardins palacianos da Macedônia — a guisa de arremate, a preleção última: "todos os ardis dos tiranos parecem caber na democracia. (...) Para o legislador e para todos aqueles que queiram fundar um governo democrático, a tarefa trabalhosa não é estabelecê-lo. Nem é a única: trata-se de prover a sua conservação".[4]

Em tempos modernos, procurando meios de garantir a democracia no exercício do poder, Montesquieu elaborou a clássica lição: "Para que não se possa abusar do poder é preciso que, pela disposição das coisas, o poder freie o poder".[5]

Já em 1789, quando editada a Declaração dos Direitos do Homem e do Cidadão, foi insculpido, no art. 15 deste marco da organização social democrática, a afirmação de que "A sociedade tem o direito de pedir conta a todo o agente público de sua administração."

De lá até aqui — das reflexões aristotélicas ao princípio contido neste histórico documento — desdobramentos jurídicos correspondentes ao sentir social e político têm evoluído e sinteticamente podem ser expostos pela palavra de Roberto Dromi, ao averbar que "Não é de esperar nos detentores do poder uma autolimitação voluntária. É preciso criar instituições para controlá-los e incorporá-las ao processo do poder...",[6] ajuntando que "En el sistema republicano, la división del poder persigue un recíproco control de quienes lo ejercen. De tal modo que el Legislativo cumple esta función de contrapesar al Ejecutivo no sólo ejerciendo función legislativa, sino también a través del control directo de Ia actividad administrativa del Ejecutivo".[7]

Os sistemas jurídicos modernos, pós-absolutismo, em maior ou menor grau, consagram ao Poder Legislativo a atribuição constitucional de fiscalizar e controlar a Administração Pública, o qual age buscando o cumprimento desta competência constitucional por mecanismos tipicamente parlamentares, pela "via parlamentar pura", na expressão de Robles e Delgado, ou, ainda, através "de instituições ou entidades que extraem do Parlamento sua força ou que significariam prolongamento desse Poder".[8]

Na mesma linha, a constatação do jurista espanhol Santamaría Pastor: "Una organización tan vasta y compleja como la Administración estatal requiere una serie de órganos cuya tarea consiste en la vigilancia de los demás, a efectos de comprobar su correcto funcionamento en todos los órdenes de su actividad. Formalmente, la titularidad de dicha por unidades específicas".[9]

2. Ob. cit., Livro Sétimo, Capítulo 2, § 14.
3. Ob. cit., Livro Sétimo, Capítulo 2, §10.
4. Ob. cit., Livro Sétimo, Capítulo 2, § 12 e Capítulo 3, § 1.
5. Montesquieu, *Do Espírito das Leis*. Segunda Parte, Livro Décimo Primeiro, Capítulo IV, 1973, SP, Abril, p. 156.
6. *Apud* Odete Medauar, *Controle da Administração Pública*. 1993, SP, Ed. RT, p. 9.
7. Roberto Dromi, *Derecho Administrativo*. 1995, B. Aires, 4ª ed., Ed. Ciudad Argentina, p. 683.
8. Odete Medauar, ob. cit., p. 88.
9. Juan Alfonso Santamaría Pastor, *Principios de Derecho Administrativo*. Madri, Ed. C. E. Ramón Areces, p. 450.

2. A Independência Funcional e Institucional do exercício do Controle Externo

Loewenstein, cujas preocupações jurídicas com a anatomia do poder político e com os meios de controle sobre o processo político no constitucionalismo democrático, o levaram à elaboração de inovadora teoria sobre a tripartição do Poder e sobre a predominância das funções exercidas pela trindade do Estado, atribuindo à função fiscalizadora do Poder Legislativo um peso maior que sua função legiferante, permanece homenageando Montesquieu ao grafar: "La distribución del poder entre diversos detentadores significa para cada uno de ellos una limitación y un control a través de los *cheks and balances* — frenos y contrapesos —, o, como dijo Montesquieu em fórmula famosa, 'le pouvoir arrête le pouvoir'.[10]

Contudo, aduz que "El mecanismo más eficaz para el control del poder político consiste en la atribución de diferentes funciones estatales a diferentes detentadores del poder u órganos estatales, que si bien ejercen dicha función com plena autonomía y própia responsabilidad están obligados, en último término, a cooperar para que sea posible una voluntad estatal válida",[11] firmando a convicção de que às casas legislativas cada vez mais estão vocacionadas ao controle e que este, tecnicamente, deva ser efetuado por órgão estatal constitucional, com autonomia e responsabilidades próprias.

O sistema jurídico-constitucional brasileiro, na esteira dessa evolução, prevê controles internos e externos na administração pública. Entre os mecanismos de controle externo, tema desta reflexão, ressalta a fiscalização que o Poder Legislativo exerce sobre a administração pública direta e indireta, nas diversas esferas de poder (Federal, Estadual, Distrital e Municipal), com o auxílio dos Tribunais de Contas.

O exercício desta função fiscalizadora, em auxílio ao Poder politicamente responsável pela fiscalização, entretanto, não faz do Tribunal de Contas um órgão subordinado ao Poder que auxilia. Ao contrário, sua ação, bem ainda sua estrutura, independem de quaisquer dos Poderes do Estado.

Destarte, ainda que caracterizado pela "independência institucional" e pela "ausência de subordinação hierárquica ao Legislativo",[12] o Tribunal de Contas exerce o controle externo da Administração Pública — auxiliando o Parlamento — agindo de ofício, de modo autônomo, ou com ações especiais realizadas por solicitação deste, sempre que houver entendimento, por parte das casas parlamentares, da necessidade desta atuação.

A matéria, de resto, está contemplada exclusivamente nas Constituições Federal e Estadual, tendo esta última remetido seu disciplinamento ao texto constitucional federal, ao estabelecer, em seu art. 70, que:

"A fiscalização contábil, financeira, orçamentária, operacional e patrimonial do Estado e dos órgãos e entidades da administração direta e indireta, e de quaisquer entidades constituídas e mantidas pelo Estado, quanto à legalidade, legitimidade, moralidade, publicidade, eficiência, eficácia, economicidade, aplicação de subvenções e renúncia de receitas, será exercida pela Assembléia Legislativa mediante controle externo e pelo sistema de controle interno de cada um dos Poderes, *observado o disposto nos arts. 70 a 75 da Constituição Federal.*"

O inciso IV do art. 71 do texto mestre comete ao Tribunal de Contas a competência para realizar, *inclusive por iniciativa*

10. Karl Loewenstein, *Teoría de la Constitución*. Barcelona, Editorial Ariel, 1980, p. 69.

11. Karl Loewenstein, ob. cit., p. 68.

12. Hilda R. S. A. de Souza, Parecer P. G. A. L. n. 2.950, de 1993.

do Poder Legislativo, inspeções e auditorias de natureza contábil, financeira, orçamentária, operacional e patrimonial, nas unidades administrativas dos três Poderes, inclusive nas fundações e sociedades instituídas e mantidas pelo Poder Público.

A operacionalidade e a eficácia do controle externo da Administração Pública estão, desse modo, asseguradas pela possibilidade constitucional de o Poder Legislativo reclamar ao Tribunal de Contas a realização de inspeções e auditorias especiais, revestidas de adequado cuidado técnico, indispensável e impositivo diante da complexidade de que se reveste a moderna administração pública, quando tratamos do controle denominado parlamentar puro, isto é, de caráter político, com auxílio do órgão técnico especial constituído para este fim.

3. *A relação de colaboração entre as casas parlamentares, a quem está afeto o exercício do controle externo da administração pública estadual e municipal, com o Tribunal de Contas do Estado*

Bem por isso — para evitar o equivocado entendimento de que o Vereador, o Deputado Estadual, o Deputado Federal e o Senador são titulares da prerrogativa individual de instar o corpo técnico do Tribunal de Contas a realizar determinada ação fiscalizadora alheia às suas rotinas operacionais — esclarecido fica que é o Poder Legislativo, como instituição, o titular da *prerrogativa de solicitar ao Tribunal de Contas o auxílio especial, e não o membro do Poder individualmente.* Este, frise-se, deve submeter eventual solicitação ao Plenário, à Mesa, às Comissões Permanentes, Temporárias, Especiais ou de Inquérito. A avaliação, em cada caso, da necessidade institucional de acesso aos procedimentos privilegiados e especiais do TCE cabe apenas a tais colegiados, como representação do Poder Legislativo.

Assim, desde que solicitada pela Assembléia Legislativa (ou pela Câmara de Vereadores, na instância municipal), vale dizer, por decisão de seu Plenário, de sua Mesa, ou dos plenários das Comissões supra mencionadas — os quais terão acolhido a motivação apresentada pelo Deputado (ou Vereador) solicitante — é legalmente devido o atendimento da solicitação.

De acordo com a dicção do art. 31, *caput*, e seu § 1º, da Constituição Federal, a fiscalização do Município será exercida pelo Poder Legislativo Municipal, com o auxílio dos Tribunais de Contas dos Estados ou do Município ou dos Conselhos ou Tribunais de Contas dos Municípios, onde houver.

À conta do disposto no § 4º do mesmo art. 31, está vedada a criação de Tribunais, Conselhos ou órgãos de Contas Municipais, e à conta de não existirem, no Rio Grande do Sul, conselhos ou tribunais de contas municipais, compete ao Tribunal de Contas Estadual exercer autonomamente as atribuições que lhe são cometidas pelo art. 71 da Constituição Estadual e as previstas no art. 71 da Constituição Federal, como função fiscalizadora identificada como de controle externo dos Municípios, em auxílio às Câmaras de Vereadores.

Os incisos do art. 71 da Constituição Federal arrolam taxativamente as competências do Tribunal de Contas da União, as quais foram adotadas pela Constituição do Rio Grande do Sul como competências do Tribunal de Contas do Estado.

No exercício desta competência deve o Tribunal de Contas, como prevê o inciso IX do art. 71 da Constituição Federal, "(...) IX — *assinar prazo para que o órgão ou entidade adote as providências necessárias ao exato cumprimento da lei*, se verificada ilegalidade; (...)". (grifei).

Deve, ainda, o Tribunal de Contas — de acordo com o disposto nos incisos seguintes, de números X e XI, "*sustar, se não atendido, a execução do ato impug-*

nado..." e "*representar ao Poder competente sobre irregularidades ou abusos apurados*" (grifei).

Como é fácil identificar, desses comandos constitucionais deflui, para a autoridade controlada, o dever de atender as determinações decorrentes da ação do Tribunal de Contas no exercício de competência e função constitucional, pois que, de forma inovadora, a Constituição de 1988 dotou as cortes de contas de meios sancionadores mais amplos e efetivos que os previstos no texto tido como Emenda Constitucional n. 1, de 1969.

Desse modo, *ao Poder controlado cabe adotar as providências determinadas pelo Tribunal de Contas podendo, se delas discordar, recorrer ao controle jurisdicional, a cargo do Poder Judiciário.* Tal procedimento, entretanto, não exime a autoridade controlada do cumprimento das determinações oriundas da ação do TC, enquanto não houver decisão do Poder Judiciário, prestador de jurisdição sobre o caso.

Calha, por sua especial pertinência e para clarificar este ponto, reproduzir o raciocínio sistemático elaborado por Weida Zancaner sobre o alcance do dever de invalidar os atos praticados pela Administração Pública em dissonância com a ordem jurídica: "A invalidação é a eliminação, com eficácia *ex tunc,* de um ato administrativo ou da relação jurídica por ele gerada ou de ambos, por haverem sido produzidos em dissonância com a ordem jurídica.

"No Direito brasileiro são sujeitos ativos da invalidação o Poder Judiciário e a Administração Pública.

"O Poder Judiciário poderá invalidar os atos administrativos no curso de uma lide, quando provocado ou 'de ofício', dependendo da reação do ordenamento jurídico com relação aos atos viciados.

"A Administração Pública é sempre parte interessada na lisura de seus atos e poderá invalidá-los *sponte propria* ou quando convocada a fazê-lo;"[13] inclusive, em face da ordem constitucional, pelo Tribunal de Contas.

Finalmente, quanto a este temas, o *modus operandi* do Tribunal de Contas está regrado pelo seu Regimento Interno, aprovado na forma da Constituição, como Resolução, o qual se constitui em provimento legal normatizador das atividades funcionais da Corte no exercício de suas atribuições, regrando minudentemente a conduta formal de seus agentes administrativos.

Além de seu Regimento Interno, o TCE edita instruções normativas tratando de regrar a conduta da Corte de Contas no que diz com o fornecimento de informações e cópias de processos ali tramitando, tudo de acordo com os comandos constitucionais Federal e Estadual incidentes sobre a matéria, pena de impugnação administrativa ou judicial das instruções.

4. *A inexigibilidade do princípio da motivação no exercício do poder-dever fiscalizador dos Parlamentos e dos Tribunais de Contas*

De outra banda, cumpre mencionar que a Constituição Estadual do Rio Grande do Sul, por força da Emenda Constitucional n. 7, de 28 de junho de 1995, incorporou expressamente o princípio da motivação como um dos princípios informadores da Administração Pública, pois que já tem o Tribunal de Contas, através de manifestações de seu corpo funcional, entendido que solicitações de ação especial que lhe chegam, oriundas de casas parlamentares, devem ser acompanhadas da devida motivação.

Há, neste passo, clarificação importante a fazer quanto aos efeitos da inclusão constitucional expressa do princípio da motivação entre os que deverão ser obser-

13. Weida Zancaner, *Da Convalidação e da Invalidação dos Atos Administrativos*, 1996. 2ª ed., 2ª tir., Malheiros, p. 45.

vados pela administração pública: a) mesmo que não o tivesse feito, o fundamento constitucional do dever de motivar encontra-se implícito nos alicerces republicanos e "é exigência de uma administração democrática", na averbação de Alberto Ramón Real;[14] b) "É que o princípio da motivação é reclamado, quer como afirmação do direito político dos cidadãos ao esclarecimento do 'porquê' das ações de quem gere negócios que lhe dizem respeito por serem titulares últimos do poder, quer como direito individual a não se ajustarem a decisões arbitrárias, pois só têm que se conformar às que forem ajustadas às leis.", na lição impecável de Celso Antônio Bandeira de Mello.[15]

Entretanto, se o princípio da motivação aplica-se e deve ser observado pelos agentes administrativos e agentes políticos no exercício de funções administrativas, este não é o caso do exercício do controle externo, a cargo do Poder Legislativo pois que trata-se, aqui, do parlamento no exercício de competência constitucional: seu poder-dever de fiscalizar. E *a fiscalização das casas parlamentares, pela via parlamentar pura, sobre os negócios públicos, deve ser constante, tenaz e implacável, fazendo-se alimentada pela sua própria lógica, vale dizer, motivada pelo poder-dever de controlar e fiscalizar tudo o que respeita à administração pública, independentemente do "fumus" de irregularidade.*

Bem por isto, a ausência de motivação nas eventuais solicitações pelo Presidente da Assembléia, em nome de Deputado, ou de Presidente de Câmara de Vereadores, em nome de edil, ao Tribunal de Contas, não é deslustrada porque, como por vezes tem acontecido, apontada por agentes administrativos permanentes do corpo funcional da Corte de Contas. O que as deslustra é eventualmente serem impropriamente invocadas, pois, para o exercício do poder-dever de fiscalizar importa a competência e não a motivação.

5. *Os limites da competência controladora, respectivamente, da Assembléia Legislativa e das Câmaras de Vereadores*

Com efeito, é possível, assim, apontar ausência de competência quando as solicitações de atuação especial do Tribunal de Contas, por parte do Poder ao qual está afeto o controle externo, exorbitem a prerrogativa e a competência da casa parlamentar que as tenha feito contudo isto se dá apenas quanto à carência de competência constitucional e não quanto a inexistência de motivação para a solicitação de atuação especial da Corte porque esta é intrínseca ao processo lógico e jurídico ensejador da decisão de pedir auxílio técnico especial.

Isto quer simplesmente dizer que o Poder Legislativo municipal tem no Tribunal de Contas do Estado um 'parceiro' para a fiscalização dos negócios públicos municipais, porém não pode, por falecer-lhe competência, imiscuir-se, com o auxílio da Corte de Contas, na órbita de competência controladora do Poder Legislativo Estadual. O mesmo, obviamente, aplica-se ao Poder Legislativo Estadual, ao qual é defeso o exercício do controle sobre as unidades administrativas municipais, de tal sorte que a Assembléia Legislativa, por solicitação de um de seus membros — solicitação essa referendada pelos colegiados alhures mencionados — poderá acionar a Corte de Contas nas matérias de sua competência fiscalizadora, isto é, no campo da administração estadual; e as Câmaras de Vereadores, similarmente, no campo da administração municipal que integram.

Daí decorre que o auxílio especial prestado e alcançado, por envolver ação futura

14. *Apud* Celso Antônio Bandeira de Mello, *Curso de Direito Administrativo*. 1993, SP, 4ª ed, Malheiros, p. 57.

15. Celso Antônio Bandeira de Mello, ob. cit., p. 57.

e especial do TCE como órgão autônomo auxiliar do controle externo exercido pelo Poder Legislativo, pende de solicitação do Poder Legislativo municipal, se referir-se ao âmbito de competência Municipal, e do Poder Legislativo Estadual, nas matérias referentes à administração estadual.

Quanto ao cidadão, este está estimulado à cidadania militante, pela letra do inciso XXXIII do art. 5º da Constituição Federal: "todos têm direito a receber dos órgãos públicos informações de seu interesse particular, ou de interesse coletivo ou geral, que serão prestadas no prazo da lei, sob pena de responsabilidade, ressalvadas aquelas cujo sigilo seja imprescindível à segurança da sociedade e do Estado". Por força deste comando constitucional, o controle externo da administração pública desborda os limites institucionalmente demarcados, incorporando o povo no processo fiscalizatório e fazendo da participação popular um instrumento político hábil à abertura das inúmeras "caixas pretas" em que, não raro, se constituem os negócios públicos em nosso país, cuja marca da tradição patrimonialista — "arquétipo de relações políticas, econômicas e sociais que predispõem à burocracia, ao paternalismo, à ineficiência e à corrupção"[16] — herdada da colonização portuguesa, permanece, baldados os inegáveis esforços do legislador em espancá-la com normas plasmadas em nosso Direito positivo.

Vai daí que mesmo o cidadão detentor de mandato popular, carecedor de competência institucional para exercer o controle externo da administração pública em entidade de direito público interno alheia à sua órbita de fiscalização institucional, poderá valer-se do comando constitucional acima transcrito, para exercitar seu direito à informação sobre a administração pública.

16. Luís Roberto Barroso, *O Direito Constitucional e a Efetividade de suas Normas — Limites e Possibilidades da Constituição Brasileira*. 1990, RJ, Ed. Renovar, nota 9 (rodapé), p. 9.

6. Os efeitos do controle externo da administração pública em face dos atos relativos ao patrimônio jurídico dos servidores públicos: direito adquirido

Sempre que se inaugura uma nova ordem constitucional é estabelecido uma espécie de *marco zero* no ordenamento jurídico. Vale dizer que toda a legislação infraconstitucional anterior, quando a contrariar, estará automaticamente revogada, não mais existindo, no sentido da produção de efeitos para a constituição de direitos, dali em diante, sem qualquer necessidade de declaração de inconstitucionalidade de tais normas.

A singular exceção a esta regra geral é a da "recepção", pela nova ordem constitucional, das normas jurídicas anteriormente existentes, naquilo em que forem compatíveis com esta nova ordem. Assim, os direitos adquiridos ante o ordenamento jurídico preexistente, com base em regras jurídicas "recepciondas" pela nova ordem constitucional, sobrevivem nesta. Mas só neste caso de "recepção", e em decorrência desta, porque, como regra, não há direito adquirido contra a ordem constitucional.

Dito isto, tem-se que o sistema jurídico-constitucional brasileiro garante, como fundamental ao indivíduo, o direito adquirido (art. 5º, XXXVI, CF), desde que este não o ofenda.

O próprio constituinte adotou este critério jurídico no art. 17 do Ato das Disposições Constitucionais Transitórias, que é trazido à baila pela conexão evidente com o raciocínio alinhavado a seguir.

A cláusula do art. 17 do ADCT fulmina o direito adquirido que estiver em desacordo com o disposto na Constituição de 1988 relativamente aos vencimentos, remuneração, vantagens, adicionais e proventos do pessoal ativo e inativo do setor público, ao dispor:

"Art. 17. Os vencimentos, a remuneração, as vantagens e os adicionais, bem como os proventos de aposentadoria que estejam sendo percebidos em desacordo com a Constituição serão imediatamente reduzidos aos limites dela decorrentes, não se admitindo, neste caso, invocação de direito adquirido ou percepção de excesso a qualquer título."

Poderia ter acrescentado "e a irredutibilidade de vencimentos", direito insculpido na Constituição, para os servidores públicos civis e militares, pelo art. 37, XV. Mesmo não o tendo feito, é evidente que a garantia à irredutibilidade de vencimentos cede passo aos limites traçados pela nova ordem constitucional, mesmo que possa ser um direito adquirido anteriormente a seu advento.

Deste modo, a remuneração, os vencimentos ou os proventos dos servidores públicos da União, dos Estados ou dos Municípios, calculados com base em legislação anterior a edição da Constituição de 1988, que a contrarie ou a desobedeça, deverão, obrigatoriamente, ser revistos.

Ademais, não raro é o entendimento de que não há direito adquirido quando este contraria o interesse coletivo pois que, sendo manifestação de interesse particular, não deve sobrepujar o interesse geral.

Assim, as normas de Direito Público, por lidarem com a tutela do interesse social, coletivo, mesmo quando regram situações jurídicas envolvendo indivíduos, estariam imunes ao efeito do direito adquirido.

Dessa sorte, entende-se que as inspeções rotineiras do Tribunal de Contas, na administração pública estadual e municipal, para os fins do inciso III, do art. 71 da Constituição Federal, devem "apreciar, para fins de registro, a legalidade dos atos de admissão de pessoal, a qualquer título, na administração direta e indireta, incluídas as fundações instituídas e mantidas pelo Poder Público, excetuadas as nomeações para cargo de provimento em comissão, bem como a das *concessões de aposentadorias*, reformas e pensões, ressalvadas as melhorias posteriores que não alterem o fundamento legal do ato concessório" (grifei); a compatibilidade dos mesmos com o disposto no art. 37, e seus incisos, da Constituição Federal, inclusive no que respeita às disposições relativas ao estabelecimento de um teto remuneratório para os servidores públicos, e no que concerne com a cláusula contida no já mencionado art. 17 do ADCT.

Como se vê, a apreciação dos atos relativos a pessoal, quanto a sua legalidade, é competência autônomo do Tribunal de Contas do Estado.

No exercício desta competência deve o Tribunal de Contas, como prevê o inciso IX do art. 71 da Constituição Federal, "(...) IX — *assinar prazo para que o órgão ou entidade adote as providências necessárias ao exato cumprimento da lei*, se verificada ilegalidade; (...) (grifei)". Deve, ainda, o Tribunal de Contas — de acordo com o disposto nos incisos seguintes, de números X e XI, "*sustar, se não atendido, a execução do ato impugnado...*" e "*representar ao Poder competente sobre irregularidades ou abusos apurados.*" (grifei)

7. Os limites do poder-dever de fiscalizar, considerando as prerrogativas de Deputados Estaduais e de Vereadores para exercitá-lo

O controle externo da administração pública estadual, no que concerne às contas do Governador, cabe aos deputados estaduais enquanto o da administração pública municipal, em relação às contas dos Prefeitos, compete aos vereadores, exercido com o auxílio do Tribunal de Contas. Este controle *culmina, por parte do Tribunal de Contas, com a emissão de um parecer prévio anual sobre as contas apresentadas pelos governantes, encaminhado à casa legislativa respectiva* (Congresso Nacional, Assembléias Legislativas, Câmara distrital e Câmaras de Vereadores), *a qual fará julgamento de caráter político, podendo acatar ou rejeitar o parecer do Tribunal de Contas. Quanto às contas dos administradores e demais responsáveis por dinheiros, bens e valores públicos da administração direta e indireta, incluídas as fundações e sociedades instituídas e mantidas pelo Poder Público*, e as contas daqueles que derem causa a perda, extravio ou outra irregularidade de que resulte prejuízo ao erário público (art. 71 III, CF), *o julgamento é exclusivamente técnico e esgota-se na alçada do Tribunal de Contas.*

Insiste-se, por essencial, que o poder-dever de fiscalizar a administração pública — prerrogativa e competência constitucional parlamentar nas respectivas órbitas de atuação (União — Congresso Nacional; Estados — Assembléias Legislativas; Municípios — Câmaras de Vereadores) — deve exercitar-se preventiva e concomitantemente às ações da administração pública, e a posteriori, independentemente do que estamos identificando como *fumus* de irregularidade. O que torna a situação discutível é o fato de que o controle externo da administração municipal é competência da Câmara de Vereadores, com amparo nas atribuições que lhe são conferidas pelas Leis Orgânicas, enquanto o controle externo da administração estadual é competência da Assembléia Legislativa, nos limites do estabelecido pela Constituição Estadual. Os limites da competência para exercer o controle externo da administração pública por parte das casas parlamentares — o qual é ilimitado no exercício das competências que lhes são atribuídas — ganha relevância quando uma casa parlamentar municipal pretender, invasivamente, controlar os negócios públicos de outra unidade federativa municipal, ou quando a Assembléia Legislativa, interferindo nas competências parlamentares municipais, exorbitar no exercício do poder-dever de fiscalizar, atribuído aos parlamentares estaduais no exercício do mandato popular.

O tema tem estreita ligação com o princípio federativo, assentado na união de coletividades públicas, com autonomia político-constitucional, consagrado expressamente em nosso sistema constitucional pelo seu desdobramento necessário: órgãos governamentais próprios e competências exclusivas, para os entes federados que, a partir da Constituição de 1988, *ex vi* de seu art. 18, são a União, os Estados, o Distrito Federal e os Municípios.

Sendo a noção de autonomia a 'alma' essencial ao sentido de Estado Federal, e sendo a autonomia expressada na repartição de competências, nela se centrará toda análise da matéria. Entre as várias classificações de competências atribuídas aos entes federados interessa-nos, aqui, gizar o conceito de competência exclusiva — diverso do de competência privativa — pois "que aquela é indelegável e esta é delegável, (...) aquela não admite suplementariedade nem delegação", como grafou José Afonso da Silva.[17]

Tanto a Constituição Federal, quanto as Constituições Estaduais, como as Leis Orgânicas Municipais ao atribuírem competências aos Poderes das respectivas entidades federadas, o fazem a partir desta metodologia, ou seja, classificando as competências dos diferentes Poderes, primariamente, em privativas e exclusivas.

O art. 53 da Constituição Estadual arrola taxativamente as competências exclusivas da Assembléia Legislativa. Deste rol exclusivo, é certo, consta a competência para fiscalizar. Todavia, o exercício desta competência é prerrogativa efetiva do Poder Legislativo no âmbito da administração, como de resto, todas as competências, de outras naturezas, atribuídas aos três Poderes do Estado, e a órgãos guindados ao *status* constitucional, restringem-se aos assuntos próprios e específicos da organiza-

17. José Afonso da Silva, *Curso de Direito Constitucional Positivo*. 1996, SP, 12ª ed., Malheiros, p. 456 (nota 5, rodapé) e p. 457.

ção político-administrativa do Estado, entidade de Direito Público Interno, membro da Federação Brasileira.

Desta sorte não cabe ao Poder Legislativo Estadual, investido de competência para exercer o controle externo da administração pública estadual, invadir a competência exclusiva do Poder Legislativo Municipal para exercício do controle externo sobre a administração pública municipal. Assim como na função legiferante há vedação constitucional de invasão de competências — horizontalmente entre os Poderes dos entes federados e verticalmente entre os próprios entes da federação — assim também na função controladora estabelece-se esta mesma vedação, como conseqüência jurídica, sistêmica, lógica, e coerente do modelo federativo brasileiro. À Assembléia Legislativa compete fiscalizar e controlar a administração pública estadual; e à Câmara Municipal, e exclusivamente a ela, compete fiscalizar e controlar a administração pública municipal, nas formas previstas em lei, descabendo a uma subsumir-se no papel constitucional atribuído à outra.

8. *Hipóteses de intervenção do Estado nos Municípios: Tribunal de Contas e Assembléia Legislativa*

Aliás, a própria Constituição do Rio Grande do Sul estabelece (art. 15, *caput*) o princípio da não intervenção do Estado nos Municípios, ressalvando as hipóteses elencadas nos incisos e parágrafos desta cláusula constitucional, de tal modo que a interferência do Estado (por seus três poderes, cabendo ao Poder Legislativo Estadual apenas apreciar o decreto de intervenção, competência exclusiva do Governador) ocorre excepcionalmente e tão somente quando: "I — deixar de ser paga, sem motivo de força maior, por dois anos consecutivos, a dívida fundada; II — não forem prestadas contas na forma da lei; III — não tiver sido aplicado o mínimo exigido da receita municipal na manutenção e desenvolvimento do ensino; IV — o Tribunal de Justiça der provimento a representação para prover a execução de lei, de ordem ou decisão judicial, e para assegurar a observância dos seguintes princípios: a) forma republicana, sistema representativo e regime democrático; b) direitos da pessoa humana; c) probidade administrativa".

O Governador poderá decretar a intervenção no município, de ofício, ou mediante representação de dois terços da Câmara Municipal, ou do Tribunal de Contas, nos casos dos incisos I, II e III ou mediante requisição do Tribunal de Justiça, no caso do inciso IV.

Não há que falar, portanto, em exercício de controle externo da Assembléia Legislativa, com ou sem auxílio do Tribunal de Contas, nos Municípios, nem mesmo para justificar eventual representação com vistas à intervenção do Estado na unidade municipal, pois que a competência constitucional para representar pela intervenção, no caso do Poder Legislativo, está cometida à Câmara Municipal, como um de seus pressupostos formais, e não à Casa Parlamentar Estadual.

A situação em foco, reforça a afirmação do equilíbrio federativo, que, como assevera José Afonso da Silva, "realiza-se por mecanismos instituídos na constituição rígida, entre os quais sobreleva o *da intervenção... dos Estados nos Municípios* ... A intervenção é *ato político que consiste na incursão da entidade interventora nos negócios da entidade que a suporta.* Intervenção é antítese da autonomia.[18]

Ora, se mesmo nos casos extremos e de exceção, como a intervenção do Estado nos Municípios, a Constituição não admite a invasão da competência fiscalizadora das Câmaras Municipais por parte da Assembléia Legislativa, reservando a esta o

18. José Afonso da Silva, ob. cit., pp. 459-460.

papel político de apreciar o ato de intervenção do Governador, claro está que o Tribunal de Contas não poderá atender o Parlamento Estadual quando este solicitar ações e informações tendentes a ofender as competências exclusivas das Câmaras Municipais.

É indispensável observar, neste passo, que todas as competências cometidas ao Tribunal de Contas são exercidas de ofício, com completa autonomia funcional, independentemente da solicitação do Poder Legislativo. Isto significa que o exo-controle, a cargo do Poder Legislativo, não prescinde do auxílio dos Tribunais de Contas, órgão dotado de autonomia estrutural e funcional para execução de funções técnicas, verificadoras, assessoradoras, opinativas e jurisdicionais administrativas.

Já se sustentou que "Desse modo, diante das atribuições constitucionais conferidas às Cortes de Contas e frente à autonomia funcional destes órgãos, não identifico, na ordem jurídica vigente, hierarquia do Poder Legislativo sobre os Tribunais de Contas. *Estes não são simples auxiliares do Poder Legislativo, mas auxiliares autônomos deste Poder. Antes vejo estes órgãos mais assemelhados a instrumentos do Estado do que a instrumentos de um dos Poderes do Estado*" [19]

Destarte, as opiniões doutrinárias que viam nos Tribunais de Contas as figuras dos "prepostos" do Poder Legislativo perderam a atualidade e a pertinência diante do ordenamento jurídico vigente no País. A despeito do controle externo continuar a cargo do Poder Legislativo, com auxílio do Tribunal de Contas, este deixou de ser mero auxiliar, apêndice daquele, para desfrutar de situação funcionalmente autônoma, abarcadora de atividades próprias, inclusive no controle do Poder Legislativo.

Todo o exposto aplica-se para as distintas pessoas de Direito Público Interno, integrantes da Federação, e no âmbito de validade das competências constitucionalmente atribuídas e distribuídas a cada ente federado — e, ainda, desta feita, no que respeita ao Poder Legislativo — defeso a uns e outros o exercício de competências que não lhes sejam concorrentes, complementares, supletivas ou comuns, pena de ofensa e ruptura do princípio federativo.

Por suposto, resta evidente de todas as opiniões expostas até aqui, Senador da República, Deputado Federal, Deputado Estadual e Vereador — como cidadãos e independentemente de deterem ou não a representação eletiva popular desta ou daquela unidade da Federação — podem requerer informações e representar junto aos Tribunais de Contas de todo o Brasil, com jurisdição municipal, estadual ou federal, em ação decorrente da cidadania militante, arrimados no inciso XXXIII do art. 5º da Constituição Federal, alhures transcrito, ou ainda com amparo no § 2º do art. 74 da Constituição Federal, o qual dispõe que qualquer cidadão, partido político, associação ou sindicato é parte legítima para, na forma da lei, denunciar irregularidades ou ilegalidades perante o Tribunal de Contas (...); e, no caso do Rio Grande do Sul, fundados no art. 5º da Lei Estadual n. 10.547/95, batizada como Lei da Economicidade, o qual dispõe: "O serviço de ouvidoria pública, previsto pelo art. 74, § 2º, da Constituição Federal, que funciona junto ao Tribunal de Contas do Estado, será amplamente divulgado e acolherá denúncias fundamentadas de irregularidades".

Em síntese, entende-se que, requerida pelo Plenário, Mesa e Comissões da Assembléia Legislativa (os quais comunicarão suas decisões ao TCE por intermédio do Deputado Presidente da Assembléia Legislativa, significando isto que este não detém o poder de requerer individualmente, como decorrência do exercício do cargo de Presidente) — os quais decidirão so-

19. Hilda R. S. A. de Souza, Parecer P. G. A. L. n. 2.950, de 1993.

bre mérito da solicitação — mas apenas e tão somente quando as diligências solicitadas versem matéria do âmbito de competência fiscalizadora da casa legislativa estadual — vale dizer, administração pública estadual, nos três poderes, e em todas as suas modalidades — deve o Tribunal de Contas do Estado atender solicitações, requisições e determinações do Poder Legislativo Estadual, nos limites de suas competências constitucionais, e guardando obediência a comandos de hierarquia constitucional superior.

Deveras, desde que requerida pela Assembléia Legislativa — vale dizer, por decisão de seu Plenário, de sua Mesa, dos Plenários das Comissões Parlamentares regimentalmente previstas — a qual terá acolhido a motivação apresentada pelo Deputado solicitante — e encaminhada por seu Presidente ao Presidente do Tribunal de Contas, é legalmente indiscutível o imediato atendimento da solicitação oficiada.

O exercício desta função fiscalizadora, em auxílio ao Poder politicamente responsável pela fiscalização, entretanto, não faz do Tribunal de Contas um órgão subordinado ao Poder que auxilia. Ao contrário, sua ação, bem ainda sua estrutura, independem de quaisquer dos Poderes do Estado, porém sua ação supletiva, por solicitação da instituição constitucionalmente afeita ao controle externo da administração pública, tem fonte constitucional, devendo ser desempenhada sem censuras ou delongas, independentemente de apresentação de motivação por parte de quem detém competência constitucional para exercer o controle externo da Administração Pública.

PRONÚNCIA DE INCONSTITUCIONALIDADE POR OMISSÃO PARCIAL NO SISTEMA DIFUSO E ACESSO PLENO À JUSTIÇA

ANTÔNIO SOUZA PRUDENTE
Juiz Federal, Titular da 6ª Vara-Seção Judiciária do Distrito Federal
— Professor Titular da AEUDF

I — Introdução ao tema e seus objetivos

Não pretendo, nas observações que se seguem, realizar trabalho científico, com profundidade, sobre o curioso fenômeno da inconstitucionalidade por omissão relativa ou parcial e as técnicas judiciais de controle de tais omissões, mas, precisamente, emitir breves considerações sobre a presença desse fenômeno em nosso ordenamento jurídico e a possibilidade dos controles de que dispomos, na seara judicial, a nos permitir uma melhor colheita dos frutos produzidos pela *Constituição cidadã*, que apregoa a todos a formação vivencial de um Estado democrático de Direito, fulcrado nos valores fundamentais da soberania, da cidadania, da dignidade da pessoa humana, dos valores sociais do trabalho e da livre iniciativa, bem ainda do pluralismo político, conclamando, em *nome do Povo*, que lhe deu Alma e dela espera a Vida, o atuar conjunto, independente e harmônico dos Poderes constituídos (Legislativo, Executivo e Judiciário), na tarefa fundamental de construir uma sociedade livre, justa e solidária, garantindo o desenvolvimento nacional e erradicando a pobreza e a marginalização, com a mecânica redutora das desigualdades sociais e regionais (CF, arts. 1º, 2º e 3º).

A omissão normativa de que, ora, se cuida, e que agride estes objetivos, constitucionalmente protegidos, merece ser combatida através de mecanismos de controle que o nosso sistema jurídico nos possibilita, no exercício pleno da jurisdição constitucional, com destaque para o *controle difuso-material de constitucionalidade*, que a doutrina de Marshall nos ensinou e, historicamente, se introduziu na consciência do juiz brasileiro, com a determinação de que ao aplicar as leis, na solução dos conflitos, o magistrado deve antes verificar se elas se harmonizam com a Constituição, porque, só assim serão tidas como leis.

II — Declaração de inconstitucionalidade por omissão, no Brasil e em Portugal — Dimensões institucionais

Com inspiração advinda do modelo constitucional português (art. 283), a nossa Constituição Federal, de 5.10.88, em disposição mais generosa, determina que, "declarada a inconstitucionalidade por omissão de medida para tornar efetiva norma constitucional, será dada ciência ao Poder competente, para a adoção das providências necessárias, e, em se tratando de órgão administrativo, para fazê-lo em trinta dias (CF, art. 103, § 2º)".

Enquanto a Constituição portuguesa restringe a legitimidade para requerer a verificação da inconstitucionalidade por omissão ao Presidente da República e ao Provedor de Justiça, bem assim aos presidentes das assembléias legislativas regionais, com fundamento em violação de direitos das regiões autônomas, perante o Tribunal Constitucional (órgão inexistente no Brasil), limitando-se essa fiscalização, apenas, às omissões legislativas, em sentido formal, com resultante cientificação ao órgão legislativo competente, em nosso ordenamento jurídico-constitucional o instituto adquiriu força e eficácia sistêmica, na pródiga instrumentalidade das normas definidoras dos direitos e garantias fundamentais, revestida de auto-aplicabilidade protetora (CF, art. 5º, §§ 1º e 2º), com a garantia do amplo e irrestrito acesso à Justiça (CF, art. 5º, incisos XXXIV e XXXV).

Nesse contexto, respeitando as opiniões contrárias da doutrina nacional, entendo que *o controle de constitucionalidade por omissão, aqui, no Brasil, revela-se juridicamente possível, pela via concentrada-formal*, mediante ação direta, perante o Supremo Tribunal Federal, com legitimidade para propô-la o Presidente da República, a Mesa do Senado Federal, a Mesa da Câmara dos Deputados, a Mesa de Assembléia Legislativa, o Governador de Estado, o Procurador-Geral da República, o Conselho Federal da Ordem dos Advogados do Brasil, Partido Político com representação no Congresso Nacional e Confederação Sindical ou entidade de classe de âmbito nacional (CF, art. 103, incisos I a IX), ou *pelo sistema difuso-material*, perante qualquer Juízo ou Tribunal, na afirmação das garantias fundamentais, retrocitadas, a requerimento da parte interessada, no curso de qualquer processo, sem a exigência de uma declaração formal de inconstitucionalidade, *incidenter tantum*, como ocorre no fenômeno inconstitucional dos atos normativos-comissivos do Poder Público (CF, art. 97).

III — Modalidades de omissões normativas e as técnicas de controle judicial

Considerando que a *omissão inconstitucional* se caracteriza de *forma absoluta ou total* (silêncio agressor do órgão legiferante por não atuar o devido) e de *modo relativo ou material* (silêncio agressor, por não atuar complementamente o devido),[1] há que se verificar, na sistemática de nossa Constituição, técnicas diferenciadas de combate ao fenômeno da inconstitucionalidade por omissão.

Se na ação direta de inconstitucionalidade por omissão, mediante *processo objetivo*, na Corte Suprema, busca-se, antes de tudo, a defesa da Constituição, e, de modo reflexo, a proteção dos interesses ou direitos subjetivos, na *pronúncia de inconstitucionalidade por omissão relativa, pelo sistema difuso-material*, onde a proteção dos direitos da cidadania surge, em primeiro plano, não se afasta como conseqüência ontológica da *lide subjetiva, coletiva ou difusa*, a defesa da Lei Fundamental.

Penso, neste visor, que a declaração de inconstitucionalidade por omissão absoluta, ou relativa, não se realiza, apenas, através do processo objetivo da jurisdição constitucional, concentrada, perante o Supremo Tribunal Federal, com a tímida conseqüência de se dar ciência ao Poder competente para a adoção das providências necessárias, e, em se tratando de órgão ad-

1. Canotilho, José Joaquim Gomes, *Constituição Dirigente e Vinculação do Legislador*, Coimbra Editora, 1992, p. 335; *apud* Clèmerson Merlin Clève, in *A Fiscalização Abstrata de Constitucionalidade no Direito Brasileiro*, RT/SP, 1995, p. 222.

ministrativo, para fazê-lo em trinta dias (CF, art. 103, § 2º), mas admito, ainda que sem respaldo na doutrina e jurisprudência predicantes, que a pronúncia da inconstitucionalidade por omissão também se submete às técnicas da jurisdição ordinária, com eficácia imediata, pelo sistema difuso-material, consagrado na tradição da judicatura brasileira.

IV — Auto-aplicabilidade imperativa dos direitos e garantias fundamentais e a pronúncia de inconstitucionalidade por omissão parcial, no sistema difuso

Se a República Federativa do Brasil tem, como *o primeiro de seus objetivos fundamentais, a construção de uma sociedade livre, justa e solidária* (CF, art. 3º, I) e, para tanto, assegura a todos o pleno acesso à Justiça, na fala de que "a lei não excluirá da apreciação do Poder Judiciário lesão ou ameaça a direito" (CF, art. 5º, XXXV), impondo-se, no plano dirigente da legislação ordinária, o dever judicial de resolver a lide, criando a norma concreta, diante da lacuna por omissão legislativa (LICC, art. 4º, e CPC, art. 126) e velando para que a lei, na materialização da sentença, atenda aos fins sociais e superiores da Justiça (LICC, art. 5º), não devo admitir que direitos fundamentais do cidadão, amparados pela garantia constitucional da auto-aplicabilidade imediata (CF, art. 5º, § 1º), tais como o consagrado no princípio substancial da igualdade, uma vez agredidos pela omissão normativa parcial, que resulte especificamente na "exclusão de benefício incompatível com o princípio da isonomia", possam restar sem a carga de eficácia, que da gênese constitucional receberam, a merecerem, tão-só, no raio de uma interpretação restritiva, a proteção formal e literalmente tímida e ineficaz da norma do art. 103, § 2º, da Carta Magna.

Não se invoque, aqui, como solução constitucional de eficácia plena, na espécie, a garantia instrumental do mandado de injunção, posto que se presta a assegurar o exercício dos direitos e liberdades constitucionais e das prerrogativas inerentes à nacionalidade, à soberania e à cidadania, definidos em *normas inexeqüíveis por si mesmas ou dependentes de regulamentação* (CF, art. 5º, LXXI). O direito fundamental à isonomia é auto-aplicável (CF, art. 5º, § 1º) e se protege por cláusula constitucional de eternidade (CF, art. 60, § 4º, IV), podendo ser reconhecido e afirmado, de pronto, pelo administrador público ou pelo Juiz, na instrumentalidade efetiva do devido processo legal.

Neste enfoque de preservação de garantias fundamentais do cidadão não se alberga o argumento de que haveria, no ponto, contrariedade às técnicas de conservação do regime democrático e do "Estado de Poderes divididos",[2] mas sim as marcas de afirmação do Estado democrático de Direito, com independência e harmonia dos Poderes (CF, arts. 1º e 2º), na realização plena do compromisso constitucional pela cidadania.

V — Perplexidade ortodoxa da jurisdição constitucional do Supremo Tribunal Federal, diante do fenômeno novo da inconstitucionalidade por omissão relativa, no Brasil

A questão cresce em relevância e tem desafiado, com perplexidades, a inteligência da doutrina nacional e da jurisprudência do próprio Supremo Tribunal Federal, de que são exemplos os tópicos do julgado seguinte:

"Põe-se aqui, entretanto, um problema sério e ainda não deslindado pela Corte, que é um dos tormentos do controle da constitucionalidade da lei pelo estalão do

2. Zippelius, Reinhold, *Teoria Geral do Estado*, p. 146; *apud* Clèmerson Merlin Clève, in ob. cit., RT/SP, 1995, p. 226.

princípio da isonomia e suas derivações constitucionais.

Se a ofensa à isonomia consiste, no texto da norma questionada, na imposição de restrição a alguém, que não se estenda aos que se encontram em posição idêntica, a situação de desigualdade se resolve sem perplexidade pela declaração da invalidez da constrição discriminatória.

A consagração positiva da teoria da inconstitucionalidade por omissão criou, no entanto, dilema cruciante, quando se trate, ao contrário, de ofensa à isonomia pela outorga por lei de vantagem a um ou mais grupos com exclusão de outro ou outros que, sob o ângulo considerado, deveriam incluir entre os beneficiários.

É a hipótese, no quadro constitucional brasileiro, de lei que, à vista da erosão inflacionária do poder de compra da moeda, não dê alcance universal à revisão de vencimentos, contrariando o art. 37, inciso X, ou que, para cargos de atribuições iguais ou assemelhados, fixe vencimentos díspares, negando observância à imposição de tratamento igualitário do art. 39, § 1º, da Constituição.

A alternativa que aí se põe ao órgão de controle é afirmar a inconstitucionalidade positiva de norma concessiva do benefício ou, sob outro prisma, a da omissão parcial consistente em não ser estendido o benefício a quantos satisfizessem os mesmos pressupostos de fato subjacentes à outorga (Canotilho, *Constituição Dirigente e Vinculação do Legislador*, 1992, pp. 333 ss., 339; *Direito Constitucional*, 1986, p. 831; Gilmar F. Mendes, *Controle de Constitucionalidade*, 1990, pp. 60 ss.; Regina Ferrari, *Efeitos da Declaração de Inconstitucionalidade*, 1990, pp. 156 ss.; Carmen Lúcia Rocha, *O Princípio Constitucional da Igualdade*, 1990, p. 42): "a censurabilidade do comportamento do legislador" — mostra Canotilho (*Constituição Dirigente*, cit., p. 334), a partir da caracterização material da omissão legislativa — "tanto pode residir no ato positivo — exclusão arbitrária de certos grupos das vantagens legais — como no procedimento omissivo — emanação de uma lei que contempla positivamente um grupo de cidadãos, esquecendo outros".

Se se adota a primeira solução — a declaração de inconstitucionalidade da lei por "não favorecimento arbitrário" ou "exclusão inconstitucional de vantagem" — que é da nossa tradição (*v.g.* RE 102.553, 21.8.86, *RTJ* 120/725) — a decisão tem eficácia fulminante, mas conduz a iniqüidades contra os beneficiados, quando a vantagem não traduz privilégio, mas imperativo de circunstâncias concretas, não obstante a exclusão indevida de outros, que ao gozo dela se apresentariam com os mesmos títulos.

É o que ocorreria, no caso, com a suspensão cautelar da eficácia da medida provisória, postulada na ADIn 525: estaria prejudicado o aumento de vencimentos da parcela mais numerosa do funcionalismo civil e militar, sem que daí resultasse benefício algum para os excluídos do seu alcance.

A solução oposta — a da omissão parcial — seria satisfatória, se resultasse na extensão do aumento — alegadamente, simples reajuste monetário — a todos quantos sofrem com a mesma intensidade a depreciação inflacionária dos vencimentos.

A essa extensão da lei, contudo, faltam poderes ao Tribunal, que, à luz do art. 103, § 2º, da CF, declarando a inconstitucionalidade por omissão da lei — seja ela absoluta ou relativa — há de cingir-se a comunicá-la ao órgão legislativo competente, para que a supra.

De resto, como assinalam estudiosos de inegável autoridade (*v.g.* Gilmar Mendes, ob. cit., p. 70), o alvitre da inconstitucionalidade por omissão parcial ofensiva da isonomia — se pôde ser construída, a partir da Alemanha, nos regimes do monopólio do controle de normas pela Corte

Constitucional — suscita problemas relevantes de possível rejeição sistemática, se se cogita de transplantá-la para a delicada simbiose institucional que se traduz na conveniência, no direito brasileiro, entre o método do controle direto e concentrado no Supremo Tribunal e o sistema difuso.

Ponderações que não seria oportuno expender aqui fazem, porém, com que não se descarte de plano a aplicabilidade, no Brasil, da tese de inconstitucionalidade por omissão parcial. Ela, entretanto, não admite antecipação cautelar, sequer limitados efeitos de sua declaração no julgamento definitivo; muito menos para extensão do benefício aos excluídos, que nem na decisão final se poderia obter" (Ação Direta de Inconstitucionalidade n. 529 4/Distrito Federal, Rel. Min. Sepúlveda Pertence, STF/Pleno, Unânime, Julgado em 19.6.91, Publicado no *DJU* de 5.3.93, p. 289b).

A decisão em referência restou ementada nestas letras:

"*Ementa:* Inconstitucionalidade por omissão relativa: alegação contra a Medida Provisória 296/91: plausibilidade: denegação, porém, da liminar.

1. Ação direta contra a Medida Provisória 296/91 que — diversamente de outra, proposta contra o mesmo ato normativo (ADIn 525) — não postula a invalidade dos benefícios concedidos aos servidores federais nela contemplados, mas se funda, ao contrário, na alegada omissão do Presidente da República, na medida em que não os estendeu à totalidade do pessoal civil da União, como imposta pelas normas constitucionais invocadas (CF, arts. 37, X, e 39, § 1º): plausibilidade jurídica da alegação de mérito.

2. Considerações sobre o dilema — na hipótese de ofensa à isonomia pela norma legal que, concedendo vantagens, a uns não as estende a outros, em situação idêntica —, entre a declaração da inconstitucionalidade positiva da lei discriminatória ou da inconstitucionalidade da omissão relativa.

3. Inadmissibilidade, em princípio, da antecipação cautelar provisória da declaração de inconstitucionalidade por omissão (ADIn 361, 5.1.90), agravada, na espécie, em que o ato normativo que traduziria a discriminação alegada é uma medida provisória ainda pendente de apreciação pelo Congresso Nacional e, portanto, ela mesma, com vigência provisória e resolúvel."

VI — Crítica construtiva à postura jurisprudencial da Corte Supremas no precedente invocado

A interpretação literal e restritiva, que resulta da decisão supratranscrita à norma do § 2º do art. 103 da Constituição Federal, não encontra (peço vênia) nenhum apoio na boa hermenêutica, que recomenda, sempre, em casos que tais, desde as fontes romanas, a busca da alma normativa, pelo método sistêmico e finalístico, neste verbo: "Scire Leges, non hoc est verba earum tenere, sed vim, ac potestatem".

O Supremo Tribunal Federal, na sua função precípua de guarda da Constituição (CF, art. 102, *caput*), tem o *poder-dever* de interpretar e aplicar as normas constitucionais, em consonância com a *Alma do Povo*, que clama por *Justiça*, em todos os tempos.

Ainda que se admita, em tese, o efeito *erga omnes* das decisões da Suprema Corte, no processo objetivo de declaração da inconstitucionalidade por omissão parcial, que resulte no reconhecimento de *exclusão inconstitucional de vantagem legítima* ou de *exclusão de benefício incompatível com o princípio da isonomia, a simples ciência* ao Poder competente (*livre para continuar omisso e persistente em seu silêncio agressor*) para a adoção das providências necessárias não realiza, por si só, o compromisso constitucional do Judiciário, que é *distribuir Justiça célere e eficaz*, na construção de uma sociedade livre, justa e solidária (CF, art. 3º, I).

Preocupado com a problemática da *utilidade das decisões*, nos quadros da Reforma do CPC, observa, com inteira razão, o Prof. Cândido Rangel Dinamarco que "inexiste tutela jurisdicional, enquanto o comando enunciado na sentença permanecer só na sentença e não se fizer sentir de modo eficaz na realidade prática da vida dos litigantes. Agora, tudo depende da tomada de consciência dos juízes e da energia com que venham a exercer esses poderes, a bem da efetividade da tutela jurisdicional e da própria respeitabilidade de sua função e dos seus comandos".[3]

O direito fundamental à isonomia — impende repetir — reveste-se de auto-aplicabilidade protetora (CF, art. 5º, § 1º), que se impõe com força dirigente e vinculante ao Administrador público assim como ao Juiz, na administração da Justiça.

E não se pode olvidar que, na *jurisdição constitucional*, sobretudo, a *Justiça das decisões* compõe o *núcleo* da garantia fundamental do *Acesso à Justiça*, fazendo com que todo Juiz ou Tribunal, neste País, realize, somente, o *processo justo*.

Neste passo, ainda peço vênia para divergir da autoridade do precedente jurisprudencial, retrocitado, por entender que, na espécie em comento, inexiste qualquer óbice que desautorize a *antecipação da tutela especifica* (garantia maior que a simples medida cautelar), com o perfil que lhe dera a reforma de nossa legislação processual civil (CPC, art. 461), possibilitando, no plano dessa valiosa instrumentalidade de natureza executiva-mandamental, um controle constitucional das omissões normativas bem mais célere e eficaz, a garantir a auto-aplicabilidade imperativa dos direitos fundamentais.

VII — Declaração de inconstitucionalidade sem pronúncia de nulidade, no sistema difuso-material de jurisdição constitucional

Com essa compreensão, tenho decidido reiteradamente, no exercício da Magistratura Federal, e em casos recentes, naquelas ações cuja pretensão é no sentido de que o índice de reajuste de 28,86%, concedido aos militares pelas Leis ns. 8.622/93 e 8.627/93, há de ser extensivo aos servidores civis, em face da norma do art. 37, X, da Constituição Federal, que assegura tratamento igualitário na revisão geral da remuneração do funcionalismo.

Convencido do significado e da importância do fenômeno da *declaração de inconstitucionalidade sem pronúncia de nulidade*, no processo objetivo de controle concentrado, com base na jurisprudência alemã do *Bundesverfassungsgerichit*,[4] não vejo qualquer óbice ao transplante dessa técnica engenhosa para o controle de constitucionalidade, pelo sistema difuso-material ou concentrado-abstrato, aqui, no Brasil, quando se trata de inconstitucionalidade por omissão parcial, e, por isso, na espécie supracitada, venho decidindo nestes termos:

"A nossa Constituição Federal atrelou toda Administração Pública Direta, Indireta ou Fundacional à observância estrita dos princípios da legalidade, impessoalidade, moralidade e publicidade (CF, art. 37, *caput*), para que possamos vivenciar o Estado democrático de Direito, em plenitude (CF, art. 1º, *caput*).

A norma do art. 37, inciso X, de nossa Lei Fundamental é bastante em si, *self exe-*

3. Dinamarco, Cândido Rangel, "Nasce um Novo Processo", in *Reforma do Código de Processo Civil*, Saraiva, 1996, p. 14.

4. Mendes, Gilmar Ferreira, *Jurisdição Constitucional*, Saraiva, 1996, p. 309.

cuting, de eficácia plena. Não depende, assim, de regulamentação. O comando, ali contido, é endereçado, expressamente, ao legislador ordinário, para cumpri-lo, ao editar a lei de revisão geral da remuneração dos servidores públicos.

O renomado publicista José Afonso da Silva, em percuciente exegese do dispositivo constitucional em referência, vem de afirmar que, "quando a Constituição, no art. 37, X, declara que *a revisão geral da remuneração dos servidores públicos, sem distinção de índices entre servidores públicos civis e militares, far-se-á sempre na mesma data*, usou intencionalmente o termo *remuneração* para abranger todos os valores integrantes da retribuição dos civis e militares, a fim de que nenhuma parcela fique fora da identidade de índices".[5]

Essa norma, sem dúvida, tem por objetivo evitar que a revisão geral da remuneração dos servidores públicos tenha data diversa, como tantas vezes ocorria, bem como impede que se apliquem aos servidores militares índices diferentes do que for estabelecido para os civis e vice-versa.

As Leis ns. 8.622, de 1.1.93 e 8.627, de 19.2.93, ao beneficiarem, somente, os servidores militares federais com o percentual de 28,86% em suas remunerações, negaram vigência à norma do inciso X do art. 37 da Carta Magna, em comento, por estabelecer uma revisão geral da remuneração dos servidores públicos militares, sem contemplarem os servidores civis com os mesmos índices daquela revisão.

A isonomia, que resulta do comando constitucional em referência (art. 37, inciso X), afasta a orientação da Súmula n. 339/STF, na espécie, pois não se cuida, aqui, de *aumento de vencimentos* de servidores públicos sob o fundamento de isonomia, pelo Poder Judiciário, que não tem função legislativa, mas de garantir aos iguais a vantagem dos vencimentos, licitamente, estabelecida em lei, cumprindo-se o direito fundamental à igualdade, portador de eficácia plena.

Tanto assim é, que o próprio Supremo Tribunal, por decisão administrativa, determinou a extensão do aludido percentual de 28,86% às remunerações de seus Juízes e dos demais servidores do seu quadro de pessoal, no que fora seguido pelos outros Tribunais Federais do País. De igual forma procedeu o Poder Legislativo Federal, e o Ministério Público Federal.

Pretensões desse naipe vingam, assim, sob o impulso dirigente do princípio da igualdade, constitucionalmente assegurado, sem distinção de qualquer natureza, na espécie (CF, arts. 5º, *caput*, e 37, inciso X).

De ver-se, porém, que a *inconstitucionalidade por omissão*, resultante das malsinadas Leis ns. 8.622/93 e 8.627/93, merece tratamento especial, no *sistema difuso*, posto que "a disciplina legiferante, ao favorecer certos indivíduos esquecendo outros, conduz a que, em virtude da eficácia vinculativa do princípio da igualdade para todos os poderes estaduais, a jurisdição e a administração integrem a *lacuna legal*, estendendo a disciplina da lei a todos os *tatbestände* substancialmente iguais aos regulados, pois a lei só deve ser declarada nula, quando as vantagens legais não possam ser estendidas através da aplicação analógica aos "casos" ou "grupos" reconhecidos como preenchendo os mesmos pressupostos daqueles que foram contemplados pela regulamentação legal."[6]

Nesta linha de pensar do constitucionalista lusitano manifesta-se o nosso respeitável Professor José Afonso da Silva, na dicção de que "são inconstitucionais as discriminações não autorizadas pela Constituição. O ato discriminatório é inconsti-

5. Silva, José Afonso da, *Curso de Direito Constitucional Positivo*, Malheiros Editores/SP, 13ª ed., p. 626.

6. Canotilho, José Joaquim Gomes, ob. cit., p. 389.

tucional. Há duas formas de cometer essa inconstitucionalidade. Uma consiste em outorgar benefício legítimo a pessoas ou grupos, discriminando-os favoravelmente em detrimento de outras pessoas ou grupos em igual situação. Neste caso, não se estendeu às pessoas ou grupos discriminados o mesmo tratamento dado aos outros. O ato é inconstitucional, sem dúvida, porque feriu o princípio da isonomia. O ato é, contudo constitucional e legítimo, ao outorgar o benefício a quem o fez. Declarálo inconstitucional, eliminando-o da ordem jurídica, seria retirar direitos legitimamente conferidos, o que não é função dos tribunais. Como, então, resolver a inconstitucionalidade da discriminação? Precisamente estendendo o benefício aos discriminados que o solicitarem perante o Poder Judiciário, caso por caso. Tal ato é insuscetível de declaração genérica de inconstitucionalidade por via de ação direta. (...)

A outra forma de inconstitucionalidade revela-se em se impor obrigação, dever, ônus, sanção ou qualquer sacrifício a pessoas ou grupo de pessoas, discriminando-as em face de outros na mesma situação que, assim, permaneceram em condições mais favoráveis. O ato é inconstitucional por fazer discriminação não autorizada entre pessoas em situação de igualdade. Mas aqui, ao contrário, a solução da desigualdade de tratamento não está em estender a situação jurídica detrimentosa a todos, pois não é constitucionalmente admissível impor constrangimentos por essa via. Aqui a solução está na declaração de inconstitucionalidade do ato discriminatório em relação a quantos o solicitarem ao Poder Judiciário, cabendo também a ação direta de inconstitucionalidade por qualquer das pessoas indicadas no art. 103."[7]

A norma do art. 169, parágrafo único, incisos I e II, da Constituição Federal não deve ser invocada como óbice, na espécie, posto que se acham vinculados à autorização orçamentária, que serve aos propósitos da Lei n. 8.622/93, com eficácia tributante, ao princípio isonômico do prefalado inciso X do art. 37 constitucional."

O egrégio Tribunal Federal da 1ª Região, comungando deste nosso entendimento, vem confirmando as sentenças de nossa lavra, nesta matéria, através de suas colendas 1ª e 2ª Turmas, conforme revelam as ementas dos seguintes julgados:

a) Constitucional e administrativo. Reajuste de 28,86% concedido aos militares. Leis ns. 8.622 e 8.627/93: inconstitucionalidade por omissão. Possibilidade de discussão pela via ordinária. Constituição Federal, arts. 103, §§ 2º e 5º, inciso LV. Revisão geral de vencimentos. Impossibilidade de ser privilegiada determinada categoria. Art. 37, X, da Carta de 1988.

I — Se a ação de inconstitucionalidade tem sua legitimidade ativa restrita aos titulares dos cargos e entidades taxativamente elencadas nos incisos I e IX do art. 103 da Constituição Federal, o entendimento de que o servidor lesado não poderia discutir a questão por outra via levaria, em caso de omissão daqueles, à injusta supressão do direito de recorrer ao Poder Judiciário, que é assegurado aos cidadãos, nos termos do art. 5º, LV, da mesma Carta da República. Cabimento, assim, do uso de ação própria para o reclamo da prestação jurisdicional perante a Justiça Federal.

II — Constitui orientação majoritária nesta Corte que o índice de reajuste de 28,86% concedido aos militares pelas Leis ns. 8.622 e 8.627/93 é extensivo aos servidores civis, em face do disposto no art. 37, inciso X, da Constituição, que assegura igualdade na revisão geral do funcionalismo.

III — Ressalva do ponto de vista do relator.

IV — Apelação e remessa oficial improvidas."

7. Silva, José Afonso da, ob. cit., pp. 222-223.

(AC n. 94.0124863-0-DF, Rel. Juiz Aldir Passarinho Júnior, 1ª Turma/TRF/1ª Região, Unânime, Julgado em 30.5.95)

b) Servidor público — Remuneração geral de vencimentos e soldos pelas Leis ns. 8.622/93 e 8.627/93 — Reajuste de 28,86% concedido somente aos servidores militares — Inconstitucionalidade por omissão — Sentença que dispõe normativamente sobre a matéria, estendendo o reajuste aos servidores civis, para tornar efetivo o cumprimento do preceito constitucional sobre isonomia salarial até que a omissão seja suprida pelo legislador — Legitimidade — Constituição Federal, art. 37, X.

I — Vedando o art. 37, X, da Constituição Federal discriminação remunerativa entre servidores públicos, quando concedida revisão geral de vencimentos, lídima a sentença que, reconhecendo omissão legislativa em relação aos servidores civis, disponha normativamente sobre a matéria, estendendo-lhes reajustes concedidos somente aos servidores militares, para tornar efetivo o cumprimento do preceito constitucional isonômico até que a omissão seja cumprida pelo legislador.

II — Apelação e remessa oficial denegadas.

III — Sentença confirmada."

(AC n. 9401.10227-9-DF, Rel. Juiz Catão Alves, 1ª Turma/TRF/1ª Região, Julgado em 19.10.94)

c) Administrativo. Servidores públicos. Aumento das Leis ns. 8.622/93 e 8.627/93. Extensão a servidores civis do Poder Executivo. Súmula 339/STF.

I — Afastada a aplicação da Súmula pelo próprio Excelso Pretório em decisão administrativa.

II — Estendido o aumento aos servidores dos Poderes Legislativo e Judiciário.

III — Desvirtuada a finalidade da lei com a extensão aos servidores dos demais Poderes, deve o benefício também ser outorgado aos servidores civis do Poder Executivo e de suas autarquias."

(AMS n. 94.0129466-6, Rel. p/ acórdão Juiz Jirair Aram Megueriam, 2ª Turma/TRF/1ª Região, Maioria, Julgado em 26.9.95).

VIII — A nova posição jurisprudencial do Supremo Tribunal Federal, em pronúncia de inconstitucionalidade por omissão parcial, no sistema difuso

Confirmando a tese, aqui sustentada, de que o nosso ordenamento jurídico-constitucional hospeda a possibilidade do controle difuso-material de constitucionalidade, no fenômeno da omissão normativa parcial, com segurança e eficácia plenas e imediatas, na atividade jurisdicional, diuturna, dos Juízes e Tribunais do País, ao lado do controle concentrado, tímido e ineficaz, da norma do § 2º do art. 103 da nossa Lei Fundamental, especialmente quando essa inconstitucionalidade se caracteriza pela omissão agressiva da cláusula do "não favorecimento arbitrário" ou da "exclusão inconstitucional de vantagem lícita" ou da "exclusão de benefício incompatível com o princípio da isonomia", a merecer, no ponto, declaração judicial da referida inconstitucionalidade, sem pronúncia de nulidade da norma agressora, vem, agora, o Supremo Tribunal Federal, com o necessário senso de Justiça, *reconhecendo, pela vias administrativa e jurisdicional-difusa, a auto-aplicabilidade imperativa, com eficácia imediata,* da norma constitucional asseguradora da revisão geral da remuneração de civis e militares, na mesma data, sem distinção de índice (CF, art. 37, X), como preordena o princípio da isonomia, no julgamento (ainda não concluído) do Recurso Ordinário em Mandado de Segurança n. 22.307-7/DF, destacando-se do voto do eminente Relator, Ministro Marco Aurélio, o tópico seguinte:

"Dentre as garantias constitucionais figura, relativamente aos servidores, a de que a revisão geral da remuneração, sem distinção de índices entre servidores públicos civis e militares, far-se-á sempre na mesma data — inciso X do art. 37 da Constituição Federal. Considerada a abrangência das Leis ns. 8.622, de 19 de janeiro de 1993, e 8.627, de 19 de fevereiro de 1993, o Legislativo, o Judiciário Federal e o Ministério Público observaram, relativamente aos respectivos servidores, o índice de 28,86%. Teve-se como auto-aplicável, na espécie, a norma insculpida no referido inciso X, no que inegavelmente o é ao contemplar o fator temporal (data-base) e a obrigatoriedade da revisão geral em tal oportunidade. Quanto ao primeiro enfoque decorre ele do fato de a Carta conter referência à mesma data, contemplando implicitamente o fator ano. Relativamente ao segundo, a doutrina, a jurisprudência e até mesmo o vernáculo indicam como revisão o ato pelo qual formaliza-se a reposição do poder aquisitivo dos vencimentos, por sinal expressamente referido na Carta de 1988 — inciso IV do art. 7º — patente assim a homenagem não ao valor nominal, mas sim real do que satisfeito como contraprestação do serviço prestado.

Eis as premissas que levaram este Tribunal, na 8ª Sessão Administrativa, realizada em 29 de abril de 1993, a assentar o direito à revisão de vencimentos com base naquele percentual:

"Examinado o processo n. 19.426-3 e considerando:

a) a inviabilidade de cogitar-se de aumento da remuneração dos servidores públicos sem que seja reposto o poder aquisitivo dos vencimentos;

b) a abrangência das Leis ns. 8.622, de 19 de janeiro de 1993, e 8.627, de 19 de fevereiro de 1993, que beneficiaram a todos os servidores militares;

c) a auto-aplicabilidade e, portanto, imperatividade, com eficácia imediata, da norma constitucional asseguradora da revisão geral da remuneração de civis e militares na mesma data, sem distinção de índice — inciso X do art. 37 — respeitado inclusive o princípio da isonomia;

d) o fato do soldo mais lato haver sido reajustado em 28,86%, além do reajuste previsto no art. 1º da Lei n. 8 622/93;

e) a uniformidade de tratamento que deve haver quando em jogo a revisão remuneratória, a implicar reposição, ainda que parcial, do poder aquisitivo dos vencimentos;

f) a circunstância de os servidores da Câmara dos Deputados haverem sido contemplados com o percentual de 28,86% — Ato da Mesa n. 60, de 20 de janeiro de 1993; finalmente, a premissa segundo a qual ocorreu real revisão remuneratória, RESOLVEU, por maioria de votos, determinar a observância do acréscimo percentual de 28,86%, a partir de 1º de janeiro de 1993, às remunerações dos respectivos servidores (inclusive aposentados e pensionistas). Os Ministros Ilmar Galvão, Néri da Silveira, Moreira Alves e Sydney Sanches (presidente) votaram pela remessa de Projeto de Lei ao Congresso Nacional, para o reajuste pretendido (...)" (folhas 47 e 48).

Constata-se, portanto, que, na espécie, entendeu-se como apropriada a conjugação das Leis ns. 8.622/93, 8.627/93 e da Carta Política da República, no que assegura a revisão geral. Caminhou-se — é certo, por maioria de votos, formando na corrente majoritária os Ministros Octávio Gallotti, Paulo Brossard, Sepúlveda Pertence, Celso de Mello, Carlos Velloso, eu mesmo e Francisco Resek — para a conclusão de ser dispensável, na hipótese, lei específica, considerados cada um dos Poderes, mesmo porque, em se tratando de revisão geral, não seria pertinente tal legislação, sob pena de colocar-se em risco a almejada isonomia. O próprio Superior Tribunal de Justiça também assim decidiu (folha 49).

Senhor Presidente, sob pena de caminhar-se para verdadeiro paradoxo, fulminando-se princípio tão caro às sociedades que se dizem democráticas, como é o da isonomia, não vejo como adotar óptica diversa em relação ao pessoal civil do Executivo Federal, já que o militar foi contemplado. As premissas assentadas por esta Corte quando da deliberação administrativa continuam de pé e mostram-se adequadas no caso vertente. Houve revisão geral de vencimentos, deixando-se de fora os servidores civis. Apanhada esta deficiência e em face da auto-aplicabilidade do preceito constitucional, Legislativo, Judiciário e Ministério Público determinaram a inclusão do reajuste nas folhas de pagamento, tendo como data-base janeiro de 1993. Nisso, deram fidedigna observância ao preceito constitucional que prevê a revisão a ser feita na mesma data sem distinção entre civis e militares. Assim, ato omissivo exsurge contrário à ordem jurídico-constitucional em vigor, valendo notar que de duas, uma: ou Judiciário, Legislativo e Ministério Público agiram em homenagem à Carta da República, e então procede a irresignação dos recorrentes, ou a vulneraram. Excluo esta última conclusão pela razões acima lançadas."

IX — Considerações finais

De ver-se, por oportuno, que já administrativamente, o Supremo Tribunal Federal, por expressiva maioria de seus membros, reconhecera *a auto-aplicabilidade imperativa, com eficácia imediata*, da *norma constitucional asseguradora da revisão geral da remuneração de civis e militares* (CF, art. 37, X), respeitando-se, assim, a *imperatividade do princípio da isonomia*, no corpo da aludida norma, que se apresenta, neste perfil, *protegida por cláusula de eternidade e imune*, em conseqüência, *a qualquer tentativa aniquiladora do jogo político do Poder revisor* (CF, art. 60, § 4º, IV).

Nesta tarefa de realizar uma jurisdição constitucional, efetiva e plenamente eficaz, é que se encontra "a grande novidade", antevista por Cappelletti, em sua excelente monografia sobre *O Controle Judicial de Constitucionalidade das Leis no Direito Comparado*, "ou seja, na tentativa de transformar a imprecisão e a imóvel estaticidade daquelas fórmulas e a inefetividade daquela prevalência em uma efetiva e dinâmica e permanente "concretização", através da obra de um intérprete qualificado — o juiz, ou nos sistemas mais recentes, o especial juiz constitucional. Aqui, verdadeiramente o gênio dos homens atingiu o seu vértice; a aspiração ao eterno, uma aspiração que renasce perenemente de suas próprias cinzas, encontra aqui a sua concreta conciliação com a realidade; a eternidade dos valores, aquela eternidade que a história mostrou ser impossível e também sempre suprema utopia da humanidade, concretiza-se através do trabalho atuante do juiz. E também a mil vezes derrotada aspiração jusnaturalista encontra, assim, a sua própria dimensão real, o seu rosto humano; jusnaturalismo e positivismo reconciliam-se, fundem-se nesta certamente imperfeita, mas genial invenção do homem e do Direito".[8]

Espera-se — como já ocorre, no julgado em referência — que a Suprema Corte, no *uso da toga, como guardiã maior da alma do Povo*, revelada na Constituição, mantenha-se coerente, por *dever de ofício*, na afirmação concreta dos direitos e garantias fundamentais do cidadão.

Concluímos, assim, com a oportuna advertência de Konrad Hesse, na fala de que "a Constituição converter-se-á em força ativa se fizerem-se presentes, na consciência geral — particularmente, na consciência dos principais responsáveis pela ordem constitucional — não só a vontade de poder (*Wille zur Macht*), mas também a vontade de Constituição (*Wille zur Verfassung*)".[9]

Brasília, em 11 de agosto de 1996

8. Cappelletti, Mauro, *O Controle Judicial de Constitucionalidade das Leis no Direito Comparado*, Porto Alegre, Sérgio Antônio Fabris Editor, 1984, p. 12.

9. Hesse, Konrad, *A Força Normativa da Constituição*, Porto Alegre, Sérgio Antônio Fabris Editor, 1991, p. 16; *apud* Clèmerson Merlin Clève, ob. cit., p. 282.

ESTUDOS & COMENTÁRIOS

MANDADO DE INJUNÇÃO: SUA ATUAL CONCEPÇÃO

DERLY BARRETO E SILVA FILHO
Advogado no Rio de Janeiro

Esta breve nota tem por tema a análise e crítica de recentes decisões do Supremo Tribunal Federal (STF) sobre o mandado de injunção, garantia fundamental disposta no art. 5º, LXXI, da Constituição Federal.

Novidade na ordem jurídica constitucional brasileira, o mandado de injunção, segundo a Carta de Direitos, tem cabimento "sempre que a falta de norma regulamentadora torne inviável o exercício dos direitos e liberdades constitucionais e das prerrogativas inerentes à nacionalidade, à soberania e à cidadania".

Em sede doutrinária, vem suscitando ardorosos e fecundos debates quanto ao seu entendimento. Embora os vários matizes que o assunto encerra, observa-se hoje uma tendência à uniformização no que concerne à sua destinação, com vistas a conferir-lhe máxima eficácia e concreção a fim de tornar efetivos direitos até então postos em folha de papel como meras intenções ou promessas.

Na jurisprudência do STF, ao revés, as decisões sobre mandado de injunção têm hesitado em definir a sua finalidade.

Primeiramente, para ilustrar, decidiu-se que ele é "ação outorgada ao titular de direito, garantia ou prerrogativa a que alude o art. 5º, LXXI, dos quais o exercício está inviabilizado pela falta de norma regulamentadora, e ação que visa a obter do Poder Judiciário a declaração de inconstitucionalidade dessa omissão se estiver caracterizada a mora em regulamentar por parte do Poder, órgão, entidade ou autoridade de que ela dependa, com a finalidade de que se lhe dê ciência dessa declaração, para que adote as providências necessárias, à semelhança do que ocorre com a ação direta de inconstitucionalidade por omissão" (MI 107-3-DF, *DJU*, Seção I, 21.9.90, p. 9.782).

Esse entendimento mereceu acirradas criticas de doutrinadores, e até de magistrados. Aliás, em voto lapidar, o Des. Barbosa Moreira acentuou: "dar ciência da omissão ao órgão omisso é providência de todo inócua, até porque, presumivelmente, ninguém melhor do que ele sabe que se vem omitindo" (MI 6/90, 4º Grupo de Câmaras Cíveis do Tribunal de Justiça do Estado do Rio de Janeiro).

Mais recentemente, o STF decidiu pela concessão do mandado de injunção não apenas para declarar a inconstitucionalidade da omissão do legislador (solução manifestamente restritiva e improficua), mas também para assinar um prazo a fim de que se ultime o processo legislativo da lei faltante, sob pena de, vencido tal prazo sem legiferação, "passe a requerente a gozar da imunidade requerida" (MI 232-1-

RJ, *DJU*, Seção I, 16.8.91, p. 10.783), nos termos do art. 195, § 7º, da Constituição Federal. Em outro mandado de injunção, além de declarar a omissão legislativa inconstitucional e estabelecer um prazo para legislação, decidiu-se, diferentemente, que, se ultrapassado o prazo fixado para a ultimação do processo legislativo da lei faltante, "sem que esteja promulgada a lei, reconhecer ao impetrante a faculdade de obter, contra a União, pela via processual adequada, sentença líquida de condenação à reparação constitucional devida, pelas pelas e perdas e danos que se arbitrem" (MI 283-5-DF, *DJU*, Seção I, 14.11.91, p. 16.356), conforme se lhe assegura o art. 8º, § 3º, do ADCT da Constituição Federal.

Sem comentar da aplicação do mandado de injunção aos dispositivos citados, as soluções experimentadas pelo STF ainda se mostram pouco eficazes, porque o impetrante, uma vez concedida a ordem injuncional, deve aguardar a promulgação da lei faltante, no prazo fixado pelo Tribunal, ou, no último caso mencionado, a prolação da sentença condenatória da reparação devida. Ou seja, nas duas situações, o mandado de injunção fica subordinado a uma dupla "condição suspensiva" para se aperfeiçoar: à promulgação da lei e, conseqüentemente, ao seu efetivo cumprimento — porque a mera legiferação não significa viabilidade do exercício do direito reclamado; afinal, quantas leis existem que não são cumpridas?; e, na segunda situação — a que se refere ao art. 8º, § 3º, do ADCT da Constituição Federal —, o impetrante haveria de se valer, ainda, de outra via processual — a ação de reparação por perdas e danos — para ter viabilizado o exercício de seu direito.

Ora, é de todos sabido que o cidadão, ao recorrer ao Poder Judiciário, busca *certeza* e não expectativa ou probabilidade de seu direito. Espera pela *satisfação* do seu direito, cujo exercício a Justiça deve garantir, incólume de violações, seja por ações, seja por omissões.

O objeto do mandado de injunção não é a imposição de prazo à atividade legislativa, nem, na falta desta, o reconhecimento, ao impetrante, da faculdade de pleitear por outra via processual a satisfação de seu direito, cujo exercício se tornou inviabilizado pela falta de norma regulamentadora. Sua finalidade é investir concretamente o indivíduo em seus direitos, impondo (ao impetrado) o cumprimento efetivo da norma constitucional segundo um mandamento judicial, que a integra ao mundo fático, emprestando-lhe eficácia e concreção.

Assim, quando a Constituição (no art. 8º, § 3º, do ADCT) disse que "aos cidadãos que foram impedidos de exercer, na vida civil, atividade profissional específica, em decorrência das Portarias Reservadas do Ministério da Aeronáutica n. S-50-GM5, de 19 de junho de 1964, e n. S-285-GM5, será concedida reparação de natureza econômica, na forma que dispuser lei de iniciativa do Congresso Nacional e a entrar em vigor no prazo de doze meses a contar da promulgação da Constituição", o Supremo Tribunal Federal deveria ter fixado os limites da reparação pecuniária (como inclusive entendeu o Min. Marco Aurélio, em voto vencido).

Não obstante a evolução interpretativa do STF, o mandado de injunção ainda carece de melhor compreensão, ou de vontade política, talvez.

Assevere-se, por fim, que não deve perdurar o descumprimento renitente e irresponsável das normas constitucionais, a renegar direitos individuais e coletivos.

Pesado fardo recaiu sobre o Poder Judiciário: a efetivação de direitos até então postos em folha de papel, no mundo abstrato das promessas e das intenções. Neste prisma, é imperioso e premente que o Supremo Tribunal Federal exerça firmemente a guarda dos direitos constitucionais, não condescendendo com a sua violação pela omissão das autoridades públicas.

O ESTADO CONTEMPORÂNEO FRENTE AO PRINCÍPIO DA INDELEGABILIDADE LEGISLATIVA

ARTUR DE BRITO GUEIROS SOUZA

1. Introdução: o surgimento dos direitos

A teoria dos direitos do homem surgiu da corrente jusnaturalista que, para fundamentar a existência de prerrogativas inerentes à própria condição humana, pressupôs um estado de natureza, onde havia o reconhecimento do direito de viver, da propriedade e da liberdade.

O homem deixaria este estado de natureza para obter algumas vantagens que ele não teria aí permanecendo, e, ao sair, ele reservaria para si uma esfera de liberdade, contra a qual o Estado não poderia intervir, sob hipótese alguma.

Os poderes do soberano deveriam ser como de fato o foram, restringidos, passando o Estado a deter, unicamente, o papel de proteger esta esfera de liberdade individual, surgindo, assim, os "Direitos Individuais".

Assim, a postura do Estado, no modelo liberal que se seguiu às revoluções do Século XVIII, pode ser apreendida através do seguinte ideário: "Que o Estado se abstenha totalmente de velar pelo bem-estar positivo dos cidadãos e se limite estritamente a velar pela sua segurança entre eles próprios e frente aos inimigos do exterior, não restringindo a sua liberdade com vista a nenhum outro fim último"[1].

Numa etapa seguinte, ocorreu a necessidadc dc o indivíduo participar das decisões políticas do Estado, através do sistema representativo que, "não é mais do que uma organização com a ajuda da qual uma nação confia a alguns indivíduos o que ela não pode ou não quer fazer".[2]

Conquistaram-se, desse modo, os chamados "Direitos Políticos".

Posteriormente, com o engrandecimento das demandas do operariado e do campesinato para obtenção de trabalho digno, de instrução, de saúde e previdência, surgem os ditos "Direitos Sociais".

Direitos individuais, direitos políticos e direitos sociais foram, então, surgindo de maneira gradual, "nascidos em certas circunstâncias, caracterizadas por lutas em defesa de novas liberdades contra velhos poderes..."[3]

2. O Estado Liberal: apogeu do Parlamento

No Estado Liberal que se seguiu ao Estado Absoluto, acometeram-se aos gover-

1. Wilhelm von Humboldt, *Os Limites da Ação do Estado*, RÉS-Editora, p. 42.

2. Benjamin Constant, "Da Liberdade dos Antigos Comparada à dos Modernos", *Revista Filosofia Política* n. 2, p. 23.

3. Noberto Bobbio, *A Era dos Direitos*, Editora Campus, p. 5.

nantes os encargos de velar pela segurança dos indivíduos, contra toda a sorte de agressões (internas ou externas).

Para tanto, segundo o pensamento da época, deveria o Estado manter alguns poucos serviços públicos, como o de Justiça e o Exército permanente. Deveria, ainda, cuidar de realizar as obras não lucrativas, inviáveis para serem feitas pela iniciativa privada.

Tudo o mais escapava da ação do Estado, permanecendo os indivíduos com toda a independência que bastasse para, livremente, buscar a felicidade e o seu bem-estar.

Como bem frisou Benjamin Constant, "a independência individual era a primeira das necessidades modernas".[4]

A certeza de que o Estado não interviria na esfera individual passou pelo fortalecimento do Parlamento, por intermédio do sistema representativo, com o qual foi possível ao indivíduo dedicar seu tempo e força no exercício de suas liberdades, transferindo a um representante no Legislativo a função de velar por seus interesses.[5]

É preciso que se diga que, nesta época, se entendia que só a lei, emanada do Parlamento, é que podia de alguma forma intervir na esfera individual.[6]

Com efeito, seja em razão de ser a lei o fruto da "vontade geral", seja por haver nela um "conteúdo de justiça", o fato é que só através dela o Estado poderia licitamente exercer as suas funções. Conforme as palavras de Siqueira Castro, "(...) toda e qualquer limitação à autonomia individual somente poderia advir da lei formal, sob pena de ser arbitrária e ilegítima".[7]

Em conclusão, o Parlamento conheceu, neste Estado Liberal, o seu apogeu, na medida em que só através da elaboração legislativa as liberdades individuais poderiam ser cerceadas legalmente. Como bem resumido por Siqueira Castro: "nesse Estado burguês de Direito, de pousas prestações positivas e de muita oratória liberal, o Parlamento pôde viver seu momento de glória e hegemonia racionalista, protagonizando entre as instituições governativas com as vestes luminosas da representação política".[8]

O exercício das funções estatais, sem o acatamento deste paradigma, padecia de ilegalidade e ao indivíduo, atingido por esta ação ilegítima, restava buscar reparação junto ao Judiciário, face à missão deste de velar pelo Estado de Direito.

3. O Estado do Bem-Estar

A crescente complexidade do meio social e da atividade econômica foi desestabilizando o modelo liberal de Estado até

4. B. Constant, ob. cit., p. 19.

5. Segundo Carl Schmitt, o modelo de Constituição no Estado Liberal apresentava-se da forma seguinte: "La particularidad de su ideal de Constitución consiste en que con él se adopta una organización del Estado desde un punto de vista crítico y negativo frente al poder del Estado — protección del ciudadano contra el 'abuso' del poder del Estado. Los medios y métodos del control sobre el Estado se organizan más que el propio Estado; se crean seguridades contra ataques estatales, y se trata de introducir frenos en el ejercicio del poder público (...). Las Constituciones de los actuales Estados burgueses están, pues, compuestas de dos elementos: de un lado, los principios del Estado de Derecho para la protección de la libertad barguesa 'frente' al Estado; de otro, el elemento político del que ha de deducirse la 'forma de gobierno' (Monarquía, Aristocracia o Democracia o un *status mixtus*) propiamente dicha. En la reunión de estos dos elementos reside la particularidad de las actuales Constituciones del Estado burgués de Derecho" (Carl Schmitt, *Teoría de la Constitución*, Alianza Editorial, p. 62).

6. Remanescente deste período de prevalência do Parlamento sobre qualquer medida de intervenção na esfera individual é a regra repetida em nossa Constituição de que "ninguém será obrigado a fazer ou deixar de fazer alguma coisa senão em virtude de lei" (art. 5º, inciso II, da Constituição da República de 1988). O descompasso deste postulado para com a realidade é dramático, como se verá adiante.

7. Carlos Roberto de Siqueira Castro, *O Congresso e as Delegações Legislativas*, Editora Forense, 1ª edição, p. 12.

8. C. R. de Siqueira Castro, ob. cit., p. 10.

sua substituição pelo Estado intervencionista e assistencialista.

Por um lado, com a ampliação dos direitos políticos, conquistou-se o sufrágio universal, através do qual os reclamos das massas discriminadas (por melhores condições de vida e de trabalho) impuseram ao Estado uma postura menos "neutra" para com as desigualdades sociais.

Por outro lado, o funcionamento cego das forças econômicas de mercado acarretou desenfreadas crises econômicas, capazes de pôr a perigo o próprio sistema capitalista, determinando a intervenção do Estado na ordem econômica, com a imposição de metas políticas à economia.

Entre essas frentes, é de se acrescentar as duas guerras mundiais, que aniquilaram irremediavelmente as estruturas do Estado burguês de Direito.

Assim, através de suas burocracias especializadas, o Estado passou a gerenciar a economia e a regular o meio social, abandonando a posição de mero garantidor dos direitos individuais. Ditando regras de conduta, fiscalizando e punindo as atividades da vida econômica, alocando melhor os recursos, distribuindo as rendas havidas do mercado de maneira mais justa e, enfim, protegendo e assistindo os socialmente fracos e discriminados, o Estado que surge ao longo do Século XX difere frontalmente daquele que vigorou nos dois séculos anteriores.

O intervencionismo é a marca denotadora deste novo Estado e, segundo Norbert Reich, "compreende uma estratégia moderna para a imposição do interesse público sobre um sistema econômico capitalista. Descreve a transformação de um 'governo das leis' no sentido do *liberali Rechtsstaat* para o moderno Estado do Bem-Estar (*Welfare State*, *Sozialstaat, État Providence*)".[9]

Subjacente a todo este comportamento, encontra-se a ideologia de "transformar o capitalismo sem aboli-lo. Cumpre a ele (Estado do Bem-Estar) explorar a vantagem principal das economias de mercado, nomeadamente a eficiência, sem ser o objeto de suas 'falhas', tais como exteriorizações, estruturas de poder desigual e distribuição injusta da riqueza".[10]

A implementação desta proposta só foi possível através do Poder Executivo, único dos departamentos da Soberania com condições de agir ativamente sobre o meio econômico e social, por intermédio de suas agências, habilitadas tecnicamente a compreender as variadas hipóteses fáticas e a prontamente planejar[11] e impor os regramentos mais condizentes com o interesse público.

O Parlamento, impossibilitado de oferecer as soluções às questões econômicas e sociais prementes, se viu alijado de todo este processo de intervenção. O seu perfil de lento depurador das controvérsias par-

9. Nobert Reich, "Intervenção do Estado na Economia — Reflexões sobre a Pós-Modernidade na Teoria Jurídica", *Revista de Direito Público* n. 94/1990, p. 265 (os grifos são do original).

10. N. Reich, ob. cit., p. 265.

11. Discorrendo sobre planejamento na sistemática constitucional brasileira, Washington Peluso Albino de Souza escreve que: " O Planejamento tem sido tratado constitucionalmente no Brasil de modo evasivo e disperso, apesar de sua importância e, de certo modo, até mesmo de sua prática, pelo menos em termos setoriais. Quando do regime militar de 1964, a legislação ordinária chegou a regulamentá-lo, dando-lhe maior ênfase do que a constante daqueles próprios textos. Apesar do caráter autoritário característico do regime em que fora elaborada, chegamos a salientar (...) a importância da sua simples existência ousando identificar o que denominamos 'Sistemas Brasileiros de Planejamento'". Sobre o planejamento na atual Constituição, este autor salienta: "O texto de 1988 considerou o Planejamento de modo mais incisivo, apesar de apresentá-lo em meio a outras funções do Estado intervencionista como se viu anteriormente. Por isto mesmo, merece tratamento em destaque, em virtude dos próprios detalhes ali oferecidos. Justamente no art. 174, fica definida a função de planejamento do Estado enquanto 'agente normativo e regulador' da atividade econômica" (Washington Peluso Albino de Souza, "A Experiência Brasileira de Constituição Econômica", *Revista Inf. Legislativa* — Brasília — ano 26, n. 102, abr./jun. 1989, pp. 37 e 38).

tidárias não permitiu enfrentar prontamente as questões que demandavam um regramento jurídico, o que acabou por lhe deixar numa posição secundária e em inevitável crise institucional.

Paralelamente, o postulado liberal — de que só por intermédio de lei formal seria possível a intervenção na esfera individual — foi suplantado, figurando apenas no "papel", ou, em outras palavras, este cânone permaneceu inscrito nas cartas de direitos individuais, enquanto que, na "vida real", as liberdades e os bens dos indivíduos e dos grupos foram submetidos à "legislação" emanada do Executivo.

Acerca de todo este fenômeno, destaca-se o seguinte comentário de Siqueira Castro: "A grande novidade dessa mudança de estilos no plano institucional foi que o Executivo, diluído no mais das vezes numa miríade de entidades e agentes, acabou por legislar, fazendo-o cada vez em maior escala, isto sem que a teoria constitucional clássica ainda vigorante, e sempre orgulhosa dos cânones da representação política, se amoldasse a essa *nouvelle vague* das instituições políticas".[12]

4. O Estado Pós-Moderno?

O ponto de interrogação colocado acima prende-se à dúvida de saber se, no presente, estaríamos diante do surgimento de um novo modelo estatal, não mais intervencionista, mas pós-intervencionista, ou, questionando-se por outras palavras, será que, ciente do fracasso da utopia de criar um "bem-estar coletivo" (fracasso da juridificação das relações no Estado do Bem-Estar), de se atender às inúmeras demandas sociais, estaríamos testemunhando uma nova forma de Estado, com elementos de desregulamentação, deslegalização, um Estado que devolve aos indivíduos, ao mercado, aos "tribunais leigos de bairros", as soluções de seus próprios conflitos?

Tal novidade foi caracterizada por Gomes Canotilho nos termos seguintes: "A organização política não tem centro: (1) é um sistema de *sistemas autónomos, auto-organizados e reciprocamente interferentes*; (2) é *multipolar e multiorganizativa*. Com efeito, ao lado do 'Estado', existem, difusos pela comunidade, entes autónomos institucionais (ordens profissionais, associações) e territoriais (municípios, regiões). Daí a referencia à *perda do centro* (do Estado concebido como organização unitária e centralizada) e a existência de um *direito sem Estado*, isto é, de modos de regulação (contratos, concertação social, negociações) constitutivos daquilo a que se poderá chamar *reserva normativa da sociedade civil*".[13]

Este autor vê com certo ceticismo todo este ideário pós-moderno, que ele rotula como uma "euforia informalista". Porém, Gomes Canotilho admite que, nos últimos vinte anos, vários pontos do discurso pós-moderno influenciaram o estudo da função do Estado, ante a perda do valor normativo da lei, acarretado pelo afã de regulamentar detalhadamente os problemas da ordem social e da ordem econômica, tendo assinalado que: "alguma coisa fica das críticas e sugestões dos pós-modernos, designadamente a idéia da necessidade de tomar em consideração *os mecanismos de auto-regulação da sociedade*, conducentes: (1) à libertação de determinados domínios da vida de uma regulamentação racionalmente finalística através do direito (*desjuridificação através da deslegalização*); (2) acolhimento de *regras extralegais* e de *equivalentes funcionais do direito*, como, por ex., a 'concertação de interesses', a governação através de 'persua-

12. C. R. de Siqueira Castro, ob. cit., p. 17.

13. José Joaquim Gomes Canotilho, *Direito Constitucional*, Livraria Almedina, 6ª edição, p. 15 (os grifos estão no original).

sões' e de 'consultas', a recepção de 'códigos de ética', a adesão a 'recomendações' e 'normas técnicas'; (3) *direcção ou autodirecção situativa* através de um *direito reflexivo* que fixe as regras do jogo aos 'actores' sociais, sem impor autoritariamente soluções substantivas".[14]

Sem embargo, é de se entender que todo este movimento de um Estado Pós-Moderno, desregulamentador e implementador de um direito reflexivo,[15] significa a conseqüência na ciência jurídica do avanço do "Neoconservadorismo", que no plano econômico é perfeitamente identificado com a proposta "neoliberalista" e, no plano jurídico, afina-se com o idéario da "Teoria Autopoiética do Direito", conforme os ensinamentos de Niklas Luhmann e Gunther Teubner.

Efetivamente sobre o movimento da autopoiésis do direito, é oportuna a menção da seguinte crítica de Norbert Reich: "Se a juridificação se envolve na decisão do resultado da batalha pelo controle da sociedade e da economia, não faz muito sentido pedir 'desregulamentação', ou 'rearranjos semi-autônomos' com o propósito de evitar uma perda da legitimidade do direito. Isso é verdadeiro em todas a áreas onde o direito assumiu (...) alguma espécie de função protetiva, isto é, o direito do trabalho, o direito do consumidor, o direito ambiental, a proteção dos direitos iguais. 'Deslegalização', como a experiência americana sob a administração Reagan e a *Wende* alemã pelo governo conservador demonstram, nada mais é que um retorno ao *status quo ante* e a anulação do progresso mínimo feito pelo movimento de reforma".[16]

Deste modo, em que pese a todas as considerações acima lançadas, é de se entender que não existe propriamente um Estado Pós-Moderno, pois a realidade é que o Estado ainda detém o papel fundamental de regular e fiscalizar as relações intersubjetivas que se desenvolvem nos mais diversos segmentos da sociedade. O que ocorre, como já mencionado, é avanço de posições neoconservadoras, que buscam desqualificar ganhos sociais através de um "Estado Mínimo", o que não importaria um novo modelo de Estado.

5. As delegações legislativas

Conforme anota Siqueira Castro, as "Constituições do segundo pós-guerra no corrente século, por certo em virtude dos naturais preconceitos contra o Poder Executivo, pouco antes depauperado pelas patologias do nazi-facismo, cuidaram de estabelecer o predomínio do Legislativo, à semelhança do que fizeram os iluministas revolucionários franceses em fins do século XVIII, ao destroçarem o *ancien régime*".[17]

Da mesma forma e especificando a atividade maior de inovar as regras de direito, assinala Machado Horta a proeminência do Legislativo, vez que, "no mundo contemporâneo, o monopólio da lei reside no Poder Legislativo. A lei é ato do órgão legislativo, nas suas várias denominações de Parlamento, Congresso, Câmaras, Assembléias, conforme a preferência da Constituição, sancionado ou promulgado

14. J. J. Gomes Canotilho, ob. cit., p. 16 (os grifos são do original).

15. A questão da Reflexividade nas Ciências Sociais foi desenvolvida por Boaventura de Souza Santos, conforme se destaca: "... No domínio das ciências sociais, e apesar de importantes precursores (Weber, acima de todos), a reflexividade amplia-se e aprofunda-se a partir do momento em que a ortodoxia positivista entra em crise. Não se trata de simples coincidência temporal, trata-se de uma relação lógica, ainda que a lógica dessa relação não seja unívoca: a reflexividade é concebida por uns como o sinal mais dramático dessa crise, e por outros como um dos expedientes indispensáveis para a superar" (Boaventura de Souza Santos, *Introdução a uma Ciência Pós-Moderna*, Biblioteca das Ciências do Homem — Edições Afrontamento, 3ª edição, p. 88).

16. N. Reich, ob. cit., p. 275.

17. C. R. de Siqueira Castro, ob. cit., p. 8.

pelo Executivo. (...). A localização da lei no Poder Legislativo é constante e generalizada nos sistemas jurídicos do mundo contemporâneo".[18]

Ocorre que tal opção por prevalência do Poder Legislativo e pelo monopólio deste em legislar, feita pelos sistemas jurídicos do mundo contemporâneo, viu-se totalmente divorciada da realidade do perfil intervencionista presente no cenário mundial da segunda metade do Século XX.

O texto constitucional da maioria dos países ocidentais, de fato, estabeleceu o primado do Legislativo, mas as crises econômicas e sociais levaram o Executivo a desrespeitar o comando constitucional.

Como mencionado no Capítulo 3, as graves e urgentes questões colocadas ao "Estado do Bem-Estar" não puderam esperar o transcurso lento e demorado do procedimento legislativo, impondo ao Executivo, por intermédio do aparelho técnico-administrativo, legislar *ad hoc*, em detrimento do postulado constitucional da "Separação dos Poderes".

Neste contexto de descompasso entre a Constituição escrita e a realidade constitucional, "floresceu a 'delegação legislativa' como expediente de escape às normas constitucionais que consagravam a separação de poderes e a supremacia do Legislativo em dicção ortodoxa. Com isso, pode o Executivo contemporâneo, com ou sem o beneplácito dos textos constitucionais, ditar a disciplina dos múltiplos aspectos do convívio social que passaram a exigir sua presença regradora".[19]

Assim, apesar de, no plano jurídico-positivo, o Legislativo manter uma posição superior quanto aos rumos do Estado, no plano fático, o Executivo hipertrofiado constituiu-se no principal ator das ações de governo, transmudando o Legislativo ao papel de fiscalizador das medidas administrativas de intervenção na ordem econômica e social.

O certo, porém, é que a citada prerrogativa de fiscalizar é uma natural decorrência da prerrogativa de legislar, ou seja, aquele que não detém o poder de legislar também não pode deter o poder de fiscalizar. Por esta razão, em que pese ao crescimento da atividade fiscalizadora por parte dos Parlamentos no mundo contemporâneo,[20] não se pode perder de vista que "legislar" é a atividade primária deste departamento da Soberania, residindo neste ponto a importância atual da regra da indelegabilidade.

Conclui-se, portanto, afirmando que o significado da regra da indelegabilidade não é mais o de apartar o Executivo da atividade de regulamentar as relações intersubjetivas, mas sim o de fixar cláusula impeditiva da retirada da função do Parlamento de legislar e, por conseguinte, da função de "editar ou controlar as decisões políticas de interesse público superior", consoante as palavras de Siqueira Castro.[21]

Ainda, em conclusão, pode-se afirmar que a atividade de legislar é típica do departamento da Soberania denominado "Poder Legislativo". Sem embargo, deve-se reconhecer que, no mundo contemporâneo, é inegável a emanação de regras de direito pelo "Poder Executivo", sob fiscalização e controle finalístico inafastável dos representantes da Nação no Parlamento.

18. Raul Machado Horta, "Poder Legislativo e Monopólio da Lei no Mundo Contemporâneo", *Revista Trimestral de Direito Público* n. 3/1993, p. 15.

19. C. R. de Siqueira Castro, ob. cit., p. 9.

20. Como exemplo deste fenômeno, é de se mencionar a nossa Constituição da República de 1988, que ampliou significativamente a atividade de fiscalização exercida pelo Congresso Nacional, com o auxílio do Tribunal de Contas da União, atribuindo, para tanto, um leque de prerrogativas, cunhadas na Seção IX do Capítulo I do Título IV (arts. 70 à 75), da Carta de 1988, devendo-se dar destaque ao poder do Tribunal de Contas da União de "sustar, se não atendido, a execução do ato impugnado, comunicando a decisão à (Câmara dos Deputados e ao Senado Federal". (art. 71, inciso X, CF/88).

21 C. R. de Siqueira Castro, ob. cit., p. 32.

Neste aspecto, merece ser citada a síntese de Siqueira Castro: "(...) legislar é 'trabalho de equipe' e que exige a conjunção de esforços das instituições governativas, notadamenle do Congresso e do Executivo".[22]

6. *O princípio da indelegabilidade das Funções*

Através do princípio da indelegabilidade das funções orgânicas do Estado, preconiza-se que o órgão titular da função que lhe é típica não pode repassá-la aos demais, sob pena de desrespeito à regra da simetria entre órgão e função.

Trata-se de um reforço ao postulado da repartição funcional da Soberania, que assegura a preservação das competências dos três poderes clássicos do Direito Constitucional: Legislativo, Executivo e Judiciário.

Um dos fundamentos teóricos do princípio da indelegabilidade reside na doutrina da Separação dos Poderes, sistematizada por Montesquieu.

De fato, como assinalado por Alexander Hamilton: "O oráculo sempre consultado e citado a este respeito (tripartição dos 'braços' do poder) é o celebrado Montesquieu. Se não foi o autor deste inestimável preceito da ciência da política, ele teve pelo menos o mérito de expô-lo e recomendá-lo com extrema eficácia à atenção da humanidade".[23]

Por este princípio, objetivou-se quebrar a concentração de poderes vigorante no Absolutismo, através da cisão orgânico-funcional do Estado em três setores independentes e harmônicos entre si — Legislativo, Executivo e Judiciário —, tudo como forma de proteção dos direitos e das liberdades individuais.

Realmente: "Quando se preconizava a separação de poderes como o melhor remédio para garantia das liberdades individuais, estas liberdades alcançavam na organização do Estado constitucional uma amplitude de valores absolutos, inviolavelmente superiores à coletividade política, acasteladas nas Declarações de Direitos, que ideologicamente eram a parte de fundo das Constituições, sua peça básica, a que a discriminação de competência entre poderes deliberadamente divididos e enfraquecidos servia tão-somente de meio, de moldura, de couraça".[24]

Assim, antes de consistir numa proposta de racionalização das funções estatais, o princípio da separação de poderes visou, precipuamente, a proteger os indivíduos da ação abusiva do príncipe, conforme o pensamento de Siqueira Castro, in verbis: "(...) a idéia da separação de poderes consubstancia muito mais uma doutrina política para limitação da autoridade a serviço da burguesia do que uma teoria jurídica essencial à existência do Estado".[25]

Com o declínio do modelo liberal de Estado (abordado no Capítulo 3), a teoria da separação de poderes revelou sua fragilidade na doutrina do Direito Constitucional, tendo Paulo Bonavides apresentado o sombrio diagnóstico: "Não temos dúvida por conseguinte em afirmar que a separação de poderes expirou desde muito como dogma da ciência".[26]

Nada obstante, contemporaneamente o cânone da separação de poderes (que, de resto, está presente na "Constituição da República Federativa do Brasil de 1988", no seu art. 2º) deve ser tido ainda como válido, não mais como medida de reparti-

22. C. R. de Siqueira Castro, ob. cit., p. 33.
23. Alexander Hamilton, in *Os Artigos Federalistas — James Madison, Alexander Hamilton e John Jay — Edição Integral*, Editora Nova Fronteira, p. 332 (número XLV).
24. Paulo Bonavides, *Ciência Política*, Malheiros Editores, 10ª edição (revista e atualizada), p. 146.
25. C. R. de Siqueira Castro, ob. cit., p. 43.
26. Paulo Bonavides, ob. cit., p. 147.

ção rígida de funções, mas como técnica de recíproco controle entre os três departamentos da Soberania, no cotidiano exercício predominante (não-exclusivo) das funções legislativas, executivas e judiciais.

Esta nova leitura do velho princípio concebido pelo gênio de Montesquieu foi devidamente sintetizada pelo Professor Siqueira Castro, *in verbis*: "(...)a doutrina da separação de poderes acabou desaguando na concepção sistêmica de freios e contrapesos, deixando há muito de ser um projeto rígido de partilha de competências institucionais para erigir-se em técnica de proteção da liberdade contra os abusos da autoridade. (...). A idéia-matriz, por conseguinte, é fazer com que as funções da soberania sejam atribuídas a órgãos que se controlem com reciprocidade, evitando-se desse modo a hipertrofia de um deles e sua intromissão na esfera dos demais".[27]

Um outro fundamento da indelegabilidade das funções estatais é haurido da máxima *delegata potestas non potest delegari*, donde se sustenta que, da mesma forma que ocorre com o mandato do direito civil, o detentor das funções outorgadas pelo Poder Originário não poderia transferi-las a outrem, sob pena de nulidade.

Mas, o fato é que tal regra do direito privado está calcada no princípio da confiança personalíssima, sendo certo que no Direito Constitucional a regra da indelegabilidade tem por escopo a proteção do sistema constitucional contra a hipertrofia de um dos poderes da Soberania e a intromissão indevida na esfera dos demais, e não a cura da fidelidade do mandato.

Outros fundamentos à regra da indelegabilidade estão compreendidos nos princípios da representatividade política e da supremacia da Constituição. Ocorre que, em verdade, estes princípios não infirmam a possibilidade de delegações de funções, na medida em que sejam respeitados os direitos fundamentais e obedecidas as vedações de hipertrofia ou de intromissão ilegítima de um departamento nas competências dos outros.

Como um fundamento contemporâneo ao postulado da indelegabilidade das funções estatais, Siqueira Castro aponta, na sua obra *O Congresso e as Delegações Legislativas*, o desenvolvimento teórico no direito público norte-americano da cláusula do devido processo legal (*due process of law*).

Com efeito, a cláusula do devido processo apresentava-se na tradição anglo-saxã com caráter unicamente procedimental, isto é, como cláusula asseguradora do regular trâmite do processo penal (garantias ao réu do contraditório, do juiz natural, da ampla defesa etc.).[28]

Posteriormente, "já ao fim do século XIX a jurisprudência norte-americana começa a aplicar a locução *due process of law* em uma acepção substantiva e distanciada de suas origens procedimentais".[29] Com este perfil material, o devido processo legal foi utilizado como meio de políticas públicas que visavam a minorar os efeitos danosos do liberalismo, através da implementação da justiça social, própria do modelo do *Welfare State*.

Finalmente, num terceiro estágio evolutivo, a cláusula do devido processo legal foi revitalizada como "instrumento de controle das intromissões estatais nas faculda-

27. C. R. de Siqueira Castro, ob. cit., p. 48.

28. Este sentido tradicional na cultura jurídica inglesa possui raízes na *Magna Charta* de 1215 e foi, inclusive, reconhecido por Thomas Hobbes ao analisar o direito de punir no modelo de Estado que ele preconizou, conforme a seguinte passagem: "(...) que os danos causados pela autoridade pública, sem condenação pública anterior, não devem ser classificados como penas, mas como atos hostis. Porque o ato devido ao qual se aplica a alguém uma pena deve primeiro ser julgado pela autoridade pública como transgressão da lei" (Thomas Hobbes, *Leviatã ou Matéria, Forma e Poder de um Estado Eclesiástico e Civil*, Coleção "Os Pensadores", Editora Abril Cultural, 1979, p. 187).

29. C. R. de Siqueira Castro, ob. cit., p. 59

des individuais ditas 'personalíssimas' e de caráter não econômico (...)",[30] basicamente por força da jurisprudência da Suprema Corte americana. A prerrogativa desta Corte Suprema em reconhecer a incidência da cláusula do devido processo em causas que envolviam o poder dos governantes em regulamentar uma dada questão econômica e social fez-se proeminente. Edward Corwin apreendeu este fenômeno, tendo escrito: "Em conseqüência da doutrina moderna do *due process of law* como 'lei razoável', o controle judicial deixou de ter limites definidos e definíveis; e embora varie consideravelmente, em cada caso, o reexame a que a Corte Suprema submeterá a justificativa de fato de uma lei, sob as cláusulas de *due process* da Constituição, esta matéria depende, em última análise, apenas do arbítrio da própria Corte e de nada mais".[31]

Neste contexto, colocou-se o devido processo legal na base teórica do princípio da indelegabilidade, na medida em que as transferências legislativas ao Executivo só se fariam admissíveis com a estipulação de limites (*standards*) de discrição normativa, capazes de garantir os direitos fundamentais, notadamente por intermédio do exercício da jurisdição constitucional da liberdade, no caso concreto, via Judiciário.

Assim, a moderna teorização da cláusula do devido processo não impede a delegação de funções estatais no Estado contemporâneo, desde que submetidas tais delegações a parâmetros que possibilitem a avaliação judicial, ou, conforme as palavras de Siqueira Castro: "Uma vez que a lei formal de delegação especifique as fronteiras materiais e objetivas dentro das quais pode a autoridade delegada legislar, de maneira que não haja risco desmesurado a indevidas restrições da liberdade, tem-se por aceitável a delegação".[32]

O princípio da indelegabilidade, por esta perspectiva, não funciona como regra de partilha de poderes ou de proibição de repasse de funções, mas, em verdade, como técnica de proteção das liberdades individuais frente à ação do Estado.

7. Conclusão

Os direitos individuais, políticos e sociais encontram reconhecimento no cenário constitucional contemporâneo, os primeiros através de abstenções e os demais por intermédio de comportamentos positivos por parte do Estado.

O modelo de "Estado de Bem-Estar Social" continua a predominar no mundo ocidental, não tendo sido desfigurado ou substituído, em termos normativos, por uma fórmula de "Estado Pós-Moderno".

A realização de políticas interventivas e assistencialistas na complexa sociedade do século XX, através do Estado, exigiu o deslocamento do centro de produção de regras de direito, do Legislativo para o Executivo, mais ágil e mais habilitado tecnicamente a regulamentar, através de suas agências e burocracias, a multiplicidade de hipóteses fáticas.

O Legislativo, com seu ritmo mais lento, próprio para a composição das ideologias representativas de segmentos sociais, pela regra da maioria, ampliou seu papel de fiscalização da ação do Executivo, não perdendo — como de fato não pode perder — a prerrogativa de, a qualquer momento, exercer a atividade primária de editar leis.

O princípio da indelegabilidade das funções estatais não subsiste no Estado contemporâneo, na sua primitiva concepção de apartar o Executivo da competên-

30. C. R. de Siqueira Castro, ob. cit., p. 59.

31. Edward Corwin, *A Constituição Norte-Americana e seu significado atual*, Jorge Zahar Editor, 1986, p. 306.

32. C. R. de Siqueira Castro, ob. cit., pp. 61-62.

cia de regulamentar as relações econômicas ou de outra natureza, que se manifestem no seio social.

Entretanto, se compreendido como instrumento de impedimento da hipertrofia ou da invasão indevida de um departamento da Soberania em outro, o cânone da indelegabilidade possui aceitação pelo Direito Constitucional, perpassado pela visão contemporânea da teoria da separação de poderes.

Da mesma forma, por intermédio da moderna construção da cláusula do devido processo legal, a indelegabilidade pode ser perfeitamente utilizada como mecanismo de proteção dos direitos fundamentais, com a imposição de *standards* aos casos de transferência das funções legislativas ao Executivo.

Bibliografia

BOBBIO, Norberto. *A Era dos Direitos*, Editora Campus, 1992.

BONAVIDES, Paulo. *Ciência Política*, Malheiros Editores, 10ª edição (revista e atualizada), 1994.

CANOTILHO, José Joaquim Gomes. *Direito Constitucional*, Livraria Almedina, 6ª edição revista, 1993.

CASTRO, Carlos Roberto de Siqueira. *O Congresso e as Delegações Legislativas*, Editora Forense, 1ª edição, 1986.

CONSTANT, Benjamin. "Da Liberdade dos Antigos Comparada à dos Modernos", *Revista de Filosofia Política*, L&PM UNICAMP/UFRGS, n. 2.

CORWIN, Edward S. *A Constituição Norte-Americana e seu significado atual*, Jorge Zahar Editor, 1986.

HAMILTON, Alexander. *Os Artigos Federalistas — James Madison, Alexander Hamilton e John Jay — Edição Integral*, Editora Nova Fronteira, 1993.

HOBBES, Thomas. *Leviatã ou Matéria, Forma e Poder de um Estado Eclesiástico e Civil*, Coleção "Os Pensadores", Editora Abril Cultural, 1979.

HORTA, Raul Machado. "Poder Legislativo e Monopólio da Lei no Mundo Contemporâneo", *Revista Trimestral de Direito Público* n. 3, 1993.

HUMBOLDT, Wilhelm von. *Os Limites da Ação do Estado*, Colecção "Resjurídica", RÉS-Editora.

REICH, Nobert. "Intervenção do Estado na Economia — Reflexões sobre a Pós-Modernidade na Teoria Jurídica", *Revista de Direito Público* n. 94, 1994.

SCMITT, Carl. *Teoria de la Constitución*, Alianza Editorial.

SOUZA, Washington Peluso Albino de. "A Experiência Brasileira de Constituição Econômica", *Revista Inf. Legislativa Brasília*, Ano 26, n. 102, abr./jun., 1989.

ESTUDOS & COMENTÁRIOS

REELEIÇÃO DO PRESIDENTE DA REPÚBLICA*

SÉRGIO SÉRVULO DA CUNHA

A oligarquia deseja um Estado mínimo com simbolismo máximo. Um presidente que parece um rei se encaixa à maravilha nesse projeto.

1. A eletividade, a rotatividade, a despersonalização do poder são características republicanas. Rousseau dissera, dos ingleses, que são livres somente no instante de votar. Ao fixar em dois anos a duração do mandato dos deputados, o constituinte norte-americano tinha certamente em vista a maior proximidade possível entre a representação e a democracia direta.

Entretanto, com relação ao presidente da república, não se agiu assim. Fixou-se em quatro anos a duração do seu mandato, talvez porque, na concepção original da separação dos poderes, fosse ele apenas o executor das políticas ditadas pelo parlamento, este, sim, considerado como expressão da soberania e órgão máximo do poder; o presidente parecia, então, uma espécie de sucedâneo real, sem os atributos da nobreza e sujeito ao parlamento.

Apenas com o correr do tempo se iria delineando aquilo que, chamado a princípio "regime presidencial" (Bagehot), evoluiria para o que os franceses (Vedel) passaram a designar, com rigor técnico, como "regime presidencialista" (ou "presidencialismo") e que na América Latina se configurou como "hiperpresidencialismo" (Nino) ou "presidência imperial" (Schlesinger).

O silêncio do pacto de Filadélfia sobre a possibilidade de reeleição do presidente, não significa tivessem os constituintes descurado do tema. Hamilton (*Federalist papers*) defende a reelegibilidade. Segundo *Corwin (A Constituição norte-americana e seu significado atual*, Zahar Ed., Rio, 1986), o sentimento da Convenção era pela reelegibilidade indefinida; mas Jefferson objetou que isso equivaleria à vitaliciedade.

Até a edição da 22ª emenda, em 27.2.51 (que limitou a um só período a possibilidade de reeleição), não havia regra, senão costumeira, a respeito.

2. No Brasil, ao elaborar-se a primeira Constituição republicana, tínhamos já o precedente da América espanhola, e sua experiência contrária à reelegibilidade. Os historiadores costumam apontar, como exceção, apenas o ocorrido no México, onde, afinal, a presidência praticamente vitalícia de Porfírio Diaz levaria à enfática vedação da reeleição, inserta na Constituição de 1917.

* Parecer elaborado para o Instituto dos Advogados Brasileiros, atendendo a indicação de seu presidente, o Dr. Benedito Calheiros Bomfim.

Embora não associassem república e regime presidencial (v. Afonso Arinos, *A história vivida*, ed. O Estado, III/395), nossos constituintes de 1891 adotaram esse regime, consensualmente. Também praticamente de modo consensual – o que viria a repetir-se em todas as nossas constituintes – vedou-se a reeleição do presidente. O debate restringiu-se ali à duração do mandato presidencial, e à duração da irreelegibilidade (se indefinida, se passados dois períodos, ou se vigorando apenas para o período imediato). O deputado paulista Almeida Nogueira, embora favorável a um mandato longo, manifestou-se contrário à possibilidade de reeleição: "... a realizar-se esta, não será feita com liberdade, porque exatamente um presidente que não tiver bem exercido o seu mandato, mas que tiver apego ao cargo, não hesitará em lançar mão de todos os meios oficiais para comprimir a liberdade do voto e alcançar a vitória das urnas..." (Agenor de Roure, *A Constituinte Republicana*, Senado Federal, Brasília, 1979, 1/465).

Não obstante a prudência nessa matéria, os constituintes – e congressistas – de 1891 teriam do que se arrepender, logo no primeiro mandato, e não só por haverem eleito, como presidente, o chefe do Governo Provisório (este, aliás, ao conhecer o texto do projeto de Constituição, reclamara de Rui não se encontrar, nele, a faculdade de dissolução do parlamento, pelo chefe do executivo). No mesmíssimo erro viriam a incidir os constituintes de 1934, e em arrependimento maior pois que, desta feita, foi o Congresso, e não o presidente, a vestir o pijama do ostracismo.

Todavia, nem Getúlio – que fechou o Congresso e outorgou uma Carta de vitrine – nem o próprio regime militar instaurado em 1964 ousaram romper, explicitamente, a tradição da irreelegibilidade do presidente. O que mais se fez, aí, foi alargar para seis anos o mandato presidencial (Emenda n. 8, de 1977).

3. Durante a malograda revisão constitucional de 1994, quatro propostas pretendiam suprimir o § 5º do art. 14 da Constituição de 1988, que faz inelegíveis, no período subseqüente, os ocupantes de cargos eletivos do poder executivo; treze propostas admitiam a reeleição por um só período, sem exigência de renúncia prévia; e quinze admitiam a reeleição, com renúncia prévia seis meses antes do término do mandato.

Quarenta e nove propostas retiravam, ao art. 82 da Lei Magna, a proibição de reeleição; destas, 43 reduziam para quatro anos o mandato presidencial.

O relator condensou essas propostas num substitutivo que alterava o art. 14, § 5º, para permitir a reeleição por um período subseqüente, e suprimindo, do art. 82, a expressão "vedada a reeleição para o período subseqüente".

Esse substitutivo – na forma de uma "emenda aglutinativa" apresentada pelas lideranças do PMDB, PPR e PFL — foi rejeitado por 269 votos a 160, e 3 abstenções.

Agora tem curso, no Congresso brasileiro, a proposta de emenda à Constituição n. 54/95, encabeçada pelo deputado Edinho Araújo, objetivando a reelegibilidade.

Diz a justificativa da proposta que "a possibilidade de reeleição vem de encontro (sic) à aspiração da população que deseja ver seu mandatário reconduzido ao exercício do Poder Executivo. Tendo o governante atendido às necessidades do povo, nada mais justo que possa ser reeleito, para que possa dar continuidade, com maior experiência, a seu trabalho".

A justificativa não colhe. Quanto mais despótico ou ambicioso um governante, tanto mais bajuladores se acharão, para aclamá-lo como o "pai dos pobres", o "condor dos Andes", o "caçador de marajás" ou o "salvador da pátria". Não colhe, sobretudo, porque se aplicaria com igual força à reelegibilidade indefinida do presidente: pois se ele continua agradando, por que estancar esse manancial de felicidade? Nenhum presidente norte-americano foi mais louvado, nenhum foi mais prestigioso do que Franklin Roosevelt. E, entretanto, o fato de haver conquistado um terceiro quatriênio consecutivo fez soar o alarme que resultou na 22ª Emenda, de 27.2.51.

Por outro lado, o mais forte argumento continuísta (a possibilidade de planejar e de arrematar o que se planejou) já foi batido irretorquivelmente por Hermes Lima. Na Constituinte de 1945, ao votar – juntamente com Prado Kelly e Mílton Campos — a favor de um mandato de quatro anos, disse o notável jurista que "fazer a continuidade e a excelência da administração federal dependerem de um mandato mais longo do Presidente da República é colocar mal o problema. Essa continuidade não pode depender, substancialmente, primacialmente, de pessoas, mas da organização da vida política nacional através da atuação de partidos nacionais. O Presidente deve encontrar no país os verdadeiros elementos de um bom governo e não, principalmente, num mandato longo como se pretende" (cf. José Duarte, *A Constituição Brasileira de 1946*, 2/203). Na verdade, é no tecido político, jurídico e administrativo, mais do que nos personagens, que as políticas de longo prazo encontram sustentação.

4. O tema da reelegibilidade do presidente, porém, não pode ficar circunscrito, como até aqui, ao âmbito personalístico do desempenho presidencial. A par dos efeitos que a reelegibilidade produziria nos costumes políticos com a diminuição do espaço crítico (plano da efetividade), há que ponderar seus efeitos desestabilizadores do ordenamento (plano da eficácia).

Veja-se, por exemplo, a Lei das Inelegibilidades (Lei complementar n. 64, de 18.5.90). Caso se tornasse reelegível o presidente da república, impossível manter-se a inelegibilidade que alcança, hoje, (a) os ministros de Estado; (b) os chefes dos órgãos de assessoramento direto, civil e militar, da Presidência da República; (c) o chefe do órgão de assessoramento de informações da Presidência da República; (d) o chefe do Estado-Maior das Forças Armadas; (e) o advogado-geral da União e o consultor-geral da República; (f) os chefes do Estado-Maior da Marinha, do Exército e da Aeronáutica; (g) os comandantes do Exército, Marinha e Aeronáutica; (h) os presidentes, diretores e superintendentes de autarquias, empresas públicas, sociedades de economia mista e fundações públicas e as mantidas pelo poder público; (i) os interventores federais; (j) o diretor-geral do Departamento de Polícia Federal; (l) os secretários-gerais, os secretários-executivos, os secretários nacionais, os secretários federais dos ministérios e as pessoas que ocupem cargos equivalentes

O alfabeto não dá conta de todos os casos de inelegibilidade, estabelecidos pela lei com base na presunção de que, independentemente da isenção do seu ocupante, a mera detenção de alto cargo na administração pública – ou mesmo em entidades privadas ou corporativas que tenham estreito contacto com a administração pública – é suficiente para favorecer o candidato, em detrimento dos concorrentes e da lisura do processo eleitoral. Mais do que uma presunção, essa inafastável conclusão de fato constitui um dos princípios estruturadores do nosso Direito Político.

Outro exemplo é o da repercussão dessa alteração em nosso arcabouço federativo. Difícil admitir-se reelegibilidade do presidente da República sem carrear a dos governadores e prefeitos. Bem por isso, aliás, a PEC 54/95, ora em exame, fala na possibilidade de recondução não apenas do presidente, mas também dos governadores e prefeitos. Para a formação de um juízo sobre a desejabilidade da reeleição dos governadores, bastaria rever as páginas do caudilhismo nacional, ali onde, durante a república velha, essa prática foi permitida.

Forma-se assim a teia dos interesses, federais, estaduais e municipais, aliados aos interesses congressuais, que permite ao presidente romper uma tradição centenária, a qual dá expressão concreta, entre nós, ao princípio republicano.

5. A PEC 54/95 prevê sua vigência imediata, com o quê se aplicará, tão logo aprovada, aos atuais presidente, governadores e prefeitos.

Amolda-se, dessa forma, ao contexto casuístico que a explica. A possibilidade de reeleição, sempre temida em nossos países, vem sendo oferecida aos presidentes sul-americanos como uma espécie de sobremesa no banquete das reformas neoliberais. O presidente – Fujimori, Menem, ou quem mais for – é apontado como a personalidade imprescindível, a única que pode congregar as forças políticas e dar seqüência ao programa de estabilização. O conflito entre esses sentimentos alimentados pelo oficialismo e a regra proibitiva é apresentado como um "paradoxo"; a partir desse paradoxo, fulmina-se como "arbitrária" a regra proibitiva, como se fez alhures: "A origem de todos esses movimentos paradoxais encontra-se no art. 77 da Constituição atual, pois proíbe a reeleição do governante e determina um tempo de mandato de seis anos. É um princípio restritivo sábio e prudente. Dá um tempo de mandato suficientemente prolongado e cria um corte para evitar o continuísmo e as aventuras que a sedução do poder provoca". Mas... "em virtude desta particular etapa histórica o art. 77 se transforma numa arbitrária e impolítica proibição sobre os desejos da maioria para conservar o mais legítimo representante da vontade popular. Ao menos para uma porção significativa da sociedade. É certo, além disso, que essa situação se entrelaça com o desejo de continuidade e vontade de poder do elenco menemista. E também com os interesses dos diversos circuitos de poder político e econômico que se foram formando ao seu redor" (Sergio Labourdette, "Las paradojas de la reforma constitucional", in *Política y Constitución*, A. Z. Edit., B. Aires).

Ora, o art. 77 da Constituição argentina se fez para incidir nessas "particulares etapas históricas", que oferecem risco às instituições. É pena que haja sucumbido exatamente frente às forças em razão das quais existia. O mais paradoxal nisso é que a Argentina, no passado (1949), já sofreu reforma constitucional permissiva da recondução do seu presidente.

6. Se é para falar em paradoxos, apontemos um outro, mais gritante.

A doutrina francesa demora-se sobre a experiência latino-americana, para concluir que as deformações do regime presidencial geraram um outro tipo de regime, arredio à classificação tradicional, ao qual chama de "presidencialismo" (v. Richard Moulin, *Le présidentialisme et la classification des regimes politiques*, Libr. Gén. de Droit et de Jurisprudence, Paris, 1978).

Carlos Santiago Nino chama de presidencialismo hipertrofiado, ou de hiperpresidencialismo, ao regime vigente na Argentina; após analisar os poderes que detém o presidente, dentre os quais a edição de leis e *decretos de necesidad y urgencia*, conclui: "essa sumária revisão das faculdades que os presidentes foram adquirindo por uma interpretação extensiva de cláusulas constitucionais, por claudicação de outros poderes do Estado, ou pelo puro exercício da musculatura política, mostra que, do simples ponto de vista normativo, o presidente argentino é, como previa Alberdi, um verdadeiro monarca" (*Fundamentos de Derecho Constitucional*, Astrea, B. Aires, 1992).

O inventário dos desequilíbrios presidencialistas – aqui e ali degenerando em golpes e ditaduras – vem sendo feito, de longa data, na América Latina. Desse tema ocupou-se o I Congresso Latino-Americano de Direito Constitucional, realizado de

25 a 30 de agosto de 1975, na Cidade do México (v. *El predominio del poder ejecutivo en Latinoamérica*, Unam 1977). As exposições aí apresentadas não deixam de apontar a vedação da reeleição presidencial como fator moderador dos abusos. É o que fez, por exemplo, o uruguaio Héctor Gros Espiell: após associar o presidencialismo "à forte tendência de personalizar o poder e exercê-lo de maneira paternalista, em muitos casos com certo populismo demagógico", afirma que o predomínio presidencial se teria acentuado ainda mais exagerada e perigosamente caso se houvesse admitido a possibilidade de reeleição presidencial (ob. cit., p. 11). "O sistema de não-reeleição presidencial – diz o panamenho César Quintero – iniciado no século passado e acentuado no atual teve sem dúvida um valor bastante positivo. Pois ainda que não limite as múltiplas funções atribuídas ao presidente da República, impede que um mesmo indivíduo seja eleito sucessivamente para a máxima magistratura executiva, com o quê se evita uma das principais fontes do monopólio e abuso do poder" (idem, p. 399).

Entretanto, nunca foram tão cerrados os ataques ao presidencialismo, designado no Brasil como "imperial", quanto no recente debate – a propósito do plebiscito de 1993 – entre parlamentarismo e regime presidencial.

Aqui o paradoxo: os mesmos grupos políticos que desejavam, ontem, instituir o parlamentarismo, pleiteiam, hoje, o reforço do poder presidencial. Haveria, por trás dessas posições antagônicas, um ponto comum que identifique ambos os propósitos?

7. A adoção do voto majoritário (distrital puro ou misto), a cláusula de barreira (nesta circunstância rebatizada como "cláusula de desempenho"), a proibição de coligações nas eleições proporcionais – cada uma dessas propostas golpeando as minorias e o pluralismo partidário – integram o pacote neoliberal no tocante às "reformas" políticas.

A justificativa para quase todas essas propostas – cujo verdadeiro objetivo é reduzir a dois ou no máximo três o número dos partidos, tornar as eleições não competitivas e encastoar um grupo indefinidamente no poder – é a governabilidade, que só seria possível mediante a existência de maiorias sólidas no parlamento.

A esse sofisma já respondeu, entre nós, Wanderley Guilherme dos Santos (*Crise e castigo – Partidos e generais na política brasileira*, 1987). A ele também Kelsen dedicou algumas linhas:

"... O sistema proporcional indubitavelmente consolida essa tendência à liberdade, que deve impedir um domínio incontestado da vontade da maioria sobre a vontade da minoria.

Contra o sistema proporcional objetou-se especialmente que ele favorece a formação de pequenos partidos, ou, melhor, de partidos minúsculos, comportando assim o perigo de um desmembramento dos próprios partidos. Isso é correto e tem como conseqüência a possibilidade de nenhum partido dispor da maioria absoluta no parlamento e de, com isso, a formação da maioria, indispensável ao procedimento parlamentar, vir a se tornar essencialmente mais difícil. Mas o sistema eleitoral proporcional nesse aspecto implica apenas que a necessidade de coalizão dos partidos, isto é, a necessidade de superar as diferenças menos importantes entre os grupos e de unir-se pelos interesses comuns mais importantes, desloca-se do âmbito do eleitorado para o âmbito do parlamento... O sistema da proporcionalidade pressupõe, mais do que qualquer outro sistema, a organização dos cidadãos em partidos políticos e, onde a organização dos partidos não estiver suficientemente evoluída, terá forte tendência a acelerar e reforçar essa evolução. Esse é um passo decisivo para a transformação dos partidos políticos em órgãos constitucionais da formação da vontade do Estado. A proporcionalidade, portanto, mesmo onde não levou a esse resultado, produziu um efeito que identificamos como o resultado do jogo de forças que constitui a essência do Estado democrático de partidos" ("O princípio da maioria", in *Essência e valor da democracia*; coletânea de textos de Hans Kelsen, publicados em português pela Martins Fontes Ed., 1993, sob o título *A democracia*).

Seria difícil restaurar uma aliança oligárquica, semelhante à existente na república velha, sem regredir a um quadro eleitoral-partidário análogo. O deputado João Almeida, porta-voz desse programa no Congresso, chegou a propor, recentemente, a extinção da Justiça Eleitoral, com o retorno à prática da "verificação de poderes", e a validação ("reconhecimento") dos diplomas eleitorais por uma comissão do próprio Congresso.

Entretanto, mesmo a república velha – que convivia com o voto majoritário, as atas falsas, o sufrágio restrito, a verificação dos poderes – jamais tolerou a reeleição do presidente, rejeitada pela unanimidade da doutrina. Para Aníbal Freire, na sua obra clássica sobre o poder executivo, a reeleição seria uma arma poderosa, facilitando graves adulterações do sistema constitucional.

Carlos Maximiliano, reportando-se a Esmein, afirma que "o estabelecimento de um regime republicano representa a vitória dos que receiam que a longa posse da autoridade nas mãos de um indivíduo produza a hipertrofia do poder pessoal" (*Com. à Const. Bras.*, Ed. Globo, 1929, p. 519). E acrescenta (p. 523): "Nos próprios Estados Unidos, muitos pensam dever ser vedada a reeleição imediata. Ainda mesmo que se abstenha da corrupção e da violência dispõe de tal prestígio o Presidente que só por si constitui sério embaraço à vitória de outro candidato.... Nos países novos o perigo é maior. Permitida a reeleição, todos a disputariam, e a vitória caberia sempre ao governo, como acontece em todos os pleitos. Dever-se-ia o primeiro triunfo à persuasão, o segundo à corrupção, e os demais à violência".

Talvez dissesse alguém, pouco atento à realidade, que o predomínio eleitoral do governo não é, hoje, tão grande quanto na república velha. De fato, os números, nesta, são reveladores: Rodrigues Alves, na sua segunda eleição (1918), obteve 99,1% dos votos. Washington Luís 98%, e assim por diante. As performances mais pálidas foram do marechal Hermes (64,4%) ao disputar com Rui, e de Júlio Prestes (57,7%) ao disputar com Getúlio, em 1930. Na segunda eleição de Rodrigues Alves votaram 1,5% da população, na de Washington Luís 2,3%, na do marechal Hermes 2,8%, e na de Júlio Prestes 5,7%.

O que, no fragor da vitória, é exibido como adesão maciça dos desejos e das consciências, o tempo vai desnudando como fruto da coerção, manipulação, ou abuso do poder.

Reservamos para este fecho a condenação mais peremptória que se fez, nos primórdios da República, contra a reelegibilidade do presidente. Isto porque seu autor é muitas vezes apontado, por equívoco, como favorável à reeleição. Diz João Barbalho: "De que poderosos meios não poderá lançar mão o presidente que pretende se fazer reeleger? Admitir presidente candidato é expor o eleitorado à pressão, corrupção e fraude na mais larga escala.... O que não se dará quando o candidato for o homem que dispõe da maior soma de poder e força, pela sua autoridade, pelos vastos recursos que pode pôr em ação para impor a sua reeleição? E que perturbação na administração pública, e que enorme prejuízo para o país no emprego de elementos oficiais para esse fim? Não há, pois, incompatibilidade mais justificada" (*Coment. à Const. Fed. Brasileira*, F. Briguiet & Cia. Edit., Rio, 1924, p. 226).

8. Em resumo, e concluindo:

A tradição constitucional brasileira e latino-americana é pela irreelegibilidade do presidente da república. Essa tradição representa, entre nós, expressão do princípio republicano, defesa contra os excessos do presidencialismo e do golpismo. O sistema de inelegibilidades, vigente em nosso ordenamento jurídico, preveniu sempre o perigo consistente na apresentação, como candidato a cargo público, de quem ocupa altos postos na administração. O projeto de emenda constitucional objetivando a reeleição do presidente, governadores e prefeitos é casuístico e continuísta; integra-se na estratégia neoliberal, que objetiva amoldar as instituições políticas ao processo de concentração do poder. Nada justifica sua aprovação, e tudo, na democracia, aconselha sua rejeição.

Santos, 5 de julho de 1995

CONFERÊNCIAS & DEBATES

DIREITO AO USO DOS SERVIÇOS PÚBLICOS*

ADÍLSON ABREU DALLARI

Professor Titular de Direito Administrativo da PUC/SP

Eu gostaria de salientar, antes de mais nada, a oportunidade deste tema: direito ao uso dos serviços públicos. Isto porque este assunto tem sido tratado entre nós como um verdadeiro diálogo de surdos. O desentendimento a respeito dessa matéria é completo, pois as pessoas não têm noção de seu relacionamento com o serviço público, embora esse relacionamento seja total.

Vou dar um exemplo: uma pessoa, quando acorda de manhã e acende a luz, não tem noção de que está fazendo um contrato de prestação de serviço público com uma concessionária de serviço público. Vai ao banheiro para se lavar, abre a torneira, novamente se está relacionando com o serviço público, e não percebe isso. Se sai de cada para trabalhar, se tomar seu automóvel, primeiro não vai dirigir automóvel nenhum se não tiver uma outorga do serviço público para isso, se não estiver habilitado, se o serviço público não reconhecer a sua habilitação. Se sair com seu automóvel, não vai sair do jeito que quiser, para o lado que quiser, vai obedecer à mão de direção, vai obedecer à sinalização imposta pelo serviço público. Se for trabalhar de ônibus, vai tomar um transporte coletivo, novamente se está relacionando com o serviço público.

Suponhamos que seja um estudante: vai estudar, e a atividade em si é inteiramente regida e controlada pelo serviço. Suponhamos que seja um trabalhador, um trabalhador de uma empresa privada qualquer, ele não sabe que, atrás de seu trabalho, tem toda uma estrutura de controle, especialmente uma enorme estrutura jurídica, para assegurar o seu direito ao trabalho e seus direitos decorrentes do trabalho. Se for um profissional liberal, não pode exercer sua profissão sem estar registrado na autarquia de controle do exercício profissional, que é um serviço público. Se for uma empresa comercial, não poderá funcionar sem que o seu estabelecimento seja fiscalizado pela administração pública.

Enfim, as pessoas não têm noção de seu total e completo relacionamento com o serviço público o dia inteiro. É tal a aproximidade, que as pessoas não percebem isso.

* Palestra proferida no 40º Congresso Estadual de Municípios, em Serra Negra-SP.

Há uma nota muito triste a respeito do serviço público. O serviço publico só é notado quando não funciona. Se alguém chegar no ponto de ônibus e o ônibus passar, ótimo. Nem perceberá que o serviço funcionou. Mas se o ônibus demorar, certamente culpará a Administração pelo atraso. Se alguém acionar e o interruptor acender, ótimo, tudo bem. Mas, se não acender, a concessionária do serviço certamente será contemplada com alguns impropérios! É assim. O serviço público só aparece nas suas falhas. Quando ele é eficiente, ele não aparece. E daí resulta esse total desconhecimento: as pessoas não têm noção de que se estão relacionando com o serviço público, e não percebem a eficiência do serviço público quando ele funciona.

O que é serviço público? A primeira nota do serviço público é o seu caráter de responder a uma necessidade essencial da população. O serviço público, em princípio, numa noção material de serviço público, numa noção comum de serviço público, eu diria que é uma atividade desenvolvida pelo Poder Público porque corresponde a uma necessidade essencial da sociedade. Mas essa noção é muito pequena, não é suficiente, não é o bastante para que se tenha uma idéia real do que seja o serviço público, porque há uma série de atividades desenvolvidas pelo setor privado, desenvolvidas pelas empresas, que são também essenciais para a comunidade. O traço característico do serviço público, o que caracteriza realmente um serviço como público, além de sua essencialidade é o seu regime jurídico. É o fato de ser exercido debaixo de um regime jurídico especial. Um regime jurídico que, ao mesmo tempo, outorga prerrogativas à administração e também a submete a determinadas sujeições. Isto é o que se chama regime jurídico administrativo. O serviço público é aquela atividade essencial prestada sob um regime jurídico administrativo.

Esse regime jurídico administrativo dá uma série de prerrogativas àquelas pessoas incumbidas de exercer o serviço público, prerrogativas às vezes bastante fortes. É o caso, por exemplo, da desapropriação. Se houver necessidade de desapropriar determinados bens, para instalar um serviço público, a administração pública pode fazer isso. Realmente, é um poder bastante grande. E para manter o serviço público é que o poder público cobra impostos e taxas. É certo, pois, que existem prerrogativas da administração no tocante aos serviços públicos. Mas há também sujeições, uma série de sujeições, pois todas aquelas prerrogativas que a administração tem são meramente instrumentais. Tudo aquilo é dado para a administração em nome do serviço público, para manter o serviço público, para executar o serviço público, para colocar o serviço essencial à disposição dos cidadãos.

O grande problema atual entre nós é que, nesses vinte anos de autoritarismo, nós todos, todos nós brasileiros, só enxergamos o lado da autoridade, esse lado que apareceu. A administração pública, aqueles órgãos incumbidos de exercer o poder público, abusavam diariamente do poder e nós convivemos durante vinte anos com o abuso do poder. A administração pública só enxergava as suas prerrogativas, os seus poderes, nunca as suas sujeições, nunca as suas responsabilidades. O pior é que o brasileiro se acostumou com isso, tendo-se conformado com a idéia de que serviço público é uma coisa ruim, que não funciona mesmo. É preciso neste instante histórico, estratégico, que nós vivemos, mudar um pouco este conceito. Para mudar alguma coisa, primeiro é preciso conhecer.

Vamos conhecer um pouquinho mais o serviço público, até para mudar essa posição com relação a ele. Já defini o serviço público como uma atividade essencial à comunidade, que se desenvolve sob um regime jurídico administrativo. Agora, quem faz o serviço público, quem executa o serviço público?

Há várias formas de execução do serviço público. Ou ele é prestado diretamente pela estrutura administrativa do Estado, da União, da Prefeitura, ou essas pessoas jurídicas — União, Estado, Município — valem-se de autarquias, de empresas públicas ou de sociedades de economia mista. Autarquias, sociedades de economia mista, empresas públicas, são projeções personalizadas do próprio governo. É o governo que assume uma forma personalizada para executar aqueles serviços públicos. Não vamos perder de vista nunca que, embora executado por uma empresa pública, o que está fazendo é um serviço público, e portanto, aquele serviço público deve estar afetado pelo regime jurídico administrativo, tanto no tocante às prerrogativas quanto às sujeições.

Mas o poder público tem-se valido também do concurso de particulares para exercer serviços públicos. É o caso dos concessionários e dos permissionários do serviço público. Um concessionário do serviço público pode ser, por exemplo, uma empresa encarregada do transporte coletivo. Não vamos perder de vista que o serviço público continua público, embora prestado por um concessionário. Embora explorado economicamente por um concessionário, por um particular, o serviço nunca deixar de ser público.

O mesmo acontece com os permissionários de serviço público, e eu vou dar um exemplo dos mais corriqueiros, comuns, mas as pessoas têm pouca noção disso: o motorista de táxi. O carro é dele ou pode ser dele ou de outro particular. Mas o serviço que ele executa (e cobra por isso) é um serviço público de transporte individual de passageiros. O carro é dele. O carro pode ser, mas o serviço não é, o serviço é público. Por isso, um motorista de táxi não pode recusar passageiro, não pode escolher a corrida, onde vai, onde não vai, não pode fixar livremente o preço do trabalho por ele prestado, porque o serviço é público. Então, pouca gente tem noção, ao tomar um táxi, de que se está relacionando com o serviço público. É um serviço público de transporte, só que, em vez de ser coletivo, é individual de passageiro.

Enfim, o serviço pode ser prestado, portanto, diretamente pelo Estado através das autarquias e sociedades de economia mista, empresas públicas, fundações. Pode ser prestado por particulares concessionários, permissionários, mas sempre será serviço público. E, sendo serviço público, ele está afetado por alguns princípios, e eu vou destacar aqui uma meia dúzia deles.

Primeiro, o princípio da legalidade. O que qualifica um serviço como essencial para a comunidade e, portanto, deve ser considerado como serviço público, é a lei. Serviço público não nasce público, não é porque uma pessoa resolve dizer que uma atividade é serviço público, que ela passa a ser serviço público. Também não é o Prefeito, o Governador ou o Presidente da República que vão dizer o que é um serviço público. Isto porque o Presidente da República, o Governador, o Prefeito são chefes do Poder Executivo e o Poder Executivo, que exerce as atividades típicas e próprias da Administração Pública, não serve para outra coisa senão cumprir a lei. A Administração Publica é uma atividade que se desenvolve debaixo da lei, para executar a lei, em cumprimento da lei. Portanto, toda vez que tivermos um serviço público, nós teremos necessariamente uma norma legal, uma lei, que o qualifica como tal e que rege o seu funcionamento.

Se eu tiver qualquer dúvida a respeito do serviço público, a primeira pergunta é esta: qual é a lei que cria e disciplina o funcionamento desse serviço público? O cidadão ainda não está acostumado a invocar a lei a seu favor. Por exemplo: se, eventualmente, me cobrarem uma taxa de água muito alta, sob argumento de que o aparelho de medição não funcionou e, por isso, estou recebendo uma conta astronômica. Devo pagar ou não devo pagar? Ora, eu deverei ver o que a lei diz a respeito, e invocar a lei a meu favor. Todo serviço público desenvolve-se, presta-se, debaixo da lei, em execução da lei, com um suporte legal.

A segunda questão do serviço público é a isonomia, o princípio da isonomia. O serviço público deve funcionar igualmente para todos, o serviço público não pode fazer distinção entre pessoas. O serviço público não pode atender aos amigos e desatender aos adversários políticos. O serviço público deve estar à disposição de todos com igualdade e, novamente, toda vez que houver um tratamento não isonômico, um tratamento desigual, cabe invocar o princípio constitucional da isonomia.

Outra coisa, o serviço público não pode funcionar intermitentemente ou só quando é conveniente. Por exemplo, no serviço de transporte coletivo. O concessionário particular está interessado no lucro. Na hora do pico, na hora de bastante movimento, ele efetivamente coloca os ônibus que deve colocar. Deixa cada ônibus ficar superlotado, pois, para ele, quanto mais cheio melhor, porque está dando lucro. Em compensação, na hora de pouco movimento, embora ele deva observar uma regularidade de horários, ele esquece de mandar um ônibus porque o ônibus vai andar vazio e vai dar prejuízo. O serviço público não pode funcionar assim. O serviço público tem de funcionar continuamente, com regularidade, observando os horários estipulados, ficando à disposição dos eventuais passageiros.

As pessoas precisam aprender que têm direito à regularidade no serviço público. Se o serviço público não funcionar, é preciso reclamar, é preciso aprender a reclamar. Se aquele serviço que deveria estar à disposição não estiver à disposição, o usuário deve reclamar, pois ele não existe para dar lucro. O serviço público é diferente das atividades comerciais. O comerciante exerce o seu trabalho com o propósito claro de lucro. O serviço público existe porque corresponde a uma necessidade essencial, fundamental, da coletividade. Se é assim, ele não deve ser explorado com o propósito puramente econômico.

Há um problema terrível entre nós hoje, uma noção que eu chamaria de uma privatização da administração pública, uma visão completamente equivocada de que não pode haver serviço deficitário. Mas é claro que pode ter serviço deficitário. Deve ser deficitário mesmo, especialmente na área do transporte coletivo. Tem de ser deficitário, porque corresponde a uma necessidade essencial da população. E nós, aqui, temos um exemplo claríssimo na nossa frente. Se nós fôssemos cobrar a tarifa do metrô, a passagem do metrô, pelo preço comercial, seria fantástico o seu custo. Então, o metrô é subvecionado e tem de ser subvecionado por ser uma necessidade essencial. O serviço público, por ser essencial, não pode ser abusivamente caro, excessivamente oneroso para o usuário, especialmente para os mais carentes e que dele mais dependem.

Outra característica do princípio do serviço público é a eficiência. Se ele é essencial, se ele é importante, se ele é mais do que importante, indispensável, ele tem de ser eficiente, ele tem de cumprir as suas finalidades. E nós temos o direito de reclamar quanto à ineficiência do serviço público. Muito especialmente quando esse serviço é prestado por uma empresa, geralmente uma empresa pública, uma sociedade de economia mista ou uma concessionária.

No Brasil, há uma distorção terrível: o serviço público é entregue a uma sociedade de economia mista, uma empresa pública, sob o pretexto, sob o fundamento ou sob a razão de que é preciso mais agilidade, maior capacidade operacional, em síntese, maior eficiência. O que nós temos encontrado é uma série de empresas estatais que não funcionam absolutamente, que prestam um péssimo serviço. Se essa empresa estatal está prestando um péssimo serviço, fechem a empresa, acabem com a empresa, coloquem outra, mudem, outorguem o serviço a um concessionário particular, mas o serviço público tem de ser eficiente. E tem de ser eficiente sempre. Especialmente quando é prestado através de uma empresa.

Por último, a questão do controle. Isso não é só em relação ao serviço público, é com relação a todas as atividades desenvolvidas pela administração. O serviço público precisa de controle, de acompanhamento, de fiscalização. Numa empresa privada, o dono está lá, está vendo o que está sendo feito e não está sendo feito, tem interesse em que aquilo funcione bem, senão ele não tem lucro. O problema do serviço público é que ele não tem "dono". Melhor dizer, não tem um dono aparente, pois o "dono" é a coletividade. Quem vai fiscalizar, no final das contas, é o cidadão. É o usuário do serviço público. Então, nós temos de desenvolver os mecanismos de fiscalização do serviço público e exigir que esses mecanismos de fiscalização, de controle, funcionem.

Eu poderia falar o dia inteiro de serviço público, mas eu gostaria apenas de concluir com dois pontos: o que nós precisamos fazer para melhorar os serviços públicos e fazer com que o direito ao uso dos serviços públicos se torne uma realidade?

Primeiro, é mudar a concepção que o povo tem de serviço público. O cidadão brasileiro hoje entende que o serviço público é um mal necessário, é algo que se tem de suportar. Na verdade, não é isso. O serviço público é bem essencial, uma utilidade, uma comodidade colocada à disposição da comunidade exatamente pela sua essencialidade, exatamente pelo seu benefício, pelo bem-estar que pode causar. Eu digo isso porque o brasileiro não percebeu ainda que o serviço público é de todos. Precisamos, então, mudar o conceito de serviço público.

As coisas da Administração Pública são tidas por nós como coisas de ninguém. O orelhão: por que nós depredamos o orelhão do telefone? Por que um número muito grande é completamente arrebentado? Por que se risca banco de ônibus? Porque aquilo que é do serviço público é de ninguém. É preciso mostrar que o serviço público é essencial e aquilo tudo, longe de não ser de ninguém, é um patrimônio comum, é um patrimônio de todos. É da coletividade. Eu sou dono daquele orelhão da rua, daquele ônibus, do fio de luz, do cano d'água da rede de esgotos, de tudo isso. Cada um é dono disso tudo.

Por último, o Brasil atravessou nesses vinte anos um processo fantástico de centralização. A virtude era federal e tudo tinha de ser federal. Eu acho que nós estamos num momento de refluxo, eu sou francamente favorável à municipalização. Tudo aquilo que pode ser prestado pelo Município, todo serviço que possa ser prestado pelo Município não deve ser executado por outra esfera do governo. Por quê? Porque o Município é a entidade de governo mais perto da população. A população tem maior acesso ao governo municipal, tem maior facilidade de controle das atividades da administração municipal. A administração municipal, por seu lado, tem maior facilidade de se adaptar às necessidades da comunidade. Enfim, eu acho que, através da municipalização, nós vamos também eliminar um vício nacional, que é dar soluções uniformes para problemas distintos.

Atualmente, com a edição da Lei n. 8.078, de 11.9.90, que dispõe sobre a Proteção do Consumidor, o chamado Código do Consumidor, abriu-se um caminho formal para que o usuário possa reivindicar seus direitos.

Nos termos do art. 2º dessa lei, considera-se consumidor "toda pessoa física ou jurídica que adquire ou utiliza produto ou serviço como destinatário final" o que abrange, também, os consumidores de serviços públicos.

Coerentemente, o art. 3º dessa mesma lei enquadra o Poder Público como fornecedor de serviços: "Fornecedor é toda pessoa física ou jurídica, pública ou privada, nacional ou estrangeira, bem como os entes despersonalizados, que desenvolvem atividades de produção, montagem, criação, construção, transformação, importação, exportação, distribuição ou comercialização de produtos ou prestação de serviços".

Isso é apenas um começo, mas já permite aos usuários de serviços públicos acionar o Ministério Público para exigir seu direito a um serviço público suficiente, eficiente, prestado por preço razoável e permanentemente à disposição de todos, de toda a coletividade, sem discriminações, sem necessidade de lançar mão de indicações ou recomendações de políticos ou outras pessoas influentes.

O direito ao uso dos serviços é um dos direitos fundamentais do cidadão.

A CONSTITUIÇÃO E AS PROVAS ILICITAMENTE OBTIDAS*

JOSÉ CARLOS BARBOSA MOREIRA
Professor da Faculdade de Direito da UERJ — Desembargador (aposentado) do TJRJ

1. No pensamento praticamente unânime da doutrina atual, não se deve reduzir o conceito de ação, mesmo em perspectiva abstrata, a simples possibilidade de instaurar um processo. Seu conteúdo é mais amplo: abarca série extensa de faculdades cujo exercício se considera necessário, em princípio, para garantir a correta e eficaz prestação da jurisdição.[1] Dentre tais faculdades sobressai o chamado direito à prova. Sem embargo da forte tendência, no processo contemporâneo, ao incremento dos poderes do juiz na investigação da verdade,[2] inegavelmente subsiste a necessidade de assegurar aos litigantes a iniciativa — que, em regra, costuma predominar — no que tange à busca e apresentação de elementos capazes de contribuir para a formação do convencimento do órgão judicial.

É evidente que o direito à prova implica, no plano conceptual, a ampla possibilidade de utilizar quaisquer meios probatórios disponíveis. A regra é a admissibilidade das provas; e as exceções precisam ser cumpridamente justificadas, por alguma razão relevante. Esse o princípio fundamental, que se reflete, por exemplo, na propensão dos modernos ordenamentos processuais para abandonar, na matéria, a técnica da enumeração taxativa e permitir que, além de documentos, depoimentos, perícias e outros meios tradicionais, em geral minuciosamente regulados em textos legais específicos, se recorra a expedientes não previstos em termos expressos, mas eventualmente idôneos para ministrar

* Conferência pronunciada em Belo Horizonte, em 10.10.96, e em Salvador, em 18.10.96. O texto (acrescido das notas) resulta da tradução, revista, ampliada e atualizada, de artigo escrito em castelhano, sob o título "Restricciones a la prueba en la Constitución brasileña", para integrar o volume de estudos, a ser editado no México, em memória de Ignacio Medina Lima, e nessa forma originária publicado na *Revista de Derecho Procesal* (espanhola) 3/95 e na *Revista Uruguaya de Derecho Procesal* 1/96.

1. Lê-se em moderna e prestigiosa obra de teoria geral do processo: "A garantia constitucional da ação tem como objeto o direito ao processo, assegurando às partes não só a resposta do Estado, mas ainda o direito de sustentar as suas razões, o direito ao contraditório, o direito de influir sobre a formação do convencimento do juiz" (Antônio Carlos de Araújo Cintra, Ada Pellegrini Grinover e Cândido Dinamarco, *Teoria geral do processo*, 12ª ed., São Paulo, 1996, p. 256).

2. Desse ponto de vista não é possível deixar de enxergar surpreendente e melancólico retrocesso no *Codice di Procedura Penale* italiano de 1988, cujo art. 190.1 restringe a iniciativa oficial às hipóteses expressamente contempladas: "La legge stabilisce i casi in cui le prove sono ammesse di ufficio".

ao juiz informações úteis à reconstituição dos fatos (provas "atípicas").[3]

2. Por outro lado, convém ter presente que no direito em geral, e no processo em especial, é sempre imprudente e às vezes muito danoso levar às últimas conseqüências, como quem dirigisse veículo sem fazer uso do freio, a aplicação rigorosamente lógica de qualquer princípio. Desnecessário frisar que os princípios processuais estão longe de configurar dogmas religiosos. Sua significação é essencialmente instrumental: o legislador adota-os porque crê que a respectiva observância facilitará a boa administração da Justiça. Eles merecem reverência na medida em que sirvam à consecução dos fins do processo, e apenas em tal medida.

Ademais, com muita freqüência hão de levar-se em consideração, ao mesmo tempo, dois ou mais princípios ordenados a proteger valores igualmente importantes para o direito, mas suscetíveis de achar-se em recíproca oposição. Trata-se de fenômeno assaz conhecido: não seria temerário afirmar que toda norma jurídica resulta de uma tentativa, mais ou menos bem sucedida, de conciliar necessidades contrapostas de política legislativa, entre as quais é mister fixar um ponto de equilíbrio.

A disciplina da atividade probatória não constitui aqui exceção. Facilmente se entende que o afã de tornar convincente para o órgão judicial esta ou aquela versão dos fatos possa induzir a parte a exceder as fronteiras do razoável, em detrimento de interesses também juridicamente relevantes. Por exemplo: o ordenamento protege — e hoje não se conceberia que deixasse de fazê-lo — o interesse que tem toda pessoa na preservação de sua intimidade. Daí certas limitações à liberdade de investigar e à exigibilidade da cooperação de terceiros: *v.g.*, a autorização dada à testemunha para negar-se a responder a perguntas relativas a fato cuja divulgação poderia causar-lhe grave dano, inclusive de natureza moral.[4]

3. Em semelhante contexto vem-se suscitando a questão das provas adquiridas com infração a uma norma jurídica.[5] Conforme bem se sabe, manifestam-se a tal respeito duas teses radicais. De acordo com a primeira,[6] deve prevalecer em qualquer caso o interesse da Justiça no descobrimento da verdade, de sorte que a ilicitude da obtenção não subtrai à prova o valor que possua como elemento útil para formar o convencimento do juiz; a prova será admissível, sem prejuízo da sanção a que fique sujeito o infrator. Já para a segunda, o direito não pode prestigiar comportamento antijurídico, nem consentir que dele tire proveito quem haja desrespeitado o preceito legal, com prejuízo

3. Por exemplo, art. 332 do Código de Processo Civil: "Todos os meios legais, bem como os moralmente legítimos, ainda que não especificados neste Código, são hábeis para demonstrar a verdade dos fatos, em que se funda a ação ou a defesa". A disposição inspirou-se no art. 87 do Código vaticano, cuja redação, cabe observar, é mais clara; para uma comparação entre o modelo e a cópia, vide Barbosa Moreira, "Il Codice di Procedura Civile dello Stato della Città del Vaticano come fonte storica del diritto brasiliano", in *Studi in onore di Vittorio Denti*, Pádua, 1994, v. I, p. 9, ou *Temas de Direito Processual, Quinta Série*, São Paulo, 1994, pp. 194-195.

4. Assim o art. 406, n. I, do Código de Processo Civil: "A testemunha não é obrigada a depor de fatos: I — que lhe acarretem grave dano, bem como ao seu cônjuge e aos seus parentes consangüíneos ou afins, em linha reta, ou na colateral em segundo grau".

5. Dadas as vastas proporções já atingidas pela literatura, não é simples a escolha de indicações bibliográficas. Para um claro resumo das várias posições doutrinárias, vide Ada Pellegrini Grinover, "Provas ilícitas", in *O processo em sua unidade*, II, Rio de Janeiro, 1994, pp. 172-174.

6. Dominante, registre-se, não apenas em países de regime autoritário, como os que formavam o antigo bloco socialista, mas também noutros de tradições inquestionavelmente liberais (no sentido mais nobre da palavra), *v.g.* Inglaterra, Canadá, Austrália, Bélgica, Dinamarca, Suíça: vide Ada Pellegrini Grinover, *Liberdades públicas e processo penal*, 2ª ed., São Paulo, 1982, pp. 116 e ss. e 129 e ss.

alheio; por conseguinte, o órgão judicial não reconhecerá eficácia à prova ilegitimamente obtida.

Entre esses extremos, têm-se proposto soluções mais matizadas. Pensam muitos que a complexidade do problema repele o emprego de fórmulas apriorísticas e sugere posições flexíveis. Seria mais sensato conceder ao juiz a liberdade de avaliar a situação em seus diversos aspectos; atento à gravidade do caso, à índole da relação jurídica controvertida, à dificuldade para o litigante de demonstrar a veracidade de suas alegações mediante procedimentos perfeitamente ortodoxos, ao vulto do dano causado e outras circunstâncias, o julgador decidiria qual dos interesses em conflito deve ser sacrificado, e em que medida.

Alude-se, a tal propósito, ao chamado princípio da proporcionalidade.[7] Há que verificar se a transgressão se explicava por autêntica necessidade, suficiente para tornar escusável o comportamento da parte, e se esta se manteve nos limites por aquela determinados; ou se, ao contrário, existia a possibilidade de provar a alegação por meios regulares, e a infração gerou dano superior ao benefício trazido à instrução do processo. Em suma: averiguar se, dos dois males, se terá escolhido realmente o menor.

4. Às vezes se imputa a semelhante doutrina o risco de dar margem à excessiva influência de fatores subjetivos e, por conseguinte, à emergência do arbítrio judicial. Mas cumpre não perder de vista quão freqüentes são as situações em que a lei confia na valoração (inclusive ética) do juiz para possibilitar a aplicação de normas redigidas com emprego de conceitos jurídicos indeterminados, como o de "bons costumes", o de "mulher honesta" ou o de "interesse público". A subjetividade do juiz atua constante e inevitavelmente no modo de dirigir o processo e de decidir; se pretendêssemos eliminá-la de todo, seríamos forçados a substituir por computadores os magistrados de carne e osso. Visões desse gênero, projetadas num hipotético futuro, já têm provocado pesadelos demais...

Chegou-se a expressar o receio de que a aplicação do princípio de proporcionalidade conduza a "aberrações".[8] É o caso de perguntar se porventura nunca se poderão mostrar mais aberrantes os resultados da estrita observância da proibição de levar em conta qualquer prova cuja aquisição se afigure ilegal.

Suponhamos, por exemplo, que em processo civil, onde se pleiteia a condenação do réu a cumprir certa obrigação, o autor alegue que o adversário lhe furtara o documento oferecido como prova de já se haver extinguido a obrigação. O juiz civil tem de examinar a alegação e resolver a questão suscitada, para saber se pode ou não basear a decisão nesse documento. Por hipótese, ele reconhece a ocorrência de furto, rejeita o documento como prova ilícita e, na ausência de outras favoráveis ao réu, condena-o a satisfazer a pretensão do autor. É óbvio que a solução adotada pelo juiz civil, ainda que transite em julgado a sentença, não produzirá efeitos fora do pleito que lhe tocava julgar, e de ma-

7. Preconizava a adoção desse princípio, sob o regime anterior, Moniz de Aragão, *Exegese do Código de Processo Civil*, v. IV-1, Rio de Janeiro, sem data, pp. 82-83. Cf., já na vigência da atual Carta Política, Nélson Nery Júnior, *Princípios do processo civil na Constituição Federal*, pp. 141-142. Vide sobre o tema, na Espanha, Asencio Mellado, *Prueba prohibida y prueba preconstituida*, Madri, 1989, pp. 96 e ss., e sobretudo Gonzalez-Cuellar Serrano, *Proporcionalidad y derechos fundamentales en el proceso penal*, Madri, 1990, *passim*. Na Alemanha faz tempo que se invoca, na jurisprudência e na doutrina do processo penal (*v.g.*, Henkel, *Strafverfahrensrecht*, 2ª ed., Stuttgart-Berlim-Colônia-Mainz, 1968, p. 270; Kern-Roxin, *Strafverfahrensrecht*, 13ª ed., Munique, 1975, p. 10), o *Verhältnismässigkeitsgrundsatz* (ou *Verhältnismässigkeitsprinzip*).

8. A expressão é de Ada Pellegrini Grinover, ob. cit. (nota 5), p. 177. Mas a posição da autora parece atenuada em trabalho mais recente: "As provas ilícitas na Constituição", in *O processo em evolução*, São Paulo, 1996, p. 49.

neira alguma impedirá que, em subseqüente processo penal, o órgão competente para decidir *principaliter* a matéria venha a absolver o suposto infrator, negando a existência do fato delituoso e afirmando que fora absolutamente regular o comportamento do réu. *Quid iuris*? No feito civil desprezou-se uma prova que, afinal de contas, *não* era ilícita. O litigante que apresentara o documento terá sofrido manifesta e injusta lesão no direito de provar suas alegações — lesão que se cristalizará em definitivo, caso não exista no ordenamento remédio idôneo para ensejar, em tal hipótese, a revisão do julgamento civil. Porventura não se há de ver nisso uma aberração?

5. A Constituição de 1988 distingue-se das antecessoras, entre outras coisas, pelo maior relevo que deu aos temas processuais, e — ao contrário do que antes quase sempre sucedia — não só no campo penal. É natural que se haja ocupado de nosso problema. Nos trabalhos da Assembléia Constituinte exerceu grande influência um grupo de juristas, que prestou excelentes serviços de assessoria aos congressistas. Deve-se principalmente a eles a inclusão de várias disposições importantes no texto constitucional, sobretudo no que tange às garantias processuais dos direitos individuais e coletivos.

Predominava nesse grupo a corrente hostil à admissibilidade das provas obtidas mediante comportamento ilegal. Não surpreende que a Constituição haja adotado a tese proibitiva, em termos literalmente categóricos. Reza, com efeito, o art. 5º, n. LVI: "São inadmissíveis, no processo, as provas obtidas por meios ilícitos". Com a ressalva que em breve se mencionará (n. 9), ante regra de semelhante teor não parece haver lugar para exceções, e nem sequer para atenuações.

6. Apesar disso, é irrealístico pensar que se logre evitar totalmente a conveniência (ou melhor, a necessidade) de temperar a aparente rigidez da norma. Para não ir mais longe: como se procederá se um acusado conseguir demonstrar de maneira cabal sua inocência com apoio em prova que se descobre ter sido ilicitamente adquirida? Algum juiz se animará a perpetrar injustiça consciente, condenando o réu, por mero temor de contravir à proibição de fundar a sentença na prova ilícita? Essa questão já preocupa a doutrina, que nega em tal emergência a aplicabilidade do art. 5º, n. LVI, da Constituição. Invocando jurisprudência norte-americana, argumenta-se que o direito de provar a inocência deve prevalecer sobre o interesse de proteção que inspira a norma proibitiva, e acrescenta-se que não pode interessar ao Estado a condenação de um inocente, a qual implicará talvez a impunidade do verdadeiro culpado.[9]

Todavia, se a defesa — à diferença da acusação — fica isenta do veto à utilização de provas ilegalmente obtidas, não será essa disparidade de tratamento incompatível com o princípio, também de nível constitucional, da igualdade das partes? Quiçá se responda que, bem vistas as coisas, é sempre mais cômoda a posição da acusação, porque os órgãos de repressão penal dispõem de maiores e melhores recursos que o réu. Em tal perspectiva, ao favorecer a atuação da defesa no campo

9. Assim, na mais recente literatura, Antônio Magalhães Gomes Filho, *Sobre o direito à prova no processo penal*, São Paulo, 1995, p. 107. À mesma conclusão, invocando a garantia constitucional da "ampla defesa", chega Luís Gustavo Grandinetti Castanho de Carvalho, *O processo penal em face da Constituição*, Rio de Janeiro, 1992, pp. 25-26. Para ela também parece inclinar-se, embora em termos menos categóricos, Júlio Fabbrini Mirabete, *Processo penal*, 4ª ed., São Paulo, 1995, p. 260. Consoante informa Luiz Francisco Torquato Avolio, *Provas ilícitas*, São Paulo, 1995, p. 77, as "Mesas de Processo Penal", ligadas ao Departamento de Direito Processual da Faculdade de Direito da Universidade de São Paulo, consagraram em *Súmula* (n. 50) a seguinte proposição: "Podem ser utilizadas no processo penal as provas ilicitamente colhidas, que beneficiem a defesa".

probatório, não obstante posta em xeque a igualdade formal, se estará tratando de restabelecer entre as partes a igualdade substancial. O raciocínio é hábil e, em condições normais, dificilmente se contestará a premissa da superioridade de armas da acusação. Pode suceder, no entanto, que ela deixe de refletir a realidade em situações de expansão e fortalecimento da criminalidade organizada, como tantas que enfrentam as sociedades contemporâneas. É fora de dúvida que atualmente, no Brasil, certos traficantes de drogas estão muito mais bem armados que a polícia e, provavelmente, não lhes será mais difícil que a ela, nem lhes suscitará maiores escrúpulos, munir-se de provas por meios ilegais. Exemplo óbvio é o da coação de testemunhas nas zonas controladas pelo narcotráfico: nem passa pela cabeça de ninguém a hipótese de que algum morador da área declare à policia, ou em juízo, algo diferente do que lhe houver ordenado o "poderoso chefão" local.

7. Seja como for, o essencial aqui é pôr em realce o caráter *relativo* que por força se tem de atribuir ao princípio constitucional atinente à inadmissibilidade das provas ilicitamente adquiridas.[10] Visto que, ainda entre os juristas mais comprometidos com a tese da proibição, se acaba por admitir que ela não se aplica de modo automático e indiscriminado sob quaisquer circunstâncias, fica aberta a possibilidade de uma construção jurisprudencial que tome na devida conta as variáveis necessidades sociais.

Sabemos todos que as normas jurídicas em geral, e as normas constitucionais em particular, se articulam num sistema, cujo equilíbrio impõe que em certa medida se tolere detrimento aos direitos por elas conferidos. Os interesses e valores que as inspiram não raro entram em conflito uns com os outros, de tal sorte que se torna impraticável dispensar a todos, ao mesmo tempo, proteção irrestrita. Para assegurar a harmonia do conjunto, é imperioso reconhecer que eles se limitam reciprocamente de modo inexorável. Basta recordar, por exemplo, como a liberdade de manifestação do pensamento e a da atividade de comunicação podem encontrar fronteiras na necessidade de resguardar a honra alheia ou o direito do autor de divulgar ou não os produtos de seu engenho e arte.

A possibilidade de provar alegações em juízo é ínsita na de submeter à apreciação do Poder Judiciário qualquer lesão ou ameaça a direito (Constituição, art. 5º, n. XXXV). Não parece razoável que se lhe tenha de sobrepor *sempre*, abstraindo-se de tudo mais, a preservação da intimidade de quem haja motivos para supor que possa ter incidido, ou estar incidindo, ou em vias de incidir, em algum comportamento antijurídico. Daí a conveniência de deixar ao aplicador da norma restritiva determinada margem de flexibilidade no respectivo manejo. Só a atenta ponderação comparativa dos interesses em jogo no caso concreto afigura-se capaz de permitir que se chegue a solução conforme à Justiça. É exatamente a isso que visa o recurso ao princípio da proporcionalidade.

8. Têm-se notado sinais de reação, aqui e ali, aos exageros a que leva uma consideração unilateral do problema. Em decisão recente e unânime, de 5.3.96, no *Habeas corpus* n. 4.138 — e na qual se indica precedente análogo —, esposou a 6ª Turma do Superior Tribunal de Justiça entendimento matizado, rejeitando a alegação de inadmissibilidade de gravação de conversa telefônica, mediante escuta policial supostamente ilícita, no presídio a que se achavam recolhidos os impetrantes. Acentuou o Relator, Ministro Adhemar Maciel, a relatividade dos direitos contem-

10. No dizer de Celso Ribeiro Bastos, in Celso Ribeiro Bastos-Ives Gandra Martins, *Comentários à Constituição do Brasil*, 2º v., São Paulo, 1989, p. 273, "o preceito constitucional há de ser interpretado de forma a comportar alguma sorte de abrandamento relativamente à expressão taxativa de sua redação".

plados no texto constitucional, decorrente da própria necessidade de harmonização recíproca, e referiu-se ao "substrato ético" que não pode deixar de orientar o intérprete na fixação dos limites razoáveis.

Independentemente do juízo que cada um faça sobre a solução dada à espécie, não sofre dúvida a relevância de argumentos contidos na motivação do acórdão. Com razão sublinha o Ministro Relator quão descabido é arvorar em valor supremo, sejam quais forem as circunstâncias, a privacidade deste ou daquele indivíduo: "pode haver", adverte, "do outro lado da balança, o peso do interesse público a ser preservado e protegido".

9. Retomemos o fio da meada. Em linha de princípio, a violação do art. 5º, n. LVI, da Constituição acarreta a ineficácia das provas ilícitas e, eventualmente, a nulidade da sentença nelas fundada.[11] Esta última conseqüência, porém, não se produz senão quando se trata do único fundamento, ou pelo menos do fundamento principal da decisão. Se o juiz, ao motivá-la, invoca outras razões, suficientes de per si — quer dizer, se o conteúdo da sentença permaneceria idêntico ainda com abstração da prova impugnada como inadmissível —, então não há por que invalidar o julgamento.

O Supremo Tribunal Federal já se pronunciou mais de uma vez nesse sentido. Ao julgar o *Habeas corpus* n. 69.079, em 17.3.92, considerou despicienda a irregularidade na obtenção da confissão do réu, desde que fundada a condenação noutras provas.[12] Em acórdão de 31.3.92, no *Habeas corpus* n. 69.209, decidiu que, em iguais circunstâncias, não se deve anular a sentença unicamente por figurar, entre os elementos submetidos à apreciação do julgador, fita magnética que se alegava ter sido ilegalmente gravada.[13]

Idêntica posição, num primeiro momento, havia tomado a Corte em 30.6.93, no *Habeas corpus* n. 69.912, também a propósito de caso em que outras provas existiam além da transcrição de fitas gravadas mediante interceptação telefônica ilícita.[14] Tal decisão, porém, foi depois atenuada e substituída por outra, de 16.12.93, em que veio o Tribunal a conceder a ordem de *habeas corpus* antes denegada. Ao fazê-lo, adotou o entendimento de que, como só fora possível ter acesso às outras provas pelo uso de informações contidas nas fitas magnéticas, aquelas tinham ficado "contaminadas" pela ilicitude destas e deveriam reputar-se igualmente inadmissíveis. Acolheu-se assim uma doutrina de procedência norte-americana, segundo a qual o vício de origem se transmite a todos os elementos probatórios obtidos graças à prova ilícita: na conhecida expressão, não se podem aproveitar os "frutos da árvore venenosa" (*fruits of the poisonous tree*).[15]

10. Para determinar o exato alcance da norma constitucional atinente às provas ilícitas impende confrontar duas disposições do art. 5º: o supramencionado inciso LVI e o inciso XII, em que se lê: "É inviolável o sigilo da correspondência e das comunicações telegráficas, de dados e das comunicações telefônicas, salvo, no último caso, por ordem judicial, nas hipóteses e na forma que a lei estabelecer para fins de investigação criminal ou instrução processual penal". Do confronto podem-se extrair imediatamente algumas inferências seguras: *a)* não é ilícita, nem por conseguinte inadmissível, uma prova obtida nos termos da ressalva constante da parte final do

11. Ada Pellegrini Grinover, Antônio Scarance Fernandes e Antônio Magalhães Gomes Filho, *As nulidades no processo penal*, São Paulo, 1992, pp. 116-117; Luiz Francisco Torquato Avolio, ob. cit. (nota 9), p. 89.

12. *RTJ* 141/1.

13. Ibidem, p. 924.

14. *RF* 332/353.

15. Ibidem, p. 381. Não tem sido constante, porém, a adesão a tal doutrina: vide a nota 17, *infra*.

n. XII; *b)* a ressalva não abrange o segredo da correspondência, nem o das comunicações telegráficas ou de dados, mas exclusivamente o das comunicações telefônicas (*verbis*, "no último caso"); *c)* cinge-se a ressalva à esfera criminal, não alcança o processo civil.

Acerca da primeira inferência (*a*), é oportuno assinalar a existência de autorizada opinião consoante a qual, para ser aplicável, teria a ressalva ficado dependente do advento de lei definidora das hipóteses e da forma exigíveis para que se tornasse lícito ao juiz autorizar a quebra do sigilo das comunicações telefônicas. Em semelhante perspectiva, enquanto perdurasse o silêncio do legislador — somente quebrado, como se sabe, pela Lei n. 9.296, de 24.7.96 —, seria inconstitucional toda e qualquer violação do sigilo e, portanto, inadmissível toda e qualquer prova adquirida por tal meio.[16]

Merece alusão aqui um julgamento de grande repercussão, mesmo fora dos meios jurídicos, realizado em 7.12.94: o da Ação Penal n. 307, em que foram réus, entre outros, o ex-presidente Fernando Collor de Melo e Paulo César Farias.[17] A defesa deste argüira em preliminar a inadmissibilidade de duas provas: a gravação de conversa telefônica, feita por uma das testemunhas, sem o conhecimento dos outros interlocutores, entre eles e Paulo César; e os registros extraídos de memória de computador da empresa Verax, objeto de apreensão no respectivo escritório. Embora com divergências, foi a argüição acolhida em ambos os casos pelo Supremo Tribunal Federal. O relator, Ministro Ilmar Galvão, sustentou em seu voto que, inexistindo lei definidora das hipóteses e da forma da interceptação, não seria possível a juiz algum, mesmo que se houvesse requerido — o que não ocorrera —, conceder autorização para gravar sub-repticiamente a conversa. Quanto aos registros do computador, tampouco assistiria à polícia o direito de apreender o aparelho sem ordem judicial, nem o de extrair dele dados particulares da empresa, ali armazenados.

Quanto à segunda inferência (*b*), não é fácil perceber a razão de política legislativa capaz de justificar a disciplina heterogênea da matéria no tocante, por um lado, às comunicações telefônicas e, por outro, aos demais tipos de comunicação.[18] Soa extravagante que se possa outorgar ao órgão judicial o poder de autorizar uma interceptação telefônica e a mesma providência seja, ao contrário, inadmissível no

16. Nesse sentido, *v.g.*, Tourinho Filho, *Processo penal*, 3º v., 12ª ed., São Paulo, 1990, p. 213; Ada Pellegrini Grinover, Antônio Scarance Fernandes e Antônio Magalhães Gomes Filho, ob. cit. (nota 11), p. 147, com indicações de jurisprudência, às quais é oportuno acrescentar o mencionado acórdão do Supremo Tribunal Federal, de 30.6.93, no *Habeas corpus* n. 69.912. O mesmo argumento, entre outros, foi utilizado no julgamento da Ação Penal n. 307, a que nos referimos no parágrafo subseqüente do texto. Diversamente, ao julgar o *Habeas corpus* n. 69.204 (26.5.92), a Corte Suprema havia admitido a eficácia de autorização judicial para gravação de conversa telefônica entre uma das vítimas de concussão e seu advogado (*RTJ*, 144/213).

17. *RF* 335/183 e ss. Registre-se que, nesse julgamento, por maioria de votos, foi rejeitada (pp. 185 e 437) a tese de que a ilicitude na obtenção de uma prova repercutiria sobre as adquiridas em conseqüência, tornando-as igualmente inadmissíveis; isto é, o Tribunal não aplicou a doutrina dos "frutos da árvore venenosa" (cf. o voto do Ministro Celso de Mello, que expressamente a aplicava: p. 367).

18. Cf. Alcino Pinto Falcão, in Whitaker da Cunha e outros, *Comentários à Constituição*, 1º v., Rio de Janeiro, 1990, p. 190: "O inciso (n. XII) contém a singularidade injustificável de abrir exceção para o caso de comunicações telefônicas, deixando de dar igual tratamento para as telegráficas e radiofônicas, pondo de lado a parêmia milenar *ubi eadem ratio, ibi eadem legis dispositio*, de boa aceitação para a exegese do direito constitucional". Também criticam a disposição Ada Pellegrini Grinover, Antônio Scarance Fernandes e Antônio Magalhães Gomes Filho, ob. cit. (nota 11), pp. 116-117. Júlio Fabrini Mirabete, ob. e loc. cits. (nota 9), chega a admitir, "apesar da má redação do dispositivo constitucional", a possibilidade de "regulamentação de ordem judicial para violação do sigilo de correspondência, comunicações telegráficas e de dados, com fins probatórios na área penal".

que respeita a uma carta ou a um telegrama. Se dois membros de uma quadrilha conversam por telefone, existirá a possibilidade de escutar o que dizem, sem que eles saibam; mas se um envia ao outro folha de papel, não haverá meio lícito de descobrir o que nela foi escrito, a menos que o próprio destinatário faça a cortesia de revelá-lo... O mínimo que cabe dizer é que o legislador constituinte revelou aí estranho amor pelo paradoxo.[19]

11. Tampouco parece razoável — e o tema, ao nosso ver, faz jus a consideração especial — a diferença que se estabeleceu (*c*) entre o campo penal e o civil.[20] Não se repitam aqui as velhas e desmoralizadas trivialidades sobre o caráter mais "grave" dos efeitos da sentença penal em comparação com os da sentença civil. Um pensamento superficial costuma trazer à colação, a tal respeito, a oposição entre decisões que só interessam ao patrimônio e decisões que afetam a liberdade pessoal. É esquecer que no âmbito civil se trata com freqüência de problemas relativos a aspectos íntimos e relevantíssimos da vida das pessoas, como ocorre, por exemplo, nos assuntos de família; e também que no processo penal pode igualmente estar em jogo apenas o patrimônio, como acontece quando a infração não é punível senão com multa.

No direito brasileiro — e não só nele — a expressão "processo civil" compreende muito mais que a atividade judicial concernente a relações jurídicas de caráter privado. É no processo civil que se discutem e se decidem pleitos atinentes a matérias reguladas pelo direito público (administrativo, tributário, internacional e — *last but not least* — constitucional...), em regra subtraídas, não menos que as de direito penal, ao poder de disposição das partes. Os interesses sujeitos à influência do julgamento nem sempre se cingem à esfera particular dos litigantes: podem tocar a amplas coletividades, quando não à sociedade como um todo.

Dizer que o processo penal persegue a chamada "verdade real", ao passo que o processo civil se satisfaz com a denominada "verdade formal", é repetir qual papagaio tolices mil vezes desmentidas. A verdade é *uma* e interessa a qualquer processo, se bem que a justiça possa (e às vezes *deva*) renunciar — na área civil e na penal — à sua reconstituição completa, em atenção a outros valores de igual dignidade.[21]

A Constituição de 1988 equiparou com acerto o processo civil (*rectius*: qualquer processo) ao penal, no que tange às garantias dos litigantes. Por exemplo: o art. 5º, n. LV, que sanciona o princípio do contraditório, nenhuma distinção admite desse ponto de vista: "Aos litigantes, em processo judicial ou administrativo, e aos acusados em geral são assegurados o contraditório e ampla defesa, com os meios e recursos a ela inerentes". De maneira alguma se justifica a adoção de diretriz diversa no tópico aqui focalizado. A diferença de tratamento não pode deixar de causar perplexidade: eis a explicação mais provável do fato de haver ilustre constitucionalista afirmado que o texto "não distingue entre a instrução processual penal e a civil".[22] O autor terá suposto ler na Constituição aquilo que gostaria de ver nela escrito...

19. Observa Alcino Pinto Falcão, ob. cit. (nota 12), a incoerência entre o texto do art. 5º, n. XII, e as disposições dos arts. 136, n. I, "b" e "c", e 139, n. III, nos quais, ao enumerar as restrições imponíveis aos direitos fundamentais por ocasião do "estado de defesa" e do "estado de sítio", respectivamente, a Constituição se refere indiscriminadamente à inviolabilidade da correspondência e ao sigilo das outras modalidades de comunicação.

20. De acordo: Ada Pellegrini Grinover, Antônio Scarance Fernandes e Antônio Magalhães Gomes Filho, ob. cit. (nota 11), p. 146.

21. *V.g.*, a credibilidade do sigilo profissional: vide o art. 207 do Código de Processo Penal e o art. 406, n. II, do Código de Processo Civil.

22. Celso Ribeiro Bastos, ob. e v. cits. (nota 10), p. 72.

12. À disposição que estamos criticando corresponde o art. 15 da Constituição italiana de 1947/8. Lá, entretanto, não se incidiu no mesmo erro. O texto peninsular absteve-se de consagrar diferenças arbitrárias como a da parte final de nosso art. 5º, n. XII: "La libertà e la segretezza della corrispondenza e di ogni altra forma di comunicazioni sono inviolabili. La loro limitazione può avvenire soltanto per atto motivato dell'autorità giudiziaria con le garanzie stabilite dalla legge" (art. 15). Se o legislador constituinte brasileiro se inspirou em tal modelo, salta aos olhos que a cópia saiu desgraçadamente pior que o original. A conclusão análoga levará o cotejo entre o nosso dispositivo e o art. 18.3 da Constituição espanhola de 1978, que reza com maior simplicidade: "Se garantiza el secreto de las comunicaciones y, en especial, de las postales, telegráficas y telefónicas, salvo resolución judicial".

Sempre no plano comparatístico, é expressivo o confronto entre o direito brasileiro e o norte-americano. Conforme bem se sabe, os Estados Unidos são o grande baluarte da resistência à admissão de provas irregularmente obtidas — resistência para a qual se tem buscado fundamento na 4ª Emenda à Constituição Federal.[23] Pois bem: naquele país, a *exclusionary rule* só se aplica normalmente contra a autoridade pública (não quanto a eventuais infratores particulares), e no terreno *penal*: em feitos de outra natureza, a ilicitude da obtenção não impede a utilização da prova, salvo casos excepcionais, como o de processo destinado à imposição de sanção administrativa grave.[24] O legislador constituinte brasileiro timbrou em ser mais realista que o próprio rei...

23. Questão controvertida: vide, por exemplo, Mc Cormick, *On Evidence*, 4ª ed., por John William Strong, St. Paul, 1992, p. 284; Del Carmen, *Criminal Procedure*, Belmont, 1995, p. 60.

24. Vide La Fave-Israel, *Criminal Procedure*, 2ª ed., St. Paul, 1992, pp. 116 e ss.; Mc Cormick, ob. cit. (nota 23), pp. 301 e ss. (em ambas as obras, copiosa ilustração da jurisprudência da *Supreme Court*).

13. A injustificável distinção feita no art. 5º, n. XII, *fine*, entre o processo civil e o penal suscita questões interessantes no plano teórico e importantes no prático. Uma delas se refere à eventualidade de que, em pleito civil, alguém invoque, como elemento de convicção para o juiz, prova produzida em anterior processo penal. A doutrina e a jurisprudência pátrias reconhecem eficácia, sob determinadas circunstâncias, à prova "emprestada" — isto é, transferida de um para outro processo —, contanto que a pessoa a quem se pretende opor a prova haja participado do feito em que ela se produzira. Pois bem: suponhamos que se cuide de fita magnética gravada mediante interceptação telefônica para a qual se dispunha de autorização judicial. A fita era admissível como prova no âmbito penal; não no civil, já que para este não teria sido possível autorizar a interceptação. *Quid iuris* se o interessado quer utilizá-la à guisa de "prova emprestada" perante o juiz civil?

No campo doutrinário tem-se admitido a possibilidade de semelhante utilização.[25] A favor dela pode argumentar-se que, uma vez rompido o sigilo, e por conseguinte sacrificado o direito da parte à preservação da intimidade, não faria sentido que continuássemos a preocupar-nos com o risco de arrombar-se um cofre já aberto Mas por outro lado talvez se objete que assim se acaba por condescender com autêntica fraude à Constituição. A prova ilícita, expulsa pela porta, voltaria a entrar pela janela...

Outra questão deriva do peculiar mecanismo consagrado nos arts. 63 do Código de Processo Penal e 584, n. II, do Código de Processo Civil, que atribuem à sentença penal irrecorrível a eficácia de título executivo *civil*, para fins de ressarcimento do dano causado pelo crime. Signi-

25. Nélson Nery Júnior, ob. cit. (nota 7), pp. 145-146.

fica isso que, se o juiz penal condenou o réu, por sentença trânsita em julgado, a vítima não precisa intentar ação civil para pleitear a reparação do prejuízo sofrido em seu patrimônio: bastará que requeira ao juiz civil, com esse objetivo, a execução da sentença penal.

Claro está que, nessa execução, já não será necessário provar a ocorrência da infração, nem a culpabilidade do infrator: são questões que a coisa julgada penal cobriu com o manto da preclusão. É concebível, porém, que no juízo criminal se haja logrado demonstrar algum pressuposto da condenação mercê de interceptação telefônica, judicialmente autorizada, sem a qual o réu teria sido com toda a certeza absolvido. Caso o interessado requeira a execução civil, poderá o devedor opor-se eficazmente a ela, alegando que a prova na qual repousara sua condenação era inadmissível na esfera civil?

A essa indagação é fácil dar resposta cabal. A coisa julgada tem o efeito de subtrair toda relevância às questões enfrentadas e resolvidas no processo de conhecimento (e até às questões que nele se *poderiam* ter enfrentado e resolvido).[26] Desde que a sentença transita em julgado, já nada importa saber em que provas se baseou o juiz, com ressalva das hipóteses, por sinal excepcionais, em que a lei permite a destruição da coisa julgada; tampouco, *a fortiori*, se essas provas são idôneas para fundamentar uma condenação *civil*. Diante da condenação penal, tudo que interessa, para a execução civil, é verificar se se trata de sentença passada em julgado. Nenhuma objeção extraída do que sucedeu na instrução do processo crime pode ter aqui a virtude de impedir semelhante execução.

26. Cf. o art. 474 do Código de Processo Civil. Acerca do tema, vide Barbosa Moreira, "A eficácia preclusiva da coisa julgada material", in *Libro Homenaje a Luis Loreto*, Caracas, 1975, p. 295, ou *Temas de Direito Processual, Primeira Série*, 2ª ed., São Paulo, 1988, p. 97.

14. O problema das provas ilícitas inclui-se entre os mais árduos que a ciência processual e a política legislativa têm precisado enfrentar, dada a singular relevância dos valores eventualmente em conflito. De um lado, é natural que suscite escrúpulos sérios a possibilidade de que alguém tire proveito de uma ação antijurídica e, em não poucos casos, antiética; de outro, há o interesse público de assegurar ao processo resultado justo, o qual normalmente impõe que não se despreze elemento algum capaz de contribuir para o descobrimento da verdade. É sumamente difícil, quiçá impossível, descobrir o ponto de perfeito equilíbrio entre as duas exigências contrapostas.

A Constituição de 1988 optou à evidência por uma solução — ao menos à primeira vista — radical. Não só proibiu em termos amplos a utilização de provas ilícitas, mas fixou limites muito estreitos ao poder do juiz de, mediante autorização, legitimar a obtenção de provas que sem ela ficam sujeitas a veto literalmente categórico.

Explica-se tal opção, em grande parte, por circunstâncias históricas. A Constituição foi elaborada logo após notável mudança política. Extinguira-se recentemente o regime autoritário que por tanto tempo dominara o país e sob o qual eram freqüentes e graves as violações de direitos fundamentais, sem exclusão dos proclamados na própria Carta da República então em vigor, como a inviolabilidade do domicílio e da correspondência. Ninguém podia considerar-se imune a diligências policiais arbitrárias ou ao "grampeamento" de aparelhos telefônicos. Quis-se prevenir a recaída nesse gênero de violências. É mister reconhecer que, naquele momento histórico, não teria sido fácil conter a reação contra o passado próximo nos lindes de uma prudente moderação. Se puxamos um pêndulo com demasiada energia em certo sentido e assim o mantemos por largo tempo, quando seja liberado ele fatalmente se moverá com força equivalente no sentido oposto.

É certo que outros países tiveram sorte diferente no particular. Já se mencionaram os exemplos da Itália e da Espanha, que igualmente saíam de regimes autoritários, mas souberam abster-se de determinados exageros. Não escandaliza o mundo jurídico espanhol ouvir dizer ao Tribunal Constitucional que os próprios direitos fundamentais não devem erguer "obstáculo intransponível à busca da verdade material que não se pode obter de outro modo".[27] Ninguém se animará a tirar daí motivo para pôr em dúvida o caráter democrático da sociedade espanhola contemporânea. Talvez algum dia possamos reagir no Brasil com circunspecção igual. Teremos aprendido uma antiga e importante lição: a melhor forma de coibir um excesso e de impedir que se repita não consiste em santificar o excesso oposto.

A propósito: não merecerá particular reexeme a precipitação em importar, de maneira passiva e acrítica — segundo não raro acontece —, a doutrina dos "frutos da árvore venenosa", ainda mais em formulação indiscriminada, nua dos matizes que a recobrem no próprio país de origem?[28] Será ela adequada à realidade do Brasil de hoje? Ampliar em tal medida, para os infratores atuais e potenciais — sobretudo na área, constantemente em expansão, da "criminalidade organizada —, a perspectiva de escapar às sanções cominadas em lei acaso contribuirá para satisfazer o generalizado clamor contra a impunidade,[29] vista por tantos, com razões ponderáveis (e descontados alguns acessos de paranóia), qual fator relevante na aceleração do ritmo em que vai baixando o nível ético dos nossos costumes, políticos e outros? Devemos confessar, de resto, com absoluta franqueza, a enorme dificuldade que sentimos em aderir a uma escala de valores que coloca a preservação da intimidade de traficante de drogas acima do interesse de toda a comunidade nacional (ou, melhor: universal)[30] em dar combate eficiente à praga do tráfico — combate que, diga-se de passagem, *é também um valor constitucional*, conforme ressalta da inclusão do "tráfico ilícito de entorpecentes e drogas afins" entre os "crimes inafiançáveis e insuscetíveis de graça ou anistia" (art. 5º, n. XLIII).

Temos, no particular, a penosa impressão de ver materializar-se aos nossos olhos autêntico fantasma retardatário de um tipo de individualismo exasperadamente anti-social, que supúnhamos exorcizado há muito tempo e em definitivo. Custa-nos crer que assombrações do gênero possam fazer boa companhia na marcha para a construção de uma sociedade mais civilizada.

Outubro de 1996

27. *Apud* Asencio Mellado, ob. cit. (nota 7), p. 96.

28. A jurisprudência norte-americana, com efeito, não a consagra sem ponderáveis restrições: vide, a respeito, La Fave-Israel, ob. cit. (nota 24), pp. 471 e ss.; Del Carmen, ob. cit. (nota 23), pp. 65 e ss. Boa informação no artigo de Danilo Knijnik, "A 'doutrina dos frutos da árvore venenosa' e os discursos da Suprema Corte na decisão de 16.12.93", in *Ajuris* 66/76 e ss. Alguns dados em Costa Andrade, *Sobre as proibições de prova em processo penal*, Coimbra, 1992, pp. 171-172. Interessante notar que nos Estados Unidos, entre outros casos, se tem repelido a tese da ilicitude "derivada" ou "por contaminação" quando o órgão judicial se convence de que, fosse como fosse, se chegaria "inevitavelmente", nas circunstâncias, a obter a prova por meio legítimo, isto é, ainda a fazer-se abstração da ilegalidade praticada.

29. A crer-se em ensinamento conspícuo, mais importa, no combate à criminalidade, evitar que os delinqüentes fiquem impunes do que exasperar as penas. Vide, entre muitas outras, a obra clássica de Carrara, *Programa do curso de direito criminal*, trad. de José Luiz V. de A. Franceschini e J. R. Prestes Barra, São Paulo, 1957, § 642, v. II, p. 88: "A força moral objetiva da pena se encontra mais em razão de sua *certeza* que da sua *severidade*, ou seja: esta sem aquela é ilusória" (grifado no original).

30. Atente-se no que consta do preâmbulo da Convenção de Viena, de 20.12.88, assinada pelo Brasil, aprovada pelo Congresso Nacional em 14.6.90 e promulgada pelo Decreto n. 154, de 26.6.91: "As Partes nesta Convenção, (...) Reconhecendo os vínculos que existem entre o tráfico ilícito e outras atividades criminosas organizadas, a ele relacionadas, que minam as economias lícitas e ameaçam a estabilidade, a segurança e a soberania dos Estados; Reconhecendo também que o tráfico ilícito é uma atividade criminosa internacional, cuja supressão exige atenção urgente *e a mais alta prioridade...*" (sem grifo no original).

CONFERÊNCIAS & DEBATES

A RAZOABILIDADE DAS LEIS*

CAIO TÁCITO

No Estado moderno a vida na sociedade é governada pelo princípio da legalidade, consagrado nas declarações de direitos fundamentais.

Fiel à tradição expressa a partir da Carta Magna inglesa no século XIII e consolidada nas revoluções norte-americana e francesa, a Constituição brasileira atual renova a afirmação solene de que "ninguém será obrigado a fazer ou deixar de fazer alguma coisa senão em virtude da lei".

A lei, expressão da vontade geral da nação, nasce da manifestação dos agentes delegados da sociedade, pelo mandato eletivo, mediante o qual se estrutura o Poder Legislativo.

E para que não se torne absoluto o poder de fazer as leis, a regra da separação e harmonia dos poderes constitucionais submete os atos legislativos ao controle final do Poder Judiciário.

A lei contrária à Constituição ou violadora de direitos e liberdades é anulada e destituída de eficácia.

Não há, em suma, leis ilegais, maculadas de vício de forma ou de conteúdo. A elas se opõe a manifestação judicial, vedadas indevidas restrições ao direito ou à liberdade.

O princípio de legalidade se aperfeiçoou na medida em que se passou a exercer a vigilância sobre o respeito à finalidade da lei.

Não é legítima a lei nem válido o ato administrativo quando a autoridade, na prática do ato, deixa de atender ao fim contido, expressa ou implicitamente, na regra de competência.

A jurisprudência francesa construiu, neste sentido, a noção do desvio de poder ou desvio de finalidade como fundamento da declaração de nulidade de atos administrativos e o princípio se universalizou na doutrina e na prática, inclusive no direito brasileiro, como documentamos, em tese de concurso em 1961, sobre "O desvio de poder em matéria administrativa". Em estudos mais recentes, acentuamos o cabimento do conceito no tocante a atos legislativos e judiciais e, de modo especial, analisamos, em conferência feita em janeiro de 1992, perante este Conselho, o "desvio de poder legislativo".

Está subjacente nesta longa elaboração doutrinária e jurisprudencial o repúdio ao abuso de direito, ou, na terminologia francesa, ao excesso de poder, quando a ação de órgãos estatais, em princípio autorizada pela ordem jurídica, vai além da medida, constrangendo ou inviabilizando o fluxo regular de garantias e direitos individuais ou coletivos.

* Conferência pronunciada no Conselho Técnico do CNC.

Qual deve ser, porém, o comportamento do intérprete perante a lei arbitrária, aquela que, conforme o diagnóstico de San Tiago Dantas em estudo pioneiro (*RF* — 1948 — 116/357), "reúne formalmente todos os elementos da lei, mas fere a consciência jurídica pelo tratamento absurdo ou caprichoso" que destoa dos princípios que vise a regular?

A jurisprudência da Suprema Corte norte-americana construiu, para a contenção de abusos desta natureza, o requisito do *due process of law*, o devido processo legal, como essência da legalidade dos comandos da autoridade.

Aplicado, originariamente, como garantia processual, o conceito se ampliou para alcançar, pelo chamado *substantive due process*, o remédio contra as restrições de direitos e liberdades na via administrativa e legislativa.

Foi, sobretudo, na avaliação da legitimidade da intervenção do poder público no domínio econômico e social que se aplicou o teste de racionalidade (*rationality test*) e, a seguir, o padrão de razoabilidade (*reasonableness standard*) como aferição da legalidade da legislação.

Assim, por exemplo, em decisão de 1985, a Suprema Corte declarou inconstitucional lei estadual que isentava de imposto a compra de automóveis por residentes em Vermont e taxava igual ato do comércio praticado por não-residentes. Em várias outras decisões equivalentes, a Corte Suprema, conforme esclarecem Rotunda, Nowak e Young, consagrou o entendimento de que "uma lei que nega benefícios a novos residentes meramente para dar preferência aos antigos residentes não sobreviverá ao teste de racionalidade porque o desejo de discriminar não é um interesse legítimo e, portanto, esta lei não terá uma relação racional com um legítimo objetivo governamental" (*Treatise on Constitutional Law — Substance and Procedure*, v. 2, p. 67).

Em sentido equivalente, o direito alemão adotou o princípio da proporcionalidade, ou o princípio da proibição de excesso, conferindo-lhe a natureza de norma constitucional não escrita, que permite ao intérprete aferir a compatibilidade entre meios e fins, de modo a evitar restrições desnecessárias ou abusivas contra os direitos fundamentais.

A utilização de tais princípios leva, no direito alemão, ao exame da adequação da providência legislativa (Gilmar Ferreira Mendes, *Controle da constitucionalidade — Aspectos jurídicos e políticos*, p. 43).

Na Espanha domina igual princípio que se transmite ao direito comunitário (Javier Barnes, "Introducción al principio de proporcionalidad en el derecho comparado y comunitario", in *Revista de Administración Publica* 135/495-535, setembro-dezembro de 1994).

Entre nós, o tema mereceu recente e aprofundado estudo em tese de concurso sobre "O princípio da proporcionalidade e o controle de constitucionalidade das leis restritivas de direitos fundamentais", da lavra de Suzana de Toledo Barros (1996).

Dizíamos, em 1952, a propósito dos limites do poder de polícia, que, importando a sua incidência em restrições a direitos individuais, "sua utilização não deve ser excessiva ou desnecessária de modo a não configurar um abuso de poder" ("Poder de policia e seus limites", *RDA* 27/10).

É que, como dita a lição de Roger Bonnard, "a medida de polícia deve ser adequada ao fim de polícia a atingir, isto é, a medida imposta não deve ser muito rigorosa se medida menos rigorosa é suficiente" (*Précis de Droit Administratif*, 1940, p. 418); e Marcello Caetano adverte que "os poderes de polícia não devem ser exercidos de modo a impor restrições e o uso de coação além do estritamente necessário" (*Manual de Direito Administrativo*, 4ª ed., 1957, p. 648).

Em dois casos opinamos pela nulidade de atos que estabeleciam restrições indevidas à atividade de fornecimento de gás liqüefeito de petróleo, aplicando o princípio de razoabilidade na concessão de licenças de operação da atividade privada.

E a impugnação feita, sob este fundamento, a uma lei do Estado do Paraná mereceu acolhida em decisão do Supremo Tribunal Federal (*RDA* 194/299 e ss. e 347 e ss., outubro-dezembro de 1993).

A recepção, em nosso sistema jurídico, do principio da razoabilidade das leis foi especialmente reafirmado em estudo de Carlos Roberto de Siqueira Castro sobre *O devido processo legal e a razoabilidade das leis na nova Constituição do Brasil* (2ª ed., 1989).

Os princípios da proporcionalidade e da razoabilidade na jurisprudência brasileira

O objetivo essencial desta palestra, a par da colocação doutrinária da matéria, é o de documentar a acolhida dos princípios da proporcionalidade e da razoabilidade na jurisprudência de nossos tribunais superiores.

Valemo-nos, por este fim, de pesquisa própria e dos subsídios que ilustram os estudos de Gilmar Ferreira Mendes, Carlos Roberto de Siqueira Castro e Suzana de Toledo Barros e, ainda, do levantamento recentemente feito pelo primeiro destes autores em artigo publicado no *Repertório IOB de Jurisprudência*, 1ª quinzena de dezembro de 1984, pp. 475 e ss., sob o título: "A razoabilidade na jurisprudência do Supremo Tribunal Federal".

Em acórdão de 21.9.51, relatado pelo Ministro Orozimbo Nonato, o Supremo Tribunal Federal destacou que "o poder de taxar não pode chegar à desmedida do poder de destruir, uma vez que aquele somente pode ser exercido dentro dos limites que o tornem compatível com a liberdade de trabalho, de comércio e de indústria e com o direito de propriedade" (*RF* 145/164).

Retomou, a este propósito, a concepção de que o poder fiscal deve ser exercido moderadamente, como Bilac Pinto documentou, à luz da elaboração da jurisprudência norte-americana ("Finanças e Direito", *RF* 82/551 e ss.).

Em acórdão no *Habeas Corpus* n. 45.232, a Suprema Corte rejeitou, por desarrazoada, a aplicação de pena acessória que proibia atividade privada a condenado por crime contra a segurança nacional, declarando a inconstitucionalidade do art. 48 do Decreto-lei n. 314, de 1967, nos termos do voto vencedor do Ministro Themístocles Cavalcanti (*RTJ* 44/322 e ss.).

Na Representação n. 930, o Relator, Ministro Rodrigues de Alckmin, enfatizou, como fundamento da decisão adotada pelo Supremo Tribunal, a necessidade de preservar o núcleo essencial da liberdade de exercício da profissão de corretor de imóveis, acentuando a submissão da exigência de condições de capacidade ao critério de razoabilidade.

Lei paulista criando serventia de registro de imóveis e determinando prioridade absoluta de provimento em favor de determinado serventuário foi repelida, por inconstitucional, em decisão de 31.8.67, no Recurso em Mandado de Segurança n. 16.912, pelo caráter discriminatório de favorecimento, importando abuso de poder, como destacou o voto de Ministro Víctor Nunes Leal (*RTJ* 45/530 e ss.).

A carência de dois anos, após a aposentadoria, para permitir aos magistrados membros do Ministério Público, servidores públicos e militares o exercício da advocacia, presente no art. 86 da Lei n. 4.215/63, foi declarada inconstitucional em julgamento de 4.4.84, na Representação n. 1.054 (*RTJ* 110/937 e ss.).

O voto do Relator, Ministro Moreira Alves, realça a incongruência e a irrazoabilidade da interdição temporária da profissão, que não atende a interesse público pertinente.

À luz do princípio da proporcionalidade e da proibição do excesso de poder, a Suprema Corte fulminou por inconstitucional a Lei n. 385 de 1980, do Estado do Rio de Janeiro, que elevava imoderadamente valores da taxa judiciária, violando a regra da "equivalência razoável entre o custo real dos serviços e o montante a que pode ser compelido o contribuinte a pagar", nos termos do voto do relator, Ministro Moreira Alves.

A taxa judiciária excessiva cria obstáculo capaz de impossibilitar a muitos a obtenção da prestação jurisprudencial (*RTJ* 112/34 e ss.).

O Supremo Tribunal Federal considerou inaceitável a norma regulamentar de concurso para a magistratura que submetia os candidatos a julgamento secreto e subjetivo de idoneidade, correspondente à veto arbitrário a aprovação do candidato (acórdão de 10.4.87 no Recurso Extraordinário n. 111.400, *RTJ* 122/130 e ss.).

Igual fundamento alicerça o parecer de Seabra Fagundes no sentido da inconstitucionalidade de lei fluminense que condicionava a habilitação de candidatos a concurso para o Ministério Público à aprovação em exame psicotécnico (*RDA* 109/280).

Em caso a que antes nos referimos e sobre o qual emitimos parecer, a Corte Suprema declarou inconstitucional lei do Estado do Paraná que tornava obrigatória, à vista do consumidor, a pesagem de botijões ou cilindros de gás liqüefeito de petróleo.

O exame da razoabilidade da norma foi objeto do voto do relator, Ministro Sepúlveda Pertence, que destaca "o questionamento da proporcionaldiade ou da razoabilidade" da exigência, como inovação onerosa e de duvidosos efeitos úteis (*RDA*, 194/299 — acordão — e parecer p. 347).

Em duas decisões, adotadas em 11.5.94, o Tribunal Supremo rejeitou, sob invocação da regra do devido processo legal, como medida da razoabilidade da norma jurídica, a restrição oposta aos partidos sem registro definitivo impedindo a apresentação de candidatos a pleitos eleitorais (*apud* livro citado de Suzana de Toledo Barros, p. 120, e prefácio de Gilmar Ferreira Mendes, p. 16).

Na Ação Direta de Inconstitucionalidade n. 223, embora negando a suspensão liminar da Medida Provisória n. 175 — que vedava a concessão de liminares em mandado de segurança e em ações cautelares —, a ementa do acórdão de 5.4.90 assinala "a necessidade de controle de razoabilidade das leis restritivas ao poder cautelar" (*RTJ* 132/572).

O limite máximo de trinta e cinco anos de idade na inscrição em concurso para Advogado de Ofício de Justiça Militar não é razoável — afirma o acórdão de 1.3.91, do plenário do Supremo Tribunal Federal, dando provimento ao Recurso em Mandado de Segurança n. 21.033, invocando o relator, Ministro Carlos Velloso, julgamento anterior no mesmo sentido (*RTJ* 135/958 e ss.).

Em decisão de 19.12.94, o Supremo Tribunal Federal expressamente admite que ofende o critério de razoabilidade e caracteriza desvio ético jurídico a norma que concede a servidor inativo a gratificação de férias atribuída aos servidores em atividade.

Pondera o Ministro Sepúlveda Pertence que "em nome do princípio da moralidade, ou do princípio da igualdade, não se pode conceder remuneração absolutamente despida de causa no serviço público. A lei agride o princípio da razoabilidade, a meu ver, patentemente".

A decisão mereceu comentário de Marcelo Figueiredo, abonando a aplicação do princípio da razoabilidade como fundamento do aresto (*RDA* 202/260 e ss.).

O antigo Tribunal Federal de Recursos afina no mesmo diapasão da jurisprudência do Supremo Tribunal Federal, como comprova o arrolamento feito por Carlos Alberto de Siqueira Castro, na obra citada.

A aferição da falta de razoabilidade da exigência de prova de esforço físico em concurso público para delegado da polícia fundamentou a declaração de inconstitucionalidade do art. 9º, n. V, da Lei n. 4.878, em julgamento de 19.8.86.

Em outro julgado, proferido em 20.10.83, o requisito de entrevista de natureza subjetiva para ingresso na carreira de diplomata foi considerado arbitrário e discriminatório (Mandado de Segurança n. 101.898).

Em diversos casos, o Tribunal Federal de Recursos contestou a validade de sanções administrativas como meio de obter pagamento de tributos federais, de que é exemplo o acórdão na Remessa *ex-officio* n. 87.155, emitido em 1980, como exemplifica Carlos Alberto de Siqueira Castro (ob. cit., p. 197).

Consolidando entendimento dominante, o Supremo Tribunal Federal expressa no verbete n. 70 da Súmula de Jurisprudência o ditame de que "é inadmissível a interdição de estabelecimento como meio coercitivo para cobrança de tributo"; e, na mesma linha de ausência de razoabilidade, impugna "a apreensão de mercadorias como meio coercitivo para pagamento de tributos" (verbete n. 323) e proclama que "não é licito à autoridade proibir que o contribuinte em débito adquira estampilhas, despache mercadoria nas alfândegas e exerça suas atividades profissionais" (verbete n. 547).

Em todas estas hipóteses o que se condena é a discrepância entre o meio utilizado e o fim desejado, que não guardam congruência ou adequação, tornando excessiva e desarrazoada a interdição de direitos.

Foi sob igual fundamento que, em parecer emitido em 28.6.88, entendemos ofensivo à regra da razoabilidade o art. 2º do Decreto-lei n. 2.169/84 que autorizava o bloqueio ou indisponibilidade de saldos de contas bancárias com o propósito de garantir o ressarcimento de débitos decorrentes de compromissos em moeda estrangeira. Aplicada a norma a contas de movimento do Estado de São Paulo, concluímos que a modalidade de execução forçada de crédito da União atentava contra a autonomia patrimonial do Estado-membro e se despia de proporcionalidade com o pretendido fim (*RDA* 172/239 e ss.).

Também nos pareceu desprovida de razoabilidade, a importar desvio de finalidade, lei municipal que, a título de prestigiar a organização sindical, subordinava à prévia aprovação dos sindicatos a permissão de funcionamento de estabelecimentos comerciais aos sábados e domingos (*RDA* 164/455 e ss.).

A doutrina nacional e estrangeira é abundante e rica na formulação dos princípios da proporcionalidade e da razoabilidade como alicerces da validade das leis e atos administrativos.

Seria interminável a comprovação da universalidade de sua inserção entre os fundamentos essenciais da legitimidade das leis na literatura jurídica.

Optamos, assim, a título demonstrativo, pela evidência extraída da pauta dos tribunais.

A Constituição de 1988 deu ênfase aos princípios éticos que lastreiam sua estrutura.

Destaca entre seus valores essenciais a dignidade da pessoa humana e coloca entre os objetivos fundamentais da República a construção de uma sociedade livre, justa e solidária (art. 1º, n. III, e art. 3º, n. I).

E incorpora ao quadro constitucional o princípio do devido processo legal como elementar à garantia da liberdade e do patrimônio (art. 5º, n. LIV).

No curso de sua elaboração, o rol dos princípios reguladores da atividade da administração pública contemplava, a par daqueles que permaneceram no atual art.

37, o requisito de razoabilidade dos atos administrativos.

Suprimida na redação final do preceito, a razoabilidade reaparece, contudo, em Constituições estaduais, como as do Estado de São Paulo (art. 111), do Estado de Minas Gerais (art. 13) e do Estado de Sergipe (art. 25).

A rigor, o princípio da razoabilidade filia-se à regra da observância da finalidade da lei que, a seu turno, emana do princípio da legalidade.

A noção de legalidade pressupõe a harmonia perfeita entre os meios e os fins, a comunhão entre o objeto e o resultado do ato jurídico.

A vontade do legislador, como da autoridade administrativa, deve buscar a melhor solução e a menos onerosa para os direitos e liberdades que compõem a cidadania.

A atribuição ao Judiciário do controle das leis mediante o juízo de valor da proporcionalidade e da razoabilidade da norma legal não pretende substituir a vontade da lei pela vontade do juiz. Antes, a este cabe pesquisar a fidelidade do ato legislativo aos objetivos essenciais da ordem jurídica, na busca da estabilidade entre o poder e a liberdade.

Protegendo direitos e liberdades contra a incongruência de leis injustas, não devem os juizes ingressar em desvio equivalente, convertendo-se em legislador alternativo, tão desarrazoado quanto o condenável despautério legislativo.

JURISPRUDÊNCIA ANOTADA

SUPERIOR TRIBUNAL DE JUSTIÇA

CONCURSO PÚBLICO E DEFICIENTES FÍSICOS (CF, ART. 37, VIII)

LUÍS ALBERTO DAVID ARAÚJO
Professor da Faculdade de Direito da PUC/SP — Procurador da República

Foi-nos solicitado proceder ao comentário do v. aresto proferido no Recurso em Mandado de Segurança n. 3.113-6-DF, onde pessoa portadora de deficiência impetrou mandado de segurança contra ato do Exmo. Sr. Dr. Presidente do Tribunal Regional Federal da 1ª Região.

Pedia-se, com a ordem, fosse deferida vaga em concurso público para a impetrante, pessoa portadora de deficiência, em conformidade com o art. 37, inciso VIII, da Constituição Federal e § 2º, do art. 5º, da Lei n. 8.112/90, já que a candidata teria sido aprovada no concurso público.

Por maioria de votos, vencido o Exmo. Min. Adhemar Maciel, a E. 6ª Turma do Superior Tribunal de Justiça deu provimento ao recurso da Impetrante, determinando sua posse com fundamento nos dispositivos constitucional e legal acima mencionados.

Foi relator o Exmo. Min. Pedro Acioli, que teve seu voto acompanhado pelos Exmos. Mins. Vicente Cernicchiaro e Edson Vidigal.

A questão envolve o princípio da igualdade e a integração social das pessoas portadoras de deficiência.

No caso dos autos, não se discute que a Impetrante seria pessoa portadora de deficiência e, como tal, estaria participando do concurso público promovido pelo Egrégio Tribunal Regional Federal da 1ª Região, que não reconheceu seu direito à posse, com fundamento no art. 37, inciso VIII, da Lei Maior.

A Constituição Federal de 1988, cuidando de integrar esse grupo de pessoas que, pelos mais variados motivos, apresenta uma dificuldade de integração social, criou um sistema de normas para tanto. As regras vão desde o princípio da igualdade, consagrado no art. 5º da Constituição Federal e repetido especificamente, em relação à admissão ao trabalho, pelo inciso XXXI do art. 7º da Lei Maior:

"Art. 7º. São direitos dos trabalhadores urbanos e rurais, além de outros que visem à melhoria de sua condição social:

(...)

XXXI — proibição de qualquer discriminação no tocante a salário e critério de admissão do trabalhador portador de deficiência;

(...)."

Na realidade, trata-se apenas de norma de reforço do contido no art. 5º, *caput*, da Lei Maior. A proteção para a integração social das pessoas portadoras de deficiência passa também pela garantia de um salário mínimo à pessoa portadora de deficiência carente (art. 203, V), a garantia de habilitação e reabilitação (art. 203, IV), a garantia da eliminação das barreiras arquitetônicas (§ 2º, do art. 227 e art. 244), dentre outras.

No caso concreto, estamos diante da verificação de descumprimento do comando constitucional inserido no art. 37, inciso VIII, da Lei Maior. Não compete neste trabalho descrever a importância do dispositivo para o grupo de pessoas protegido. Importa, isto, sim, analisar os critérios de interpretação adotados pela E. 6ª Turma do Superior Tribunal de Justiça e pelo ilustre voto minoritário e pela decisão do Presidente do Egrégio Tribunal Regional Federal da 1ª Região.

Entendeu o voto condutor do julgado que o dispositivo constitucional contido no art. 37, inciso VIII, seria norma de eficácia contida, nos dizeres de José Afonso da Silva.[1] Sendo assim, necessitaria de implementação, pela via legislativa ordinária, para que se completasse. É verdade que a doutrina tem entendido que as normas de eficácia contida produzem efeitos plenos enquanto não disciplinadas pelo legislador infraconstitucional. No caso dos autos, no entanto, esta discussão não se apresenta, já que foi promulgada a Lei n. 8.112/90, que, em seu § 2º, do art. 5º, assim disciplinou:

"Às pessoas portadoras de deficiência é assegurado o direito de se inscrever em concurso público para provimento de cargo cujas atribuições sejam compatíveis com a deficiência de que são portadoras; para tais pessoas serão reservadas até 20% (vinte por cento) das vagas oferecidas no concurso".

A discussão proposta no processo seria a de que o dispositivo do Regime Único dos Servidores não seria suficiente para deferir o direito a participar do concurso na categoria das vagas reservadas.

O voto majoritário entendeu, reformando o entendimento do E. Tribunal Regional Federal da 1ª Região, que não necessitaria de qualquer outro instrumento legal, deixando para o Administrador Público a fixação do percentual de reserva, respeitado o máximo de vinte por cento constante da lei.

Afirma, para tanto, que não há necessidade de qualquer complementação normativa. Toda a tutela constitucional já teria sido completada pela Lei n. 8.112/90, que teria deferido limite máximo, colocando a fixação definitiva no juízo discricionário do Administrador.

Ao assim entender, cuidou de dar efetividade ao comando constitucional. Decidiu a E. 6ª Turma do Superior Tribunal de Justiça em conformidade com a principiologia constitucional, especialmente diante do vetor determinante do art. 1º, incisos II, III e IV, da Lei Maior.

Quando a Constituição Federal enumera, dentre os objetivos fundamentais do Estado Federal Brasileiro, a cidadania, a dignidade da pessoa humana e os valores sociais do trabalho, está determinando que todas as decisões judiciais, as decisões administrativas e a produção legislativa sigam estes vetores. Não se trata de norma apenas enunciativa, sem qualquer efeito prático. Já se foi o tempo em que não se atribuía valor jurídico às normas de cunho programático. Sobre a matéria, merece ci-

1. Cf. Silva, José Afonso da, *Aplicabilidade das Normas Constitucionais*, 2ª ed., rev. e atualizada, 1982, RT, São Paulo.

tação a sempre adequada lição de Celso Antônio Bandeira de Mello:

"15. Uma Constituição, desde logo, define-se como um corpo de normas jurídicas. De fora parte quaisquer outras qualificações, o certo é que consiste, antes de mais, em um plexo de regras de Direito. A Constituição não é um simples ideário. Não é apenas uma expressão dos anseios, de aspirações, de propósitos. É a transformação de um ideário, é a conversão de anseios e aspirações em regras impositivas. Em comandos. Em preceitos obrigatórios para todos; órgãos do Poder e cidadãos.

16. Como se sabe, as normas jurídicas não são conselhos, opinamentos, sugestões. São determinações. O traço característico do Direito é precisamente o de ser disciplina obrigatória de condutas. Daí que, por meio das regras jurídicas, não se pede, não se exorta, não se alvitra. A feição específica da prescrição jurídica é a imposição, a exigência. Mesmo quando a norma faculta uma conduta, isto é, permite — ao invés de exigi-la —, há, subjacente a esta permissão, um comando obrigatório e coercitivamente assegurável: o obrigatório impedimento a terceiros de obstarem o comportamento facultado a outrem e a sujeição ao poder que lhes haja sido deferido, na medida e condições do deferimento feito."[2]

O v. aresto decidiu de modo a prestigiar o comando constitucional insculpido no inciso VIII, do art. 37, valorizando a dignidade da pessoa humana, a cidadania e os valores sociais do trabalho, garantindo, desta forma, a concretização dos fundamentos do Estado Brasileiro, como determinado no art. 1º da Lei Maior.

Os princípios, por serem regras de importância superior, devem ser aplicados como vetores da Administração Pública, servindo sempre de norte para as decisões dos juízos e a produção legislativa. E assim fez a E. 6ª Turma do Superior Tribunal de Justiça.

Poderia ter deixado os princípios constitucionais e decidido, como fizeram o órgão judiciário recorrido e o voto minoritário, de acordo com o critério formal, apontando a falta de regra que deveria completar o comando do § 2º, do art. 5º, do Regime Único.

Na opinião vencida, deveria haver uma segunda lei ordinária, necessária para disciplinar a primeira lei, que teria como fundamento a complementação do inciso VIII do art. 37 da Lei Maior.

São dois critérios de interpretação constitucional. O primeiro, vencedor, principiológico, de caráter programático, que empurra a efetividade das normas constitucionais. O segundo, vencido, formal, exigindo nova produção legislativa e retirando do administrador uma margem de discricionariedade para determinar o percentual em questão.

A decisão judicial comentada acolheu os critérios apontados por Canotilho como necessários à boa interpretação constitucional, especialmente o princípio da máxima efetividade: "Este princípio, também designado por princípio da eficiência ou princípio da interpretação efectiva, pode ser formulado da seguinte maneira: a uma norma constitucional deve ser atribuído o sentido que maior eficácia lhe dê. É um princípio operativo em relação a todas e quaisquer normas constitucionais, e embora sua origem esteja ligada à tese da actualidade das normas programáticas (Thoma), é hoje sobretudo invocado no âmbito dos direitos fundamentais (no caso de dúvidas deve preferir-se a interpretação que reconheça maior eficácia dos direitos fundamentais)."[3]

2. Mello, Celso Antônio Bandeira de, "Eficácia das normas constitucionais sobre justiça social", in *RDP* 57-58/236-237, jan./jul., 1981.

3. Canotilho, José Joaquim Gomes, *Direito Constitucional*, 4ª ed., Almedina, Coimbra, 1986, pp. 163-164.

Acolheu o E. STJ a tese que melhor garantiu efetividade da norma constitucional. Prestigiou o comando constitucional, aplicando a norma com efetividade forte.

De qualquer forma, é necessário que se submetam as questões ao Poder Judiciário, sob pena de prevalecer o entendimento vencido, amesquinhador do princípio constitucional. Não tivesse se socorrido do Poder Judiciário, provocando a decisão da E. 6ª Turma, estaria a impetrante ainda tentando integrar-se socialmente, lutando pelo cumprimento do direito constitucionalmente assegurado, já completado pela Lei n. 8.112/90 e esbarrando em exigências formais que retiram a força principiológica da interpretação vencedora.

Bibliografia

CANOTILHO, José Joaquim Gomes. *Direito Constitucional*, 4ª edição, Almedina, Coimbra, 1986.

MELLO, Celso Antônio Bandeira de. "Eficácia das normas constitucionais sobre justiça social", in *RTP* 57-58, jan./jul., 1981.

SILVA, José Afonso da. *Aplicabilidade das Normas Constitucionais*, 2ª ed. rev. e atualizada, 1982, RT, São Paulo.

Ementa*: *Constitucional e Administrativo. Concurso público. Vaga destinada a deficiente físico. Constituição, art. 37, inciso VIII. Regulamentação. Lei n. 8.112/90, art. 5º, § 2º.

I — Sendo o art. 37, VIII, da Constituição Federal, norma de eficácia contida, surgiu o art. 5º, § 2º, do novel Estatuto dos Servidores Públicos Federais, a toda evidência, para regulamentar o citado dispositivo constitucional, a fim de lhe proporcionar a plenitude eficacial.

II — Verifica-se, com toda a facilidade, que o dispositivo da lei ordinária definiu os contornos do comando constitucional, assegurando o direito aos portadores de deficiência de se inscreverem em concurso público, ditando que os cargos providos tenham atribuições compatíveis com a deficiência de que são portadores e, finalmente, estabelecendo um percentual máximo de vagas a serem a eles reservadas.

III — Dentro desses parâmetros, fica o administrador com plena liberdade para regular o acesso dos deficientes aprovados no concurso para provimento de cargos públicos, não cabendo prevalecer, diante da garantia constitucional, o alijamento do deficiente por não ter logrado classificação, muito menos por recusar o decisum afrontado que não tenha a norma constitucional sido regulamentada pelo dispositivo da lei ordinária, tão-só, por considerar não ter ela definido critérios suficientes.

IV — Recurso provido com a concessão da segurança, a fim de que seja oferecida à recorrente vaga, dentro do percentual que for fixado para os deficientes, obedecida, entre os deficientes aprovados, a ordem de classificação, se for o caso.

ACÓRDÃO

Vistos, relatados e discutidos estes autos, acordam os Ministros da Egrégia 6ª Turma do Superior Tribunal de Justiça, na conformidade dos votos e das notas taquigráficas constantes dos autos, por maioria, conhecer e dar provimento ao recurso, vencido o Sr. Ministro Adhemar Maciel. Os Srs. Ministros Luiz Vicente Cernicchiaro e Edson Vidigal votaram com o relator. O Sr. Ministro Edson Vidigal compareceu para compor quórum.

Brasília, 6 de dezembro de 1994 (data do julgamento).

Ministro Luiz Vicente Cernicchiaro, Presidente — Ministro Pedro Acioli, Relator.

RELATÓRIO

O Exmo. Sr. Ministro Pedro Acioli: G.M.S. impetrou mandado de segurança contra ato do Presidente do Tribunal Regional Federal da 1ª Região, consubstanciado na abertura de inscrição para concurso público, visando o provimento de cargos do Quadro de Pessoal do Tribunal Regional Federal da 1ª Região e das Seções Judiciárias vinculadas, sem considerar o disposto no art. 37, inciso VIII, da Constituição, regulamentado pelo art. 5º, § 2º, da Lei n. 8.112/90.

Alegou que, por ser portadora de deficiência física, tinha direito líquido e certo, *ex vi* de disposição constitucional e legal, de ser reservada vaga para o exclusivo provimento por pessoas portadoras de deficiência, o que não foi feito — fls. 02/08.

O Presidente do Tribunal, Luiz Anselmo Santiago, hoje Ministro deste Tribunal, informou que a Lei n. 8.112/90 não regulamentou o cânone constitucional, pois deixou de definir os pressupostos ordinários concursais como, por exemplo, o grau de compactibilidade pertinente entre as atribuições de cada cargo e a deficiência catalogada — fls. 20/23.

A segurança foi, em 19.11.92, por maioria, denegada, sob a seguinte fundamentação — fl. 39:

"A matéria versada nos autos encontra-se pacificada neste Egrégio Plenário, suficiente sendo, dentre os precedentes, a transcrição da ementa do acórdão proferido no MS 92.01.07770-0-GO, Relator Juiz Adhemar Maciel, in *DJ* de 15.10.92, *in verbis*:

'Administrativo. Mandado de segurança. Concurso público. Vaga de deficiente físico. Constituição, art. 37, inciso VIII. Lei n. 8.112/90, art. 5º, § 2º. Segurança denegada.

I — O impetrante, por ser portador de tetraplegia traumática, vindica vaga com fulcro na Constituição Federal (art. 37, VIII) e na Lei n. 8.112/90 (art. 5º, § 2º).

II — O dispositivo constitucional em apreço é norma de eficácia contida. O § 2º do art. 5º da Lei n. 8.112/90, por outro lado, não complementa, ainda, o preceito constitucional. Não se tem, ainda, critérios suficientes. Assim, o ato impetrado não se reveste de ilegalidade ou abuso.

III — Segurança denegada.'"

A Sucumbente, irresignada, veiculou recurso ordinário — fls. 57/65, onde repisa os argumentos dantes colacionados.

Neste Tribunal, o Ministério Público Federal opinou pelo provimento do recurso — fls. 71/74.

É o relatório.

VOTO

O Exmo. Sr. Ministro Pedro Acioli (Relator): A Constituição de 1988, em seu art. 37, inciso VIII, garantiu aos portadores de deficiência percentual dos cargos e empregos públicos, nos termos da lei.

A Lei n. 8.112/90, com o escopo de regulamentar o dispositivo constitucional, no § 2º do art. 5º, esclareceu, *in verbis*:

"Às pessoas portadoras de deficiência é assegurado o direito de se inscrever em concurso público para provimento de cargo cujas atribuições sejam compatíveis com a deficiência de que são portadoras; para tais pessoas serão reservadas até 20% (vinte por cento) das vagas oferecidas no concurso".

Assim, a meu ver, o transcrito artigo de lei, bem ou mal, regulamentou o preceito constitucional em análise.

Por isso, o Juiz Estáquio Silveira, um dos votos-vencidos no acórdão recorrido, bem sinalou — fls. 50/53:

"É verdade que a Constituição de 1988, no inciso VIII do seu art. 37, estabeleceu a obrigatoriedade da lei reservar percentual dos cargos e empregos públicos para as pessoas portadoras de deficiência, devendo definir os critérios de sua admissão.

E a Lei n. 8.112, de 11.12.90 (Estatuto dos Funcionários Públicos Civis da União, das Autarquias e Fundações Públicas), ordena, em seu art. 5º, § 2º, assegurar-se aos deficientes o direito de inscrição em concurso público para provimento de cargo cujas atribuições sejam compatíveis com a deficiência de que são portadores, devendo ser reservadas, para estas pessoas, até 20% das vagas oferecidas no concurso. Assim sendo, não me parece *data venia* que a garantia constitucional não tenha sido devidamente regulamentada pela legislação ordinária, já que esta, como visto, fixou o percentual de cargos e empregos públicos a ser reservado e definiu o critério de admissão: a compatibilidade das atribuições do cargo com a deficiência de que são portadores os candidatos. Neste particular, coloco-me inteiramente de acordo com o parecer do órgão ministerial, quando adverte *verbis*:

'Assim, a *interpositio legislatoris* — para a usar a expressão adotada nas informações — completou-se, disso resultando, *data venia maxima*, a *normatividade plena*, a *aplicabilidade integral* ou a *plenitude eficacial* do preceito constitucional em foco.

É da tradição jurídica brasileira, desgraçadamente, o vezo de postergar a aplicação de normas constitucionais sob a alegação, algumas vezes manifestamente improcedente, de ausência de regulamentação.

Evidentemente, em muitas hipóteses é de todo impossível a execução plena de norma constitucional sem a interposição de uma outra norma, entre o seu enunciado e a concreção a que visa (Celso Ribeiro Bastos e Carlos Ayres de Brito, *Interpretação e Aplicabilidade das Normas Constitucionais*, São Paulo, Saraiva, 1982, p. 35).

Porém, quando presentes os elementos mínimos necessários à concretização da norma — ainda que parcimoniosos ou até precários — o que se deve procurar, pondo de lado aquele vezo, é dar vida à Constituição.

Especialmente quando se cuida, como na espécie dos autos, de norma que se insere — apesar de topicamente deslocada — nos direitos e garantias individuais em seu sentido mais amplo, isto é, nas palavras de Celso Ribeiro Bastos e Carlos Ayres de Brito, 'direitos de afirmação e promoção integral do homem, compreendendo, hodiernamente, o princípio da soberania popular e os direitos individuais, políticos, sociais e econômicos da pessoa humana'

No âmbito de tais direitos, ensina Canotilho que é de ser o princípio da máxima efetividade, vale dizer, em caso de dúvida, deve preferir-se a interpretação que lhes reconheça maior eficácia (*Direito Constitucional*, 4ª ed., Coimbra, Livraria Almedina, 1989, pp. 163 e 475).

No mesmo sentido, em afirmação mais ampla Konrad Hesse:

'... a interpretação tem significado decisivo para a consolidação e preservação da força normativa da Constituição. A interpretação constitucional está submetida ao princípio da ótima concretização da norma...' (*A Força Normativa da Constituição*, Sérgio Antônio Fabris Editor, Porto Alegre, 1991, p. 22 — sem grifos no original).

Estabelecidas, destarte, a normatividade plena e a aplicabilidade integral do preceito constitucional citado, cumpre apenas estabelecer o limite de aplicação do direito ao caso concreto, em que o impetrante, deficiente, foi aprovado em concurso público no qual não foram reservadas vagas para candidatos que se encontram em sua situação, lembrando, antes de tudo, que a lei se refere a um percentual de até 20% das vagas oferecidas no concurso, deixando, portanto, a critério da Administração a fixação deste percentual.

Lembra bem o emitente representante do *Parquet* que o percentual de 10% se justifica por ser este o percentual de pessoas portadoras de deficiência internacionalmente reconhecido como existente na população brasileira, segundo dados da Organização Mundial de Saúde, ratificados pela Coordenadoria Nacional para Integração da Pessoa Portadora de Deficiência, devendo ele ser aplicado conforme exemplo dado por Cretella Júnior:

'Se há cem vagas e a lei destinou o percentual de dez por cento aos portadores de deficiência, estes, desde logo, terão reservadas para eles dez vagas. Nesse caso, aprovados cem candidatos, não deficientes, os dez deficientes aprovados passarão à frente dos dez últimos, sendo admitidos, caso a Administração resolva preencher todas as vagas' (*Comentários à Constituição Brasileira de 1988*, Rio de Janeiro, Forense, 1991, p. 2.202, n. 246)."

Releva salientar, em prol da regulamentação da regra constitucional, o fato deste Tribunal, no Edital do Concurso Público para provimento de cargos de seu quadro de pessoal, publicado no *DO* de 30.3.94, em seu item 3.5, ter consignado: "Aos candidatos abrangidos pelo art. 5º, § 2º, da Lei n. 8.112, de 11.12.90, é assegurado o direito de se inscreverem nessa condição, sendo-lhes reservada 01 (uma) vaga para o cargo de Técnico Judiciário — Área Fim — 01 (uma) vaga para o cargo de Técnico Judiciário — Área meio — e 01 (uma) vaga para o cargo de Auxiliar Judiciário".

Ademais, merecem ser lembrados as judiciosas palavras do representante do *Parquet* com assento neste Tribunal — fls. 72/74:

"Realmente, sendo o art. 37, VIII, da Constituição Federal uma norma de eficácia contida, surgiu o art. 5º, § 2º, do novel Estatuto dos Funcionários, a toda evidência, para regulamentar o citado dispositivo constitucional, a fim de lhe proporcionar a plenitude eficacial.

Com efeito, verifica-se, com toda a facilidade, que o dispositivo da lei ordinária definiu os contornos do comando constitucional: (a) assegurando o direito aos portadores de deficiência de se inscreverem em concurso público; (b) ditando que os cargos a serem providos tenham atribuições compatíveis com a deficiência de que são portadores e (c) estabelecendo um percentual máximo de vagas a serem a eles reservadas.

Evidentemente que, dentro desses parâmetros, ficará o Administrador com plena liberdade para regular o acesso dos deficientes aprovados no concurso para provimento de cargos públicos, seja quanto à fixação do número de vagas que lhe são destinadas, seja quanto à sistemática para a verificação da compatibilidade entre as atribuições dos cargos a serem preenchidos e a natureza da deficiência de que forem portadores os candidatos que alcançarem aprovação e puderem ser nomeados.

Logicamente, o que não cabe prevalecer, diante da garantia constitucional, é o alijamento do deficiente, por não ter logrado classificação, muito menos por recusar o *decisum* afrontado que tenha a norma constitucional sido regulamentada pelo dispositivo da lei ordinária, tão-só por considerar não ter ela definido critérios suficientes, o que, *data venia*, não pode prevalecer, já que não pode ficar ao talante da digna Autoridade coatora o juízo sobre se a lei que foi editada para regulamentar a norma da Constituição, dependendo de apresentar ou não os critérios que entenda suficientes para o citado fim, possa ou não ter o condão de tornar aplicável o comando da Lei Maior, que tinha a sua eficácia contida.

Destarte, parece inegável que assiste direto à Recorrente, porque aprovada no concurso e por não terem sido reservadas vagas para os deficientes físicos, devendo, em conseqüência, a ela ser oferecida vaga, naturalmente dentro de percentual que for fixado e atendida a ordem de classificação entre os deficientes que tiveram sido aprovados, e sem embargo, ainda, de poder ser verificada a compatibilidade entre as atribuições do cargo e a natureza da deficiência de que é portadora."

Assim, dou provimento ao recurso e concedo a segurança, a fim de que seja oferecida à recorrente vaga, dentro do percentual que for fixado para os deficientes, obedecida, entre os deficientes aprovados, a ordem de classificação, se for o caso.

É como voto.

VOTO-VISTA

O Exmo. Sr. Ministro Adhemar Maciel: Trata-se de pedido de vista. O relator, Min. Acioli, deu provimento ao recurso ordinário interposto por G.M.S., determinando lhe seja oferecida vaga, como deficiente físico, no concurso para técnico judiciário — área meio.

Senhor Presidente, peço vênia ao eminente relator para improver o recurso. Continuo no mesmo entendimento esposado no MS 92.01.077770-0/GO, citado como precedente pelo relator *a quo*.

Assim ementei o acórdão:

"Administrativo. Mandado de segurança. Concurso público. Vaga de deficiente físico. Constituição, art. 37, inciso VIII. Lei n. 8.112/90 (art. 5º, § 2º).

I — O impetrante, por ser portador de tetraplegia traumática, vindica vaga com fulcro na Constituição Federal (art. 37, VIII) e na Lei n. 8.112/90 (art. 5º, § 2º).

II — O dispositivo constitucional em apreço é norma de eficácia contida. O § 2º do art. 5º da Lei n. 8.112/90, por outro lado, não complementa, ainda, o preceito constitucional. Não se tem, ainda, critérios suficientes. Assim, o ato impetrado não se reveste de ilegalidade ou abuso.

III — Segurança denegada" (fl. 39).

Em resumo, conheço do recurso para negar-lhe provimento.

É como voto.

VOTO-VISTA

O Exmo. Sr. Ministro Luiz Vicente Cernicchiaro: O Direito, como expressão cultural, projeta-se diferentemente, de época a época.

A Constituição da República de 1988 é significativo exemplo histórico.

A consagração dos Direitos Humanos teve, como conseqüência, voltar a atenção para as chamadas minorias — grupo de pessoas que, por suas características, não se ajustam aos padrões da chamada cultura, no sentido de grupo predominantemente aceito pela sociedade. Assim, a "minoria indígena", as "minorias sociais", a "minoria de comportamento sexual tido como aberrante", a "minoria de deficientes físicos".

Hoje, tornou-se ciência e consciência de o deficiente físico merecer espaço na sociedade; cumpre-lhe interpretá-lo, fornecendo-lhe, dentre outros aspectos, as condições de exercício de profissão.

Está superado o tempo em que eram recebidos como pessoas diferentes, merecedoras apenas de comiseração. Agora, ao contrário, ponderadas as diferenças, devem ser chamadas para ocupar espaço.

A conclusão decorre também do princípio da isonomia, igualdade, ponderando-se a desigualdade.

A Constituição foi sábia, ao impor, com a autoridade que lhe é própria, o comando registrado no art. 37, VIII, *verbis*: "a lei reservará percentual dos cargos e empregos públicos para as pessoas portadoras de deficiência e definirá os critérios de sua admissão".

A interpretação moderna da Constituição obedece critério orientador de seus princípios.

A Constituição vale por si mesma; suas normas são auto-aplicáveis. Caso contrário, voltar-se-á ao tempo em que o comando da Lei Maior dependia da legislação ordinária.

Hoje, *data venia*, a eficácia é plena, imediata. Só em dois casos haverá restrição: a) quando a própria Constituição impuser condição; b) quando impossível, com as normas existentes, conferir aplicação.

No caso dos autos, menciona que a lei reservará percentual e definirá os critérios de admissão.

A primeira já está satisfeita. A Lei n. 8.112/90 disciplinou expressamente.

A segunda, substancialmente, dispensa definição. A resposta é óbvia. Só existe uma opção, ou seja, as atribuições do cargo sejam compatíveis com a deficiência física da pessoa. A lei, caso faça relação, além de jamais ser exaustiva, pecará pela tautologia.

Esta conclusão ajusta-se à teleologia da norma constitucional, ou seja, recepcionar o deficiente no serviço público.

Além disso, no caso concreto, deve-se chamar a atenção, o Egrégio Tribunal aceitou a inscrição da candidata ao concurso.

O Exmo. Sr. Ministro Adhemar Maciel: Não sabia.

O Exmo. Sr. Ministro Luiz Vicente Cernicchiaro: Não há informação nenhuma que não soubesse. Vou ler, inclusive se V. Exa. desejar, as informações do Sr. Ministro Anselmo Santiago, dizendo o contrário: que a objeção do Tribunal é de que não havia lei e, portanto, dependia de regulamentação.

O Exmo. Sr. Ministro Adhemar Maciel: No caso dessa senhora, ela se inscreveu no meio normal e, depois, estava querendo a vaga dos 20%.

O Exmo. Sr. Ministro Luiz Vicente Cernicchiaro: Não há esse dado. O Tribunal aceitou a inscrição.

O Exmo. Sr. Ministro Adhemar Maciel: Sr. Presidente, o Tribunal aceitou a inscrição normal, e não como deficiente.

O Exmo. Sr. Ministro Vicente Cernicchiaro: Isso não consta nos autos. É exigência que o concurso público deve trazer. Ora, não pode, posteriormente, dizer que não estava. Há necessidade, para se fazer a justiça, para que não haja contorno ao princípio da igualdade, de duas classificações, uma, das pessoas sem deficiência, e outra, das pessoas deficientes. Ela foi aprovada.

O Exmo. Sr. Ministro Adhemar Maciel: Mas ela ficou lá para trás.

O Exmo. Sr. Ministro Luiz Vicente Cernicchiaro: Ficou lá para trás em relação aos perfeitos. Ela participa de outra classificação: *mutatis mutandis* como no precatório...

O Exmo. Sr. Ministro Adhemar Maciel: Não estou querendo defender minha idéia. A minha grande preocupação é um problema de justiça.

O Exmo. Sr. Ministro Luiz Vicente Cernicchiaro: Excelência, ocorre, neste caso, como a lei estabelece: deve haver uma reserva. A Lei n. 8.112 fala até 20%, poderá o Tribunal, ou qualquer órgão, estabelecer 5%, 10% e 15%. No silêncio, e aqui houve o silêncio, presume-se que sejam 20% as vagas reservadas aos deficientes. Não se pode, *data venia*, fazer classificação única. Evidente que se um candidato é deficiente físico e o outro tem plenitude da capacidade física, a capacidade de concorrência vai ser diferente. Só se exige um requisito: adaptabilidade da pessoa para a função. No caso, se não me engano, é o Técnico Judiciário. Não podemos exigir que concorram para a classificação um deficiente visual com outrem de visão plena. É evidente, quem tem condições de ler parte com vantagem muito grande.

Em razão dessas considerações entendo, obrigatoriamente, há de haver pluralidade de classificação. Desde que esteja entre os 20%, o Tribunal, *data venia*, como, aliás, a decisão foi por maioria, entendeu que a segurança deveria ser concedida, haverá de fazer a absorção. Só uma restrição: se ela não tiver habilitação para o caso concreto. Acompanho a conclusão do douto voto do Sr. Ministro Pedro Acioli a fim de conhecer e dar provimento ao recurso, fazendo-se a seguinte observação, que é de grande alcance social, que não visa a proteger *a*, *b*, *c* ou *d*.

O dispositivo do voto do eminente Ministro Pedro Acioli diz o seguinte: (lê).

A única restrição é que entendo que são os 20%.

Acompanho, *data venia*, o voto do eminente Ministro Pedro Acioli.

VOTO (VOGAL)

O Exmo. Sr. Ministro Edson Vidigal: Senhor Presidente, estamos aqui para resolver se portador de deficiência física tem ou não direito de se inscrever em concurso público. O Tribunal Regional Federal da 1ª Região, entendendo que o dispositivo constitucional (CF, art. 37, VIII) é norma de eficácia contida e que a Lei n. 8.112/90, art. 5º, § 2º, não complementa, ainda, esse mandamento, ineficaz, portanto, à falta de critérios suficientes, recusou a inscrição para concurso a G.M.S., 35 (trinta e cinco) anos, ora recorrente.

Recuso os fundamentos do Acórdão que deu causa a este Recurso. Diz a Constituição Federal:

"Art. 37. (...)

VIII — a lei reservará percentual dos cargos e empregos públicos para as pessoas portadoras de deficiência e definirá os critérios de sua admissão."

Não quer dizer uma lei especial; é possível recolher em normas infraconstitucionais diversas disposições afinadas com a vontade da Constituição. Estamos diante de uma delas:

"Lei n. 8.112/90

Art. 5º. (...)

§ 2º Às pessoas portadoras de deficiência é assegurado o direito de se inscrever em concurso público para provimento de cargo cujas atribuições sejam compatíveis com a deficiência de que são portadoras; para tais pessoas serão reservadas até 20% (vinte por cento) das vagas oferecidas no concurso."

A norma constitucional (CF, art. 37, VIII), a partir da vigência da Lei n. 8.112/90, passou a ter eficácia plena.

A propósito, destaco do Parecer do Ministério Público Federal, às fls. 73:

"5. Com efeito, verifica-se, com toda facilidade, que o dispositivo da lei ordinária definiu os contornos do comando constitucional: a) assegurando o direito aos portadores de deficiência de se inscreverem em concurso público; b) ditando que os cargos a serem providos tenham atribuições compatíveis com a deficiência de que são portadores e c) estabelecendo um percentual máximo de vagas a serem a eles reservadas.

Evidentemente que, dentro desses parâmetros, ficará o Administrador com plena liberdade para regular o acesso dos deficientes aprovados no concurso para provimento de cargos públicos, seja quanto à fixação do número de vagas que lhes são destinadas, seja quanto à sistemática para verificação da compatibilidade dentre as atribuições dos cargos a serem preenchidos e a natureza da deficiência de que forem portadores os candidatos que alcançarem aprovação e puderem ser nomeados."

Assim, de acordo com o eminente Relator, dou provimento ao recurso concedendo, portanto, a segurança na forma do pedido.

É o voto.

N. Registro: 93/0014914-8

RMS 00003113-6/DF

Pauta: 13.9.94

Julgado: 6.12.94

Relator: Exmo. Sr. Min. Pedro Acioli

Presidente da Sessão: Exmo. Sr. Min. Luiz Vicente Cernicchiaro

Subprocurador-Geral da República: Exmo. Sr. Dr. Wagner Natal Batista

Secretário: Noel Carvalho de Andrade Filho

Autuação
Recte.: G.M.S.

Advogado: João Emanuel Silva de Jesus

T. Origem: Tribunal Regional Federal da 1ª Região

Impdo.: Juiz Presidente do Tribunal Regional Federal da 1ª Região

Certidão

Certifico que a Egrégia 6ª Turma, ao apreciar o processo em epígrafe, em sessão realizada nesta data, proferiu a seguinte decisão:

Prosseguindo no julgamento, a Turma, por maioria, conheceu e deu provimento ao recurso, vencido o Sr. Ministro Adhemar Maciel.

Os Srs. Ministros Luiz Vicente Cernicchiaro e Edson Vidigal votaram com o Relator. O Sr. Ministro Edson Vidigal compareceu para compor quórum.

O referido é verdade. Dou fé.

Brasília, 6 de dezembro de 1994

JURISPRUDÊNCIA

TRIBUNAL DE JUSTIÇA DO ESTADO DE SÃO PAULO

LEI ORÇAMENTÁRIA ANUAL — ALTERAÇÕES AO PROJETO DO EXECUTIVO — LIMITES

Apelação Cível n. 241.944-1/0 — Voto n. 1.375

Recorrente: Juízo "ex officio"

Apelante: Presidente da Câmara Municipal de Jundiaí

Apelado: Prefeito Municipal de Jundiaí

Comarca: Jundiaí

Relator: Pires de Araújo

Mandado de Segurança — A sentença não é nula, pois, o apelado foi intimado a se manifestar sobre os pareceres — Lei Orçamentária — A possibilidade de remessa de projeto modificativo só se fosse parcial, pois, caso concreto o artigo 11 da Lei n. 4.163/93 não teria nenhum valor — Rejeitada a emenda encaminhada pelo Sr. Prefeito prevaleceu o projeto original — A lei atacada não suprimiu, nem poderia fazê-lo, a correção monetária; apenas cancelou o critério indicado pelo Executivo, que, agora, está liberado para o escolher — Recursos providos.

ACORDÃO

Vistos, relatados e discutidos estes autos de Apelação Cível n. 241.944-1/0, da Comarca de Jundiaí, em que é recorrente o Juízo "ex officio", sendo apelante Presidente da Câmara Municipal de Jundiaí (Jorge Nassif Haddad) e apelados André Benassi (Prefeito Municipal de Jundiaí) e outro:

Acordam, em Terceira Câmara de Direito Público do Tribunal de Justiça do Estado de São Paulo, por votação unânime, dar provimento aos recursos, de conformidade com o relatório e voto do Relator, que ficam fazendo parte do acórdão.

O julgamento teve a participação dos Desembargadores Viseu Júnior (Presidente) e José Cardinale, com votos vencedores.

São Paulo, 16 de abril de 1996. — Pires de Araújo (Relator).

Cuida-se de mandado de segurança em que o impetrante-apelado pleiteia a "suspensão da convocação da sessão extraordinária que tem por objeto a suspensão dos efeitos da Lei n. 4.296, de 5 de janeiro de 1994 e determinando ao Senhor Presidente da Câmara Municipal" (...) "que deixe de instalá-la, inibindo-o, ainda, de posterior convocação com a mesma finalidade" (fl. 08).

A sentença de fls. 406/422, cujo relatório é o adotado, concedeu a segurança.

Ao reexame necessário soma-se o recurso do Presidente da Câmara que pleiteia a "anulação da sentença recorrida, embasada em pareceres juntados aos autos depois de prestadas as informações" (fl. 433) e, no mérito pela reforma do julgado.

O recurso foi respondido.

O Procurador de Justiça é pelo improvimento dos recursos.

É o relatório.

A sentença não é nula, porquanto, o apelado foi intimado para manifestar-se sobre os pareceres (fls. 401 e verso). Ademais, em sentido estrito tais pareceres sequer são considerados documentos, pois, em nada altera o direito dos litigantes.

Ora, se fosse para determinar o desentranhamento de tais documentos, com maior razão e aquele outro juntado no recurso (fls. 461/495), mas não é o caso.

O mandado de segurança em relação a suspensão da convocação de sessão extraordinária para o dia 9.1.94, perdeu o objeto, uma vez ultrapassada a data para a realização dela, como bem ponderou o apelado (fl. 431) e o Procurador de Justiça.

O apelado — Prefeito Municipal — encaminhou Projeto de Lei n. 6.107/93, referente ao Orçamento, no último dia do prazo, ou seja 15.10.93 (Lei de Diretrizes Orçamentárias de Jundiaí, n. 4.163, de 20.7.93, art. 11). Em 17.11.93, encaminhou um "substitutivo" que a Câmara Municipal processou como mensagem modificativa; em 2.12.93 encaminhou nova mensagem modificativa ao Projeto de Lei n. 6.107/93, para alterar os artigos 1º, 2º, 3º, 4º e anexos, e, ainda, pediu a retirada do substitutivo encaminhado em 17.11.93.

A Câmara Municipal aprovou o Projeto n. 6.107/93, e rejeitou a mensagem modificativa e aprovou emendas oferecidas por Vereadores e, entre elas, a que suprimiu o artigo que previa mecanismo para atualização monetária de valores do orçamento.

Com efeito, a possibilidade de remessa de projeto modificativo só se fosse parcial, pois, caso contrário o artigo 11 da Lei n. 4.163/93 não teria nenhum valor.

Contudo, a questão em exame foi bem solucionada na Ação Direta de Inconstitucionalidade de Lei n. 22.044-0/1, em que o requerente é o Sr. Prefeito Municipal de Jundiaí, pois, este pretendia a declaração de inconstitucionalidade da Lei Municipal n. 4.303, de 16.2.94, que fixa o orçamento público promulgado pelo Sr. Presidente da Câmara Municipal.

No julgado ficou decidido que:

"Cumpre reconhecer, primeiramente, que não houve afronta ao art. 174, III, da Constituição Paulista, que dispõe serem da iniciativa do Executivo as leis sobre orçamentos anuais.

"É que o projeto aprovado foi da iniciativa do Sr. Prefeito (cfr. f. 684).

"Verdade é que houve substitutivo (cfr. f. 695), que a Câmara, em tese, poderia aceitar para regular tramitação, embora, a rigor, se tratasse de uma mensagem, com modificações ao projeto original (cfr. informações, f. 636).

"Sucede que, numa terceira etapa, houve por parte do Sr. Prefeito o encaminhamento de Mensagem Modificativa ao Projeto de Lei original (cfr. f. 819), em que expressamente solicitou a retirada do referido substitutivo (f. 820); e as modificações propostas ao projeto original se referiam a seus artigos 1º, 2º, 3º e 4º e anexos (f. 820 e seguintes).

"Em princípio, como anotado pelo Dr. Procurador-Geral de Justiça às f. 915 e seguintes, é facultado ao Executivo enviar mensagem ao Legislativo para propor modificações nos projetos de natureza orçamentária — mas com a ressalva de que somente enquanto não iniciada na Comissão Competente a votação da parte cuja alteração é proposta. Essa ressalva se deve ao § 5º do art. 166 da Constituição Federal, bem assim ao § 3º do art. 175 da Constituição Paulista (fls. 553/559).

"(...)

"Por isso, a Mensagem Modificativa ao Projeto original haveria de ser recebida pela Câmara como simples emenda — essa, possível, pois ainda não tivera início na Comissão competente a votação da matéria em questão. Chega-se, assim, à conclusão última: rejeitada a emenda encaminhada pelo Sr. Prefeito prevaleceu o projeto original.

"Destacou o Dr. Procurador-Geral de Justiça às f. 916 a propriedade das seguintes convocações, constantes de parecer sobre a matéria assinado pelo Prof. Adílson Abreu Dallari: 'Não pode o Executivo emendar o que quiser e quando quiser. Sua possibilidade de emenda é limitada, condicionada na quantidade e no tempo, exatamente para que o Legislativo não seja atropelado, e disponha de tempo suficiente para um exame aprofundado da matéria. É até intuitivo que não faz sentido algum fixar-se um prazo para remessa do projeto de lei e, depois, permitir que ele seja totalmente modificado, a qualquer tempo. Portanto, a impossibilidade de apresentar qualquer emenda a qualquer tempo é não só um imperativo de ordem lógica, mas também uma expressa disposição constitucional. Assim sendo, ao receber uma proposta de emenda, cabe ao Legislativo deliberar a respeito, e, diante do caso concreto, em função das circunstâncias da tramitação legislativa, aceitá-lo ou não. O Executivo não manda, não impõe; mas, sim, pede, solicita. No caso em exame, o Legislativo deliberou (em votação não questionada) não acolher a emenda proposta. Contra esse específico ato não houve insurgência (f. 666/667).

"O importante a anotar é que a mensagem — como destacado às f. 918 — teve natureza de acessoriedade, tal como a emenda; e sendo assim, é evidente que não pode ter o condão de anular o conteúdo da proposição original, tornando-a ineficaz, 'posto que isso equivaleria a transmudar a mensagem modificativa em verdadeiro projeto substitutivo'.

"Irreconhecível, pois, a alegada afronta ao art. 174, III, da Constituição de São Paulo.

"No que diz com a afirmada ofensa ao art. 175, § 1º, n. 1, da Constituição Paulista, a emenda de iniciativa de vereador e acolhida pela Câmara era, à primeira vista, inaceitável, porque, ao suprimir dispositivo que fixava critério de atualização das dotações orçamentárias, se apresentava em desconformidade com a Lei de Diretrizes Orçamentárias de Jundiaí em seu art. 3º, parágrafo único (cfr. f. 692).

"Sucede que, como destacado no parecer ministerial (f. 919), com base no referido parecer do Prof. Adílson Abreu Dallari, nesse ponto com assentimento de Régis Fernandes de Oliveira e Geraldo Ataliba a supressão foi inócua, 'não podendo, portanto, servir de justificativa para o veto'. É que: à Lei de Diretrizes Orçamentárias determinava a indexação, cabendo à lei orçamentária apenas especificá-la. A falta de especificação apenas libera o Executivo para escolher o índice mais adequado (f. 679/680).

"Em suma, a lei atacada não suprimiu, nem poderia fazê-lo, a correção monetária; apenas cancelou o critério indicado pelo Executivo, que, agora, está liberado para o escolher.

"Não identificada, portanto, também a alegada ofensa ao art. 175, § 1º, n. 1 da Constituição de São Paulo (fls. 553/559)."

Portanto, denega-se a segurança.

Do exposto, dá-se provimento aos recursos. Pires de Araújo (Relator).

Impressão e acabamento
Gráfica e Editora FCA
Tel. (011) 419-0200

REVISTA TRIMESTRAL DE

DIREITO PÚBLICO

29/2000